ONE TRAIN LATER

ONE TRAIN LATER

AUTOBIOGRAFIA

ANDY SUMMERS

NEUTRA
EDITORA
Belo Horizonte/2015

Copyright © 2006 por Andy Summers
Prefácio © copyright 2006 por The Edge
Todos os direitos reservados, incluindo o direito de reprodução no todo ou em parte sob qualquer forma.
Esta edição publicada por acordo com Susan Schulman A Agência Literária, New York através ACER.

Coordenação geral:
Gerson Barral Lima

Tradução:
Pedro Carvalho e Gabriela Amorim (Grammatik)

Revisora do texto em português:
Gislene M.B. L. Felipe da Silva

Diagramação:
Flávia mello

Produção executiva:
Rodrigo Brasil

Gestão de projetos:
Tatiana Delucca

Assessoria Jurídica:
Geraldo José Barral Lima

Agradecimentos:
Luiz Paulo Assunção e Di Santos

```
Summers, Andy

[traduç"o Pedro Carvalho e Gabriela Amorim,
(Grammatik). -- Belo Horizonte : Neutra
Editora, 2015.


     Título original: One train later.
     ISBN 978-85-68620-02-1


     1. Guitarristas - Autobiografia 2. Mœsicos de
rock - Autobiografia 3. Summer, Andy I. Título.
```

15-06679   CDD-787.8716 6092

Para Richard

Agradecimentos

A Kate, minha esposa e companheira, por seu amor, apoio e instinto infalível da verdade. Aos nossos filhos Layla, Mo e Anton, que complementam tudo isso.

Aos meus pais, Jean e Maurice, por estarem presentes e acreditarem em mim.

Aos meus irmãos, Richard e Tony, e à minha irmã Monica, pelos momentos compartilhados.

A Sting e Stewart Copeland, pelo sonho.

A Kim Turner, Miles Copeland e Ian Copeland, por trilharem o mesmo caminho.

A Zoot Money, com quem comecei esta jornada e que continua sendo uma referência.

A minha amiga e poeta Cathy Colman, que me deu conselhos editoriais inestimáveis durante todo o processo de escrita.

A meu amigo e escritor Brian Cinadr, que leu o manuscrito algumas vezes e me relembrou de partes da minha história que havia esquecido.

À minha agente Susan Schulman, por seus conselhos, sabedoria e capacidade de permanecer.

A John Parsley, meu editor na Thomas Dunne Books, por me incentivar a ficar firme no propósito

A Dennis Smith, por tornar tudo isso possível.

A todos aqueles ao longo da jornada, por seu apoio, amizade e por estarem presentes: Ralph Gibson, Mary Jane Marcasiano, Jenny Fabian, Robert Wy-att, Kevin Coyne, Anthony and Martine Moore, Eric Burdon, Vic Garbarini, Morleigh Steinberg e The Edge, Stevo Glendenning, Christopher Burley, Bradley Bambarger, Robin Lane, Kit Lane, Norman Moore, Adrian e Lynn Boot, Chris Salewicz, Ben Verdery, The Shants, John Etheridge, Victor Biglione, Luiz Paulo Assuncão, Watal Asanuma, Coco Asanuma, Lenny Riggio, Louis Lepore, Robert Fripp, Jill Furmanosky, Lawrence Impey, Frane Lessac, Eberhard and Steffi Schoener, Karen Grey, Randall Kremer, Sonja Kristina, Jerome Lapperousaz, Nazir Jairazbhoy, Dittany Lang, Jodi Peckman, Jeff Seitz, Danny Quatrochi, Tarn Fairgreaves, Cecila Miniucchi, Jeffrey Coulter, Gerry Casale, Phil Sutcliffe. Desculpem-me se deixei alguém de fora...

AOS AMIGOS DO BRASIL

Povo querido do Brasil, como vão vocês? Eu estou muito contente de ver *One Train Later* publicado no Brasil. O seu país e a sua música sempre tiveram um lugar especial no meu coração. Eu fui arrebatado por uma emoção incomum quando vi *Orfeu Negro*, a obra-prima do cinema, pela primeira vez. Daquele momento em diante, o Brasil e sua música ocuparam um lugar central no meu processo de fazer música. Definitivamente, um caso de amor.

Eu tive muita sorte, durante todos esses anos, de ter visitado e tocado por todo o país e tenho muitas doces memórias dos meus encontros e colaborações com vários grandes músicos brasileiros, por exemplo, de tocar "Manhã de Carnaval" com Roberto Menescal na comunidade do morro do Vidigal, no Rio de Janeiro, ter tocado com Lô Borges e Milton Nascimento, muitas aventuras com meu querido amigo Luiz Paulo Assunção e claro, tocar no estádio do Maracanã com a The Police, em 2007, e a lista continua... e eu espero que no futuro ela se estenda ainda mais...

Até mais!

Andy Summers
15/06/2015

Prefácio

Por The Edge

Como se tornar um *rock star*? Tocar guitarra e esperar a inspiração chegar. Esse parece ter sido o segredo para o sucesso de Andy Summer na indústria da música, ou pelo menos, seria, com base em sua autobiografia.

Na era do "ídolo pop", quando o mandamento é se mercantilizar para alcançar o sucesso, este livro é, positivamente, um contrapeso bem-vindo.

Cheio de anedotas sobre quase falhas e falsos começos, o tema principal deste livro é o de um homem tomado por uma influência quase que sobrenatural em um caminho não de sua escola, mas de sua vocação: música; bem ou mal, sua amante, sua sedutora, sua salvadora.

E a cada beco sem saída, a cada contratempo, surge um sentimento crescente de que a jornada é a coisa mais importante.

Da forma como sua história começa fazendo suas primeiras experimentações com *skiffle*[1], conduzindo-nos através do seu envolvimento com a explosão do *blues* no Reino Unido, e pelo auge dos anos sessenta dos Beatles e dos Stones, talvez nenhuma outra experiência pudesse preparar Andy para o sucesso mundial do The Police – apenas uma das bandas da qual fez parte, porém aquela pela qual será eternamente lembrado.

---

[1]Nota do tradutor: tipo de música *folk* com influências de *jazz*, *blues* e *country*, popular entre os jovens britânicos nos anos 1950.

Eu conheci o Andy na época do The Police. Como integrante do U2 – naquele momento uma banda ainda iniciante prestes a abrir o show do The Police no Gateshead Stadium em 1982 –, eu estava um pouco intimidado vendo aqueles três ídolos loiros rompendo aos saltos o saguão do hotel onde estávamos reunidos, aguardando o transporte para nos levar ao estádio. Havia entre Andy e seus companheiros de banda, Sting e Stewart Copeland, uma química incontestável. Eles não eram apenas uma grande banda, mas uma banda de verdade.

Na verdade, nós já havíamos, anteriormente, aberto para o The Police – do outro lado do Mar da Irlanda, nossa terra natal, em nosso primeiro show aberto no Slane Castle – mas em 1981 a distância entre nós era tão grande que jamais chegamos a nos encontrar.

O tempo passou e, em 1986, por alguma reviravolta do destino, o U2 acabou tocando com o The Police na turnê *"Conspiracy of Hope"*, em nome da Anistia Internacional, no Giants Stadium, em Nova Jérsei, logo depois de eles terem decidido acabar com a banda. Aquele, por muitas razões, foi um momento importante. Eu, sem dúvida, jamais esquecerei o momento em que Andy me entregou sua guitarra na frente de 65 mil pessoas, na última apresentação do The Police, para que o U2 tocasse a última música do evento. Houve mais que um gesto simbólico naquele entregar de guitarra.

Que Andy absorveu o sucesso do The Police, assim como todos os altos e baixos de sua carreira, sem perder o senso de si mesmo, sua paixão pelas qualidades sagradas e transformadoras da música é um testemunho da pureza de sua motivação enquanto músico, compositor e artista. Que tenhamos a sorte de ter alguém como ele novamente.

LIVRO UM

BRIDGEHAMPTON, 18 DE AGOSTO DE 1983

Acabou.

Eu acordo com os meus olhos tomados pela luz da manhã. A banda – acabou. Hoje à noite no Shea Stadium; é isso. A voz suave do sonho me confirma como o fio de uma navalha o que eu já sei.

Como uma jangada construída com o que tivéssemos à mão, nós até que conseguimos navegar muito longe sem nos destroçar. Com estranha magia e ligação frágil, nós zarpamos ao acaso – e ainda não afundamos. Mas este – o show de hoje à noite – é o indício de um destino final, de abandonar o barco.

Enquanto as ondas de verão quebram na praia ao longe e fãs com camisas do The Police, cachecóis, broches e discos de vinil debaixo dos braços fazem fila do lado de fora do Shea Stadium, eu fecho minhas mãos atrás da minha cabeça e olho para o teto de gesso.

Os fatos: há quatro meses ininterruptos nós fomos o número um nas paradas de sucesso da Billboard. Tivemos um single na primeira posição por dois meses nos Estados Unidos. Nós somos um fenômeno. Nós temos inúmeros discos na primeira posição em todo o mundo. Nós somos um negócio multimilionário. Nós somos três. Tudo isso – e ainda parece que foram há apenas cinco minutos que nós empurrávamos uma van quebrada pelas ruas de Londres depois de tocar em um show para ninguém. Hoje à noite tocamos para um sonho de milhões.

É a hora da Cinderela; os ponteiros já marcam quase meia-noite, os raios de sol despontam no céu.

Eu olho através do cômodo no espelho acima da cornija, onde as primeiras luzes do dia criam um contraste suave. Sting vem reclamando que já é hora de parar, de largar, de desistir no auge do sucesso. Ele repete isso como se já fosse fato consumado, mas ao invés de contestar esta ideia, ou usar uma tática mais lenta de dissolução, ou mandar ele se foder, eu murmuro meio que consentindo como se sua ideia fosse atraente. Porém, intuitivamente, aquilo era brutal. Eu sabia que aquilo era inevitável, que sempre esteve no *script*; a questão é quando aconteceria. É possível abandonar este sucesso entorpecente, este veneno letal do estrelato?

Eu entro no palco quase como uma reflexão tardia – ah sim, tocar agora. Nós estamos em estado de sítio, cercados por advogados, gravadoras, fãs e o assédio ganancioso da mídia 24 horas por dia. Deste ponto, com esta mistura estranha de luzes e claustrofobia, percebe-se porque os Beatles se separaram. Parece que nós estamos indo pelo mesmo caminho, com o rugido voraz da mídia enchendo nossos ouvidos, abafando nossas belas músicas.

Com minha cabeça cheia desse subtexto sombrio e a onda iluminada pelo sol que estamos surfando, eu deslizo minhas pernas para fora dos lençóis. Meus pés tocam o chão e formam um triângulo com meu tronco.

Minha filhinha Layla vai chegar em alguns dias com a sua babá, para ficar algum tempo comigo, uma alegria e um lembrete afiado da dor que atormenta todo o brilhante *rock and roll*. Minha linda esposa, minha melhor amiga, minha namorada – Kate – foi embora. Ela divorciou-se há dois anos, dizendo que eu seguisse minha vida, que ela já estava farta. Agora eu sou pai apenas de vez em quando, e isso dói. Bocejando e me espreguiçando, eu cruzo o quarto, apoio-me na cornija e olho para a cama bagunçada atrás de mim. Que porra de clichê! Eu destruí meu casamento por causa disso, e o que é isso, afinal? Um pacto fáustico? Um casamento destroçado enquanto o cantor invoca um futuro diferente para si mesmo? Mas hoje à noite, Sting, Stewart e eu estamos do outro lado. Este é o apogeu do nosso tempo juntos; com as palavras THE POLICE–SHEA STADIUM impressas em um pequeno bilhete, nós estamos próximos às estrelas, perto da esfera dourada que projeta uma sombra. Eu olho para o espelho e penso: se controle, seu babaca!

É apenas pop, porra! Eu tenho que levantar, tomar um banho, tentar pensar em hoje à noite.

Depois do banho eu me sinto um pouco mais desperto, mas louco por cafeína e com um sentimento de que perdi algo. A casa está repleta de um silêncio fantasmagórico, rompido apenas pelas ondas suavemente batendo, ao longe, na areia. Nós estamos acampados nesta mansão privada nos Hamptons pelas últimas três semanas, usando-a como uma base enquanto voamos em um avião privado todo dia para estádios na Costa Leste.

Eu pego uma camiseta preta na minha Samsonite, que está no chão perto da janela. Minha Telecaster está no canto do quarto, banhada por uma faixa de luz do sol. Os raios dourados batem nas cordas e delas jorra um brilho incandescente, uma áurea dourada, um sorriso de Buda do que verdadeiramente pode ser chamada de minha amiga mais leal.

UM

Eu nasci à beira do Rio Wyre, em Lancashire, onde meu pai é colocado na Força Aérea Real (RAF), no norte da Inglaterra. Moradia está em baixa oferta e ele compra uma caravana cigana. Esta é uma decisão romântica, mas necessária. Minha mãe é conhecida como Red; ela está grávida e trabalha em uma fábrica de bombas junto com um grupo de mulheres do norte chamadas de *Fosgene Follies*. Um dia, no seu nono mês, ela se intoxica com a fumaça vazando de uma bomba defeituosa e, tendo contrações, é levada para a área onde mora com meu pai. Eu venho a este mundo algumas horas depois, e a rainha dos nômades ciganos da área vizinha faz uma visita à minha mãe. Ela lhe entrega um pequeno pedaço de prata, seis ovos e um pedaço de linho branco – todos presentes tradicionais destinados a trazer um futuro auspicioso. Sentada no chão com um pacote de cartas de tarô e um olhar expressivo em sua cara, ela olha a jovem mulher ruiva recostada em um travesseiro com seu bebê e começa a embaralhar as cartas. Porém Red, atraída pelo esoterismo, comigo agarrado ao seu seio, faz um esforço e observa expectante.

Red sai do seu emprego como empacotadora de bombas e, assim que a Guerra termina, meus pais voltam para o sul da Inglaterra e as praias de Bournemouth, com suas enormes carcaças de cais abandonados com arabescos de arame farpado enferrujados. Estou parado no calçadão segurando a mão de minha mãe e meu pai me explica, enquanto faz um frio cortante, que nós tivemos que explodir os cais para impedir os alemães de invadir nossa costa. Minha cabeça de menino de cinco anos fantasia hordas de homens com capacetes correndo pela areia segurando suas metralhadoras. Em volta da cidade estão as ruínas de vários prédios destruídos após a *Luftwaffe*[2] soltar o restante de suas bombas antes de retornarem à Alemanha pelo Canal da Mancha. "E se uma caísse na sua cabeça", penso eu. "Você explodiria?".

Próximo à nossa casa na periferia da cidade há uma grande área arborizada chamada de Haddon Hill. Cheia de carvalhos, pinheiros, beterrabas, castanhas e faias que se espalham por quilômetros. Ela torna-se a arena da minha infância onde outros garotos e eu lutamos na terra, atiramos pedras em cachorros, torturamos gatos, ateamos fogo nas coisas, roubamos ovos de passarinhos e mijamos nas flores. Às vezes encontramos caixas antigas de máscaras de gás e outras parafernálias do tempo da guerra que foram criminosamente despejadas entre as árvores. Imediatamente nós vestimos essas coisas e corremos ulmeiros e carvalhos adentro, gritando o mais alto que conseguimos. Ao fim da tarde, depois de longas horas de emboscada gritando, depois de praticar muitas crueldades, voltamos para casa. Ao fim do dia, as estrelas surgem, e os postes da rua começam a criar uma flama amarelada, e nós seguimos o rastro das cozinhas de nossas mães, parecendo miniaturas de soldados da força voluntária[3]. Com os nossos tubos de máscara de gás batendo nos nossos peitos franzinos e frágeis suéteres, olhamos para cima e perguntamos com as vozes abafadas pelos tubos de borracha: "Posso comer, mamãe?"

Eu rabisco sinais esquisitos na terra como se eles tivessem um significado oculto, meus códigos para as localizações de uma colônia ou despejo de suprimentos usados no tempo da guerra. Eu passo o máximo de tempo que posso nesse lugar até sentir que eu conheço todas as veias de todas as folhas, nós de árvores onde caminhos de besouros saem dos troncos apodrecidos e onde cobras venenosas estão à espreita. O cheiro forte de decomposição impregna minha mente como um perfume, e sob um amontoado de nuvens baixas eu sigo meu rumo por entre densas folhagens, camisinhas usadas, samambaias da cor de chá e carteiras de cigarro Black Cat, usando uma capa azul escura, porque eu sou Capitão Marvel. Eu acho um pedaço de uma carta entre as samambaias, mas tudo o que eu posso compreender das palavras manchadas da chuva é "Mike, faz um bom tempo". E eu fico obcecado por um homem chamado Mike. Quem é ele? Quem escreveu esta carta?

---

[2] Nota do tradutor: Força Aérea Alemã.

[3] Nota do tradutor: Durante a Guerra, a força voluntária era composta por homens, principalmente, que não eram elegíveis para o serviço militar obrigatório.

One Train Later

Onde estão eles agora? O que aconteceu? Eu estou parado no ponto de ônibus, uma chuva forte deixa tudo turvo, e eu olho fixamente para as mulheres na fila imaginando se alguma delas é quem escreveu aquelas palavras.

Entre os sete e os doze anos uma intensa percepção da natureza me faz sentir embriagado, e em um futuro repleto de eletricidade, luzes e música alta, ela irá perdurar como um eco sagrado, um acorde conhecido. Depois que minha mãe desliga as luzes, eu sento em minha cama com os livros do Doutor Dolittle e, para ler, eu puxo um pouco a cortina, que deixa a luz trêmula do poste da rua abaixo entrar no quarto. Inspirado por suas aventuras, eu começo a colecionar ovos de passarinhos, peles de lagartixas, flores, gramíneas e rochas com formatos estranhos. Eu faço anotações acuradas sobre estes objetos e os procuro nos meus livros da *Observer*. Eu me imagino sendo Dollitle Júnior, um filho da natureza passeando entre a grama alta com um cachimbo na boca. Eu me debruço em livros sobre plantas e animais e faço longas listas com nomes, que detalho colando peles de lagartixas, penas de pássaros e flores mortas em pedaços de papelão até que meu quarto se torne um museu pessoal e seja tomado por um cheiro um tanto estranho.

Quanto mais eu me aproximo dessas coisas, tanto vivas como mortas, o mundo – na minha imaginação de principiante – torna-se intenso e vivaz. Agora, como se fosse a primeira vez, eu o vejo efervescendo com eventos naturais, uma conexão entre todas as coisas, uma rede, a alma profunda. *Animus mundi.*

Um fato trágico acontece aos meus nove anos, quando descarto a capa azul de Marvel e mudo para a fase Lash La Rue. Lash é um herói faroeste de um gibi que leio do começo ao fim todas as semanas. Em cada história ele escapa de terríveis situações usando a sua chibata, ou seu chicote. Uma figura inspiradora, Lash se veste de preto da cabeça aos pés, com uma máscara de rosto preta e um largo chapéu preto de aba reta. Com seus chicote e máscara pretos, ele é a personificação perfeita de algum tipo de fantasia homoerótica que eu sou muito jovem para compreender.

Próximo a nossa casa há um pomar de maçãs que tem uma colmeia ativa. Vestido em qualquer coisa preta que encontrei e com meu chicote à mão, uma tarde eu decido ver se sou capaz de, como meu herói, preparar uma armadilha e derrubar a colmeia no chão. Eu me arrasto pela grama manchada de sol para espionar o meu alvo. Escondendo-me atrás de uma árvore lotada de maçãs verdes, eu calculo cuidadosamente. E então, levantando o chicote sobre minha cabeça como uma cobra, eu ataco e grito em triunfo enquanto o chicote se enrola na forma de um espiral apertado em volta da colmeia. Eu dou um puxão bem forte e ela desaba no chão, soltando 50 milhões de abelhas venenosas e furiosas que voam formando uma espessa nuvem preta. Eu largo o chicote e corro como se estivesse pegando fogo, mas elas são mais rápidas e sou picado, pinicado, penetrado em todas as partes do meu corpo que estão descobertas e através da minha fantasia até chegar em casa, soluçando e ofegante, com o rosto todo inchado. "Mãe", eu grito. "Eu fui picado, eu fui picado".

Preso em casa, sendo a única diversão ler ou ouvir rádio, eu me torno fã de um programa que impressiona a mim e a muitos colegas de escola. Ele é chamado de *Journey into Space* e tem quatro protagonistas: Jet, Lemmy, Mitch e Doc. É uma série exibida toda terça-feira às oito da noite. Anunciado pela dramática orquestra de um foguete lançado ao espaço, uma voz masculina entoa o nome do programa e nós seguimos a história de onde paramos na semana passada. Geralmente os heróis têm problemas como consertar defeitos enquanto tentam viajar para a lua, e nos agachamos no chão em frente ao braseiro escutando, de olhos esbugalhados, nossos heróis lutarem com marcianos, monstros alienígenas, ou um retrofoguete que falhou. Assim que o programa termina, minha mãe me aguarda segurando uma caneca de Horlicks e me mandando subir as escadas. Viajando sobre a última meia hora de espaço, estrelas e planetas, eu a olho fixa e enigmaticamente. Mas eu subo as escadas dando boa-noite e deito na cama para acompanhar as histórias de Dan Dare e o Mekon, no gibi da Eagle, a luz amarelada da rua através de uma fresta na cortina iluminando apenas o suficiente para arruinar meus olhos.

De tempos em tempos, no sonho de vida que vai dos quatro aos onze anos de idade, existem pontos marcantes – momentos de plenitude – o mais feliz desses tempos sendo quando meus pais me levam ao cinema para assistir ao filme mais recente.

Nas horas que precedem o evento – ir ao cinema – sempre há um senso de agitação na casa. Meu pai desaparece para abastecer o carro enquanto minha mãe se move agitada pela cozinha para garantir que jantemos antes de sair. A frase "Que horas o filme começa?" se torna um mantra em nossa família. Finalmente nós fechamos a porta da frente e saímos. Minha mãe se espreme no carro próxima a mim, uma névoa de perfume borrifado e maquiagem; meu pai dá a partida; e partimos aos solavancos do meio-fio molhado em direção ao cinema Moderne. O carro apertado demais e a nuvem intoxicante de perfume combinados com os assentos de couro e o cheiro de gasolina fazem da viagem um ritual sagrado e delicioso.

Junto a esse buquê divino cresce meu desejo por chocolate. Aquela delícia marrom escura toma a minha cabeça como um oceano escuro de prazer infinito, e à medida que passamos pelas ruas molhadas pela chuva com meu pai reclamando do aquecedor que não funciona e limpando o para-brisa embaçado com as mãos, eu fantasio, sonho e planejo um dia comer tanto chocolate que eu vou gargalhar enquanto eu me afundo em um coma chocólatra.

Mas a vida para muitos pais jovens na Inglaterra pós-guerra é difícil, e meus pais enfrentam problemas. "É tão difícil se sustentar", minha mãe sempre diz isso enquanto lava outro prato ou cerze outra meia, e meu pai nunca está em casa porque está sempre trabalhando. A grande lacuna que os separa durante o dia termina na cozinha com minha mãe aos soluços e eu no chão, abraçado às suas pernas, gritando: "Por favor, não chore, mamãe. Por favor, não chore". A tensão de tentar sobreviver cria um desgaste no casamento, e esse desaba. Meu irmão mais novo e eu somos colocados em um orfanato por seis meses. Nós nunca vemos nossa mãe, mas papai nos visita aos fins de semana. Nós moramos com outras crianças na parte de cima de uma casa de fazenda, onde dormimos em um beliche e ridicularizamos uns aos outros com bastante crueldade. Meu beliche fica próximo a uma janela, e através dela eu posso ver muitos campos até avistar um rio ao longe e, assim que as estrelas começam a surgir no céu, eu adormeço com estes rios e pastos em minha mente como um mapa para um lindo lugar onde imagino poder encontrar minha mãe. Um dia papai vem nos pegar, dizendo que ela já chegou do hospital, mas que está aérea e apenas murmura algo sobre uma operação. Uma hora depois estamos de volta à nossa própria casa, com nossa própria mãe, que chora e nos abraça e então nos reunimos para a hora do chá como se nada tivesse acontecido.

Através dos brilhantes e sombrios anos da infância, as músicas populares da época – *"Twenty tiny fingers (Twenty tiny toes)", "You're a pink tooth brush, I'm a blue tooth brush",* ou *"How much is that doggie in the window"* – tomam a minha cabeça como uma trilha sonora cor de rosa metálico: o otimismo de um mundo, agora à sombra de uma bomba. Como se fosse uma premonição, eu deito na cama imaginando concertos solo fazendo sons de guitarra com a boca. Eventualmente minha mãe insiste que eu faça aulas de piano, um pequeno piano vertical é comprado para a sala, onde minha mãe senta ao meu lado todas as noites e certifica-se de que eu treine minhas escalas e faça os exercícios de agilidade para os cinco dedos.

Todas as terças-feiras, por volta das dezessete horas, eu desço a avenida até a casa da Sra. Thorne, a professora local de piano, que tem fama de ser boa, mas um pouco excêntrica. – Pratique, Andrew, pratique – diz minha mãe, e eu me arrasto para as aulas com um desejo enorme de correr para a mata ao fim da rua e atirar a minha lança em algo. Sra. Thorne – um retrocesso à Inglaterra vitoriana – usa pequenos óculos com armação de arame e seu cabelo parece o de uma estudante inglesa, preso com uma presilha, e, para completar, ela usa longas calças esporte cujas bordas sempre saem por baixo da bainha da sua saia. Ela tem um resfriado permanente, ou parece que tem, porque funga o tempo todo e tira um lenço branco do bolso da calça, assoa o nariz nele e depois o devolve para o bolso. Isso sempre me enoja um pouco. Eu imagino uma linha de mucosa transparente como uma lesma subindo pela sua perna.

Eu toco exercícios para crianças e uma variedade ímpar de peças simples. O auge, e normalmente o grande final da aula, é quando nós tocamos um dueto da canção *"Wonderful Wonderful Copenhagen"*. Na verdade, eu adoro essa música e não me importo de tocá-la com a velha, porque assisti ao filme estrelado por Danny Kaye e eu o adoro. Então eu toco com um entusiasmo considerável e não muita *finesse*, porque esta é a única música que sinto que realmente posso tocar no piano. Sabendo disso, ela sempre a deixa para o final da aula, de modo que eu possa ir para casa sentindo-me menos intolerante sobre tudo aquilo.

O cômodo onde tocamos tem um fedor desagradável de naftalina e é superlotado com poltronas e fotos de cães; no piano tem uma moldura com uma foto colorida da rainha. Há um rumor na rua de que a Sra. Thorne compôs uma música para a coroação. Isto é impressionante, e todos nós especulamos sobre o que ela está fazendo entre nós, uma vez que ela já até compôs música para a realeza.

O marido da Sra. Thorne, que é motorista da empresa de ônibus Hants e Dorset, esconde-se no quintal. Ele é um homem baixo, atarracado, de cabelo escuro e oleoso, monocelha e óculos fundo de garrafa.

Em um agradável fim de tarde de verão, enquanto estou fechando a porta da frente, depois da aula e prestes a voltar para casa, Sr. Thorne surge no passeio ao meu lado. No começo, acho que é um gnomo de jardim que ganhou vida, mas depois percebo que é o motorista de ônibus. Ele sorri para mim através de seus manchados dentes ingleses e diz: "Venha comigo, eu quero lhe mostrar uma coisa". Inocente como o primeiro dia da primavera, eu pulo da calçada e sigo-o em direção à estufa no fundo do jardim.

One Train Later

A estufa, com seus vasos, ferramentas, sacos de fertilizantes e cheiro de terra, é típica de um jardim inglês. Escuro e claustrofóbico, é o local perfeito para um assassinato a la Agatha Christie. *Talvez o Sr. Thorne vá me mostrar alguns gibis ou um conjunto de trens*, eu penso, mas depois de uma pequena introdução me mostrando a borda serrilhada de um serrote, ele me mostra um enorme cinto de couro e me pede para chicoteá-lo. "Chicotear você?", eu digo, meus olhos azuis arregalados e inocentes como os de Bambi. "Por quê?" Ele olha para mim através das suas lentes fundo de garrafa e, grunhindo algo sobre merecer isso, para eu fazer aquilo e ser um bom menino. Eu percebo que seu rosto está corado, eu não compreendo, mas eu também não vejo nada de errado com isso já que é isso é o que ele quer. O Sr. Thorne se debruça sobre o banco e me pede outra vez com a voz sussurrante para dar nele. Assim, com a cabeça confusa e um vislumbre momentâneo de Lash La Rue, eu dou nele. Ele me pede para bater mais forte, eu então o obedeço, dando-lhe uma boa meia dúzia de chicotadas, sentindo-me na hora como o Capitão Barba Azul. Então, ele me agradece e eu volto correndo para casa, arrastando minha mão nas cercas da rua e assobiando a música de Danny Kaye e pensando no meu feijão com torrada. Aquele momento recua como uma maré de verão; Eu não conto nada aos meus pais ou considero poder acabar com a vida de um homem, mas continuo a cantarolar *"Wonderful Wonderful Copenhagen"*.

BRIDGEHAMPTON, 18 DE AGOSTO DE 1983

Eu visto meus shorts e desço até a cozinha. A casa ainda está quieta. Eu percebo que, por algum motivo estranho, eu acordei primeiro que todo mundo. A cozinha da mansão é um lugar imenso e complicado com enormes geladeiras e *freezers* diferentes de tudo o que você veria em uma casa inglesa, e eu me pergunto se serei capaz de fazer café. Mas milagrosamente, alguma gentil Maria abriu os caminhos, e lá, em uma nova e brilhante cafeteira, está o salva-vidas javanês, pronto para dar um pontapé no robô de carne.

Eu sirvo uma caneca grande e, em seguida, procuro por uma colher para mexer o leite. Colher, colher, onde você está se escondendo? Eu resmungo e abro com força uma gaveta emperrada para ver se há qualquer sinal do talher neste labirinto de utensílios de cozinha – certamente ela está em algum lugar. Eu olho debaixo dos reluzentes talheres de prata e vejo que a gaveta está forrada com um pano xadrez vermelho e branco, como a minha mãe fazia, e eu imagino um menino pequeno entrando na cozinha de sua mãe vestindo uma máscara de gás e pedindo pão e manteiga, e sua mãe com seu cabelo cor de cobre enrolados em um coque, limpando a espuma dos braços. Ignorando o rosto bestial e olhando através da janela massas de nuvens se acumulando por cima dos campos verdes, ela responde: "Você sabe onde fica, querido".

Eu desperto do meu devaneio e tomo um grande gole de café. Estou com fome, mas tudo está nos armários e é ainda muito cedo para pedir a ajuda de um profissional. Atravesso a cozinha e começo a abrir portas procurando comida. Ao encontrar uma grande lata, eu abro a tampa. Ela está cheia de *wienerbrøds*[4], todos embalados individualmente em plásticos. Perfeito. Eu preciso mesmo de açúcar. Eu levo um para a mesa e começo a tirar o plástico. Há uma imagem da Pequena Sereia na parte dianteira e uma inscrição que diz: "Anderson, o melhor da Dinamarca", e, enquanto eu mordo a massa macia, uma melodia como a de um canto de sereia flutua no meu cérebro: "*Wonderful Wonderful Copenhagen*".

Acariciando meu café e me sentindo como um figurante de *A Noite dos Mortos-Vivos*, entro na sala. O proprietário tem um pequeno piano de cauda nesta sala, e todos nós tocamos um pouquinho em momentos diferentes. Eu coloco minha caneca de café sobre uma partitura em cima do piano e tiro algumas notas altas. Eu toco trechos de "*Take Five*", de Dave Brubeck, e então incido em "*Straight, No Chaser*", de Monk e, em seguida, em uma série descendente de treze acordes de Duke Ellington. Sempre que eu toco esta progressão, ela me leva de volta para o saguão empoeirado e barulhento da Summerbee, quando eu tinha onze anos.

Um dia, estamos todos reunidos no saguão da escola por algum motivo, e o Sr. Furneaux, o nosso professor de música, está tocando irrefletidamente uma bela sequência de harmonias no piano diferente de tudo do que já o ouvi tocar antes. Aquilo me toca direito no plexo solar e me acorda como se de um sonho e, como uma mosca na sopa, eu vou até ele e pergunto o que é que ele está tocando. "*Sophisticated Lady*, de Duke Ellington", ele responde sem tirar os dedos do teclado. Nenhum daqueles nomes significa muito para mim, mas a progressão de acordes cria uma sensação diferente e estranha em mim. Eu não entendo o que é, mas seja o que for, estou viciado e quero mais.

O Sr. Furneaux é um homem baixo e calvo que usa casacos de *tweed* e sempre tem um cachimbo enfiado no bolso do peito como uma bandeira

---

[4]Pastel doce dinarmaquês.

que acena pedindo trégua às hordas que se aproximam. Suas aulas são uma loucura, visto que ele tenta desesperadamente fazer com que nós – um monte de merdinhas barulhentos – cantemos músicas como *"English Country Garden"*, ou alguma outra peça vitoriana como *"Nymphs and Shepherds"*, em que deveríamos cantar harmonicamente, mas que toda a turma deliberadamente canta desafinadamente e então soa como uma sala cheia de cães raivosos. Na verdade, eu sinto um pouco de pena do Sr. Furneaux durante este caos porque, seja como for, de algum jeito que eu não consigo expressar, eu quero fazer música.

Aos onze anos eu começo a escutar a estação de rádio AFN, que toca jazz americano. Um dia o Sr. Furneaux – que aliás, de alguma forma, agora me respeita, talvez como uma ilha em um mar de loucura – me pede para levantar na frente da turma e falar sobre o meu interesse por jazz, para dar exemplo aos outros vagabundos (pelo menos quando se trata de música). Na verdade, eu gosto disso, e solto os nomes de Django Reinhardt, Rádio Luxemburgo e Ellington todo convencido por ser o CDF queridinho do professor. Depois que eu me sento, o Sr. Furneaux faz algumas observações para a turma dizendo que alguns deles deveriam seguir o meu exemplo e se interessarem por música. Sinto-me bastante satisfeito comigo mesmo, mas também um pouco apreensivo, sabendo que eu provavelmente vá apanhar dos fortões depois da aula. Minha única chance para evitar isso é ser o primeiro a sair e descer correndo o corredor antes de eles colocarem suas mãos em mim, e desonestamente sou derrubado sobre algumas mesas.

Embora o lado espiritual da vida lentamente se preencha com a música, as palavras da Bíblia Sagrada caem em solo pedregoso. As aulas de instrução religiosa são ainda mais anárquicas do que as aulas de música. Nossa professora é a Srta. Jones, uma pequenina mulher galesa com olhos da cor da flor de vinca e cabelos amarrados em um coque. Sua entrada na sala de aula é o sinal dos tumultos que começam com um falso peido alto, seguidos de um longo período das pessoas com falta de ar, engasgadas, abrindo e fechando janelas, deitadas no chão e pedindo por primeiros socorros etc. Durante esse momento profano, a pobre senhorita fica quieta e fixa os olhos em algum horizonte distante como se estivesse vendo o próprio monte verde da fábula; notavelmente, depois de um tempo, a própria estranheza de sua presença em transe nos paralisa. Ela, então, pede-nos com uma voz muito calma para que abramos nossos livros em alguma história da Bíblia e mais uma vez a turma irrompe em um deboche *hooligan* e vaias altas, com comentários obscenos sobre Jesus esfaqueando o ar. Neste momento delinquente, a senhorita Jones ajoelha no centro da sala de aula e começa a orar, mas isso não ajuda. Na verdade, pelo contrário, a violência aumenta na sala. A pobre mulher agora corre para fora da sala e para o escritório do diretor e retorna com ele para uma sala de aula que agora está tão silenciosa quanto uma igreja, com as cabeças dos alunos inclinadas em reverência diligente sobre seus livros.

Uma vez por ano, uma exposição de aptidão física é organizada para os pais, para mostrar aos progenitores do grupo que, quando os frutos tirados de suas costelas não estão, de fato, na lama fumando ou brigando, eles estão sendo bem tratados o suficiente para garantir uma vida de trabalho medíocre na Inglaterra. Esta exposição envolve cambalhotas, com risco de machucar os testículos, sobre cavalo de madeira e escalada rápida de cordas, que sempre provoca uma ereção animada sob os seus shorts curtos.

E também há as temidas lutas de boxe. Por ser um covarde inato, eu normalmente evito qualquer coisa a ver com socos, mas um ano, para o meu pavor, eu sou escolhido para lutar não com um, mas com dois outros garotos, Smith e Evans. Smith é, na verdade, menor e mais esquisito do que eu, então eu dou um suspiro de alívio quando ouço o seu nome; mas Evans é um menino galês mesquinho que já tem uma reputação no *playground* por um estilo de luta perverso, e só de pensar nisso estou pronto para cagar nas calças.

Na noite da luta, vou para o ringue, primeiro contra Smith, e é como bater em um bebê. Eu simplesmente esmago a lesminha até que ele fique sem sentido e, em seguida, me sinto realmente terrível depois que ele me agradece pela luta com seu nariz jorrando sangue e seus olhos fechando-se, e eu murmuro alguma coisa sobre ter mais sorte da próxima vez. Evans é o próximo, e agora motivado pelos golpes mortais que acabei de proferir, eu me sinto encorajado a enfrentar o garoto galês. Errado. Completamente errado.

Evans parte do seu canto do ringue como um cachorro com o rabo em chamas e me acerta em cheio na boca. Eu tropeço para trás, meus olhos se enchendo de sal e meu rosto ardendo. Eu vou cambaleando atrás dele enquanto ele agilmente salta para longe, pulando e se esquivando na minha frente com um olhar sarcástico no rosto. Escroto, eu tenho que bater nele; na verdade, eu quero matá-lo. Mas eu não consigo chegar perto dele enquanto ele gira à minha volta como uma marionete e acerta minha orelha direita, que explode como uma chuva de meteoros. Meus braços batem, como um moinho de vento, no espaço vazio, e eu choro de frustração, ele simplesmente não está lá. Socos chovem sobre mim como granizo, dor e humilhação inundam minha alma, risos zombeteiros tomam minha cabeça. Não tem fim, e eu tenho pensamentos selvagens sobre o sacerdócio – qualquer coisa, em qualquer lugar, que seja pacífico e longe deste incessante inferno de porradas.

Um sino toca à distância em algum lugar, eu penso que pode ser um bom e velho sino da igreja, ou algo assim, mas é o som que significa o desdenhar e o triunfo bestial de Evans sobre mim. Eu rastejo do ringue como um cachorro apanhado e com um forte senso de *schadenfreude*[5] do público. Depois da surra, eu volto mancando para casa, com alguns amigos. Eu percebo sinal de piedade? Eu percebo leves risadas? Nós falamos sobre, eventualmente, dar uma surra coletiva em Evans, mas no final nós não fazemos nada a respeito, provavelmente porque nós pensamos que ele poderia vencer todos nós juntos.

Como membros da corrente acadêmica, temos o privilégio de receber um estilo pouco diferente de ensino daquele da escória idiota das turmas abaixo de nós. Literatura inglesa, por exemplo, em seu estilo descontraído e coloquial, é conduzido como um clube para iniciados. Nossa professora, a senhorita James – um oásis de sanidade e bom senso em uma escola que parece estar repleta de professores psicóticos, enlouquecidos e sexualmente perversos – tem cerca de 70 anos de idade, veste blazers de *tweed*, cobre seu cabelo com uma rede e fala conosco em um tom que apetece à aristocracia. Eu acho contagioso seu notável entusiasmo pela literatura e língua inglesa, e quaisquer que sejam os trabalhos que ela nos passe são mais prazerosos do que maçantes deveres de casa. Uma verdadeira professora como a senhorita James é cúmplice, visto que você descobre partes de si mesmo ainda jovem, e, embora eu já seja um leitor comprometido, essa querida e velha senhora é instigante.

Nós viajamos pelos enredos de *Judas, o obscuro, O prefeito de Casterbridge, Longe desse insensato mundo* e *Tess*, todos os quais têm uma ressonância já que são escritos por Thomas Hardy, que poderia ser chamado de um local. O pessimismo desses livros não me desanima. Encantado com personagens como Judas, Michael Henchard e Sue Bridehead, e pela fragilidade de seus relacionamentos, eu começo a despertar para o que me parece uma visão de um mundo real. Minha mãe também adora Hardy e leu todos os seus romances, e, de repente, podemos falar sobre algo que parece estar há anos-luz da infância. Há alguns

---

[5]Nota do tradutor: palavra de origem alemã para designar o sentimento de satisfação de alguém pelo sofrimento de um terceiro.

quilômetros distantes, as colinas verdejantes de Dorset – o cenário para histórias de Hardy – ganham novo significado. Nós estudamos outra literatura com a senhorita James, mas é a tragédia de Judas, as agruras de Michael Henchard, as aventuras de Tess e Sargento Troy que me fascinam, que vêm como um nó escuro e nunca mais saem.

Para chegar à escola, eu tenho que caminhar por mais de três quilômetros através de uma mata escura que parece conter regularmente cerca de duzentos homens homossexuais. Nestes dias obscuros na Grã-Bretanha, as relações homoafetivas, ainda trancafiadas no armário, são consideradas um crime contra a natureza. O termo *gay* ainda significa feliz, espíritos despreocupados e toalhinhas de crochê a la Jane Austen, mas não ainda as barrigas de tanquinho perfeitamente besuntadas, as saunas de São Francisco, os bigodes tipo Zapata e a exibição de músculos. Se você é *gay* nesta época, você é um *queer*, ou *ginger*, ou afeminado, ou um empurra-janta, é melhor você manter sua identidade oculta, ou arriscar não só ser condenado ao ostracismo da sociedade "decente", mas também a encarar uma pena de prisão, e muitas vezes próximo à mata eu vejo um pênis me vigiando atrás de um carvalho robusto. Eles são, geralmente, homens de meia-idade que parecem solitários e que, sem dúvida, vão correr como um coelho assustado se forem intimidados. Às vezes, eles nos seguem de longe, esquivando-se atrás dos arbustos e tentando tomar coragem para libertar seus mastros ao ar fresco da primavera.

Todas as manhãs, entre oito e meia e nove horas, toda a escola se reúne no pátio. Ouvimos comentários sobre o suposto progresso da escola, seguido por uma curta leitura da Bíblia e depois cantamos alguns hinos antes de voltar para nossas muitas aulas. No primeiro ano colegial nós formamos uma reles fila na parte de trás do saguão. Nós odiamos a parte de cantar o hino e, da mesma forma que fizemos com o Sr. Furneaux, deliberadamente cantamos o mais desafinado possível, nos divertindo muito ao fazê-lo. É uma balbúrdia cacofônica, e nós fazemos isso por uma questão de hábito, pensando que ninguém pode adivinhar de onde está vindo. Uma certa manhã, depois de o diretor, um velho e miserável bastardo chamado Sr. Legg, aconselhar todos nós a "mirar alto e seguir nossos sonhos", eu, por algum motivo sou chamado ao palco onde eu fico de pé enquanto o último hino é cantado. Com as distorções de *Jerusalem* ecoando no saguão, eu sou tomado por um horror abjeto ao ouvir a estridência vinda da fila do fundo onde eu normalmente fico. É alta e clara, terrível, e é absolutamente óbvio identificar quem são os culpados – são meus amigos. Eu recuo e ganho um novo respeito dos professores que, ou têm um excelente senso de humor, ou são surdos.

One Train Later

Alguns meses depois do meu décimo segundo aniversário, eu estou na frente de uma fila de crianças esperando para ir à aula. Todo mundo está em um empurra-empurra e sendo estúpido até que, de repente, a linha anda e eu sou empurrado contra uma porta, que é feita de vidro. Eu uso meus braços para tentar me proteger, mas me bato direto contra o vidro, estilhaçando-o em todas as direções. Eu caio no chão jorrando muito sangue da minha mão direita, todos os meus dedos talhados. Eu grito e grito, grito pela minha mãe e, finalmente, sou levado às pressas para a ala de emergência, onde tudo é costurado e eu sobrevivo, mas, para o resto da minha vida, com a mão direita cheia de cicatrizes nos dedos.

Em algum lugar no meio destes dias caóticos de páginas manchadas de tinta e surras de escola de estilo militar, eu tenho uma vaga ideia de que tenho jeito para música, um ouvido pelo menos, mas não há outra maneira de expressar isso sem ser através de conversas entusiasmadas e cantarolando as estúpidas músicas da época – as aulas de piano agora mais espaçadas, porque agora eu tenho um par de patins. Mas, logo após completar meus treze anos, as coisas vão mudar, quando meu tio Jim me der uma guitarra.

Jim voltou recentemente para a Inglaterra depois de alguns anos morando na África. Por causa de suas façanhas, ele tem um certo *status* lendário em nossa família, tendo morado com africanos reais, atirado contra leões e explorado minas de diamante. Quando eu tinha seis anos, ele me enviou de presente um livro chamado *The Man-Eaters of Tsavo*[6], uma história de alguns leões selvagens que atacam um acampamento no Quênia. Instigado pela visão de carne sendo rasgada por gatos selvagens, eu adoro isso e me pergunto se o tio Jim já viu um, um leão.

Um dia ele chega e diz, "Venha aqui um instante. Eu tenho uma coisa para você". Ele olha para mim, com o rosto marrom e sulcado por anos de exposição ao sol africano e, de um *case* surrado, ele saca uma velha e castigada guitarra espanhola e diz: "O que você acha dela? – Ela estava comigo na África. – Você a quer para você?" Meu coração quase para, porque, para mim, isso é complicado e exótico – um equipamento fabuloso. Ele me passa a guitarra, e eu ruborizo enquanto sussurro "Obrigado, tio" e a levo para o meu quarto como se tentasse não derrubar um ovo. Riscada e amassada, com uma corda faltando, ela não é um instrumento perfeito, mas eu a admiro instantaneamente e me sento na beira da cama com ela em volta dos meus braços, segurando-a na posição

---

[6]Nota do tradutor: sem tradução conhecida para o português.

que eu já vi sendo usada por guitarristas na TV. Eu a analiso e olho para seus amassados e arranhões, a evidência de sua vida longa, e imagino quantas músicas já foram tocadas nela, e onde foram tocadas. É um vínculo imediato e, possivelmente, nesse momento há uma mudança no universo porque este é o momento, o ponto em que minha vida se transforma. Eu toco as cordas restantes, que fazem um som parecido com elástico frouxo. Ela está terrivelmente desafinada e eu não conheço nem mesmo o acorde mais simples, mas, para mim, este é o som do amor.

Talvez este seja o som do amor, mas não tenho ideia alguma de como afiná-la e muito menos de como tocar, eu não sei nem por onde começar. Mas a salvação surge na forma de um ex-militar da RAF de quase dois metros de altura chamado David Ellis, um inquilino que meus pais recentemente acabaram de trazer para casa. Nós o chamamos de Nublado porque ele é literalmente maior do que todos nós, e nós gostamos de lhe perguntar como está o tempo lá em cima, mas ele tem uma personalidade genial e, para a minha sorte, é músico: um pianista. Ele imediatamente percebe o meu apuro e soluciona a situação trazendo, um dia, um novo conjunto de cordas e um livro de acordes com instruções para afinar a guitarra.

Eu assisto, fascinado, enquanto ele peleja para colocar cordas na guitarra e começa a afiná-la com o piano da família. Ele, então, me entrega a guitarra e me pede para tentar um acorde D7 como mostrado na primeira página do livro, um simples formato triangular. Com a guitarra já afinada, o acorde sai com um som fantástico e eu rio em espanto como se tivesse tido um beijo roubado em uma festa. Eu tento tocar alguns outros acordes, como E, A e B7. No começo eles saem lentos e dificilmente – este sendo o último momento da minha vida que meus dedos não vão estar calejados –, mas eu fico obcecado e corajosamente me dedico a tocar noite adentro até que a guitarra gradualmente desafina e deixa de ser um som de harpa angelical e se torna uma lamentação infernal. Nublado chega para me salvar, e mais uma vez afina a guitarra. Isso dura algumas semanas até que eu lentamente pego o jeito dos acordes abertos e aprendo a afinar com o piano. Eu fico trêmulo e nervoso, mas, respirando fundo, eu decido me apresentar na escola, com a minha guitarra.

Alguns anos antes, você jamais veria algo tão exótico quanto uma guitarra, mas agora ela está começando a estabelecer sua presença forte como símbolo expressivo da juventude. Eu percebo que alguns outros garotos no pátio da escola se exibem para pequenos grupos durante o intervalo da manhã ou da tarde. Eu começo a me aproximar desses grupinhos, e olho por cima dos ombros para observar o que eles estão tocando, visto que eles formam pequenos triângulos e paralelogramos estranhos nos braços de suas guitarras. Depois da escola, enquanto eu volto para casa através da mata de árvores familiares, troncos apodrecidos e espirais de salgueiro, eu tento memorizar aquelas configurações, com a minha mão esquerda no ar, dedos agrupados em três pontos contra o verde escuro orvalhado.

No começo fico tímido, porque agora eu tenho uma nova identidade que preciso assumir. Eu já espero pelas provocações dos arruaceiros no intervalo, mas porque tenho me dado a oportunidade de, pelo menos, aprender os primeiros acordes, tudo ocorre sem problemas, sem muita zombaria, e eu me torno um dos garotos com uma guitarra. O instrumento é um emblema de poder: isso me faz diferente e também me ajuda a superar sentimentos de inadequação física que tenho em comparação a alguns dos superatletas louros e altos que são muitos na minha turma. Eu aprendo mais acordes com outros garotos que tocam há mais tempo do que eu, pois nessa época não há nenhuma outra forma de aprender – não há vídeos, nem DVDs, nem CD-ROMs e alguns poucos livros. Você consegue informações, acorde por acorde, apenas se outro garoto ficar com pena de você, então eu pego essas dicas onde for e pratico a noite toda.

Começo a levar a guitarra para a escola quase todos os dias, ando com dificuldade pela mata com o peso da mochila nas minhas costas e da guitarra na minha mão. Sou um fanático agora, e se eu não estiver com ela na escola, à noite, eu volto para casa correndo só para tocar. Um dos primeiros efeitos colaterais que percebo é que ela atrai as meninas. A guitarra, como uma arma, destaca-se do corpo, fálica e austera; mesmo na fase púbere de consciência, o garoto com uma guitarra – a menos que seja incrivelmente feio – torna-se um ser mais desejável sexualmente, tem a aura de um pistoleiro.

Aqueles que tocam guitarra na escola tendem a se agrupar, e não faz muito tempo que nós tocamos nas salas das casas de muitos pais. Cinco de nós decidimos nos chamar de The Midnighters, embora nenhum de nós seja jamais autorizado a ficar acordado depois das onze. Nós nos vemos como um grupo de *skiffle*. *Skiffle* é um movimento novo e uma palavra nova que acabou de entrar para o vocabulário inglês com o aparecimento de Lonnie Donegan, um ex-cantor da Chris Barber Jazz Band. Lonnie é muito popular com sua guitarra e estilo vocal. Ele canta músicas como *Rock Island Line* e *John Henry*, e *skiffle* parece ser um tipo de música que mesmo nós, meros estudantes, podemos alcançar.

A maioria de nós só tem guitarras, mas um dia, Graham White, nosso terceiro guitarrista, traz um contrabaixo *skiffle* – um instrumento musical primitivo feito com uma caixa e um cabo de vassoura preso a ela; uma corda liga a caixa à haste de madeira que, quando puxada, produz um estrondo. O contrabaixo caseiro de Graham é maior do que ele, e depois de várias sugestões sarcásticas de que ele talvez devesse subir no baixo, ao invés de tocá-lo, ele desiste do instrumento e usa-o como uma gaiola para o seu coelho de estimação, Sneaky. Outro pobre coitado sugere que ele toque piano juntamente com as nossas guitarras, mas essa ideia é recebida com desdém: somos homens com guitarras, tocamos *skiffle*, e olhamos vidrados para os trilhos da ferrovia que desaparecem no infinito.

Minha reputação de guitarrista muda de cara quando eu não somente pego o papel principal na peça de Natal da escola, mas também volto ao palco para cantar *"Tom Dooley"* e *"Worried Man Blues"* com o nosso grupo de *skiffle*. Quando eu termino, há um suspiro audível do público, mas se ele é de desconfiança pelo tosco desempenho da apresentação ou o descaso da horrorizada fileira americanizada do saguão, ninguém nunca vai saber. Mas o resultado é que o meu *status* na escola aumenta, e a partir desse momento em diante eu muitas vezes tenho um pequeno grupo de meninas que se arrasta atrás de mim pela floresta quando volto para casa. Isto continua à noite, com flertes anônimos pelo telefone. Minha carreira como uma estrela do rock começa.

Agora meus amigos são, na maioria, outros meninos que têm guitarras, e eu começo a passar muito tempo com um garoto chamado Eddie Evans porque, sendo mais velho do que eu, conhece músicos como Merle Travis, Chet Atkins e Buddy Holly, e ele tem discos que eu nunca vi ou ouvi antes. Ele toca *"Saturday Night Shuffle"*, de Merle Travis, para mim, e me impressiona. Eu nunca ouvi uma música como esta antes, com duas partes simultâneas. Eu estou fascinado. Eddie tem alguns EPs e nós nos sentamos no piso de linóleo do seu quarto, encostados em sua cama, as guitarras em posição e com Woodbines[7] pendurados em nossos lábios, as janelas abertas para que sua mãe não note o cheiro. Eddie tem uma vaga ideia de como tocar dessa forma, algo como tocar o baixo e o agudo ao mesmo tempo. É muito difícil. E ao ouvirmos o disco, apesar do barulho insistente dos ônibus no andar de cima do apartamento de sua mãe, a técnica de *fingerpicking* de Merle atravessa a fumaça azul do nosso Woodie como se fosse uma magia xamã.

---

[7]Nota do tradutor: marca inglesa de cigarros, produzidos desde 1888.

Peggy Sue é bem mais fácil. Eu pego facilmente e nós a tocamos umas centenas de vezes com grande entusiasmo até que a mãe de Eddie comece a bater na parede com uma vassoura e grita que estamos fazendo muito barulho e que não consegue ouvir a televisão. Chateados porque achamos que tocamos muito bem, mudamos para outra música de Buddy Holly: a abertura de *"That'll be the day"*. Uma belezura, este *lick* (frase musical) no tom Mi maior começa com um Lá na terceira corda, imediatamente fazendo um *legato* para Si bemol, que é então executado como um tripleto aberto de Si bemol e pelas cordas Mi maior, e então continua descendo e entra em um acorde aberto de Mi maior. Isso é pura genialidade *rock and roll*, uma impressionante peça para guitarra, concebida por alguém que é provavelmente apenas sete ou oito anos mais velho do que nós.

Para as nossas mentes de treze anos de idade, quase tudo sobre guitarras parece vir ou estar lá nos Estados Unidos, pelo menos tudo por que nos interessamos. As melhores guitarras são americanas, todos os grandes guitarristas e os estilos também: *rock and roll*, jazz e música country. Nós não temos um Buddy Holly, um Eddie Cochran, um Gene Vincent; vivemos na Inglaterra rural, e os EUA poderiam muito bem ser outro planeta. Ir para lá seria como tentar reservar um voo para a lua.

A guitarra e seus guitarristas aparecem para nós como se envoltos em uma névoa celestial; somos completamente seduzidos pelo *glamour* das fotografias nas capas dos LPs, que admiramos nas prateleiras das lojas de discos locais. Os rostos nestas fotografias em preto e branco nos encaram de volta, com seus cabelos engomados e penteados e colarinhos desdobrados como se dissessem "Hey, baby, quer um pouco de *rock and roll*?" Nós queremos, e nunca nos ocorre, nem por um instante, que eles são seres humanos que lutam contra as drogas, divórcios e empresários pilantras – para nós, eles são deuses. Contemplamos suas imagens reluzentes, o brilho em seus olhos, como se eles soubessem algo que nós não sabemos, e os ouvimos chamar com o clamor do blues, do *rock and roll*, das *bent strings*, do *yeah, baby, yeah*, que fica há mais de um milhão de quilômetros de um chá dançante no Bournemouth Pavilion.

Quando estou voltando para casa na linha de ônibus vinte e nove, no fim da tarde, minha cabeça está sonhando com *licks* de guitarra. Eu queria continuar na casa de Eddie e tocar noite adentro, mas está ficando tarde. Eu tenho dever de casa, e minha mãe vai ficar ansiosa. O condutor vem até o meu assento e pergunta para onde vou. Nashville, eu respondo

com um ar sonhador, olhando pela janela a noite inglesa chuvosa e o neon brilhante da *Brown's fish and chip*.

Às vezes eu vou para a casa de Carl Hollings. Carl é fã de Elvis, a única música que ele vai tocar ou ouvir. Quem não gosta de Presley vai ganhar um nariz sangrando pela falta de respeito. Eu prefiro ficar do lado de Carl, e nós nos espalhamos sobre um tapete de pele falsa em frente à imitação de lareira de sua mãe – que tem, de fato, chamas flamejantes – e murmuramos juntos com El, cantando *"Teddy Bear"* ou *"Heartbreak Hotel"*. Outras vezes, mais pensativo ou desanimado com deveres de casa, nós nos empenhamos e tocamos o seu EP *"Peace in the Valley"*, o lado espiritual de El vindo à tona através dos hinos de estilo antigo que ele canta com muita sinceridade. Quando não estamos ouvindo o rei, Carl e eu, às vezes, vamos para o centro da cidade e tentamos roubar doces no supermercado Woolworths enquanto cantarolamos com Neil Sedaka, ao fundo, cantando *"Oh Carol"*.

Há um menino, um ano mais velho que eu, chamado Peter Jones, que alguns dos garotos dizem ser o melhor guitarrista da escola. Ele tem essa reputação porque, aparentemente, sabe tocar a introdução de *"Move It"*, que é um sucesso de Cliff Richard and the Shadows, mas ele não toca para qualquer um ver, então eu faço amizade com ele, com o motivo oculto de aprender a tocar este *lick*. Ficamos íntimos e uma tarde, depois da escola, ele me convida para ir à sua casa para tocarmos na sala de sua mãe. Tocamos por meia hora, dedilhando em uníssono os acordes simples que conhecemos, e então eu lhe pergunto se por algum acaso ele conhece a introdução de *"Move It"*. *"Ah, sim"*, vem a resposta tranquila e inesperada. Ele rapidamente executa um *double stopping* em quarta nas cordas Mi e Si, acabando no acorde Mi maior. É um nocaute, este simples *lick* parece conter tudo o que desejo: blues, sexo, glamour, guitarra elétrica e a distante costa americana. Mas casualmente, como se já vagamente soubesse, digo: *"Ah, entendi, sim. Agora me lembro"*, agora que já sei, guardo isso comigo, e um novo caminho para tocar guitarra se abre para mim sob uma luz celestial.

Com este *lick* em minhas mãos, parece uma coincidência divina quando é anunciado que eles – Cliff Richard and The Shadows – estão vindo para a cidade. Todos nós, jovens aspirantes a guitarristas, vamos, porque Cliff e seu grupo são o que há de mais próximo a Elvis, ou qualquer coisa dos Estados Unidos, que temos na Inglaterra. Eles vão tocar no Winter Gardens, onde estive anteriormente apenas em passeios escolares para ouvir Sir Charles Groves reger a Orquestra Sinfônica de Bournemouth. O show, com cerca de uma hora e meia de duração, é dividido em duas partes, com um intervalo na metade, quando os proprietários vendem sorvete, chocolate e laranjada. Durante a primeira metade, naturalmente, os aspirantes a guitarristas da plateia, nunca tiram seus olhos de Hank Marvin com sua Stratocaster vermelha. Hank já é um *guitar hero*, embora essa frase ainda não tenha sido criada. Óculos pretos de armação grossa a la Buddy Holly fazem ele parecer bacana, um protótipo *nerd* interessante e o perfeito contraponto inofensivo a Cliff, que é um clone bonitão do Elvis. Todos nós achamos que Hank é um grande guitarrista, e alguém que todos nós gostaríamos de ser. Mas ele está muito distante de nós, e os Shadows já têm seus próprios *hits* musicais como *Apache*. Eles tocam uma versão inglesa bem gostosa de *surf music*, belas melodias executadas com um agradável som agudo e límpido, como Dick Dale ou The Ventures, mas, de alguma forma, sem a firmeza do original. Outra coisa sobre os Shadows que impressiona a todos nós é um passinho de dança que eles criaram quando estavam tocando para Cliff. São dois simples passos para trás que formam um círculo e podem ser repetidos incessantemente. É claro que todos nós imitamos e tentamos fazê-lo quando ensaiamos; às vezes, até mesmo com raquetes de tênis ou bastões de *cricket*, e ainda assim ele parece legal.

Durante o intervalo nos amontoamos fora do teatro para tomar um ar, e eu me separo da multidão por um instante para cogitar sobre o que Hank está fazendo lá em cima. Eu caminho em direção à parte de trás do teatro, e para a minha surpresa, lá, parado como Zeus, está o próprio homem. "Hank, meu D-D-Deus", eu gaguejo, e grito, "Haaaank", e parto para cima do guitarrista magrelo como um F-16. O que Hank percebe ir em sua direção é meio incerto, mas enquanto for, na verdade, um garoto de quase quatorze anos de idade, com um sorriso de orelha a orelha, eu acho que, para Hank, o menino se transformou em um rinoceronte de mil quilos, ou o Incrível Hulk, porque um olhar pavoroso toma o rosto do guitarrista e ele foge como um antílope.

Eu procuro por ele como um míssil detector de calor, a palavra *autógrafo* martelando meu cérebro como um alerta vermelho. Hank some na Bournemouth Square, corre em volta dela e volta em direção ao Winter Gardens. Isso é, no mínimo, *sui generis* porque somos apenas nós dois correndo, não há outros fãs à vista, apenas nós dois, um guitarrista de óculos sendo perseguido por um garotinho a todo vapor, passando por pontos de ônibus, filas de pessoas entediadas, parques de diversão e várias latas de lixo lotadas com casquinhas de sorvete, jornais velhos, pontas de cigarros e a bosta de gaivotas. Hank corre e eu corro atrás. Isso parece um sonho, um filme em câmera lenta – o mundo desaba e eu perseguindo não apenas a Hank Marvin, mas a própria guitarra, que parece muito distante e suspensa em âmbar.

"Hank", eu grito, minha voz misturando-se ao guincho das gaivotas que nos sobrevoam como ratos com asas – "por favoooooooooooor". Nós corremos de volta para o teatro e meu herói finalmente encosta perto de um grande arbusto de rododendro, ofegando como um cavalo de corrida no fim de quase dois quilômetros. "Ah, tudo bem", ele suspira. Eu lhe entrego meu programa todo sujo, e Hank sorri abobalhadamente e rabisca o seu nome. Eu o agradeço e ele volta para o teatro. Vários anos mais tarde, quando estou sentado em uma loja de música no West End com Hank uma tarde e troco gentilezas, de alguma forma eu não tenho coragem de mencionar nossa perseguição *a la Keystone Kops* alguns anos antes, já que isso poderia estragar o momento em que eu finalmente conheci um dos meus heróis, não completamente, mas quase que no mesmo patamar.

DOIS

BRIDGEHAMPTON, 18 DE AGOSTO DE 1983

Eu levanto do piano e me alongo – "que diabos de horas são agora, hein?". Eu me lembro de que há um relógio no corredor e tenho uma surpresa desagradável ao descobrir que ainda nem são nove da manhã. É terrivelmente cedo. Eu não tenho que estar no show nas próximas 15 horas, mas é só a porra do Shea Stadium esta noite (simplesmente o maior show de todos) e eu tenho que voltar para a cama. Subo as escadas e volto para o meu quarto, pego minha guitarra e vou para a cama com ela. A guitarra fica ao meu lado com a sua cabeça sobre o travesseiro. Eu percorro uma mão sobre a sua superfície cheia de cicatrizes, acariciando a madeira suave. *Existe uma metáfora, eu penso com sono, existe um casamento. É isso, é uma porra.* Eu reclino a cabeça no travesseiro com a guitarra em meu peito e dedilho alguns acordes suaves que me deixam em devaneio. Showzaço à noite – melhor praticar... Deitado nos lençóis, eu toco algumas passagens de acordes que são tão familiares quanto velhos amigos, sempre lá quando você precisa deles.

Música e o tempo suspenso... Eu pego uma caneta ao lado da cama e escrevo a frase. *O tempo deixa de existir quando você toca – colide... Você toca em... tempo real... Improvisação significa tocar fora de hora... se entregando ao instrumento, seguindo seus dedos, traçando uma linha de pensamento nos trastes e cordas, permitindo que ela se torne um labirinto através do qual você vagueia – aprender a tocar significa aprender a esquecer de si mesmo, a desaparecer no que você está fazendo. Como na meditação – o instrumento é um espaço sagrado para onde você sempre volta. Só praticar já é suficiente.* Esta tem sido a minha referência desde os primeiros obsessivos anos da adolescência, quando eu sentava no meu quarto em casa e praticava 10 horas sem parar, perdido na guitarra.

No primeiro ano, ou algo assim, eu aprendo com outros garotos e com o livro que meu tio me deu, mas a grande inspiração da semana é um programa de rádio chamado Guitar Club, que vai ao ar às seis e meia todos os sábados à noite. Ele é conduzido com o humor seco inglês de Ken Sykora e apresenta o melhor talento britânico da guitarra – músicos como Diz Dizley, Ike Isaacs e Dave Goldberg. Eu nunca perco. Eu escuto atentamente e, depois de um tempo, percebo algo que soa como um choro ou uma risada no meio das passagens de solo. Eu fico me perguntando o que é e como eles fazem aquilo. Um dia, enquanto pratico, eu acidentalmente toco um Si escorregando o dedo lateralmente e em seguida solto a corda na posição correta no traste e eu escuto a corda fazer um som de choro que ouvi no rádio e eu quase caio no chão. Eu acabo de tocar a minha primeira nota de *blues*! Depois disso, eu não consigo tirar o sorriso do meu rosto ao fazer um *bend* quando estou com outros garotos com guitarras. A maioria dos guitarristas no Guitar Club são músicos de jazz de quem as músicas – típica da época – vêm de Charlie Christian e bebop, e eu sou nocauteado pelo mínimo de esforço que eles fazem quando rasgam seus solos. Minha resposta de garoto de quatorze anos de idade para isso é visceral; eu tenho que pegar essas coisas, não importa o que for preciso. Este é o caminho para as estrelas. A maioria dos meus amigos se contenta em aprender algumas músicas dos Shadows, mas eu faço o que tem que ser feito, sento na beira da minha cama e enfio a cara na guitarra a noite inteira.

No domingo à tarde, às duas horas, há um programa de TV com vocalistas, apresentações de *big-bands* e vários solistas. Um deles é o guitarrista Dave Goldberg, e mastigando um *nugget* de peixe, eu espero a hora do seu solo quando posso ver seus dedos dançando pelos paralelogramos duplos de *pearloid* de sua Gibson ES 175. Minha mãe geralmente está passando uma pilha enorme de roupas, murmurando alguns incentivos como "Um dia você consegue, querido – continue praticando", e então passa ferro na manga da minha camisa de algodão como se a preparando para o meu futuro.

Eu passo horas no meu quarto debruçado obsessivamente sobre a minha guitarra, tentando tocar como nos discos que eu repito todo o tempo. Às vezes eu penso nas meninas e fico aéreo enquanto me afogo em uma fantasia de mulheres e música, e então me sinto como um prisioneiro. Eu conheço um garoto chamado Mike, que toca guitarra e também gosta de jazz. Ele me convida à sua casa e nós ouvimos o seu único disco de Tal Farlow juntos. Ele me mostra coisas sobre as frases do guitarrista e eu fico instigado por encontrar alguém que é tão animado quanto eu em relação a música. Nós frequentamos a casa um do outro com nossas guitarras e praticamos juntos, trocando *licks* e tentando acompanhar um ao outro em *"Autumn Leaves"* ou *"All the Things You Are"*, embora, de fato, ainda não saibamos os acordes. E ainda não temos aquela pegada suingada, então não é muita coisa. Mas, mesmo assim, a gente curte muito e gosta de falar e analisar as fotografias na parte de trás dos nossos poucos discos: americanos legais com guitarras boa pinta, ternos escuros e camisas formais. Queremos ser como eles, tocar como eles, vestir como eles e talvez esta seja a primeira ideia do que mais tarde vai ser chamada de Mod.

Lentamente eu monto minha coleção de LPs até que consigo juntar um total maravilhoso de oito discos. Eles ficam no peitoril da janela sob cortinas de tecido adamascado, e olho para eles e me sinto como um rei. Segurando minha respiração, puxo o precioso objeto fuliginoso de sua capa, verifico se há imperfeições, limpo-o com a manga da minha camisa e então o coloco no pino que se eleva como uma catedral em miniatura do centro do toca-discos. Eu ajusto o volume e, então, com delicadeza, abaixo o braço do toca-discos e inquietamente encontro a passagem ao soltar a agulha no disco, cuidadosamente observando sua distância da borda do disco de modo que posso encontrá-la novamente. Sento-me no chão próximo à lareira do meu quarto, tocando-os em 16 rotações por minuto, em vez das 33⅓, que são recomendadas. Agora eu aprendo o solo ao, repetidamente, colocar a agulha neste ponto, tentando casar minhas notas às do toca-discos. O disco gira como um sol negro abaixo de mim e dele vem o solo, uma oitava abaixo da velocidade em que foi gravado. Às vezes, se for uma passagem mais lenta, soa como um lobo uivando à noite e eu imagino o músico bêbado e cambaleando por uma rua escura.

Tocar LPs dessa forma, a meia velocidade, é uma prática bastante comum na época, e se você quiser aprender coisas mais extravagantes, é assim que se faz. Mas eu fico melhor nisso, torno-me mais adepto de copiar o fraseado e o fluxo dos músicos que estou ouvindo. Às vezes, está além de mim, eu nem sempre consigo ouvir os intervalos. Erro, fico frustrado, mas gradualmente ganho agilidade e começo a reconhecer padrões, compreender o vocabulário e pegar o *lick* que sempre funciona com um acorde de sétima menor.

O braço da guitarra torna-se um território de acordes, linhas melódicas, formas e cores, e o conjunto de cordas e trastes toma minha cabeça como se fosse um sonho. Eu troco ideias com outros garotos; estamos todos buscando a mesma coisa: o ritmo, a cascata, a ondulação e a fluidez, as notas que se elevam como o ponto mais luminoso sobre a harmonia de tonalidade vermelha abaixo, as viradas, atitude, defesa e condução dançante do improvisador de jazz. Sua habilidade – como a de um ator – para ficar triste, alegre, pungente, sentimental. Os taoístas descreveram o ato de meditar como encarar um bloco de tempo não esculpido, e o músico cria um sonho ao passo que improvisa, um estado de suspensão, um lugar que escorregou das garras do comum; ao fim de um bom solo com a última frase aparecendo como a progressão final da primeira, o público parece acordar como se de um transe.

As sessões com guitarras e discos tornam-se quase que um estado sagrado, o girar dos discos escuros como mandalas – a repetição dos solos, mantras traspassando minha cabeça como um trem distante. Eu me torno recluso e privado com minhas sessões de treino e crio um isolamento, fazendo uma barreira em volta do meu toca-discos com um sofá, uma poltrona e reangulando a minha cama. Meu quarto fica estranho, como se os móveis tivessem sido arrumados por um louco, mas eu passo por cima de minha cama e entro no meu círculo mágico onde sento por várias horas com a guitarra e LPs, rendido a este mundo.

A maior parte do que eu aprendo sobre jazz vem da minha própria curiosidade fanática e de tudo o que consigo pegar de ouvido. Mas um amigo me conta que há uma loja, difícil de ser encontrada, no centro da cidade que vende discos importados de jazz americano, e vou procurá-la este fim de semana. Eu a encontro escondida no final de um beco entre a entrada dos fundos do Woolworths e a British Home Stores. Eu fico parado do lado de fora e olho a vitrine, que exibe capas de discos com fotografias de homens levantando seus saxofones, se debruçando sobre um contrabaixo, ou se reclinando atrás de uma caixa com as mãos girando. Isso é jazz de verdade. Parece estar fora de alcance; que esperanças teria de algum dia compreender aquele mundo? Eu não reconheço nenhum dos nomes, e isso me atinge como um planeta alienígena assustador.

Eu respiro fundo e abro a porta, o que faz um som alto como de um sino e acaba com minha invisibilidade, deixando-me ainda mais nervoso. Ao entrar na loja – que tem a atmosfera úmida de uma adega – sinto uma sensação estranha na boca do estômago. Esta caverna está cheia, do chão ao teto, com prateleiras de discos americanos: Blue Note, Riverside,

Columbia, Contemporary Jazz Masters. Não há ninguém na loja, exceto um homenzinho moreno com pele cor de oliva atrás do balcão, fumando um cigarro e exalando poder. Eu olho em sua direção, e ele parece gigante. Ele levanta a vista, grunhe e volta a olhar para um álbum que está segurando.

Este buraco sombrio está repleto de tudo o que eu quero. Sentindo-me como um ladrão, folheio as prateleiras silenciosamente, registrando os nomes, os rostos, os títulos das músicas. Outro homem entra na loja e vai até o balcão. Eu escuto a conversa deles por alto enquanto fumam e falam com risadinhas enfadonhas e referências que eu não entendo. Mas eu pego o nome do proprietário – Lenny – e começo a frequentar a loja todo fim de semana. Eu não tenho dinheiro para comprar nada, mas olho as capas e tento entrar naquele mundo. Ele vende apenas discos de jazz e é como se ele estivesse desistindo de algo da sua coleção pessoal quando com uma atitude como "você é digno disso?", ele permite alguém sair da loja com um LP.

Ele parece alheio, cínico, e acho que ele não gosta de mim; eu não compro nem sei nada. Sinto-me ansioso a respeito de Lenny, esperando que, talvez, ele se torne amigável, comente algo comigo, conte uma piada. Eu começo a folhear as prateleiras com os álbuns de Cannonball Adderly, John Coltrane e Miles Davis e furtivamente olho para a parte da loja onde ele permanece como um sacerdote no altar, envolvido em uma conversa sarcástica com um de seus amigos, a quem todos parecem suplicar. Como um especialista no assunto do meu desejo, ele exerce um poder emocional sobre mim, mesmo que nunca tenhamos trocado uma palavra. Mas uma tarde eu me aproximo do caixa e ele se debruça sobre o balcão, dá uma longa tragada em seu cigarro, sopra um anel de fumaça em direção à primeira prateleira, olha pela janela e diz: "Então, você gosta de jazz".

Eu começo a conversar com Lenny e nervosamente digo a ele o que eu sei – não muito – mas que eu realmente adoro jazz, e como eu posso aprender? Eu explico que sou guitarrista, ou que, de qualquer forma, gostaria de me tornar um. Ele balança a cabeça e puxa alguns discos da prateleira. Wes Montgomery, Jimmy Raney, Barney Kessel, Tal Farlow. Então ele segura um LP da gravadora Blue Note e dá uma batidinha nele, dizendo: "Este é ótimo – acabei de adquirir". É *"On View at the Five Spot Café"*, de Kenny Burrell, com Art Blakey na bateria.

Aquela tarde saio de lá com meu coração batendo com uma mistura estranha de alívio e compromisso, como se acabasse de ser aceito no sacerdócio. Eu mal posso esperar para ouvir o álbum, e quando eu chego em casa e finalmente o coloco na mesa, isso me deixa em transe e eu continuo tocando sem parar. Eu amo o som sujo e melancólico de Burrell e a atmosfera deste álbum, com ruídos de vozes murmurando baixo, copos tilintando e risadas, de alguma forma, transmitindo a impressão da vida jazzística, da realidade vívida. Sinto-me como se fosse eu ali no palco, com a guitarra na mão, melancolicamente tocando na escuridão de um pequeno clube em Manhattan. Sem dúvidas eu romantizo absurdamente, mas o ambiente do clube e a voz líquida da guitarra representam algum tipo de nirvana para mim.

Eu decido aprender o solo de Kenny em "Lover Man" – um dos melhores solos de guitarra de jazz já gravados – mas ele o toca em sol menor, o que leva muito para eu pegar. Mas, eventualmente – como estou treinando com um pedaço rasgado de partitura avermelhada com uma foto de Billie Holiday na capa – eu sou capaz de mudar de tom de Ré menor e nota por nota aprendo a tocar como uma música em si mesma.

BRIDGEHAMPTON, 18 DE AGOSTO DE 1983

Eu toco mais alguns acordes. Minha mão esquerda tira um acorde de Dó sustenido menor, que eu toco com cordas abertas em Mi e Si. Tenho tocado esta configuração constantemente ao longo das últimas semanas, criando uma composição nova a partir disso enquanto escuto uma linha superior de uma linda melodia cromática descendente. Esta área do Dó sustenido menor consegue soar como menor e maior ao mesmo tempo em que se liga a Mi maior e Lá maior, ambas sendo grandes tons amistosos à guitarra. Eu paro por um instante e mudo para o quinto traste e a posição central no braço da guitarra. Ré menor e outro grupo de emoções e constelações surgem. Este tom é mais melancólico e me traz Django à mente, o som de um clarinete, chuva formando um lamaçal sob minha janela e meu pai xingando porque as rosas se sujam na lama.

Lenny e eu nos tornamos mais próximos e ele começa a ampliar minha percepção musical além da guitarra. Ele me dá um ótimo desconto nos álbuns e depois de um tempo eu tenho uma coleção de Monk, Coltrane, Miles, Sonny Rollins e Ornette Coleman. Escuto atentamente, em um esforço para ter uma visão de jazz além da guitarra. Lenny impulsiona ainda mais a minha admiração quando me dá um álbum chamado *The Thelonius Monk Orchestra at the Town Hall*, uma gravação ao vivo de Thelonius Monk com uma *big band*. Ao ouvir este LP, as composições e uma magia assimétrica de Monk me acertam como uma revelação. Eu conto isso para Lenny, que fica contente por ter "sacado" e então me diz que Monk está vindo para a Inglaterra dentro de alguns meses.

Pop ainda não é rock, e com o século XIX se transformando no XX, a música não atingiu o estágio de autoconsciência criativa onde vai ter condição favorável, qualidade artística e expressão com letras enraizadas na poesia e nas divagações alucinantes de Bob Dylan. Enquanto eu pelejo com a guitarra nos primeiros dois ou três anos tocando, não é o pop que me pega, mas o mais obscuro abismo da música americana, com seu melancólico submundo, solos frenéticos, bateria folgada e *dark-throated bass*. Eu quero tocar a verdadeira música estrangeira – jazz. O pop britânico e a cultura britânica, nesta época, são tão divertidos quanto um biscoito integral McVities. Temos Helen Shapiro, Alma Cogan e as Beverley Sisters. Eles têm Elvis, Little Richard, Chuck Berry, Link Wray, Lonnie Mack, Ray Charles, James Brown, Muddy Waters, Bo Diddley, Miles, Coltrane e Monk. As palavras *rock* e *star* ainda não se juntaram, este conceito ainda não existe, mas você franze os lábios despreocupadamente, se imagina soprando um anel de fumaça, chamando as garotas de "gatinhas", assobiando um solo de Miles. Rock, guitarras e a cultura jovem vão, certamente, infiltrar tudo, mesmo o terreno sagrado de astros tais como Miles Davis, e vai definir o curso que o jazz toma no final dos anos sessenta e setenta.

Sob a orientação de Lenny, eu continuo a expandir minha percepção musical e começo a ouvir trompistas e pianistas: Bill Evans, Horace Silver, Clifford Brown, Hank Mobley. Eu começo a ler *Really the Blues*, de Mezz Mezzrow e a autobiografia de Louis Armstrong. Eu começo a me sentir mais imerso nesse lance do jazz e olho fixamente para o espelho do meu quarto, vendo o cara na capa do disco, o cara em um terno escuro, o homem. Às vezes essa visão desvanece e tudo que eu vejo é um garoto de cabelos desgrenhados, sardas e uma gravata vermelha e amarela da escola, e então sou dominado pelo pânico quando minha autoconfiança desaba. Mas, aos poucos, a minha coragem cresce e eu formo minhas opiniões. Embora ainda goste de Cliff Richard and the Shadows, *"Kind of Blue"* e *"Goodbye Pork Pie Hat"* fazem *"We're all going on a Summer Holiday"* parecer maçante.

Deitado sobre uma toalha na areia quente de Bournemouth Beach, em pleno verão, com uma miscelânea de sorvete, algodão doce, pele bronzeada e os vapores de petróleo de creme Nivea se aglomerando, eu vejo um outro mundo, um lugar onde as coisas estão violadas, tristes – a mancha de batom na borda do copo, a mulher que parte, um fim melancólico em um hotel barato, o solfejar de um sax tenor. Levanto-me da areia, vagamente pensando que quero um sorvete e começo a me esquivar do emaranhado de pernas vermelhas queimadas de sol em direção à beira do mar. Enquanto chacoalho meus pés contra as marolas que removem a areia quente entre os meus dedos, minha cabeça é tomada pela visão triste e bonita desta outra vida: as perambulações dos bordéis de Nova Orleans para as ruas de Nova Iorque, seus sumos sacerdotes – Armstrong, Ellington, Parker, Miles e Coltrane – as palavras que eu não entendo, *reefer, horse junk, ofay, Jim Crow, hoochie coochie*.

E então eu vejo uma garota deitada na areia com mais duas amigas. O nome dela é Jenna; ela frequenta minha escola e usa um traje de banho azul apertado que está brilhando e molhado depois de um mergulho no mar. Eu fico olhando para a saliência que seus seios formam na parte de cima do seu maiô. Ela parece uma mulher. Uma chama se acende dentro mim e a minha cabeça esquenta. Com o meu pulso batendo como um tambor africano, eu vou até ela. "Oi," eu digo. Ela afasta-se de suas amigas por um instante e espreme os olhos na minha direção. "Ah, oi", diz ela. Eu percebo que há uma mosca em seu nariz, mas que ela não a espanta. Eu me pergunto se a mosca sabe o quão ela é sortuda. Eu aceno para ela, como um pinguim e caio fora.

"Moose the Mooche", "Sippin' at Bells", "Klact-Oveeseds-Tene", os seios de Jenna peitos, bocas, pernas, junkies, pó, solos de trompa e *zoot suits*, Birdland, Manhattan, o fedor de algas, o barulho do guinchar das gaivotas e uma luxúria pungente caem sobre mim como cidra. Eu rio, como um papagaio, das vigas enferrujadas do *píer* como se lhes contasse uma piada e então, confuso e suspirando com um desejo de jazz e de Jenna, com dificuldade, passo pelo tradicional show de marionetes, Punch-e-Judy, através de um emaranhado de cadeiras, bebês chorões e pais roncando com lenços sobre suas cabeças e compro um picolé da Lyons Maid e uma lata de Tango.

Em casa, depois de praticar, eu deito no edredom, minha velha guitarra espanhola sobre meu peito e, mentalmente, projeto um filme no teto de gesso. Ali está – tremeluzente como um filme em preto-e-branco de Sennett. Uma figura sombria com a guitarra que canta uma frase como o

One Train Later

gemido baixo da meia-noite e mil bagas de cigarro no ambiente melancólico e cinzento do Five Spot. Jenna está lá sentada, esperando, vestida em um sexy vestido curto, sua boca como uma flor escarlate – ela exala o perfume de rosas. Depois do segundo *set*, eu a chamo para sair. Nós vamos a um pequeno restaurante italiano no centro da cidade – eles me conhecem aqui –, nós nos sentamos no canto, bebemos vinho tinto, nos tocamos por baixo da mesa, a noite à frente intumesce com desejo...

Eu ainda tenho que fazer minha lição de casa, mas eu pego *Really the Blues* para ler e meus olhos azuis batem na passagem sobre a pena de prisão de Mezzrow e como ele, um judeu branco, se faz passar por negro – as palavras estão ficando confusas... meus olhos estão arruinados.

BRIDGEHAMPTON, 18 DE AGOSTO DE 1983

Dez e meia da manhã com dificuldade para dormir, eu alcanço minha mala que está ao lado da cama e pego o meu toca-fitas cassete e penso, Bem, sim, não foi bem assim, mas ainda assim... Estou à procura de uma fita do grande violonista brasileiro Luiz Bonfá, pensando que vou relaxar e ouvir um pouco de música. Na bagunça da minha mala, com as suas fitas, fones de ouvido, toca-fitas, livros de bolso, cadernos e uma maçã meio comida, eu não consigo encontrá-la, então eu me deito e, meio sonolento, toco uma versão solo de *Manhã de Carnaval*, uma música que ouvi pela primeira vez aos dezesseis anos, na parte mais baixa do cinema Continental.

O Continental é um lugar onde, em uma atmosfera fedendo a cigarro, sorvete e esperma, você pode vicariamente experimentar o mundo lá fora. A especialidade desse cinema são conteúdos explícitos, filmes como *E Deus criou a mulher*, com Brigitte Bardot, que nos fazia sentar na primeira fila, olhando para cima, com desejo, para sua cintura fina e seios protuberantes enquanto ela se contorce em mais um melodrama sensual. Ou, como se corrigindo um desequilíbrio moral, filmes sobre o risco de doença venérea ou fumar maconha, proporcionando-nos uma mensagem educacional hipócrita. É como se os programas do Continental colocassem um bolo fabuloso sobre a mesa com um pequeno aviso de que ele contém estricnina. Mas um filme que transcende a tudo isso e me surpreende é *Orfeu Negro*.

Ambientado no Rio de Janeiro, o filme é uma releitura do mito de Orfeu com um elenco apenas de negros e a música fantástica de Luiz

Bonfá. A melodia inesquecível de *Manhã de Carnaval*, as exóticas vistas ensolaradas do Rio e a pura fisicalidade de tudo isso me tomam em uma onda de desejo, tomado pelo mundo do sol, do sexo e da música que chega para mim como uma Shangri-la brasileira. Naturalmente, eu perco a ironia: o povo negro pobre das favelas que é capaz de esquecer a pobreza opressora e violência de suas vidas com uma música. Mas no escuro do Continental, com suas lanternas chinesas e odor de solidão decadente, eu sou transportado. As harmonias e a linha melódica requintada de Bonfá cortam, como uma faca, minhas emoções adolescentes e derramam luz solar, como um raio da verdade, sobre as fileiras de assentos sujos. Anos mais tarde eu vou vivenciar esse sonho fazendo muitos shows no Brasil e, finalmente, executar esta música na praia de Copacabana, uma noite, para uma grande multidão de brasileiros cheios de suingue.

Apesar de amá-los e de eles terem o efeito de reforçar ou moldar minha ideia sobre o mundo, filmes não ameaçam meu pacto com a guitarra. Quando minhas mãos estão nas cordas e a fluência toma seu curso, tudo está bem e eu intuo que é assim que vou evoluir. Eu começo a solicitar catálogos de guitarra e esbaforidamente espero chegarem, quando, avidamente, rasgo os envelopes e deito na minha cama por horas, babando as fotografias em preto e branco das guitarras de Hofner Senator, Committee e President. Novos termos entram em minha cabeça: acabamento em forma de lustrosos raios de sol, pentes ressonantes, tarraxas marfim, tampos harmônicos de abeto e costas divididas. Eu deito na cama à noite tendo visões desses desejáveis instrumentos vagando em minha imaginação febril. O conceito *rock star* ainda não surgiu. Não há uma cena rock, não há MTV, não há possibilidade de se aposentar mundialmente famoso aos vinte e cinco ou ter seu rosto estampado em uma camiseta; a única coisa que você tem é que tentar ser bom em sua guitarra. Esse é o alvo. Existem Cliff Richards e outros rebeldes, mas se você aprender a tocar, talvez entre na banda no festival Locarno da cidade – e essa humilde ideia é suficiente para sustentar as intermináveis horas de prática.

Meu melhor amigo nessa época é outro guitarrista chamado Dave Wilson, um garoto inteligente, de cabelos escuros, com olhares a que a maioria das mulheres não consegue resistir. Dave toca violão clássico e também conhece algo de flamenco. Além de, incessantemente, trocarmos alguns *licks* de guitarra, lemos os mesmos livros juntos, discutimos durante a leitura e formamos um clube literário e guitarrístico de duas pessoas. Depois de um tempo, desenvolvemos o nosso próprio ponto de vista:

geralmente uma atitude desdenhosa a tudo que consideramos uma parte do mundo careta, a maioria adquirida nos livros terríveis que lemos juntos. Nós aumentamos nosso conhecimento de cultura vanguardista indo assistir a filmes estrangeiros dirigidos por Godard, Truffaut, e Antonioni. Vamos assistir a *O ano passado em Marienbad*; com sua múltipla edição, sobreposição de tempo, sequências de *flashback* e de *flashforward*, é bem confuso. Mas saímos do filme acenando, como que sábios, um para o outro como se tivéssemos entendido tudo, ambos com medo de admitir que não têm a menor ideia de que diabos foi aquilo. Fingindo um profundo conhecimento sobre sexo e mulheres, falamos em termos que fariam Casanova empalidecer, mas a verdade é que nenhum de nós, provavelmente, nunca passou de puxar uma alça de sutiã apertada ou dar uma rapidinha, de pé, em um fim de festa. Mulheres ainda são um sonho distante.

Às vezes vamos a um *wine bar* espanhol. Embora sejamos muito jovens para tomar um drink, podemos beber uma laranjada e ouvir o guitarrista flamenco local. Ocasionalmente criamos coragem para falar com o guitarrista (que é amigável), e ele nos diz um pouco sobre o compasso do flamenco e os nomes de alguns dos ritmos: bulerías, seguiriyas e soleares. Tudo soa muito exótico e estranho para mim, mas eu tomo uma nota mental para revisitar essa forma de tocar violão no futuro. Ele toca algumas peças de Villa-Lobos e nos diz que este é um violonista clássico do Brasil. A angularidade das linhas e a harmonia exótica me excitam; não é jazz, mas chama a minha atenção e eu a guardo para pesquisa futura.

Um verão nós viajamos de carona ao longo da costa francesa e para San Sebastián, do outro lado da fronteira espanhola. Nós dormimos em campos e então pegamos qualquer carona que pudermos na manhã seguinte. Uma das melhores caronas que pegamos é com um padre francês que nos regala todo o caminho com histórias de como ele se tornou um padre para evitar entrar para o exército. Chegamos a San Sebastián por volta das dez da noite e sem nenhum lugar para ficar, mas, felizmente, um policial local fica com pena de nós e nos mostra uma pequena pensão no meio da cidade. A proprietária, a quem apenas conhecemos como "a señora", tem um quarto disponível com duas camas, então pegamos esse. Notamos também que ela tem duas filhas lindas e imediatamente começamos a fantasiar sobre elas, atiçando um ao outro a novos delírios eróticos.

Nós vagueamos em San Sebastián por alguns dias e sentamos na praia com nossos livros de Kierkegaard e Camus enquanto fritamos no sol espanhol e morremos de fome porque não temos quase nenhum dinheiro; vida existencial é legal, desde que você possa comer. Mas a señora sente pena de nós e murmura, "Delgado, delgado", quando nos vê na casa. Ocasionalmente nós começamos a comer com a família, a señora percebe que provavelmente a única maneira que nós temos de conseguir comida é se ela nos convidar para sentar com eles à noite. Tratando-se de Espanha, o jantar não é servido até cerca de dez horas da noite, altura em que já estamos alucinando de fome. Tudo o que Dave e eu estamos comendo neste momento são laranjas empurradas com água.

Nós comemos na cozinha, em uma grande mesa. O pai senta-se em uma das extremidades e, exceto por um "buenas noches", fica em silêncio. Ele trabalha no mercado de peixe local e tem uma cicatriz acima da sobrancelha direita e bochechas curiosamente vermelhas. Nós nos sentamos de frente para Isabella e Graciella, as duas filhas, o que é perturbador: elas têm cerca de dezesseis e dezoito anos de idade, um par de *sex bombs* espanholas. Elas não falam quase nada porque são tímidas e não falam inglês, mas sorriem bastante. Talvez seja apenas na minha cabeça, mas há um clima de tensão sexual no tórrido ambiente da cozinha. O calor da noite de verão parece estar em conspiração com seus bronzeados e descobertos braços e pernas, seus lábios vermelhos e delirantes línguas cor-de-rosa, até parece que o fogo está emanando de seus corpos e isso combina com o Rioja para produzir uma sensação de asfixia e roupas que parecem muito apertadas, e a pequenina cozinha quente e a toalha de mesa quadriculada rodopiam na minha frente.

Aos dezessete anos só há uma coisa em nossas mentes e ela está ali, a alguns centímetros de distância. Eu acho que a señora, que tem seu rosto enrugado tomado por um sorriso de Mona Lisa, está se divertindo nesse momento, alimentando-nos com uma mão e nos torturando requintadamente com a outra, como uma bruxa cozinhando dois camarões em seu caldeirão.

No meio da mesa há uma grande tigela com peras, romãs e uvas. Apetitosas e prontas para comer, parecem zombar de nós sendo elas uma ressonância das jovens fêmeas. Quando Isabella, a irmã mais nova, me oferece a tigela e minha mão a toca, é como se uma enguia elétrica acabasse de mergulhar em meu corpo.

A cozinha, com seu forte e profundo aroma de alho e azeite, tem o efeito de atiçar nossas glândulas salivares a ponto de babarmos. E quando a señora nos serve uma travessa fumegante de carne e vegetais, juntamente com pão preto e queijo Manchego e azeite de oliva, comemos como lobos. Ela se inclina à mesa e nos serve mais duas taças de Rioja e com uma sobrancelha levantada murmura, "Vino?", e embora não estejamos realmente acostumados a isso, não contestamos. Acima do centro da mesa pende uma pequena lâmpada com um sombreado feito de uma manta velha com imagens de dançarinos de flamenco, o que parece estranho na pequena e quente cozinha confinada, mas que suaviza o ambiente, lançando sombras na parede, que são uma reminiscência de Goya. Na parede oposta, próximo a uma pequena pintura da Virgem, há um cartaz da tourada de San Sebastián de alguns anos atrás e vizinho a ele, suspensa por um prego, uma guitarra aparentemente antiga com uma corda faltando.

Acho que ambos temos a mesma ideia de pedir para pegar a guitarra para tocar e impressionar as garotas, mas estamos muito ocupados enchendo a cara. Ao final do jantar, a señora sorri para nós e diz: "Quieren helados?" e nós sorrimos de volta e dizemos "Sí, gracías". Então, nós quatro sentamo-nos à mesa e tomamos grandes bocados de sorvete de baunilha. Observar Isabella e Graciella com sorvete escorrendo em seus queixos e suas línguas lambendo-os até que diminuam é presenciar uma pintura de Balthus em ação. Por um momento, nós quatro sorrimos um para o outro e experimentamos um tipo de união sensual. Não sexo, mas ao alcance de uma lambida. Nós não podemos tocá-las, fazê-lo seria correr o risco de levar uma punhalada nas costas ou morte por afogamento acidental na baía de San Sebastián... mas então, novamente, talvez valesse a pena.

Entupidos de comida espanhola o ponto de sentir dor, Dave e eu voltamos ao nosso monastério e tentamos retornar a Jean-Paul Sartre e a trivialidades, com uma débil esperança de que vamos tirar de nossas mentes febris a visão de duas mulheres gostosas e nuas inquietas na quente noite espanhola. Nós temos fortes intenções de ficar na Espanha e sermos andarilhos, mas, finalmente pegamos a estrada e pegamos carona de volta pela França. Famintos e alucinando sobre comida todo o caminho, apoiamos um ao outro com sonhos do futuro, que para mim têm que ter a guitarra. Depois de duas semanas, eu realmente sinto falta disso.

No verão seguinte, vamos a Paris.

Este é um lance diferente porque estamos um pouco mais velhos e temos ternos, que nós pensamos ser o que você precisa usar em Paris. Chegamos a Orly em um pequeno avião comercial e vamos para a cidade. Novamente, não temos nenhum lugar para ficar, mas vamos rumo a Pigalle e, finalmente, encontramos uma pequena hospedaria com uma proprietária que é, obviamente, a reencarnação de Madame Defarge. Desta vez não há filhas, mas uma atmosfera fria onde nossa existência pouco importa. Então nos divertimos vagando por Paris, visitando os lugares e na esperança desesperada de sermos apanhados por duas garotas sexy. Nenhuma garota vem ao nosso encontro, mas nós vagueamos por Pigalle à noite e vemos as prostitutas trabalhando, muitas das quais são surpreendentemente belas. Desafiamos um ao outro a sair com uma delas, mas nenhum de nós é macho o suficiente para isso, por assim dizer, embora nós recebamos muitos sorrisos encantadores das Irmãs da Misericórdia quando cruzamos o *boulevard*. Nós somos carne nova e provavelmente uma aposta bem melhor do que muitos dos delinquentes de quem rimos quando formam enormes filas para entrar em um bordel popular em particular, o Vive la France.

Depois de alguns dias nos mudamos para a rue de la Huchette, em St. Michell, onde conseguimos um quarto em cima de um clube de jazz chamado La Chat Qui Peche. À medida que nos ajeitamos na hospedagem acima do clube de jazz, a adega apresenta a estrela americana do jazz, o trompetista Chet Baker. Este é um momento do declínio de Chet; nós descemos para vê-lo tocar, mas ele está tocando com uma cozinha francesa que o acompanha de forma enfadonha, sem nenhuma conexão ou entusiasmo. Embora eu ainda não consiga explicar, eu sinto algo vindo de Chet, que parece destruído, mas ainda está tocando com um lirismo inegável e de partir o coração. Ele está sofrendo com drogas, saúde ruim e péssimas companhias; eu ainda sou muito verde para compreender as entrelinhas, mas tenho a intuição de que algo está errado.

Outra noite, quando deixado à minha própria sorte enquanto Dave está fora com uma alemã magricela chamada Margueritte, eu atravesso o rio para ir ao Right Bank e ao Blue Note Club. Eu paro do lado de fora e analiso o cartaz de quem está tocando. É um trio com Kenny Clarke na bateria, Jimmy Gourley na guitarra e um organista francês que não conheço. Eu desejo desesperadamente entrar, mas é muito caro, por isso está fora de questão. "Você vai entrar?" eles perguntam. "Não", eu digo tristemente, "não tenho dinheiro". "Nós o levamos", eles dizem, e entramos.

Lá dentro é escuro e sexy com um pequeno bar ao lado do salão e um palco do tamanho de um selo postal; os músicos ainda não estão a postos, então meu novo mentor Bill pede bebidas. Eu peço uma cerveja porque acho que soa bacana e adulto, mas eu preferiria tomar uma Coca-Cola. O trio sobe ao palco em uma espécie de resignação entediada e começa a tocar. Estou entorpecido, tudo flui tão bem: Jimmy Gourley parece derreter de um padrão para outro, nadando com facilidade consumada na fluidez e no turbilhão de percussão e mudanças de acordes. Eu observo seus dedos e tento imaginar algum tipo de lógica – como ele sabe fazer isso? Ele tem uma maneira de percorrer todo o braço da guitarra que eu simplesmente ainda não tenho. Claro, eu tenho tocado por apenas alguns anos e ainda não compreendi que há um sistema de clichês, padrões e escalas que você pode aprender e estudar que levam você através de todos os tipos de estrutura harmônica. Mas eu posso provar isso, sentir isso. É como uma dor interior; eu tenho que ser capaz de fazer isso.

Improvisar, dançar pelas cordas com os olhos fechados, perdido no rio do tempo, fazer música no instante, refletir como um espelho – esta é a forma de falar para o mundo, este é o espírito eterno. Ver Jimmy Gourley no Blue Note é a minha primeira exposição a um grande improvisador de guitarra de jazz, e isso me atinge profundamente. Depois do show, vago com meus amigos pela noite e Paris, agradeço a eles e, então, assustado e ensandecido, começo a longa caminhada de volta ao nosso quarto no Quartier Latin.

Sozinho e com a minha cabeça voltada mais para a guitarra do que para a lição de casa, eu começo a sentir que se eu quiser ser um competidor, vou precisar de um instrumento melhor – e isso significa dinheiro e isso significa trabalho e isso significa entregar jornais. Este trabalho tedioso começa assim que a lua se desvanece do céu gelado e escuro e antes que o galo cante. Infelizmente, eu estou com o pernicioso hábito de me abaixar perto do meu toca-discos Dansette e copiar *licks* até de madrugada. Isso seria bom se eu pudesse dormir até as três da tarde do dia seguinte, mas agora minha mãe me acorda às seis da manhã. Como uma aberração da natureza, eu me arrasto para fora da cama, piso no chão gelado de linóleo e luto para entrar em minhas roupas enquanto tento engolir uma xícara de Ovomaltine. Neste ponto – sentindo-me exausto – seria bom voltar para a cama, mas em vez disso eu cambaleio até a porta da frente com a minha mãe mandando não me atrasar para escola. Eu pedalo por ruas alagadas, pelo gelo traiçoeiro, cães ferozes e vendavais. Com minhas mãos coladas no guidão e a chuva de granizo uivando através da minha balaclava de lã, o calor do Ovomaltine desaparecendo rapidamente do meu estômago, eu tento pensar na guitarra, mas percebo que é uma perda de tempo porque sem dúvida, as minhas mãos, graças às queimaduras do frio, que agora se alastram sobre elas, terão que ser arrancadas dos pulsos. Não há um só dia sequer em que o tempo não esteja me rasgando em pedaços como se eu fosse submetido a um teste pré-programado de condições extremas para averiguar se sou ou não digno do prêmio. Na revista americana *Down Beat*, eles chamam isso de pagar suas dívidas.

Algumas manhãs, minha mãe se lembra de me dar "algo para segurar as pontas até o café da manhã", como ela costuma falar e, em um dia bom, coloca uma barra de chocolate Mars ou um Munchy Crunch Bolero no meu bolso. Em um dia ruim, vai ser biscoitos Farley's Rusk ou alguns Peek Freans *cheeselets*, que eu jogo para o primeiro doberman que atacar. Quando eu chego em casa, dormente e tremendo, o café da manhã pronto: poderia ser mingau de aveia Scott – sempre armazenada na prateleira ao lado do Omo – ou cereal Welgar, com uma fatia de maçã e apenas um pouco de Windowlene. Esta refeição atraente é normalmente regada a água de cevada com limão e então pego a bicicleta de volta ou faço a longa e pesada caminhada para escola, pela floresta escura e arrepiante. Mas o valor e a recompensa desta tortura mental e física é a guitarra que paira como uma bandeira brilhante em um futuro impossível.

TRÊS

BRIDGEHAMPTON, 18 DE AGOSTO DE 1983

Olho para a guitarra em minhas mãos, esta velha e surrada Fender Telecaster com a maior parte da sua pintura arranhada e seu caráter híbrido (devido a um humbucker – variedade de captador da Gibson substituindo um captador original da Fender). É com esta guitarra, essa coisa velha destroçada que eu comprei de um garoto em Los Angeles, em 1972, por duzentos dólares, que fiz a viagem. Eu me pergunto irrefletidamente se ele notou que a velha guitarra dele se tornou um ícone. Eu a ofereci de volta para ele depois da compra, dizendo: "Você tem certeza? Essa guitarra tem algo de diferente", mas ele recusou. Eu acho que deveria ter uma bela e reluzente guitarra nova – agora, a cada cinco minutos, me oferecem –, mas eu adoro esta antiga relíquia: ela tem alma. Alguém

uma vez me disse que, como uma mulher, você só consegue uma guitarra de verdade na vida. Para mim é esta Tele 1961.

Próximo ao meu aniversário de dezesseis anos e depois de alguns anos entregando jornais, eu consegui dinheiro para comprar algumas guitarras – uma Voss, uma Rogers e uma Hofner Senator – e um par de amplificadores: um Watkins Dominator e um Selmer True Voice (com o famoso filtro de áudio da Selmer). Mas, finalmente, depois de suportar o purgatório interminável entregando jornais e outras tarefas braçais – lavando, descascando batatas em uma cozinha de hotel, passeando com cães, vendendo sorvete, trabalhando como fotógrafo na praia – eu tenho o dinheiro para uma Gibson, a mais emblemática e desejável de todas as guitarras. Com os bolsos cheios de notas de libras e uma cabeça cheia de esperança, eu embarco no trem para Londres.

Chegando a Waterloo, eu fico impressionado com o tamanho da estação e com a enormidade cinzenta da cidade além e quase pego o trem de volta para retornar ao oeste, mas com o coração palpitante, eu pergunto a um carregador de boné preto qual é o caminho para Charing Cross Road. Ele se inclina e diz: "Tubo para Tottenham Court Road e salta lá, tá certo, gracinha?" Agradeço-lhe e vou até a plataforma, não tendo entendido nada. Finalmente, e depois de perguntar a muitos estranhos, eu compreendo que tubo é um trem, não um objeto cheio de creme dental, e lá embaixo está ele – no subsolo. E assim, coletando pedacinhos de informação, eu chego ao trem correto e finalmente (agora com várias pessoas me orientando) consigo saltar em Tottenham Court Road e chegar à loja da Selmer. A loja é grande, impessoal e intimidante, e eu me sinto tão significante quanto uma mosca ao lado da Abadia de Westminster. As guitarras, os vendedores com cara de entediados, todo o ambiente, me deixam tão nervoso quanto um coelho, mas pendurada na parede como um sol asteca em toda a sua glória resplandecente está uma Gibson, uma ES 175. Com o pulso batendo como um tambor africano, eu murmuro, "Posso ver aquela?" para o vendedor que modestamente me perguntou o que eu queria. "Você quer ver 'aquela' guitarra?" Ele olha para mim, incrédulo, como se eu tivesse acabado de pedir um encontro com Rita Hayworth. "Cristo", ele murmura para si mesmo, mas a alcança e a desprende. Eu tento alguns acordes – ela é fantástica, é milagrosa – e ao correr meus dedos ao longo do braço é como se anjos sussurrassem ao meu ouvido, *O futuro começa aqui*. Eu olho para as lapelas do terno azul. "Vou levá-la", digo com um sorriso largo.

No trem de volta para casa eu me sento agitado com entusiasmo, segurando a alça do *case*; de jeito algum eu vou colocá-la no bagageiro ou deixar alguém chegar perto dela. De volta ao meu quarto, eu tiro o véu da minha nova noiva em todo seu doce esplendor. Repousando ali, no enrugado *case* de veludo rosa, ela é uma máquina musical perfeita. Eu gentilmente a removo de sua cama e toco alguns acordes, GM7, C7b9, FM7#11. O cheiro de madeira nova invade meus sentidos como um antigo perfume da floresta, algo toma asas, e eu toco a introdução de *"Move It"*.

Duas semanas depois, em um belo dia ao fim de outubro, eu combino de encontrar uma garota no parque local. Querendo impressioná-la, eu decido levar a 175 comigo e mostrar-lhe alguns acordes. Sentamos juntos no banco como Romeu e Julieta. O vento sopra das árvores uma cascata de folhas vermelhas e marrons por toda a grama e em volta do banco onde estamos sentados, eu segurando a guitarra. A garota, Natasha, tem longos cabelos loiros, um rosto com um toque da Rússia e a promessa de ser uma mulher de partir o coração. Ela senta-se próximo a mim e eu sinto seu calor. Estou desesperado para beijá-la e tento tocar algo para ela na 175 e estou tão abalado que toco mal, mas ela puxa uma folha de seu cabelo e murmura como se aprovasse. Em um impulso, eu coloco meu braço em torno dela e a puxo em minha direção com os olhos fechados. "Não", diz ela, e dá uma gargalhada e parte cruzando o parque. Deixei a guitarra e saí atrás dela pelas ruas que levam até a sua casa. Ela corre como um cervo e no crepúsculo eu a perco. Eu corro de volta para o parque para pegar minha guitarra e ir para casa. Mas quando eu chego ao banco, não há nada lá, exceto mais algumas folhas caídas. Ela se foi. Minha ES 175 – desaparecida. Perturbado, escorrego as mãos sobre a madeira do banco. Sinto-me mal, a guitarra de meus sonhos perdida para sempre. Eu volto para casa entorpecido e chocado e em uma cena lacrimejante e dolorosa, explico a meus pais o que aconteceu. Meu pai imediatamente liga para a delegacia de polícia local e eles concordam em sair para procurá-la.

Os dias passam e nada acontece. Eu fico muito quieto em meu quarto e caio em uma depressão profunda. Eu olho para o nada e dedilho apaticamente a Tio Jim Espanhola, mas isso me põe ainda mais para baixo. Eu deito na minha cama e observo o teto. Talvez esta seja uma primeira lição: um rito de passagem, uma convergência de guitarras e desejo – a mistura fatal de trastes e *femme fatale* – um marcador do futuro. Ou talvez eu devesse apenas prestar mais atenção.

Enquanto isso, a força policial local – bons rapazes – vasculham e buscam pelo ladrão dos meus sonhos e voltam sem nada, exceto por uma expressão vazia. Mas o mundo dá voltas e um dia, como que um seis duplo caído na roleta, eu ouço meu pai no corredor falando naquela coisa gigante, negra e giratória que ele chama de telefone. "Sim, entendo... Está bem, humm... sim, claro, eu vou dizer a ele". Não soa muito bom. Enquanto melancolicamente toco no meu quarto, batem à porta. Meu pai franze a testa e faz sua melhor imitação de Capitão Bligh, mas não consegue segurar – ele começa a sorrir e diz: "Os bastardos vão reembolsá-lo". Deixo escapar um gemido e caio da cama, simulando um ataque epilético. Ele sorri e silenciosamente fecha a porta; quer se trate de alívio ou loucura, eu não sei, mas eu paro na frente da minha pequena pilha de LPs, toco neles e então começo a rir enquanto lágrimas rolam pelo meu rosto.

Não mais do que duas polegadas de profundidade, possui um corte duplo que permite ao músico acesso aos mais altos trastes, é uma guitarra rápida e escorregadia com dois captadores estilo *humbucker* duplos. Na verdade, a 335 acaba sendo um dos melhores modelos de guitarra já projetados e desde seu humilde primórdio em Michigan, começa sua diáspora inexorável. Como eu poderia saber, neste momento excitante em que a primeira 335 passa pelas minhas mãos, que em um futuro distante e mágico, a Gibson vai, um dia, fabricar um destes modelos com a assinatura de Andy Summers? Se o espírito tivesse sussurrado ao meu ouvido de dezesseis anos de idade naquele momento, isso teria sido uma piada cósmica.

QUATRO

Logo depois de comprar a minha 335, Thelonius Monk chega à Inglaterra para tocar em um concerto no Fairfield Hall, em Croydon, e eu vou a Londres, de trem, para vê-lo. Depois de quinze ou dezesseis horas de comida maravilhosa e uma viagem luxuosa com a companhia British Rail e várias mudanças complicadas de estação, eu finalmente chego à casa de show. No cartaz não estão apenas Monk, mas também Dizzy Gillespie e Roy Eldridge. Estou encantado com tudo isso e adoro o som jubiloso de Dizzy e Roy tocando *"Groovin' High"*. Mas quando Monk sobe ao palco e toca uma versão solo de *"I'm Getting Sentimental over You"*, é como se o sol nascesse na minha cabeça. Monk toca de um lugar diferente, trazendo a ordem das notas e a sequência de acordes de algum livro de receitas particular. Com um sincopado estranho, segundas menores e virando tudo de ponta-cabeça, ele cria uma perfeição estridente que me atinge como a essência do jazz – a mensagem central – e ele faz tudo isso com grandes mãos achatadas espalhadas sobre as teclas brancas e pretas para criar uma música que está além de qualquer coisa que eu já tenha ouvido de um guitarrista (ou qualquer outro instrumento, por assim dizer). A música de Monk remonta ao âmago da experiência da vida americana. Depois disto, eu coleciono mais álbuns de Monk e me torno um fã de longa data, por fim gravando *Green Chimneys*, meu próprio álbum da música de Monk.

Aos poucos, minha reputação local cresce e sou convidado para tocar em bailes e recepções privadas nas proximidades da cidade. Para mim, qualquer chance de tocar é boa o suficiente e eu as agarro como um homem recebendo mais uma fatia de bolo de aniversário. Uma noite, voltando de uma festa que eu tinha tocado, em um espaço público de eventos de New Forest, Lenny (que assumiu a tarefa de conduzir a mim, minha guitarra e amplificadores, até o show) vira para mim, do banco da frente de seu Morris Minor e diz: "Sabe, se você continuar praticando, você pode simplesmente...", e as suas palavras se perdem, mas eu entendo – esta é uma bênção das alturas. Um pequeno soluço quase aparece na minha garganta e enquanto voltamos, noite adentro, para a casa dos meus pais, as estrelas no céu parecem excepcionalmente brilhantes e límpidas.

Há uma série de jovens músicos na cidade, e eu tento formar pequenos grupos com quem quer que vá tocar comigo. Meu amigo Nigel Streeter toca sax alto e nós dois – ambos fãs de Sonny Rollins – passamos horas ouvindo *The Bridge*, a última gravação de Sonny. A notícia é que Sonny passou dois anos longe do público, durante os quais ele se sentou na Ponte Williamsburg, em Nova York, e praticou durante horas todos os dias, seu sax emanando miríades de fluxos de notas sobre o rio East. Ele vem pesquisando, tentando elevar a música a outro patamar, tentando ir além das convenções e recusando-se a voltar até que tenha algo a dizer.

Nós somos inspirados por esta ideia: a busca da verdade através da música, a busca por uma consciência mais elevada, o conceito de transcendência. Embora estejamos, apenas em parte, cientes disso, essas ideias estão começando a flutuar no ar feito pólen. Kerouac escreveu *On the Road* e *Vagabundos Iluminados*, o Instituto Esalen foi fundado e Timothy Leary está sendo demitido de Harvard por suas experiências com LSD. Há um murmúrio nas páginas de *Down Beat* da espiritualidade asiática e as filosofias orientais começando a se infiltrar na cena musical, e, de repente, parece que todos os caras mais bacanas estão adotando o budismo, sufismo, islamismo e yoga. Tudo isso soa muito exótico e refletimos em frases como *"avatares da nova consciência"* e imaginamos o que isso quer dizer. *Avatar*? Parece uma espécie de trombone.

A comunidade do jazz, com sua longa história de fumar maconha e heroína, é um lugar natural para isso começar. Estados alterados podem surgir a partir de rigorosas disciplinas espirituais, mas são mais prováveis com o consumo de drogas, coisas com nomes estranhos como cavalo e chá. Nós nos espalhamos no tapete Axminster da mãe de Nigel entre intermináveis xícaras de chá Darjeeling e bolos Pontefract e lemos artigos na *Down Beat* sobre abstinência, síndrome de abstinência, vício em drogas e músicos com severos resfriados ou doidões. Ao invés de jazz, isso soa

One Train Later

como o jardim zoológico ou o açougue ou uma visita ao médico. Mas esta é a busca, a pesquisa que nos inspira e tocamos o novo LP de Rollins repetidamente. Nós não falamos muito com nossos pais sobre esse mundo; ele pertence a nós, e nossas mães e pais, como seus vazios assoberbados, sonham com automóveis Sunbeam Talbots e planejam o próximo verão no Butlins[8], estão em algum lugar do passado – perdidos em algum documentário da Pathé. Nós ignoramos o fato de que eles sobreviveram à Segunda Guerra Mundial e que devem ter suas próprias reservas espirituais, e na arrogância da juventude e paredes de chapisco do subúrbio, guardamos nosso código secreto com grunhidos e esnobismo.

Dezesseis anos, e ao passo que minha pele se enche de espinhas e eu levanto a minha gola ao estilo James Dean, meu cérebro se torna uma confusão de *bebop*, Kerouac, críticas da *Down Beat*, arranha-céus rompendo o horizonte de Nova Iorque, garotas, mulheres, bonecas, gatas – toda a cena *beat*.

Eu consigo um emprego no verão como coletor de tíquetes de cadeiras de praia em Bournemouth Beach e toda tarde perambulo pela aglomeração de braços, pernas, e testas transpirantes, para recolher o dinheiro dos banhistas, que vão para a Bournemouth Corporation. Todo o dia por sete centavos. Eu percebo que tenho poder sobre essas pobres criaturas molengas presas a molduras listradas – eu poderia entregar aqueles que tentassem fugir sem pagar. Mas, em pé na areia, em um casaco branco de atendente de empresa e uma mochila de couro pesada em volta do meu pescoço, eu furo os bilhetes com a cabeça cheia de *riffs*, solos de trompete, filmes estrangeiros e os seios de Brigitte Bardot. As mães de rosto vermelho com pequenas crianças pegajosas, na areia, aos seus pés, mal entram no meu radar.

"Ei, cara, não fique aí parado sonhando". Uma voz atrás de mim penetra meu pálido devaneio. É Kit, um outro empregado da empresa, mas um cara que é diferente do resto de nós. Ele anda de forma bacana e descolada e há rumores de que ele seja um poeta. Ele não parece ter uma casa, mas carrega todas as suas posses mundanas em uma pequena mochila. Um dia eu tomo coragem para falar com ele, e ele me dá um pequeno sermão chocante sobre ser um *beat*, o que, diz ele, é um estado mental e que, para ser libertário, para estar do lado de fora, é ser

---

[8]nota do tradutor: *resort* no Reino Unido com o intuito de proporcionar férias a preços acessíveis para famílias britânicas comuns.

vanguardista e as duas coisas – de vanguarda e libertário – fazem de você um vanguardista *outsider*, que é libertário, a própria essência do movimento *beat*, libertário. O libertário não tem empregos comuns, não faz hipotecas, não compra bangalôs, não cai nessa mentira toda que chamamos de mundo careta, cara, eles apenas seguem adiante.

Uma mulher de uns cem quilos iça a si mesma de uma cadeira de praia com bastante dificuldade e Kit rapidamente a coloca no topo da pilha que ele está formando. "*Almoço nu*, de Burroughs – leia", diz ele, cuspindo na areia, empilhando outra cadeira de praia. O sol se põe atrás do cais em um redemoinho de gaivotas voando em círculos e eu sinto uma violenta sensação de insegurança, mas olho para Kit e aceno com a cabeça impassível, mas intencionalmente, em concordância – sim, *brother*. Esse lance de cadeira de praia é apenas por diversão. Mas essa coisa que ele tem de sobra, eu também quero; eu, exasperadamente, tenho a esperança de que tocar jazz seja bacana – deve ser, músicos de jazz chamam uns aos outros de "caras". Eu estou muito impressionado – como pode esse cara conhecer tudo isso? Eu decido ter uma mochila.

Eu começo a grunhir monossílabos, mal separando meus lábios para falar e começo a usar óculos de sol dentro de casa, mesmo quando sentado, praticando, na beira da cama. "Seus olhos estão doendo de novo, querido?" minha mãe pergunta angustiada – é, pelo menos, o que eu acho, embora ela provavelmente esteja sendo irônica. "É melhor eu ir ao oftalmologista com você então". Eu apenas resmungo de volta para ela enquanto me debato com o acorde C7b9. Eu leio *On The Road* e *Vagabundos Iluminados*. Eu realmente não os entendo – é outro mundo – mas eu entro no clima e percebo que meu companheiro empilhador de cadeiras de praia é a personificação do Japhy Ryder, protagonista de Kerouac em *Vagabundos Iluminados*.

Rebelião ainda é algo que vale a pena tentar porque ainda não é item do mercado de balcão. Em poucos anos, o mundo corporativo vai sugar tudo da cena *underground* e transformá-los em marca; uma atitute *cool* vai ser obtida através do consumo de bebidas cafeinadas e açucaradas, do uso de jeans pré-lavado e tênis confeccionados por pessoas no Terceiro Mundo. Mas na praia, enquanto devolvo o troco de cinco pennies por um sorvete com cobertura de um xelim, o *underground* está sendo criado na consciência branca por alguns poetas nos Estados Unidos, tais como Kerouac e Ginsberg e Gary Snyder e William S. Burroughs, que pegam isso da cultura negra, da cena do jazz e do budismo. Eu sigo em direção ao cais, pensando sobre o que eu vou praticar esta noite e que devo usar óculos escuros todo o tempo a partir de agora.

Uma noite, eu vou com Nigel a um clube que tem um nome com uma desconcertante falta de originalidade, o Blue Note. Todas as sextas à noite um quinteto de ex-músicos de jazz de Londres toca em um hotel local, e quando ouço o quinteto estrondando através do repertório de Cannonball Adderley, John Coltrane, o MJQ, Miles Davis e Monk, minha confusão se tocar música é *beat* ou é *hip* desaparece. A música é tão inventiva e cheia de prazer que apaga todas as preocupações sobre ser libertário – isto é o que eu quero. É isso.

Embora ainda esteja nos estágios iniciais, eu consigo improvisar meu caminho através das mudanças padrão de acordes, mais por uma interpretação visual do que com o conhecimento harmônico completo. Eu começo a frequentar o clube todo fim de semana e com belas garotas entre o público e os solos crescentes, isso se torna o ponto alto da semana. Uma noite eu tomo coragem para perguntar ao saxofonista se eu posso me juntar a eles. Alan, o líder do grupo, é agradável, mas sarcástico, e eu acho que está relativamente surpreso que alguém tão jovem possa ter a coragem de propor uma coisa dessas. Ele gentilmente rejeita, mas pergunta se eu gostaria de tocar durante o intervalo.

Eu começo uma longa série de aparições nas quais experimento todos os números de trios, duos e tudo o que eu posso juntar para sexta-feira à noite. Durante toda a semana, eu espero tremulamente o momento em que vou me levantar e tocar durante o intervalo. Este momento vai ser antecedido toda a noite por anúncios solenemente falsos de Alan Melly, de que uma lenda viva aparecerá até o final da noite, seguida por uma reunião do fã clube, na cabine telefônica do outro lado da rua. Isso é geralmente recebido com bastante bom humor, mas o resultado é que eu me torno o queridinho do clube e sinto o gosto de ser uma pequena celebridade. Aos poucos, em vez de irem direto ao bar, as pessoas começam a parar para ver o que vou fazer esta semana. Dessa forma, Alan passa a incluir meu nome nos anúncios locais do clube e a cada semana é diferente: "Esta noite Andy Summers toca West Coast Blues" ou "Da cidade de Nova Iorque – Andy Summers *um teto*", ou, o campeão, "Andy Summers toca o *songbook* de Mao Tse-tung".

Toda semana eu sou forçado a juntar todos os músicos que consigo encontrar para fazer acontecer estes tensos vinte e cinco minutos, geralmente um trio de guitarra, baixo e bateria, mas algumas vezes só sou eu e um trombonista, que determina um limite vanguardista não intencional às performances; eu percebo que algumas pessoas na pista de dança quase estouram de tanto rir. O destaque de tudo isso vem uma noite quando Alan sugere que eu me junte a eles para uma música, e o que eu gostaria de tocar? Sugiro um clássico chamado *"Between the Devil and the Deep Blue Sea"* e espero pelo momento tremendo como Bambi em uma clareira da floresta.

Um grandiloquente anúncio é feito e eu subo ao palco, plugo minha guitarra e olho nervosamente para Alan, que levanta uma sobrancelha e, sorrindo, diz: "Puxa a banda, então". Com um sentimento interior de uma janela de vitral se estilhaçando, conto o tempo para os sacanas. Eu começo a tocar e introduzo o tema antes de começar um solo de *double-chorus* que é quase tão bom quanto o melhor que já toquei. Eu vivo este momento como se fosse um sonho, preso às notas, aos trastes, às cordas e nenhum senso de qualquer outra coisa, senão o acompanhamento dos acordes de piano, a bateria atrás de mim e talvez uma voz distante sussurrando como se através das nuvens, "Isto é o que realmente parece ser". Eu termino o meu solo e há uma bravia aclamação, que é provavelmente o som de uma plateia ainda mais aliviada do que eu que não arruinei tudo.

Mas eu tenho dezesseis anos; todo mundo aqui me conhece e é possível que haja muito amor no ambiente (ainda que com sentimento de pena). Eu sinto o clube girar em minha volta e chego muito perto de desmaiar, mas consigo ficar de pé e manter o controle. Acabo de ser tomado por uma grande surpresa. Eu não durmo aquela noite – ou aquela semana, por assim dizer –, mas simplesmente refaço o solo repetidamente na minha cabeça. De alguma forma, eu ultrapassei os limites, como se tivesse levado pico na veia.

Eu entendo que a minha personalidade é, de fato, definida pela guitarra e eu suponho que é isso o que faz de mim um guitarrista. Eu começo a me sentir digno ou não de respeito de acordo com o último solo que toquei. Se o último solo foi uma merda, é assim que me sinto; mas se lanço um dos bons, então me sinto como um rei.

Eu me torno mais confiante nas minhas apresentações nos intervalos do Blue Note e continuo a aprender com o trabalho, finalmente chegando a um ponto em que os músicos locais estão, na verdade, me pressionando para tocar. Eu assumo uma nova confiança e arrogância, que é sabotada apenas pelo fato de que agora minha vista está tão fraca que preciso usar óculos e que me fazem parecer um bibliotecário fora de lugar. Mas sem eles eu mal posso enxergar os trastes na minha guitarra. Finalmente, eu escondo este calcanhar de Aquiles usando um par de lentes escuras *clip-on*, muito para a curtição do quinteto.

One Train Later

Eu sobrevivo da generosidade dos meus pais e de qualquer show que possa encontrar na cena local, então é uma surpresa e um alívio quando Don Hardyman, o brilhante pianista do quinteto, me pergunta se eu gostaria de tocar em sua outra banda, que é residente em um hotel local, os Whitecliffs.

O líder da banda, Cyril, é um sacana mesquinho de Yorkshire; ele deveria ser o baixista, mas com um sorriso de merda na cara, ele apenas se inclina sobre o instrumento como um cachorro mijando em uma árvore. Com pouquíssima habilidade musical, ele, mais do que tudo, tem um bom *network* na cena judaica de hotéis e exerce sua autoridade através do medo. Ele concordou em ter uma guitarra na banda só porque os adolescentes do hotel estão pedindo. Eu não gosto dele, mas tenho que ser amigável, pois está me pagando nove libras por semana, uma ótima quantia no momento. Ele está sempre me dizendo para diminuir o volume e não ficar tão empolgado nos solos. E assim eu me arrasto pelos intermináveis foxtrotes e valsas, tentando apagar o fogo interior, mas isso é um purgatório musical. A única coisa que se salva é o meu relacionamento com Don Hardyman, que tem me mostrado as últimas mudanças e me instrui de forma geral sobre jazz. Disfarçadamente sorrimos um para o outro enquanto Don escorrega uma ótima e pequena substituição de quinta justa em um *standard* que foi repetido insistentemente, enquanto Cyril sorri sem graça para a pista de dança e esbofeteia seu baixo como um idiota.

Minha guitarra elétrica é um deleite para os adolescentes que ficam no hotel com seus pais. Então, para dar a impressão de uma banda que é totalmente contemporânea, nós tocamos um pequeno repertório de músicas pop durante o qual eu me levanto e faço uma imitação de Hank Marvin ou de Duane Eddy. Isto é bem recebido pelas meninas bonitinhas que se divertem na pista de dança. Eu tenho pensamentos libidinosos com elas, mas Cyril percebe e me avisa com um olhar desagradável para não chegar perto delas.

Quem comanda os trabalhos na maioria das noites é a proprietária do hotel, uma matriarca do tamanho de uma baleia chamada Sra. Goldblatt (ou Sra. Goldinha, como a chamo às escondidas). Ela, minuciosamente, vigia a pista de dança como seus olhos de laser e comanda com um punho de ferro. Todo comportamento tem que ser apropriado e espera-se que os adolescentes se portem como pessoas de meia idade; amassos e dancinhas insinuantes são proibidas.

Então, sento atrás de meu pequeno coreto onde consigo ficar até o fim da noite, às vezes tão entediado que mal percebo estar ali. E então eu começo a perceber um fenômeno incomum quando em uma ou duas ocasiões, eu, de repente, acordo percebendo que, embora não tenha tecnicamente dormido, estive em um estado de sonho pelos últimos vinte minutos e tenho realmente tocado no piloto automático sem cometer nenhum erro. Acho isso um pouco perturbador e me pergunto se devo seguir em frente ou iniciar uma vida de uso de drogas, mas, de alguma forma, tocar em White-Cliffs com um braço cheio de heroína não está nos planos, então eu continuo arriscando o toque ímpar da fadiga adolescente.

Enquanto isso, Cyril, que realmente quer tirar a guitarra da banda, procura por uma desculpa e eu lhe dou uma na forma de uma jovem garota chamada Mona Silverman. Nossos olhares têm se cruzado no espaço lotado e a natureza está fazendo seu trabalho. Mona, furtivamente, passa pelo coreto nos braços de um sósia de Henry Kissinger e deixa cair um pequeno pedaço de papel dobrado aos meus pés no palco. Eu disfarçadamente olho para ele, enquanto Cyril anuncia os "Gay Gordons". O bilhete vai direto ao ponto: "Me encontra no penhasco... depois do baile?" Eu começo a respirar mais rápido e mal posso esperar para acabar logo de tocar "*Hava Nagila*" para poder sair dali e envolver esta morena de olhos amendoados em meus braços. Sexo está no ar, e todos os pensamentos sobre os alertas de Cyril e meu futuro no negócio de banda de baile saem da minha cabeça enquanto me arrumo rapidamente, meu cérebro agora se concentra na região pélvica.

Eu encontro com Mona nas falésias como combinado e entramos em um dos inúmeros abrigos tão gentilmente deixados pelos camaradas para aqueles que desejam ter uma transa clandestina em um ambiente público, ou em plena vista do Canal da Mancha. Depois de alguns gracejos sobre música pop, Mona está quase no ponto. Ela beija fantasticamente e nós não desgrudamos os lábios por cerca de 45 minutos, altura em que eu tenho o caso mais incrível de dor nos ovos já conhecido na história humana, e então ela abruptamente se afasta de mim e diz: "Tenho que ir agora, se minha mãe descobre, ela me mata". Como um dardo envenenado, a flecha fria da verdade perfura meu cérebro e eu, rapidamente, me recolho à realidade. *Caralho*, eu grito para o agora desocupado banco de madeira riscado com nomes de amantes que, de fato, se encontraram aqui; que, de fato, fizeram amor, *se Cyril souber disso, caralho* – ao perceber a possibilidade de uma sombria morte prematura da minha carreira, eu imagino um samurai empalando a si mesmo com sua própria espada – *estou acabado.*

Na noite seguinte, enquanto estou afobadamente me preparando para sair, Cyril vem até mim com o raio da morte em seus olhos e diz: "Eu gostaria de falar com você, meu jovem", e eu sinto pingentes – ou melhor, estalactites – perfurarem meu coração. Nós vamos até a cozinha, e ele me dá uma bronca fuzilante que exterminaria Átila, o Huno. Você teria pensado que eu tinha acabado de transar com a Rainha Mãe, tão terríveis, tão más, são as minhas ações com uma garota oferecida que, na verdade, tinha me importunado. Eu tento, debilmente, protestar, mas mal posso ter um direito de resposta. Acontece que a irmãzinha de Mona contou a sua mãe que a irmã estava nas falésias aos beijos com um dos músicos da banda. A mãe praticamente teve uma convulsão, enviou Mona de volta para Londres no dia seguinte, queixou-se amarguradmente com a Sra Goldblatt e depois fez picadinho de Cyril. Cyril foi obrigado a me tirar da banda – o que, é claro, é o que ele está fazendo, também sabendo do fundo do seu coração que alguém que toca guitarra provavelmente tem um caráter inferior. Ele está certo, mas, mesmo assim, julga necessário me despojar de qualquer ideia de masculinidade ou esperança de ter uma carreira.

Na juventude, estes eventos tomam uma dimensão um tanto grandes demais em sua vida. Estou aterrorizado com este pequeno, mesquinho homem de Yorkshire que não consegue tocar seu instrumento e eu volto furtivamente para casa naquela noite em uma profunda depressão. Cerca de uma semana depois, eu ouvi que fui substituído por outro guitarrista local, chamado Robert Fripp.

Mas, finalmente, é a própria guitarra que restaura o meu espírito e me coloca de volta no caminho e como o grande Saddhu Mahhamsarat Jinji Yoga disse, "A música lava da alma a poeira da vida cotidiana". Eu volto para uma vida de subsistência, fazendo shows quando e onde quer que possa reuni-los, mas por volta dessa época as coisas mudam quando sou apresentado a um roqueiro italiano ruivo chamado Zoot Money. Zoot canta e toca teclado e já é um músico habilidoso. Nós começamos a sair juntos e uma tarde nós nos sentamos no chão do quarto de seu irmão Bruno, e ele toca para mim alguns discos de Sonny Terry e Brownie McGhee e Ray Charles e canta junto, demonstrando o intenso sentimento do *blues*. Do outro lado da rua, em Horseshoe Common, no mormacento calor do verão, garotos tentam seduzir garotas até a floresta, na esperança de dar uns amassos, ganhar um beijo, dar uns pegas. Nos confins escuros do apartamento vitoriano em frente, estou fascinado ao ouvir Ray Charles cantando: "*See the girl with the red dress on...*"

Gradualmente, através do ponto fixo do Blue Note, mais jovens músicos com os mesmos interesses da cidade começam a se conhecer; logo nós formamos um grupo que sai e toca junto. Nos fins de semana, lotamos o Downstairs Club, um porão escuro e cheio de fumaça debaixo de um imundo *ristorante* italiano no centro da cidade. Ele abre todas as sextas e sábados à noite e não fecha até por volta das seis da manhã, e na escuridão claustrofóbica nós tentamos superar uns aos outros com nossos mais novos *licks*.

Frenéticos e ligados, nos juntamos, contamos piadas e nos acotovelamos na companhia de garotas desvairadas e tocamos tudo o que se passa na nossa cabeça, de clássicos como "*I Cover the Waterfront*" a *rhythm and blues*, como "*What'd I say*" e "*Sack O woe*", de Cannonball Adderley. Nós nos amontoamos em cima e fora do palco, berramos incessantemente sobre música – tudo, de Miles ao *blues*, aos novos padrões do bumbo de Ringo. No pequeno e quente "inferninho", a atmosfera é liberal e intensa. Com calor e música pulsando em suas veias, você sai do palco e em poucos minutos está jogando uma garota contra a parede atrás do clube em um abraço ardente que provavelmente vai acabar no banco traseiro de um carro ou nas areias de Bournemouth Beach, ao passo que o sol de verão rompe o céu nascente.

Eu me sinto eufórico todo o tempo e vivo para o fim de semana, quando vamos, novamente, nos apinhar no escuro, quando o futuro parece desanuviado, um balão inflado de infinitas possibilidades.

Infelizmente, para homens desempregados, este dirigível não é abastecido de muito mais do que o ar quente e um excitante desejo por música e garotas. Após a enfadonha tarefa de recolher o envelope com nosso quinhão semanal de duas libras, nós – um bando de músicos adolescentes desempregados – preenchemos os dias livres da semana sentados no andar de cima do bar café El Cabala, com capuccinos espumados e, observando as garotas caminhar na rua abaixo, falamos sobre música e ouvimos "*Love Me Do*" na *jukebox*.

Normalmente, após um desses dias esgotantes e, possivelmente depois de assistir às séries de TV *Dixon of Dock Green* ou *Opportunity Knocks*, nós vamos ao Pinocchio Cafe, que fica aberto até as quatro da manhã. Com seus tampos de mesa de fórmica e ar de violência, é um buraquinho nojento; mas felizes com a companhia uns dos outros, sentamos ao redor das mesas, tomamos mais café e comemos pizzas até a hora de sermos expulsos. Uma noite, como de costume, estamos lá falando um monte de merda até que alguém, estupidamente, tenta lançar um tom cultural, sugerindo que todos nós lêssemos um livro chamado *O Apanhador no Campo de Centeio*, e é recebido com pouco interesse antes de voltarmos para as obscenas conversas sobre sexo.

Zoot e eu tocamos na cena local com um grupo que vem e vai, dependendo do show, mas depois de um tempo – e de uma rodada de salões de igreja, institutos femininos e centros comunitários – é como se precisássemos de uma arena maior. Temos que ir para onde o movimento está, e isso significa Londres. Eu tento convencer aos outros sobre todos irmos juntos para Londres, mas não chegamos a um consenso. Alguns pensam que é muito competitivo, muito arriscado; que não teríamos a menor chance. Mas para mim está claro: temos que ir ou ficamos condenados ao instituto feminino de Haggersley, ou ao quadro de avisos do lado de fora de um salão da igreja em Tolpuddle, com os nossos nomes rabiscados de caneta em um pequeno pedaço de papel dobrado.

Uma noite estamos tocando na Ossemsley Manor, em New Forest, e meu desejo de seguir em frente se apresenta na forma do empresário da banda de Alexis Korner. Ele raia da escuridão com um tilintante copo de uísque na mão e um convite para Zoot juntar-se à banda em Londres – ele está impressionado com a forma de Zoot cantar. Isto é quase um golpe; Alexis está na BBC e já detém uma reputação lendária no cenário musical inglês como um *bluesman*. Eu me sinto ameaçado, porque Zoot e eu estávamos planejando ir a Londres juntos para começar a nossa própria banda, então eu tento uma pequena chantagem emocional, dizendo que se ele está indo a Londres para ficar com Alexis, eu vou com ele e espero até que seja a hora de iniciar nosso plano original.

Zoot não parece se importar com essa ideia, concordando que é importante que ele tenha seu próprio projeto em vez de ser o cantor marionete de alguém. Concordo sabiamente, e tomamos a decisão de irmos para a cidade. Um pouco nervoso, eu disse aos meus pais que vou morar e ser um músico em Londres. Para minha surpresa e alívio, não sou muito questionado; eles veem que eu estou determinado neste propósito e não tentam me impedir. Eu os imagino conversando em particular: "Não devemos atrapalhar seu caminho". "É o que ele sempre quis". "Ele é um pestinha determinado".

Eu saio pela manhã, minha mãe fica parada na calçada fora de casa, seu semblante é uma luta entre compostura e angústia. Embora eu esteja tranquilo e sossegado sobre isso, é assim: estou saindo de casa para nunca mais voltar. Ela me diz para comer, tomar cuidado e escrever assim que chegar. Dou-lhe um último abraço e, com o rompimento do cordão umbilical, atiro minha mala e guitarra no porta-malas. Ela rebenta em pranto, e me jogo dentro de um Vauxhall Victor de segunda mão com Zoot e nosso amigo cabeleireiro Phil.

CINCO

Chegamos à casa de Alexis, em Hampstead, para saber como vai ser o célebre futuro de Zoot. Dificilmente, um único show seja suficiente para sabê-lo e, como não há acomodações, nos aconselharam a procurar alguma coisa na área da Finchley Road, um pouco mais ao sul de onde estamos agora tomando o nosso chá, no aconchegante conforto de Hampstead. Como acabamos de sair do West Country sem conhecer nada de Londres, achamos essa perspectiva assustadora. Mas tomamos o finzinho do chá das nossas xícaras de porcelana, agradecemos e projetamos nossos medos e nossos corpos naquelas ruas estranhas e desconhecidas.

Batemos perna para achar um lugar onde começar nossa vida em Londres ou, pelo menos, um rosto amigo que nos acolha, mas isso parece inútil. Depois de batermos em um sem-número de portas e darmos de cara com placas hostis de "não há vagas", "não aceitamos negros", "não aceitamos indianos", "não aceitamos cães", "não aceitamos gatos", finalmente somos agraciados por um raio de misericórdia da Sra. O'Donoghue, uma viúva irlandesa. O apartamento de um cômodo fica no segundo andar de sua casa, e o único problema é que só há uma cama e nós somos três. A Sra. O'Donoghue resmunga que não deveria, mas nós parecemos muito desesperados, com frio e com caras de coitados. Talvez ela veja isso como uma ação de caridade, mas faz o sinal da cruz e nós entramos na melancolia infernal de sua pensão.

Nós logo vemos que as paredes estão totalmente repletas de todo tipo de ícones religiosos do catolicismo, parece até que viemos a Londres para sermos padres e não músicos libertinos. Não há muito o que fazer – é

One Train Later

isso ou um banco de parque, ou voltar para Bournemouth com o rabo entre as pernas – então, entramos de fininho no quartinho, quase sufocando por causa do fedor de naftalina. Há uma cama grande com uma colcha bordada roxa e, na parede, enterrado em um mar de flores do papel de parede, um aviso para não fumar, não beber, não cuspir e não falar palavrão. Depois de muita discussão sobre quem vai ficar com o pavoroso meio da cama, dormimos. Como a cama deixa apenas alguns centímetros do quarto sobrando, não há como ninguém dormir no chão. Por meia hora rolam muitos roncos falsos e peidos com som de trombone que fazemos com nossas bocas em uma tentativa desesperada de manter o bom humor e afastar o menor indício de homossexualismo. Acima das nossas cabeças – irradiando a luz de Deus – uma Virgem de plástico nos observa enquanto dormimos, preferindo permanecer congelados e rígidos como cadáveres do que corrermos o risco de tocar na carne de outro homem.

Zoot toca em um ou dois shows com Alexis, um dos quais eu assisto, e depois seus shows param. Uma noite, vamos ver Alexis tocar com um trio em Finchley Road, em um lugar que pode ser chamado de taverna. Um lugar escuro e apertado, com um palco minúsculo no fundo e umas poucas mesas de madeira com cinzeiros grandes e pesados, e bolachas de papelão para canecas de cerveja. As paredes têm uma temática equestre, com pinturas a la George Stubbs de cavalos premiados que parecem superiores aos próprios clientes da casa. A banda é Alexis na guitarra e vocal, Jack Bruce no baixo e Ginger Baker na bateria. Alexis canta de Chicago ao *blues* de raiz e também manda de *slide* na guitarra. Ele é um dos primeiros ingleses a tentar tocar o *blues* autêntico e, apesar de não ser um cantor nato, coloca na voz uma crueza e uma certa convicção. Algo como "Hoooooochy Kooooochie maaaaaan – baaaaack dooooor baaaaby" sai da garganta de Alexis como um urro gutural enquanto ele esfrega o *slide* no braço da guitarra em um intenso cromatismo aleatório que cobre todos os tons e semitons da escala. Nesse início da minha vida musical – apesar de ter tido contato com a música *folk* americana aos 13 anos, com os Midnighters –, ainda não estou mergulhado no *blues*. Essa algazarra abstrata me confunde e me deixa nervoso. Na Finchley Road, cercado de anúncios da Watneys Brown Ale e de vozes entediadas pedindo mais canecas de cerveja, ressoa como se fosse a voz do diabo – e fico imaginando se não entendi tudo errado.

Mas ali, debruçado no balcão com meia caneca de cerveja com limão e um saco de batatas fritas, tento fingir uma certa sofisticação londrina, fazendo de conta que entendo e curto tudo aquilo – apesar de ficar muito mais confortável com uma versão jazzística do *blues* e com a guitarra virtuosa de Wes Montgomery. Com seu jeito absolutamente encantador e sotaque carregado de Oxbridge, que irradia apenas boas vibrações para nós, Alexis nos cumprimenta e, por um momento, ameniza nossa melancolia. Mas, apesar do ânimo de Alexis, sentimos nosso entusiasmo esmorecer. Comparado àquele cenário desanimado, fedido a cerveja, mais o peso sombrio de metrópole, Bournemouth parece um planetinha ensolarado que nos chama para dar meia volta e fugir. Mas ainda assim não sentimos vontade de voltar correndo para casa, apesar de estarmos enfrentando a dura realidade de não termos nenhum show para fazer, de sermos três homens dividindo uma cama e estarmos à beira da falência. Resolvemos ficar e arranjar um lugar para morar; depois de realizar essa tarefa hercúlea, podemos tentar recomeçar a banda. Phil, o cabeleireiro, desiste e volta para o sul. Eu e Zoot somos agora uma dupla sem baixo, sem bateria, sem futuro. Não existe mais nada além de nossos corações e mentes focados naquela aglomeração gigantesca chamada Londres.

Começamos a esmiuçar o *Evening Standard* procurando por um apartamento para alugar, um muquifo ou um abrigo. Na outra extremidade de Londres – em Ludgate, para ser preciso – existem dois homens cujos sonhos coincidem exatamente com os nossos. O Sr. Smith e o Sr. Gardner-Brown, ambos com 35 anos, são dois sócios que nutrem a fantasia de se tornarem barões do mercado imobiliário e eles estão começando nesta empreitada buscando inquilinos. Marcamos de nos encontrar à uma da tarde em ponto. O endereço: Gunterstone Road, nᵒ 11, West Kensington W 14.

Na penumbra que se passa por luz em Londres, nos sentamos com eles no quarto na frente do porão. A tarde está tão cinza e nublada que é difícil distinguirmos as pessoas e é como se estivéssemos conversando com silhuetas. Mas através das sombras, Gardner-Brown (em um terno de risca azul marinho e portando uma pasta) e Smith (todo de cinza com um lenço branco saindo de seu bolso do paletó) falam de forma precisa, com vozes sugestivas, de topiários, jardins bem aparados e cachorrinhos *poodle* de banho tomado.

Nós tentamos negociar as condições – como o de pagar três meses de aluguel adiantado – mas nitidamente sentimos que não somos o que eles procuram. A dificuldade é agravada pelo fato de que nem eu nem Zoot temos emprego ou dinheiro suficiente para uma segunda semana de aluguel. Pedimos para voltar a conversar com eles no dia seguinte e à noite fazemos uma ligação dissimulada para Colin Allen, nosso baterista de

Bournemouth, que concorda em vir para Londres, investir suas economias de quando foi empregado da De Havilland, uma empresa aeroespacial, como depósito e entrar na banda. Nós voltamos na tarde seguinte tentando fazer progresso com Smith e Gardner-Brown, que parecem não saber exatamente o que estão fazendo e se mostram um pouco intimidados por músicos mal vestidos. Mas, no entanto, eles parecem ansiosos para engrenar no mundo imobiliário e nós, pelo menos, já somos um começo. Fechamos acordo, eles aceitam um mês de aluguel ao invés de três e, tal qual Alice na toca do coelho, estamos dentro.

Nós agora temos uma casa e um baterista, mas ainda precisamos de um baixista. Saímos perguntando até conseguirmos o contato de Paul Williams, um cantor que não toca nenhum instrumento, mas que diz que aprenderá a tocar baixo se nós quisermos. Dizemos que sim, e em um período curtíssimo de tempo – sendo um músico nato – ele já estava tocando suficientemente bem para que comecemos a trabalhar. Ensaiamos as músicas que já sabemos, o material do Ray Charles e outros sucessos de R&B e, através de um amigo de Paul, conseguimos uma audição na Flamingo, uma das melhores boates de West End, no Soho.

Em uma tarde de domingo, o público é escasso: uns soldados americanos, alguns jamaicanos e uns poucos *habitués* que pareciam estar no bar desde a noite anterior. O lugar fede a álcool e cigarro, e até as paredes parecem estar de ressaca. Mesmo assim, estamos cheios de adrenalina e tocamos com todo tesão e a inocência que tínhamos lá no começo. O resultado é uma recepção estrondosa que faz com que olhemos uns pros outros extasiados.

O apresentador do show vespertino é o Johnny Gunnell, que gerencia a boate juntamente com o seu irmão Rik. Quando saímos do palco e entramos no camarim ao lado, que vai se tornar nossa segunda casa, Johhny nos diz – de uma maneira que ainda vamos reconhecer – que ele vê um futuro promissor à nossa frente: "Vocês são a nova banda da casa. Vocês vão substituir Georgie Fame. Vocês começam no próximo fim de semana". Nem conseguimos acreditar. Estamos em Londres há cinco minutos e já conseguimos um baita show no West End. Na verdade, conseguimos isso bem debaixo do nariz de todas as outras bandas de Londres que querem tocar aqui.

Mas a provável verdade é que nossa música e nosso som são razoáveis, mas somos verdes e podemos ser contratados por uma ninharia, o que é bem interessante para Johhny. Um dia, ele nos contou que os Stones tocaram aqui e que ele pagou quatro *shillings* e um *sixpence* (uns 50 centavos pelos valores de hoje), mas não estamos nem aí – temos um show e estamos aqui.

Londres, com a sua velocidade, barulho, sujeira, concreto e sociedade multirracial é chocante. Eu ando pelo Soho, pelas ruas cheias de prostitutas, casas de apostas, bares, clubes privê, cheiro de comida exótica, tentando me acostumar com a ideia de que esse lugar dinâmico e cínico é agora o meu lar. A segurança vem de eu estar em uma banda, que veio da mesma cidade e que se mudou junto. Mas, nos acostumamos aos poucos e, depois de um tempo, nem consigo mais imaginar estar em nenhum outro lugar.

Como ganhamos popularidade como a banda da casa na Flamingo, tocamos seis ou sete noites por semana e conseguimos colocar mais dois saxofones na banda. Esse trabalho fixo finalmente provê dinheiro suficiente para que Zoot se mude para o apartamento térreo do andar de cima com a sua nova namorada, Ronni, uma escocezinha difícil e respondona que faz o papel de voz da sanidade, linha-dura e superprotetora da loucura dos anos porvir.

No nosso show, Zoot Money and the Big Roll Band, apresentamos um repertório incendiário e acelerado de R&B, com músicas de Ray Charles, Isley Brothers, Rufus Thomas e James Brown. Zoot é um excelente cantor de *blues* e R&B, e tem um toque natural de comediante e *showman*. Do palco, ele provoca o público com brincadeirinhas sobre estar tocando em um cemitério e etc., até conseguir esquentar o público do jeito que ele quer. Nessa altura, estar em uma banda é se divertir, muito mais do que bancar o temperamental, artístico e introspectivo. Nós somos animadores, a ideia de nos chamarmos de artistas ainda não passa pelas nossas cabeças. Os artistas são chamados de "arrrtistes", com um sotaque francês e risadinha afetada que lembra a de Teezy Weezy – cabeleireiro das estrelas.

Conforme nossa reputação cresce, começamos a tocar pelo país e inauguramos uma rodada interminável de shows que nos mantém trancados em uma van Commer, cruzando a Inglaterra todos os dias para cima e para baixo. Mas nós sempre voltamos para a Flamingo e para as sessões conhecidas como "madrugada a dentro". Essas maratonas vão das onze da noite às sete da manhã nos fins de semana e são quase shakespearianas, no sentido de que tragédia e comédia se revezam no palco, nas dependências escuras da boate. Elas se tornam o ponto fixo, o verdadeiro norte de nosso universo.

A Flamingo, na Wardour Street, fica exatamente em frente à Garrard Street, uma verdadeira Chinatown sem aquela multidão de

One Train Later

turistas (coisa que pertence ao futuro). É um lugar precário e decadente, e eu gosto de andar por entre aqueles aromas estranhos, cheiro de especiarias misturado com o de cabeças de peixe podre – ouvindo o balbuciar das línguas e sentindo uma pitada afiada de perigo. A Flamingo tem uma portinha com dois andares ligados por uma escada estreita. O salão é escuro com um barzinho na lateral. O palco ao fundo tem uma presença forte, como se música estivesse sendo tocada todo o tempo, mesmo sem estar ocupado por músicos. Em cada lado do palco tem dois buracos que eles ironicamente chamam de camarim, e as bandas que se alternam na noite escolhem de que lado ficar.

Nós sempre preferimos pegar o camarim da direita, pintado de verde com as paredes todas grafitadas e um sofá almofadado quebrado. O espaço é o de um submarino, sem lugar nenhum para pendurar roupas, ter privacidade, sentar para meditar, ver o resultado do turfe, coçar a bunda e nem olhar para parede, mas esse é o lugar onde todos querem estar. Aqui, fora de vista, engole-se, fuma-se e cheiram-se drogas; toma-se cachaça e, às vezes, até rola uma foda. Johnny Gunnell comanda este pequeno reino e, em seus domínios, além de bar e cerveja, rolam apostas em cavalos, cães, putas, cafetões, violência, o próprio East End e gente fazendo qualquer coisa para sobreviver. Talvez por ter minhas próprias raízes no East End, eu me ajusto sem muitos problemas, mas pairando no ar percebe-se nitidamente a mensagem implícita "você é da banda e, enquanto você for da banda, está tudo bem. Você fornece a música, docinho, mas não mije fora do penico senão vou usar de violência com você". Os Gunnells agem como príncipes do submundo e têm a reputação de ter ligações com os gêmeos Kray, os notórios irmãos gângsters do East End de Londres e, por trás das respostas sarcásticas dos Gunnells, há uma sugestão de medidas extremas. Rik é o irmão mais velho e o mais barra pesada. Ele gosta de brincar com a gente, mas uma noite no camarim, ele me pega em um mata-leão e demora um pouquinho demais para me soltar, enquanto sussurra no meu ouvido "quer brincar com o tio Rik, docinho?" Ali eu sinto que ele pode tranquilamente quebrar cada osso do meu corpo.

Mas do palco tem-se uma visão panorâmica e, enquanto o ar fétido da boate chamusca os pelos das nossas narinas, sentimos que o declínio do Ocidente está progredindo satisfatoriamente – a cena de Hieronymus Bosch de uma noite de sábado regada a cerveja, uísque, vodca, rum, Mandrax, corações brancos, azuis e roxos, *smack, charley*[9], pupilas dilatadas, convulsões e grana para sexo tocando em um ritmo cativante. Com os saxofones e o órgão Hammond roncando atrás de mim, eu firo as cordas e

---

[9] Nota do tradutor: gírias para as drogas metaqualona, dextroanfetaminas, heroína e cocaína.

mando frases audazes naquele pântano escuro e turvo, onde ficamos saltando entre a loucura dos corpos moídos de sábado-à-noite, o vozerio em altos brados e os excessos resultantes dos abusos químicos.

De certa maneira, fazer as "madrugadas a dentro" é mais como se eu fosse testemunha ocular, ou estivesse fazendo a própria trilha sonora do canto dos cisnes da decadência da noite de Londres. Olhando aquela ferida sombria à minha frente, às vezes eu penso – como se os montes verdes de Dorset se projetassem em um *flash* na minha mente – como é que eu vim parar nesse Inferno de Dante. Mas isso passa e continuo a procurar alguma gatinha doidona no meio da galera.

Johnny, para o seu próprio deleite, é o apresentador das sextas e dos sábados à noite. Ele ostenta uma cicatriz de navalha na face esquerda, que vai da boca até a orelha e parece mais um símbolo da reputação dos Gunnells. Há muita especulação sobre como ele conseguiu aquela cicatriz, mas ninguém ousa perguntar. Ele anuncia as bandas quando sobem ao palco, e essas introduções são recheadas de humor ácido e depreciações que ficam cada vez piores com o passar das horas e com ele ficando mais e mais bêbado. Mas Johnny é um verdadeiro comediante, e seu humor *cockney* tempera a noite como um contraponto apimentado do esforço entusiástico das bandas. Lá para o fim da noite, com os olhos vermelhos, as mangas enroladas e uma listinha na mão, as introduções de Johnny ficam desconexas e arrastadas. Quando ele chega ao microfone, cisma com alguma garota da plateia e, em vez de apresentar a banda, pergunta com cara de santo se ela está menstruada ou se está pretendendo dar para alguém e depois cambaleia para fora do palco com outra vadia para o camarim. Mas nós sempre tivemos uma boa relação com os Gunnells, e há um fio de afeição mútua entre nós. De certa maneira, é uma família, e estarmos ligados a eles nos traz um véu de proteção – somos os garotos de Rik e Johnny.

Às vezes, para o deleite do público, uma celebridade sobe ao palco para dar uma canja conosco. Recebemos vários astros da Tamla Motown: Ben E. King, John Lee Hooker, Sonny Boy Williamson, Eric Burdon, Long John Baldry, entre outros. As canjas têm diversos graus de sucesso. Ben E. King chega para cantar "*Stand By Me*", e isso não é um problema porque qualquer músico conhece essa música e sabe levar numa boa. Mas quando Solomon Burke sobe no palco para fazer a versão dele de "*Maggie's Farm*" a história é diferente. Para começar, ele é um cara enorme e pesado com uma cara de mau e, quando nós começamos a introdução, ele se vira para mim e rosna "Mais alto – mais alto". Eu subo um pouco mais o volume do amplificador Fender e ele vira para mim de novo espumando de raiva: "Mais alto – bem mais alto". Eu começo a tremer e boto a porra do amplificador no volume dez, agora sem me preocupar em encobri-lo. Ele sai do palco ovacionado sem dar nem uma olhadinha para gente. Eu fico arrasado, preciso de duas cervejas e vários tapinhas nas costas do pessoal da banda para conseguir me recuperar. John Lee Hooker senta com a gente e toca o seu *blues* fazendo um acorde só e mandando uns cinco por quatro de vez em quando. Isso ferra com a gente, mas depois entendemos que não era que ele não sabia o que estava fazendo, é que aquilo era muito, muito africano.

Long John Baldry é um cantor de *blues* gay de dois metros de altura que toca no Marquee e é popular no West End. Um cantor e guitarrista talentoso e detentor de um humor seco e urbano, é uma companhia bem divertida. Como todo mundo se dá com todo mundo da cena no palco e fora dele, não demora para irmos conhecer o apartamento semimobiliado de Long John em Earls Court, tomar chá e fumar um baseado. Ele deixa bem claro aquela noite que me quer no sentido mais íntimo possível. Sendo hétero, eu explico a ele, através de uma nuvem azul da bola de um templo tibetano que apenas se o Mar Vermelho se abrir pela segunda é que isso aconteceria. Mas daquela noite em diante, sempre que nos encontra na Flamingo, Long John sempre deixa bem claro que está pronto para o amor.

Isso culmina uma noite quando, mais inebriado que o normal, ele me agarra e abre caminho através da pista de dança lotada, subindo as escadas para sair na Wardour Street, onde ele para um táxi e me joga dentro. Eu protesto e luto vigorosamente o caminho inteiro, mas é inútil: meus esforços para me livrar das garras desse gigante são como o de uma minhoca lutando no bico de um corvo e, só quando ele consegue me colocar dentro do táxi, se acalma e me solta. Eu resmungo um boa noite e pulo como uma isca viva escada abaixo para a relativa segurança da Flamingo, feliz por não ser partido em dois em uma cama velha no lado oeste de Londres.

A entrada uterina da Flamingo é em curva e tem dois lances de escada para baixo, como uma espiral para dentro do inferno. É um perigo para nós, porque sempre acabamos tendo que carregar o nosso órgão Hammond escada abaixo e passar pelo salão lotado sem deixar aquele caixão de chumbo cair. A única maneira de fazer isso é com um homem de cada lado, e sempre há muita discussão toda noite para resolver quem vai cuidar do Hammond. É impressionante como músicos de repente aparecem com pulsos abertos e problemas de coluna quando é hora de pegar no pesado. Naquele tempo, o conceito de ajudantes ou *roadies* ainda não havia sido bolado. Passamos muito tempo na nossa carreira antes de alguém ter essa ideia brilhante de contratar ajudantes de verdade, e é realmente uma grande decisão tirar do nosso suado dinheirinho para tal serviço. Mas depois de certo tempo, nós desistimos de pedir, muito por termos passado perto da morte na ponta de uma lâmina afiada.

Certa noite, nós chegamos na entrada da boate como de costume às onze e meia da noite. Damos de cara com uma multidão de mods[10] doidões na Wardour Street, tão grande e tão densa que, na verdade, ir da van até a entrada da Flamingo com bateria, amplificadores e o Hammond parece até piada. O mar de mods ao nosso redor não parece estar nem aí para o fato de estarmos tentando cruzar seis metros de calçada com um objeto grande e pesado, que poderia esmagar uma pessoa feito um ovo se caísse. Porém, como por um ato de Deus, um dos seguranças do clube emerge lá de dentro e ameaça a massa o suficiente para que a gente tenha espaço para passar.

Um relutante carregador de caixão. Estou eu na incumbência do órgão esta noite e o seguro com tanta força, com medo de cair e de derrubá-lo, torcendo para que seu peso não arruine minha capacidade de tocar guitarra e nem de um dia ser pai de uma criança. Conseguimos nos enfiar na boate e começamos a descer as escadas com o Hammond e, na metade do caminho, ouvimos gritos e uma confusão vindos lá de baixo, então dois homens aparecem na curva brigando enquanto sobem as escadas. Estamos em um ângulo íngreme, segurando desesperadamente o Hammond e mal existe espaço para um camundongo passar quando eles nos alcançam – dois homens querendo se matar. Nos espremmos contra a parede como duas estátuas enquanto eles passam trocando socos pelo nosso lance de escadas, com um deles xingando com um sotaque de Glasgow, "Seu filho da puta", e depois puxando uma faca e golpeando diversas vezes o abdômen do outro. *Então, me vem a imagem, é assim que acaba, no meio das escadas da Flamingo, esfaqueado e xingado debaixo de meia tonelada de um órgão Hammond.* Glasgow nos fulmina com seus olhos pretos embriagados de

---

[10]Nota do tradutor: Mod (abreviatura de Modernismo) é uma subcultura que teve origem em Londres no final da década de 1950 e alcançou seu auge nos primeiros anos da década de 1960.

uísque; "Seus filhos de uma puta", ele dá uma cusparada e some escada acima enquanto, gemendo, o esfaqueado escorrega escada abaixo em direção à multidão que dança efusivamente. A polícia chega e nos coloca em fila querendo descrições. Finalmente somos autorizados a continuar com o show, que executamos com adrenalina extra. Umas seis e meia da manhã termina, e nos arrastamos exaustos com o nosso equipamento pela luz cinzenta de Londres, nossas cabeças em um turbilhão estranho de lâminas brilhantes e *"Papa's Got a Brand New Bag"*.

A maioria das bandas que toca em Londres acaba tocando na Flamingo também. Todo mundo gosta de tocar nos clubes porque é uma cena muito vibrante e também porque se tem o gostinho de estar no coração do West End. Você pode se enturmar com as outras bandas, conhecer uma garota que está a fim, ficar doidão, sentir qual é a da situação. A banda que você faz parte pode se desmanchar, isso eventualmente acontece, e é no clube onde você pode encontrar quem está trabalhando, saber o que está acontecendo e ter uma ideia de como é que você está situado na cena. Nós regularmente dividimos o palco com Chris Farlowe e os Thunderbirds, estrelando o fenomenal Albert Lee; The Birds com Ronnie Wood; Georgie Fame and the Blue Flames; John Mayall e os *Blues breakers*, muitas vezes com Peter Green, Eric Clapton e Mick Taylor; The Action; Fleetwood Mac; e os Pink Fairies.

Entre os guitarristas, existe uma discreta, porém impiedosa, examinada na maneira de ver uns aos outros tocarem. A guitarra elétrica do rock ainda está de fraldas, e todos nós engatinhamos juntos, alimentando mutuamente a nossa formação, mas falando apenas o indispensável, sem querer dar muita informação.

Neste período, eu ainda estou mais influenciado pelo jazz do que pela música pop. Estou curtindo muito Kenny Burrell, Grant Green e Wes Montgomery, meu gosto está mais para o jazz com uma guitarra bluesística do que para o *blues* elétrico mais direto no estilo de Chicago. Mas todo mundo mistura tudo, e o jazz, o R&B e o *rock and roll* são estilos híbridos de qualquer maneira. Eu trabalho com mudanças de acordes, fraseados e mudanças de tempo dentro dos quatros harmônicos, que estão fora da música pop padrão. Nem sempre eu consigo usar isso no repertório da Big Roll Band, mas eventualmente dá para fazer alguma coisa durante a noite.

Quando o *blues* estoura em Londres, e todo mundo começa a imitar Eric, eu continuo a tocar da maneira que ouço, ignorando a mentalidade bovina que se espalha como uma epidemia de gripe entre todos os guitarristas de Londres. Além do jazz, também sou atraído por sons mais esotéricos. Música indiana, o alaúde tocado por Hamza el Din, o toque da Europa Oriental do guitarrista Gábor Szabó: esses sons me atraem, e começo a experimentar fazendo sons abertos esquisitos na guitarra que eu nem sei nomear.

Em um momento bem aproveitado publicitariamente, Eric Clapton sai dos Yardbirds e entra na John Mayall's Blues Breakers. Mayall, como nós, é fixo da Flamingo, e nós fazemos muitas "madrugadas a dentro" juntos. Como guitarristas, Eric e eu nos cumprimentamos acenando a cabeça, da maneira que os guitarristas normalmente fazem. Assim como cavaleiros medievais que se cruzam em seus cavalos, sabendo que o outro sujeito também tem uma arma. Clapton tem um ar de seriedade intensa que é muito, muito próprio *blues*, como algumas pessoas gostam de chamar, e é um fato notório que Eric está mais mergulhado no *blues* do que qualquer outro. Mas o seu ar de intensidade, de estar perdido em sua própria música, é totalmente balizado pela sua qualidade como músico. Atrelando volume intenso com a poesia do fraseado do *blues*, ele consegue cativar o público só para si. Indubitavelmente, ele é o astro da banda de John Mayall. As músicas são apenas uma moldura para Eric decolar; e, quando ele sola, o lugar todo se impressiona. Pichações com os dizeres "Clapton é Deus" começam a aparecer pelos muros de Londres. Entre os guitarristas brancos de Londres, pelo menos, ele foi o primeiro a tocar naquele volume e com tanta distorção, a fazer dos solos o ponto alto do show e a chocar com a sua guitarra.

Na época em que dividimos o palco na Flamingo, compro uma nova Gibson em uma loja na Charing Cross Road. Quando Eric me vê com ela, uma Les Paul Sunburst 59, me pergunta onde a comprei. Inocentemente, lhe digo que eles têm outra à venda por 80 libras e que ele poderia ir comprá-la. Nesta época, não há mercado para essas guitarras, que no futuro chegarão a custar 100.000 dólares, então não passa pela minha cabeça voltar à loja e comprar a outra. Eric pega a outra Les Paul e, por acaso, muda o som da guitarra do rock para sempre.

Por um tempo nos tornamos próximos, e eu passo no apartamento dele em Notting Hill; saímos, tomamos um café com baklava ali perto e conversamos sobre livros, garotas e guitarras. Caminhamos pelas ruas chuvosas de Marylebone, nos cutucando a cada minissaia curtíssima que passa por nós e depois desaparecemos na escuridão fétida do cinema para assistir Olivier encenando as agonias de Ricardo III.

Uma noite nos encontramos depois de uma apresentação em South London. Há muitos fãs circulando depois do show, e em pouco tempo descolamos duas garotas. Nos oferecemos para dar carona até o apartamento delas, que fica um pouco distante. Ao chegarmos, nos dividimos em dois quartos diferentes com as fêmeas fogosas. Emergimos mais ou menos meia hora depois de nossos respectivos aposentos, merecedores do título de "guitarrista solo". Voltando no meu Mini azul, Eric dá uma longa tragada no seu cigarro e diz que estaremos mortos aos 30 anos se continuarmos com esse tipo de comportamento. Eu me curvo à frente para ligar o aquecedor do carro, que mal funciona, e respondo que já estou com o visto estendido.

Uma manhã em Notting Hill, Eric coloca um disco para tocar que tem uma excelente guitarra de *blues*. "Caramba, genial!", digo. "Quando foi que você gravou?" "Não sou eu, é o Buddy Guy", diz ele. Eu me sento no tapete turco gasto e penso, *Então é daí que vem* – o som, a distorção, o vibrato. Estou impressionado; ele imita esses sons e estilo perfeitamente e agora os apresenta para o público branco inglês. Não é exatamente original, a não ser pelo fato de estar sendo levado através de uma sensibilidade branca que o transforma em uma outra coisa, mas não importa, porque Eric compreende isso e leva com uma convicção e intensidade, que faz ele se assenhorar da coisa. Ele sempre diz que não está interessado em música pop, que ele toca pela tradição, pelo *blues*. Tem um tom de severidade nessa afirmação que parece sugerir que todos os demais estão apenas patinando enquanto ele está em uma mina de ouro.

Pessoalmente, eu admiro a filosofia de Eric e que ele esteja imerso em uma espécie de inconsciente coletivo guitarrístico. Mas eu tenho as minhas próprias ideias e, apesar desse novo clima do *blues* prevalecer, como um peixe nadando contra a corrente, mantenho minhas próprias opiniões sobre música. Eu gosto de mudanças harmônicas, escalas mais tortas, assimetria e ainda curto Monk. Mas Eric, com seu estilo simples porém poderoso, exerce uma enorme influência nos guitarristas de Londres e influencia oito em cada dez músicos. Em um curto período de tempo, surge um sem-número de guitarristas de *blues* em Londres. Com o mesmo estilo e roupas, eles geralmente usam cabelos longos, anoraques e tênis de lona. Você pode imaginá-los em lugares como Hounslow e Ealing, ouvindo um *blues* nas alturas em seus quartos enquanto a mamãe lá embaixo tenta fazer o café-da-manhã e o papai se corta fazendo a barba distraído pelo lamento plangente de *"Dust My Broom"*. A Les Paul se torna *a* guitarra, e a febre do *blues* estoura em Londres como um *bending* na quinta casa.

Agora as pessoas mais improváveis entendem e sentem a música do sul dos Estados Unidos. Jovens que antes poderiam ter um bom emprego em algum escritório ou até mesmo como coveiros se tornam músicos de *blues* altamente comprometidos e prontos para sacrificar as suas vidas no altar do Delta do Mississippi. Clapton causa um efeito: em retrospecto, até que um grande efeito porque se esse estilo diz respeito a alguma coisa, essa coisa é tocar com sentimento; muito mais do que ser perfeitamente técnico, ou ser maníaco por velocidade, você deve tocar com a alma. Infelizmente, conforme o tempo vai passando, todas as frases do *blues* se tornam batidas e datadas – condenadas à morte – mas provavelmente ninguém nunca mais vai tocá-las com a força que Eric a está executando com a John Mayall Blues Band.

Na verdade, todo esse estouro do *blues* está distante do estilo de música pop que tem sido dominante até agora. O que Eric está fazendo é uma coisa muito diferente dos Beatles, que nessa época reinam nas paradas musicais, mas essa expansão e essa nova voz expressiva da guitarra se enquadram na nova face da música pop conforme ela se torna mais autoconsciente, mais minuciosa e começa a se chamar de arte (e, como alguns críticos gostam de apontar, é a sua ruína).

Há também uma camada de esnobismo que chega com o estouro do *blues*, como o jazz de Nova Orleans contra o Dixieland, nos anos 50. Alguns músicos – como os porcos de *A Revolução dos Bichos* – são mais puros do que outros. Muitos guitarristas agora adotam uma conduta provocativa – nasceram para tocar o *blues* – fazem comentários como "Eu não toco esse tipo de música, cara" para nós, almas menos iluminadas, sendo que o recado subliminar para nós é o seguinte: se vocês não tocam o *blues*, não viram a luz ainda e, portanto, são inferiores. *Legal,* pensamos, *só que onde você estaria se não tivesse tido o Eric como modelo?* De qualquer forma, quando se é branco, inglês e de algum lugar a milhares de milhas do Mississippi, esse tipo de comentário parece pueril.

Mas Clapton se torna um astro e deixa John Mayall para formar o Cream com Jack Bruce e Ginger Baker e, pouco depois disso, a Les Paul 59 dele é roubada. Sabendo que eu tenho a outra, Eric começa a me ligar pedindo que eu a venda para ele. A essa altura, em um *flash* telepático do meu próprio futuro, eu já fiz a transição para uma Fender Telecaster, pois a vejo como uma guitarra mais atual. Eu também acho que tem alguma coisa errada com a minha Les Paul, o captador de trás não está funcionando ou alguma coisa assim. Ainda somos bastante inocentes sobre os aspectos técnicos das guitarras, e ela provavelmente só precisa de um spray limpador de contatos. Eu nego, porque apesar de ela ainda não ter atingido o seu preço estratosférico do futuro, a Les Paul já está se tornando uma guitarra procurada. Mas Eric insiste, e eu cedo. Ele está oferecendo 200 libras, que é mais do que o dobro do preço que eu paguei por ela.

Uma noite, eu a tiro debaixo da cama e abro o estojo com o seu forro de pelúcia cor de rosa. Eu a toco por alguns minutos e paro para olhar o pôster de Ravi Shankar. Eu não sei: duzentas pratas, um captador que não funciona, parece que a história de amor com esta aqui acabou. Eu não sou um cara de Les Paul. Pego o telefone e digo para ele – ok, negócio fechado. Ele pega a Les Paul, e eu fico com a Telecaster, ambas serão significantivas em nossas carreiras. Nós combinamos de nos encontrar amanhã à noite no Cromwellian, onde Robert Stigwood, o empresário linha-dura dele, vai me dar o dinheiro. Vinte e quatro horas mais tarde, com o disco das Supremes tocando *"Baby Love"* ao fundo, eu me inclino sobre a mesa em um canto escuro enquanto Stigwood me passa as notas, dizendo que é grana demais por uma porra de guitarra.

No dia seguinte, eu deixo a Les Paul no Advision, no West End, onde Eric está no meio de uma gravação com Jack e Ginger. Sem querer ficar por ali, entrego a guitarra para o garoto da recepção e peço a ele para entregá-la a Clapton. Vou ao toalete que fica ao lado da recepção e quando saio ouço a voz de Eric no sistema de PA, que inadvertidamente está ligado ao saguão. Elogiando a guitarra, falando como é fantástica, igual à sua antiga. Eu sinto uma ponta de remorso de vendedor e pego um Green Line de volta para West Kensington com *"I'm So Glad"* tocando na minha cabeça.

Eric grava *"Fresh Cream"* com a minha Les Paul, se torna um herói da guitarra, e passa a ser identificado com esta guitarra – os termos *Les Paul* e *Clapton* se tornam sinônimos – a estrela da Sunburst 59 começa a subir. Antes de Clapton, ela era lembrada como um fracasso esquisito, mas depois de *"Fresh Cream"*, a pequena Gibson se torna a guitarra absoluta. E se eu não tivesse vendido a minha guitarra ao Eric? Talvez a coisa tivesse sido diferente, e a Les Paul agora atraísse apenas o mero interesse de colecionadores de bugigangas em vez de ter se tornado um ícone cultural. Mas, possivelmente por causa do nosso intercâmbio, ela se tornou o Stradivarius das guitarras de rock.

O público da Big Roll Band continua a crescer, e nós continuamos em uma vida de shows sem parar, às vezes conseguindo fazer mais de 13 shows por semana. Na maioria dos dias, eu saio da cama por volta do meio-dia, e uma van passa para me pegar lá pelas três para ir a algum lugar ao Norte de Hatfield. Nós tocamos cada vez mais longe de Londres; de Swindon a Plymouth, no oeste, até Twisted Wheel, em Mancehster; na Universidade de Durham, no norte; e no Cavern, em Liverpool, que longe de ser somente um porão úmido, parece imbuído de algum tipo de magia, porque foi lá que John, Paul, George e Ringo se tornaram os Beatles.

Conseguimos um show em Newcastle, no Club A-Go-Go, cujo gerente é Mike Jeffries, que mais tarde vai ser o empresário do Jimi Hendrix. Dirigir até Newcastle parece uma expedição de proporções galácticas, e nós decidimos nos reunir às cinco da manhã para começar a nossa jornada, imaginando que esta vai ser a melhor parte do dia para fazer a viagem. Sonolentos, nos encontramos naquele horário desumano no quarto da frente do apartamento do porão e examinamos o mapa no chão, o iluminando com lanternas, como se planejássemos um ataque militar. Eu comento que parece que temos que viajar uns oito centímetros inteiros do mapa antes de chegarmos ao congelante Norte. De qualquer forma, zarpamos com a imensa Inglaterra à nossa frente, mas mesmo com a parada para o chá etc., chegamos a Newcastle por volta das dez e meia da manhã. Isso não é o que tínhamos planejado, e tudo o que podemos fazer é sentar na van e esperar até a hora de tocar, às oito da noite. Do lado de fora, nas ruas escuras daquela Newcastle chuvosa e congelante, a alguns quilômetros dali, um rapaz chamado Gordon Sumner olha para o quadro negro, mas pensa em música.

Nos transformamos em "showbôs". Acordar, mijar, entrar na van, dirigir até o show, fazer o show, mijar, voltar para van, dirigir para casa, mijar, voltar para cama, dormir. Acordar – repetir o dia anterior. No começo de cada mês, um cronograma de datas nos é passado pelo nosso empresário, Bob Hinds, uma cara esperto, com mais ou menos a nossa idade, que é de Hounslow mas trabalha para o escritório dos Gunnell, e que faz um pouco de tudo. Tocamos em lugares diferentes todas as noites da semana: Escola de Artes de Hull, Escola de Artes de Leeds, Huddersfield, Manchester, Liverpool, Bristol, Glasgow, Edinburgh, Sheffield. Eu sonho com asfalto, placas de sinalização, céus encobertos de nuvens e tenho a impressão que estou me movendo quando estou deitado na cama.

Através dos para-brisas embaçados respingados de chuva e lama, o movimento dos limpadores e a infinidade de caminhos enevoados e bares

One Train Later

de beira de estrada, eu me apego entorpecidamente ao fato de que agora esta é a minha realidade, esse zoológico itinerante em que vivo. Ficamos conhecendo todos os melhores cafés onde paramos para lanchar e sabemos o nome das rodovias da Inglaterra de cor. Depois de um tempo, já estamos sendo cumprimentados, às vezes de má vontade, pelos funcionários que acabam nos reconhecendo. É um sortimento de homens barrigudos de meia-idade já ficando meio calvos acompanhados por uma variedade de senhoras nortistas e do interior que têm nomes como Sheila, Rita, Janet e Sally, e que são alvo de diversos tipos de comentários maldosos. Sentamos juntos em mesas frágeis de fórmica cobertas de grãos de açúcar, batatas fritas perdidas e uma leve camada de gordura de bacon. Comemos com nossos chapéus, casacos e cachecóis e vemos o vapor saindo de nossa respiração enquanto olhamos as paredes decoradas com fotos em preto-e-branco de grupos de rock posando com guitarras e sorrisos determinados a parecerem maus.

Eles sempre têm nomes como Raiders ou Rockets ou Duane e os Tyros – não importa, eles sempre parecem substituíveis. A maioria das fotos está autografada com assinaturas extravagantes indicando que eles não apenas são grandes astros glamurosos e estão por cima, mas que também estão no mesmo jogo e que estão felizes em autenticar a sua visita com uma bela foto oito por dez. Pelo volume dos comentários, você até imagina que eles acabaram de jantar no George V, em Paris. Há tantos longos tributos sobre a qualidade do pão com ovo e fritas do Bert's, que às vezes imaginamos, mergulhados em nossos comentários maldosos e diante dos pratos engordurados, se estamos comendo no mesmo lugar.

Temos nosso próprio vocabulário para os vários itens do cardápio. Por exemplo, ovos fritos são chamados de olhos de cachorro morto; feijões com torrada são os mil em uma jangada; salsichas são as memórias da viúva; e batatas fritas, cápsulas de gordura. Alguém pode se aventurar a pedir um *"Big Five"*, que é basicamente todos os itens acima, mais bacon, tomate e uma colher de banha. Naturalmente, esse tipo de alimentação resulta no mais terrível e sulfuroso tipo de peido, e o próximo trecho da viagem dentro da van é um severo teste de resistência.

Uma noite, quando estamos voltando de Londres, Zoot e Clive Burrow, nosso saxofonista, estão sentados na frente, e Zoot, que havia sido o feliz beneficiário de um *"Big Five"* no Blue Boar, levanta disfarçadamente a sua nádega esquerda e, segundos depois, gases mortíferos tomam conta da cabine como o último suspiro de uma estrela moribunda antes de se transformar em um buraco negro. No banco de trás, nós sabemos que é um deles, mas enquanto gememos sobre Auschwitz, a morte quente do universo, ou a Segunda Lei da Termodinâmica, nenhum dos dois se move e nem diz uma palavra. A única pista chega quando Clive acende um cigarro uns cinco minutos depois e começa a cantarolar para si mesmo enquanto olha pela janela. É uma performance brilhante da parte dele, e temos que admirá-lo pela sua incrível coragem em resistir à podridão do Zoot. Só quando chegamos ao apartamento de West Ken, ele finalmente não resiste mais e confessa que quis gritar e vomitar e que está preocupado em ter contraído alguma doença exótica.

Tocamos em Frankfurt por três semanas no famoso clube Storyville. Todas as noites estão lotadas, não apenas por jovens alemães, mas também por soldados americanos negros que estão ávidos pelo *rhythm and blues* americano. Fazemos seis entradas por noite, 45 minutos com 15 minutos de descanso, das oito da noite às três da manhã. É um trabalho duro e extenuante e nós tocamos todas as músicas que conhecemos ou que já ouvimos e muitas até que não conhecemos. Os soldados nos adoraram e é gratificante pensar que soamos autênticos aos americanos de verdade, porque é a música deles e nós fazemos um trabalho que dá pro gasto. O Storyville é um clube comprido e estreito, com um camarim no fundo do salão, no lado oposto ao do palco. Depois de cada set, nós temos que abrir caminho pelo salão lotado até nosso santuário, sorrindo e cumprimentando as pessoas. A única vantagem disso, apesar de toda luta, é que podemos conhecer várias garotas locais que aparecem para nos ver, lindas alemãzinhas. Eu conheço uma. Seu nome é Helga.

A banda fica em um pequeno *gästehaus* em uma rua atrás do clube, dois em cada quarto. Os quartos são gelados e têm apenas uma minúscula lareira a gás que mal dá para aplacar o frio congelante. Eu me encolho todo com todas as minhas roupas na parte de cima da cama em um esforço louco para não morrer de hipotermia. Ocasionalmente a câmara é um pouco mais aquecida pela presença da encantadora Helga, quando ela consegue escapar dos seus pais. Como não voltamos muitas noites antes das seis ou sete da manhã, dormirmos durante o dia até umas três ou quatro da tarde, quando finalmente saímos da cama para começar o nosso final de tarde com um caloroso *bratwurst*[11] e uma xícara de chá de Weinerwold, do outro lado da *strasse*.

---

[11]Nota do tradutor: salsicha de origem alemã, preparada com carne de suína e bovina.

One Train Later

Após seis entradas exaustivas, terminamos a noite em um buraco chamado Café Moderno. Está cheio de operários, caixeiros viajantes, prostitutas e a própria variedade de descontentes de Frankfurt. Nós sempre sentamos juntos e ficamos de cabeça baixa; é óbvio que nós não somos dali. Também sempre lembramos uns aos outros de não falar merda nenhuma sobre a guerra e de não fazer comentários gaiatos em voz alta sobre Hitler. Músicos ingleses na Alemanha têm a capacidade incrível de desfiar uma série interminável de piadas sobre alemães e Hitler e, geralmente, fazem isso nos piores momentos, como quando estão passando pela alfândega. Já vi bandas inteiras marchando em passo de ganso para o palco na Alemanha diante de fãs que nem eram nascidos nos tempos do Führer. Então ficamos de boca calada e comemos em silêncio o nosso *spiegelei und strammer max.*

Uma noite, entram uns brutamontes mal encarados no café, e nós instintivamente sentimos que vai rolar confusão. Eles estão com duas mulheres que parecem ser prostitutas e se sentam para tomar cerveja, caneca após caneca após caneca. O recinto começa a ficar tenso e, como um pavio queimando devagar, de repente o lugar explode em uma imitação da batalha de Custer quando uma briga assassina eclode. O café inteiro se transforma em um inferno de mesas voando, vidro quebrado, punhos triturados e carne estraçalhada, envolvendo todos os homens do recinto com exceção de nós, os meninos ingleses. É uma violência extrema repleta de gritos e gemidos desesperados enquanto facas e garrafas quebradas penetram carne. A maioria de nós corre para a rua e desaparece na escuridão, mas por um estranho motivo, eu vejo um pequeno piano no mezanino e salto para lá como um coelho assustado para me esconder atrás dele enquanto a carnificina corre solta lá embaixo. Garrafas e pernas de mesa voam pelo salão e se espatifam nas teclas do piano, fazendo lindos acordes no estilo Scriabin, que penso ser o acompanhamento perfeito para aquele pandemônio, enquanto meu coração parece dar sinais de que vai parar.

Então, tão repentinamente como começou, a briga se acalma. O silêncio quebrado apenas pelo som de um corpo gemendo baixinho em algum canto. Eu arrisco botar um olho por cima do piano. O café está destruído, tem sangue por toda parte, a banda se foi. Enquanto a sirene de um carro de polícia rompe o silêncio da noite, eu salto escada abaixo e corro como um cachorro com o rabo pegando fogo.

Andy Summers

BRIDGEHAMPTON, 18 DE AGOSTO DE 1983

Eu me espreguiço, bocejo e jogo a coberta para fora da cama. Está ficando quente aqui e eu ainda não quero dormir. Eu procuro a minha Tele e a pego de novo. Começo a dedilhar um ritmo simples. Uma das primeiras e mais importantes coisas que eu aprendi foi como tocar um ritmo junto com o metrônomo. Uma das coisas que define um grande músico para mim é sua capacidade natural de segurar bem o tempo. Para mim, se você tem isso pode fazer qualquer coisa. Se você não tem isso, a música vai sempre ser difícil. Eu não sei se é uma coisa que pode ser ensinada, porque parece que está entre o que se classifica por dom natural, como ter voz para cantar. Por ter tocado com muitos outros guitarristas, eu descobri que isso é um atributo mais raro do que se imagina. Muitos músicos aprendem frases deslumbrantes, mas somente um em cinco consegue desenvolver um solo com um tempo interessante. A capacidade de tocar no tempo – tocar dentro e fora dele – é o que ouvimos nos grandes músicos. Na Big Roll Band, nós ouvíamos James Brown muitas e muitas vezes, e eu absorvi quantos modelos de levadas de guitarra rítmica eu pude. Peguei minha Tele e me diverti tocando a levada em Mi com nona de *"Papa's Got a Brand New Bag"* e me lembrei como aquela frase sobre o James Brown – "o cara que mais trabalha duro no *showbusiness"* – se tornou um mantra para a Big Roll Band quando botávamos o pé para outra esticada interminável na estrada.

Apesar da perspectiva assustadora, ficamos empolgados quando somos convidados para ir a Paris tocar em um festival de *rhythm-and-blues*, como banda de abertura do nosso herói, James Brown. Nós não vamos apenas dividir o palco, mas também vamos vê-lo tocar – fantástico. Vamos entrar imediatamente antes do homem e não pretendemos fazer nada além do nosso show normal para podermos sair do palco logo para ver a coisa de verdade acontecer. Mas conforme o desenrolar dos acontecimentos, acabamos fazendo uma indelicadeza com ele.

Enquanto tocamos, tentando fazer os parisienses mexerem seus bumbuns chiques, ouvimos um barulho e um falatório vindo da plateia. Olhamos em direção do burburinho e vimos que são Eric Burdon e Barry Jenkins, do The Animals. Já estamos tocando a última música quando eles invadem o palco. A plateia vai ao delírio fazendo muito barulho e eles começam a fazer um *strip* no Zoot – em outras palavras, baixar as calças dele até ele ficar só de cueca e ainda cantando e martelando o órgão o tempo inteiro. É claro que a multidão adora e reage efusivamente, coisa que James Brown – o Papa do Soul – agora tem que superar. Mais tarde, conversando com os invasores e xingando eles de desgraçados etc. tudo pareceu muito engraçado. Na verdade, este é um ponto de virada da sorte da Big Roll Band e, de certa forma, o princípio do fim.

O próximo número da *Melody Maker* sai com uma página inteira dedicada à nossa pequena palhaçada em Paris, com direito a uma sequência de fotos no topo da página repleta de legendas sarcásticas, que tem uma grande repercussão. Um dia depois do jornal chegar às bancas, temos um show em Manor House. Cruzamos Londres como sempre, através do trânsito e da chuva, rindo dessa peça publicitária inesperada. Quando encostamos do lado de fora do Manor House, tem uma fila dando a volta no quarteirão, e nós pensamos se não tínhamos nos confundido com o show de outra banda. O artigo da *Melody Maker* causou um grande impacto e as pessoas saem agora de todos os lugares em hordas para nos ver.

Como resultado da publicidade, nosso cachê e percentagem aumentam, mas também no fim do show (que nós quase sempre encerramos com a música *"Barefootin'"*) quase se torna obrigatório que Zoot termine o show subindo no Hammond, cantando e lentamente tirando as calças até ficar de cueca, o que é recebido com urros de deleite da plateia. Esse número vai se aperfeiçoando com o passar do tempo, com Zoot chegando a vestir duas cuecas e o clímax passar para o momento em que ele tira a cueca de cima para o público ver que ele está usando outra embaixo. No início, essas peças de roupa são comuns, do tipo que se encontra na Marks & Sparks, mas depois a coisa evolui para cuecas brilhantemente coloridas e com bolinhas, das quais ele tem diversas peças. Zoot acaba ficando com sete cuecas no final, com as fãs arremessando no palco modelos especiais com recadinhos costurados dentro.

Por um tempo isso é divertido, e nós lotamos todos os locais por onde passamos, mas a coisa começa a ficar parecendo um circo. Tem mais coisa acontecendo na música, a Big Roll Band está mais para um número de entretenimento do que para uma banda séria e de repente ficamos com o sentimento de que estamos ficando para trás.

SEIS

BRIDGEHAMPTON, 18 DE AGOSTO DE 1983

Eu rolo na cama e olho para o relógio. Eu estou louco ou os ponteiros estão mesmo andando para trás? Talvez a minha mente esteja se desenrolando.

Eu olho para a parede, incapaz de dormir: *"Madman Running Through The Fields"*, a única música da nossa próxima banda que ainda é lembrada como um clássico de uma era. Com a Dantalian's Chariot, eu me sentia mais livre e plantava as sementes de muitas das partes de guitarra que eu toquei com o The Police. As décadas parecem se misturar sem problemas umas com as outras para depois assumir suas próprias e verdadeiras identidades. Quão diferente são os anos 60 dos 80, embora, de certa maneira, eu sempre tenha considerado a The Police como a última grande banda dos anos 60. Na Dantalian's Chariot nós tentamos engolir o *zeitgeist* inteiro, mesmo se ele viesse na forma de uma pequena cápsula branca.

1966 e a bandeira colorida da liberdade é desfraldada, tremula ao vento e é erguida no mastro para dar as boas novas.

Está acontecendo. A revolução começa na estação de metrô de West Ken, joga cinco libras na casa de apostas, pega um curry em Nova Déli, deixa duas camisas na lavanderia e cai no capacho de fibra de coco na porta da frente. Os Beatles são mais uma vez os cabeças e lançam o estilo escrevendo suas próprias músicas, deixando o cabelo crescer e tomando ácido. De repente, tudo se torna possível e tudo que nós queremos é ser os Fab Four. Os anos 50, obscurecidos pela bomba e pela guerra fria, parecem derreter como a neve da primavera, e o que era simplesmente uma insinuação agora salta para o mundo exterior com roupas coloridas, cabelos de Jesus Cristo e uma guitarra distorcida.

Os fãs da Big Roll Band continuam sendo muitos na Inglaterra, porém, começo a sentir como se rapidamente estivéssemos nos tornando um anacronismo. Essa coisa nova está aqui, e nós não fazemos parte dela. Eu começo a me sentir desconfortável com a música que estamos tocando, com o show engraçadinho que fazemos todas as noites, tocando músicas de outras pessoas. Nosso show de repente ficou alegre demais – muito *showbiz*. No novo modelo, você escreve suas próprias músicas, estoura o amplificador e se veste com muitas cores. Uma grande mudança cultural está acontecendo; quero fazer parte dela e expresso este desejo para a banda na esperança de que todos sintam o mesmo e de que possamos pirar juntos. Ninguém me dá ouvidos, mas com todas as mudanças que estão acontecendo ao nosso redor em Londres, um arco-íris duplo se forma atravessando meu crânio – e isso requer um tipo diferente de expressão musical.

Nós fizemos amizade por um tempo com os Animals, que são um grupo de sucesso, quase no nível dos Stones e dos Beatles. Constantemente fazendo turnês nos Estados Unidos, eles fazem parte da nova cena e frequentemente comentam sobre alguma coisa chamada ácido. Eles riem entre si e se referem a *Owsley, sunshine* e *windowpane;* não temos a mínima ideia sobre o que estão falando, mas ficamos intrigados. Uma tarde, eu me sento em um consultório médico, em Earls Court, e leio sobre uma nova e perigosa droga que agora é uma epidemia nos Estados Unidos e como ela está destruindo as mentes e as vidas dos jovens. Eu mal posso esperar para experimentá-la.

Inevitavelmente, ela vai chegar a nossas mãos através do pessoal da The Animals – e os tijolos cinzentos de West Kensington, com sua arquitetura detonada, placas da Carlsberg, apartamentos de aluguel e escolas de idiomas vão ser a cena de iniciação da orgásmica e caleidoscópica onda conhecida como ácido.

Quase toda noite, quando voltamos para Londres após um show, tem alguma festa ou reunião no apartamento de Zoot. O boato corre e chega a tal ponto que a maior parte do *showbiz* de Londres acaba dando uma passada por lá. Por volta das onze e meia, meia-noite, se forma um grupo bem eclético de gente famosa e quase famosa e seus fornecedores, todos em um estado elevado e na maior curtição. Isso inclui músicos, artistas, garotas, agregados, traficantes de drogas, todos espalhados pelo apartamento e normalmente portando substâncias ilegais acompanhadas por grandes quantidades de álcool. Os Animals são visitantes regulares e já são pioneiros da nova consciência, parecem estar em um estado avançado de uso da química.

Suas conversas são cheias de Califórnia, São Francisco, Fillmore, Jim Morrison, Los Angeles e Owsley. Hilton Valentine, em particular, parece ser o cabeça, e é ele quem me conta com entusiasmo sobre o ácido e seus efeitos. Eu fico nervoso, mas quero experimentar – minha cabeça já está cheia de material psico-viajante, os livros de Thomas de Quincey, Aleister Crowley, Jean Cocteau, William Burroughs, Coleridge e Blake – e digo a mim mesmo que esse é apenas mais um passo naquela direção.

Finalmente chega a noite em que vamos experimentar ácido pela primeira vez, mas para mim ela é precedida por uma situação um pouco complicada no plano mundano. Naturalmente, isso envolve uma mulher, uma garota com quem estou vivendo, uma anglo-indiana muito bonita, de Chingford, em Essex, chamada Angela.

Angie, por um tempo, tinha sido namorada de Chas Chandler, o baixista dos Animals, mas veio morar comigo. Estou envolvido com ela de uma forma que não é saudável, porque nós nitidamente não combinamos e, tirando o sexo, não consigo me conectar a ela – uma completa hedonista sem limites visíveis. Na maioria das noites, eu chego em casa por volta de uma ou duas da manhã, encontro o apartamento vazio e fico me retorcendo na cama vazia até umas cinco da manhã, quando ela chega fedendo a álcool e cigarro. Eu não sei lidar com ela e suspeito que esteja transando à toa por aí e eu simplesmente ainda não tenho experiência para lidar com isso. Eu preciso terminar com ela e seguir em frente, mas em vez disso, eu me perco em débeis devaneios.

Eu leio livros sobre as experiências de Zen e Scriabin com sinestesia; ela entorna outro martini com vodca e trepa com o próximo baterista. Mais tarde, reconheço que isso não passou de um primitivo rito de passagem e dou uma ressonante gargalhada a respeito da situação. Nós terminamos por um tempo, mas eu fico mal. Toda vez que tento comer, vomito, como se tivesse algum tipo de bulimia. Eu emagreço e fico fraco até o ponto de as pessoas começarem a perceber e a fazer comentários. Isso leva alguns meses; perco peso e me torno apático. Mas por fim, como se o feitiço finalmente tivesse acabado, acordo um dia com o cheiro de comida na cabeça e corro para o restaurante chinês mais próximo e devoro um prato de macarrão. Acabou. Eu me lembro de onde estava antes e gradualmente começo a me recuperar. É como se eu estivesse sob algum tipo de maldição xamânica. Eu tive dúzias de namoradas em Londres, mas por algum motivo, eu perdi toda a noção de mim mesmo com Angie.

Então, esta noite, eu e Zoot vamos experimentar esse tal de LSD com os Animals, e eu estou interessado, mas um pouco nervoso. Em uma coincidência legal e como um golpe de misericórdia no nosso relacionamento cheio de emoção, Angie está em Chiswick, no Hospital St. Mary, fazendo o que é delicadamente conhecido como raspagem – em outras palavras, um aborto. Se fui eu ou algum outro sortudo que plantou aquela semente, eu não sei; mas como última tentativa e com a costumeira apreensão que eu fico em relação a essa garota, eu me preparo para ir apanhá-la. Com um frio na barriga, um buquê de rosas e uma caixa de bombons Cadbury, subo as escadas até a enfermaria seis. O dia parece de chumbo.

Como um comprido caixão branco, a enfermaria se estende ao infinito. Angie está no último leito ao fundo, ou assim eu imagino. Com uma expressão no rosto que varia de um sorriso de quem comeu merda a alguém que vai participar de um rito de decapitação, eu começo a longa caminhada das rosas-e-do-chocolate. Com meus saltos cubanos estalando como castanholas em um chão de pedra, acordo uma ou duas pacientes que me olham de cara feia e dizem, "O que é isso?" eu continuo sorrindo e sigo adiante como um prisioneiro a caminho da forca. Eu acabo chegando lá e, é claro, o leito está vazio. Em choque e tomado de uma paranoia que recai sobre mim como um *déjà vu*, olho para os fantasmagóricos lençóis brancos e pergunto à Irmã da enfermaria onde está a Srta. Angela King. Este é o leito dela, não é? Ou será que ela está em outra enfermaria?

Ela me olha com um sorriso como o da personagem Nurse Ratched, que parece transmitir pena, desdém e um desprezo congelante pela espécie masculina.

"Ela foi embora hoje pela manhã com um sujeito chamado Eric Burder – um cantor ou algo do tipo".

Eu quero que essa puta se foda – eu devia saber – ela me traiu de novo. E com ele – meu amigo!

Sinto uma vontade muito forte de deitar e vomitar, mas deixo as rosas na cama, decido guardar os bombons para mais tarde, dou meia volta e desfilo de volta pela longa enfermaria como se dançasse fandango; todos olham para aquele homem-carnaval, com franjas de couro, cabelo de menina, delineador nos olhos e botas de caubói.

De volta a Kensington, chuto a parede e arremesso um LP para o outro lado da sala. Ele se espatifa no chão e eu começo a rir – isso é ridículo estou dando a ela todo o poder, mas... e o meu poder, e... ah, foda-se essa porra. Eu deito na minha enorme cama laranja e olho para o teto. Foda-se... qual é a dessas mulheres? ... ou será que é só com essa?... Não consigo lidar com ela... Estou muito amarrado a ela. É como se o disco dos Mothers estivesse falando sobre aquele momento: Você tá amarradão? Você tá amarradão em alguém? Eu estou, porra – com essa anglo-indiana que tem um corpo maravilhoso e que pareço dividir com outros duzentos caras em Londres. Depois de um tempo, ajudado pelo efeito do afastamento da nepalesa, uma nova paz flui através da minha mente. Está tudo no passado, estou livre, estou livre – tchau-tchau, tenha uma boa vida –, e o disco do Zappa toma conta da minha mente enquanto me entrego a um sono revigorante.

Eu acordo por volta das nove da noite, me sentindo grogue, de ressaca e com a sensação de que algo está faltando. O que – ah, sim – é ela. Sento na beira da cama por um momento e penso, *Desta vez é diferente... é isso... não sou mais vítima... devo comer... comida chinesa.* Toco uns poucos acordes com décima-primeira na minha Telecaster – eles têm um ar de esperança renovada, de novo começo – coloco uma jaqueta, pego o livro de Zen e bato a porta da frente para atravessar a rua para ler sobre Lingam e Lotus. Paro em uma esquina escura e dou uma olhada no menu: camarão agridoce, arroz frito com vegetais e algas crocantes, acho que é o suficiente. Abro meu livro, dou um gole na cerveja e tento praticar uns *koans* Zen. Onde está sua namorada quando come arroz (em cima do pau de alguém)? Não, essa não ficou boa... Hmm... onde está Deus quando pratica (fodendo com ela)? Qual é o seu nome de antes de ter nascido – ah, puta que o pariu. Isso é ridículo. Eu olho para o menu engordurado e mudo de ideia – arroz frito com vegetais, *kung pao chi...* não, bife mongol e rolinhos primavera... é! Eu olho para o meu livro "dar à sua ovelha ou vaca um pasto grande e espaçoso é controlá-la". Cristo, o que isso significa: lhes dê corda o suficiente que eles vão se enforcar? Eu preciso parar de pensar nela, deixar isso para lá, existe paz lá fora, um outro mundo, a guitarra – é isso mesmo, a guitarra – a salvadora da minha alma...

Eu como e, nutrido, começo a me sentir melhor. A comida, a objetividade Zen, os picos misteriosos das montanhas japonesas e as

One Train Later

palavras de Bodhidharma, os vinte e oito patriarcas, amontoam-se em minha mente e, de repente, eu começo a rir. Uma lágrima se forma em meu olho e, misticamente, levanto a cabeça para fitar a gravura de Hokusai do Monte Fuji na parede. É tudo lindo: esse lugar é bonito, o arroz é bonito. Eu rio um pouco mais – a guitarra – ha-ha. Li-chee, o garçom, se aproxima. "Tá tuldo bón?" Seu sorriso ansioso revela seus vários dentes de ouro. "Estou ótimo". Eu retribuo o sorriso. "Exceto por... pode me servir um chá de jasmim?" Eu olho para a toalha da mesa manchada como um teste de Rorschach. "Lute com afã", digo para mim mesmo – as últimas palavras de Buda – e, colocando umas notas de libra sobre o pratinho branco e dando duas batidinhas na mesa como agradecimento, me levanto e junto as mãos em namastê para Li-chee e então saio.

Eu volto ao apartamento, lembrando que naquela noite devemos tomar uma droga alucinógena, mas tenho vontade de praticar e pego a guitarra para tocar um pouco. Me sinto leve e forte, me sinto bem com a guitarra nas mãos, me sinto pleno com uma agradável nova resolução: eu sou quem eu sou... Eu saltei um obstáculo... o que não mata, fortalece – é, é isso, tudo bem.

Toco uma linda escala de um raga chamado *"Purvi"*, que aprendi com Nazir Jairazbhoy – e que tem uma doce e romântica natureza e eu começo a trabalhar em cima dela, buscando variações e me concentrando em sua estrutura. Após tocar por quarenta e cinco minutos, ouço o som de vozes no andar de cima e, com minha nova luz e minha contundente nova resolução, resolvo subir até o apartamento de Zoot para ver o que está acontecendo. Os *illuminati* estão chegando, garrafas estão sendo abertas, sons estão saindo do toca-disco e uma fumaça paira no ar. Por volta da meia-noite e meia, com um bom grupo de quinze ou vinte pessoas curtindo uma mistura de scotch, vodca, vinho e haxixe, a festa está bombando enquanto ao fundo rola o som de Ravi Shankar, Beatles, Ray Charles e Tim Hardin. Hilton Valentine e Chas Chandler, dos Animals chegam e automaticamente entram no clima. Depois de um tempinho, Hilton chega e diz "Quem quer viajar?" Sinto um fio de apreensão, mas todo inocente e querendo entrar na onda, sorrio e digo "Sim, cara – sim". Eu não faço a mínima ideia dos sérios efeitos alucinógenos dessa droga, que pode até colocar uma pessoa em um estado psicótico do qual jamais poderá voltar, e é quase como se lhe ordenassem pular de um avião sem paraquedas e voar, mas eu continuo sorrindo. Quando o relógio bate uma hora, Hilton coloca uma cápsula na minha mão, entre as linhas do coração e da vida. Eu engulo e vou curtir a festa, sem sentir nada além da onda boa que eu já estava sentindo. Mas depois de meia hora, Hilton olha para mim e diz "Acho que você tá pronto". Ele puxa da bolsa o livro de Timothy Leary, "*A Experiência Psicodélica*", com cuidado, novamente olha para o meu rosto, abre o livro e começa a ler.

Em voz baixa, ele começa a entoar: Andy... chegou a hora de você buscar novos níveis de realidade. O seu ego e o jogo do Andy estão para acabar, você é quem está para entrar nesse vácuo sem nome – "desligue sua mente, relaxe e flutue correnteza abaixo". Enquanto ele fala, minha mente, minha percepção e minha sensibilidade visual saltam para uma nova realidade hipercinética – a sala à minha frente se dissolve como um ovo mole em um arco-íris de cores plásticas brilhantes e tudo o que antes tinha dimensão e solidez se torna líquido.

"É um truque", eu balbucio, "é um truque", e percebo em um instante que a minha vida inteira até este momento foi uma piada cósmica, uma peça pregada por todo mundo, todos participam, eles sabem, mas agora eu estou pronto para este momento de revelação e eles estão retirando os véus.

Eu ouço uma voz, "Ele viajou", e começo a descer um túnel de intensas imagens caleidoscópicas turbinadas pela música, que agora toma uma relevância incrível e parece incrivelmente alta e bem dentro da minha cabeça. Alice caindo no túnel do País das Maravilhas, ah sim, ah sim, então é isso e é apavorante e extasiante para caralho, mas como uma memória regressa, eu sei que, de uma maneira que não pode ser expressa, esse é o lance. Burroughs, Ginsberg, Watts, Huxley, de Quincey, os mestres Zen, Senhores do Reino Interior, era disso que eles estavam falando.

Eu passo de uma imagem de desenho animado brilhante para outra, quase não consigo acompanhar o ritmo de minha própria mente. Agora estou em uma caverna brilhantemente iluminada por joias reluzentes; agora eu desço pelos rios de ouro; agora me fundo com asas de libélulas da cor de céu prateado e de uma translucidez cintilante; agora eu vejo o imorredouro sorriso de Buda e torres improváveis de azul iridescente – é isso! "Isso é o que você estava procurando, a busca terminou, você está em casa", eu sussurrei para mim.

E a viagem continua ao passo que experimento uma alegria extrema com oscilações de intensa paranoia. Em um segundo estou surfando em um arco-íris, no momento seguinte – se abro meus olhos – a sala parece estar repleta de terríveis macaquinhos me encarando com olhos de fogo. Eu tento deixar a música me levar e retorno para o vasto momento cósmico que sempre foi e sempre será o dossel do espaço-tempo. Vastas infinidades iluminam minha consciência volátil, e West Kensington se dissolve na corrente da eternidade: sem nascimento, sem morte, apenas uma resplandescente vacuidade – inseparável do resplendor. Uma transformação incessante da energia da vida, da atividade rítmica pulsante, da dança molecular de infinita mudança; interconectada, interexistente.

Eu cambaleio para a cozinha e tento comer um pedaço de queijo. Como, a essa altura, uma atividade tão normal consegue penetrar minha consciência de Krishna, eu nunca vou saber, a não ser que seja a voz de minha mãe ecoando em algum recanto profundo para garantir que eu coma, mas o queijo tem gosto de papelão na minha boca e eu tento cuspi-lo na lixeira. Porém, quando o faço, percebo que a lixeira é como uma caixa de joias maravilhosas. Cascas de banana, caixas de cereal e bitucas de cigarro são joias deslumbrantes de incrível energia que agora aparecem para mim em partículas e em forma de ondas; tudo é uma dança, uma valsa pulsante de um mundo submolecular – elétrons, núcleos, quarks e hedrons.

E eu compreendo. Compreendo de uma certa maneira que não compreendia antes – e eu sei que compreendo isso, e isso me é familiar no sentido de finalmente estar voltando para casa. "É isso", sussurro para a caixa usada de cereal açucarado em cima do monte de lixo como uma porção de cristais de quartzo. "É... isso". Eu me torno senciente e com um bilhão de anos de idade; eu, eu mesmo – e o que ou quem é isso? Eu rio dissimuladamente deste conceito – sou nada mais do que um complexo de energia passando através do espiral infinito. Coloco a minha mão no escorredor de pratos e vejo os átomos que sou alegremente submergindo na dança que está disfarçada em forma de escorredor. Eu fito uma estranha relíquia do universo mecânico, um relógio de parede, um artefato de física clássica, a máquina cósmica, a *mécanique céleste*. Movo minha mão no ar e a vejo se atomizar em um leque. Pacotes de energia, fótons, quanta, probabilidades de interconexões, propensões para existir, tudo isso dançando junto na cozinha subatômica de Smith e Gardner-Brown. Eu palro como um papagaio louco e vejo minha vida se desdobrando como se estivesse em uma série de corredores, como em *"O Gabinete do Dr. Cagliari"*.

Eu flutuo de volta para a terra distante da sala de estar, examinando, no caminho, o papel de parede do corredor porque agora ele está vivo com montanhas extraordinárias, vales e rios, e eu converso com ele por alguns instantes. E então, como o Arcanjo Gabriel, chego ao toca-discos, que brilha como uma antiga fonte de energia e com todo mundo, neste momento, espalhado no chão à sua volta. Alguns milhões de anos mais tarde, a viagem chega a um nível de um platô cósmico estável, e eu descubro que sou capaz de controlar os movimentos do pêndulo e me direcionar para a bela, benéfica e inefável luz. Nesse momento, estou no centro da sala, irradiando êxtase e o poder de Deus como uma fornalha celestial e na sala entra a Traidora – Ela, Angela, Kali – e com ela, ele – Eric, Shiva –, mas eu os vejo como parte de um tecido cósmico e de algum pico remoto de uma montanha tibetana, eu os abençoo e os rego com o meu esplendor. Nós todos amamos uns aos outros; *nós todos amamos uns aos outros*, diz uma voz celestial distante que é minha; e eu continuo a minha espiral através da dança geométrica rodopiante, o fluxo de fogo da unidade interna.

    A essa altura, duas coisas acontecem enquanto estou de pé buscando o êxtase superior, a inefável fonte de todo ser. Eu me rendo e, como um gigante sol de paz, a luz inunda a minha mente, a minha alma, o meu ser. Êxtase radiante? Deus? Não há outra descrição, e talvez este seja o momento mais singular de minha vida. Mas no plano terreno, um pequeno evento irônico anima este momento, uma vez que estou experienciando este momento absoluto com os dois braços elevados acima da cabeça, esta ação faz minhas calças cairem nos tornozelos.

    Em algum lugar, a milhas de distância abaixo de mim, ouço risadas, mas eu estou em outro lugar, estou no raio de Deus, no alfa e no ômega, a paz que excede toda compreensão, o campo de Buda, o Vazio, estou me banhando, nadando, me espiritualizando aqui, neste apartamento de onze-libras-por-mês em West Ken. Isto é a Luz Clara e Branca, a mente infalível do puro estado místico e a experiência direta de frases do Budismo fluem como fita perfurada pelo campo em branco da minha mente. "Obtenha a Budeidade no reino da plenitude". "Funda-se ao brilho do coração de Buda".

E, então, em algum lugar bem abaixo, uma grave voz de Londres diz, "Que coisa horrível". É Angela fazendo uma cara horrorosa olhando eu me contorcer, mas eu a abençoo e continuo a iluminar o papel de parede. As luzes acabam diminuindo, e eu me afundo de volta no sofá cheio de amor e com as cores do arco-íris. Mas aqui, esta noite, neste apartamento de um quarto em Londres, eu recebi a luz, eu descobri.

Lá pelas seis da manhã eu me sinto flutuando de volta à Terra e deslizo escada abaixo, para o meu quarto, mas quando chego lá fico com medo de estar sozinho em um lugar diferente. Olho meu rosto no espelho e o observo passando por uma metamorfose de príncipes hindus, princesas, animais, reis, rainhas, águias, índios Cherokees, crânios e várias personalidades históricas. Obviamente são todas as encarnações que já vivi, mas isso é assustador e preciso me afastar da intensidade. Exausto, finalmente caio na cama e tento dormir enquanto o dia começa. Como uma ladainha, as palavras de John Downland permeiam minha mente: "Come, heavy Sleep, the image of true Death / And close up these my weary weeping eyes"[12], e através da escuridão e da negritude de minhas pálpebras fechadas, assisto ao último estouro dos fogos de artifício, o hino do universo tocando docemente em minha cabeça – todos amamos uns aos outros, todos amamos uns aos outros...

Eu acordo às três da tarde e, recuperando minha consciência na cozinha com uma xícara forte de chá de Darjeeling, relutantemente percebo que acabei de passar por uma coisa que pode ser definida como uma experiência alteradora de vida. Claramente, o LSD não é para os fracos; é arriscado, perigoso: uma viagem da qual você pode não retornar, mas ao passo que volta para mim, em estilhaços flutuantes de memória, ela me conecta à psicologia, ao budismo, ao Zen e à física quântica, e confirma a informação. Minha mão desaparecendo no escorredor, as cores, a luz branca, a incrível luz branca, a experiência não intelectual da absoluta realidade. Eu mexo o chá com a colher, observando as ondas que se formam no centro da xícara e penso, *É isso, está tudo bem aqui – em formas de onda*. O encontro do espírito com a matéria. A unidade do tudo. Eu espalho um pouco de manteiga em um pedaço de torrada, e as palavras de Chang-tzu fluem em minha mente: "A mente serena do sábio é um espelho do Céu e da Terra". Aquela foi a luz branca, mas o que foi o restante daquele caleidoscópio insano?

---

[12]Nota do tradutor: "Venha, sono pesado, a imagem da verdadeira Morte / E feche esses meus olhos cansados de chorar".

Hilton me deu sua cópia de "*A Experiência Psicodélica*", e nos dias seguintes leio o livro inteiro. Baseado no Livro Tibetano dos Mortos, "*A Experiência Psicodélica*" tem a intenção de ser uma leitura moderna para o antigo tomo. Em vez de ser um livro de instruções para guiar os mortos através do período de quarenta e nove dias entre a morte e o renascimento, segundo a crença tibetana, a sua ideia, mais esotérica, é que ele seja um guia para a perda do ego, para um estado de transcendência que é alcançado através de estrita disciplina e de meditação. Leary, Alpert e Metzner afirmam na introdução que, nos tempos modernos, esses estados podem ser atingidos com substâncias químicas e que esses chegaram até nós porque todos precisamos passar por essa experiência.

Em Londres, nós que ainda não somos astros internacionais vínhamos ouvindo vagos relatos sobre uma coisa chamada "viagem", mas ficamos confusos para entender se isso é uma nova forma de férias, ou tropeçar em um tronco. Agora nós sabemos. Será que a mudança dos tempos é resultado disso, ou é o inverso? Estamos em um estado de mudança, tudo é possível, tudo é permitido, então vamos explodir nossas mentes. Guitarras cantam; cabelos voam; roupas brilham; arroz integral, algas, vegetais orgânicos invadem nossa corporalidade humana de forma profunda; e, com um sorriso como o de Buda, propagamos o amor livre e a compaixão para todas as criaturas de Deus. Um homem musculoso vestindo uma tanga caminha até o centro do palco e toca um gongo e, em uma chuva de frequências prateadas, o mundo se transforma do preto-e-branco para o colorido total. O ácido te leva lá em meia hora.

Os Beatles, a essa altura, são experientes usuários de ácido e, embora ainda não tenhamos percebido, suas músicas refletem isso. O verso – *turn off your mind, relax, and float downstream* – na verdade, são palavras de Leary, tiradas de "*A Experiência Psicodélica*". Agora nós estamos por dentro, entramos na fraternidade e o código se revela.

O Livro Tibetano dos Mortos descreve três estágios que você passa através de sua jornada interior: o primeiro Bardo, o segundo Bardo e o terceiro Bardo. O primeiro Bardo, quando você supostamente experimenta a luz branca enquanto se desprende de seu ego e dos jogos da vida, como Leary coloca; no segundo estágio, você experimenta intensas alucinações de natureza cármica; e, o terceiro é o período de reentrada, ou renascimento.

Eu olho pela janela da cozinha para um jardinzinho mal cuidado em frente a uma fila de casas térreas em estado deplorável e tento repensar minha experiência. Eu já passei por todos aqueles estágios, incluindo a luz branca radiante, as visões paranoicas e o desfecho final. Foi uma coisa esmagadora, um incrível universo paralelo e a lembrança ainda está tão vívida, tão clara, que parece tão real quanto a torrada intocada no prato à minha frente.

Zoot e eu embarcamos em mais algumas viagens, e torna-se óbvio que estamos indo em uma direção diferente do restante da banda: nós somos os cabeças feitas, e eles, não; existe uma divisão e, para mim, ela está ficando mais dolorosa a cada dia.

Um dia, temos uma gravação marcada no Pye Studios, perto de Edgeware Road, onde estamos na metade do caminho de terminarmos um álbum. A gravação está marcada para as duas em ponto. Zoot e eu estivemos em uma farra de ácido durante toda a noite e estamos tão imprestáveis quanto uma lareira de chocolate. Uma sessão de gravação às duas da tarde é algo que levamos em consideração como uma espécie de brincadeira. Porém chegamos atrasados e encontramos o restante da banda esperando por nós. É difícil levar qualquer coisa a sério quando ainda estamos descendo de algum pico cósmico, que Deus sabe lá qual era, onde estivemos por toda a noite. Mas começamos a trabalhar tentando ensinar aos outros uma música que compomos recentemente, chamada *"I Really Learned How To Cry"*. Com olhares desconfiados do restante da banda, ela começa a tomar forma – embora lentamente, porque nós dois estamos de ressaca e indecisos e com rompantes de risos. De alguma forma, conseguimos incluir a música na gravação com uma quantidade incrível de distorções de guitarra. Ninguém toca com esse monte de distorção, nem mesmo Eric, então eu não sei se estou tendo uma premonição da guitarra no futuro, ou se estou muito louco para fazer a coisa fazer sentido no estúdio, mas às três horas da tarde, aquilo parece inumanamente brutal e vulgar, e o engenheiro do estúdio, mal encarando minha guitarra, que soa como um mosquito com esteroides, olha para nós através da janela da sala de controle como se precisássemos de camisas de força.

Após ouvir a gravação, nos sentimos de certa forma desconsolados, saímos da sala de controle para o corredor. Um engenheiro de gravação que conhecemos está lá e nos pergunta se gostaríamos de escutar uma canção que os Beatles acabaram de gravar; ninguém ainda a havia ouvido, porque eles estiveram no estúdio há apenas alguns dias. Ele me arrasta com Zoot para uma pequena sala e coloca a fita para tocar. Um som celestial preenche o ambiente; são eles cantando *"She's Leaving Home"*. Nós ouvimos, estupefatos com a sua absoluta perfeição; para os nossos ouvidos embebidos em ácido, soa como o mel escorrendo – doce, picante, perfeito – e, cara, como nós mesmos queríamos ter feito essa. Depois de olharmos para o carpete e murmurarmos algo como "porra" e "caralho", saímos de lá. Mas ela exerce o efeito fantástico de nos inspirar, e voltamos e escutamos a faixa que acabamos de gravar e eu me pego curtindo a guitarra distorcida. Não é uma música dos Beatles, mas com esse rosnado mordaz, como um revigorante vento contrário, de alguma maneira, sinto que ela é razoável.

Alguns meses depois estamos prestes a tocar em um programa da BBC chamado *Saturday Club*, com Brian Matthews. Na noite anterior, nós novamente decolamos para o reino interior, de novo com uma dose substancial de uma coisa chamada "relâmpago branco", e Zoot ficou deitado em sua cama totalmente imóvel por algo em torno de quatorze horas. Chegamos à BBC e, de alguma forma, tocamos as músicas que deveríamos, então chega a hora de Zoot ser entrevistado por Brian. Nessa época, há muitas notícias e publicidade negativa sobre LSD nos jornais. Depois de fazer as costumeiras perguntas triviais, Brian questiona qual é a opinião de Zoot a respeito de todos os jovens que agora estão fazendo o uso ilegal do LSD. O restante da banda está sentado na galeria, rindo como garotinhas, enquanto Zoot – ainda se recuperando da noite anterior – consegue retrucar alguma coisa politicamente correta em resposta ao teste de Brian.

Mas, essa situação não tem como perdurar, e a banda começa a se desintegrar. Isso fica evidente em uma noite após fazermos um show no A-Go-Go, em Newcastle. No camarim, eu tenho uma conversa com Zoot na qual expresso o meu ponto de vista de forma bastante incisiva. Eu acho que estamos condenados se continuarmos da maneira em que estamos. Algo mais está acontecendo na música, e nós estamos ficando para trás. Eu acredito que devemos nos livrar dos saxofones e começar a compor as nossas próprias músicas, talvez fazer um show de luzes para nos inserirmos na nova onda.

A combinação do que acontece na época, as drogas, mais a necessidade de compor as nossas próprias músicas, conduzem nossa banda até o ponto de ruptura. Em um curto período de tempo, honramos todos os shows marcados e depois anunciamos que a Big Roll Band acabou. A comunidade musical não consegue acreditar, acham que somos loucos; as pessoas adoram a banda, somos queridos, *promoters* ainda querem nos contratar. Não é uma jogada popular; na verdade, quase podemos ouvir as vaias, mas está feito. Talvez Zoot reconheça um pouco disso, ou não; mas eu sempre me sentiria responsável pelo fim da Big Roll Band. Eu forcei a barra e isso aconteceu. Zoot e eu estamos levados pela onda do psicodelismo e talvez não estejamos pensando direito, mas ela é a maior influência na nossa decisão de seguir adiante. Nós vimos o outro lado, e ele está nos chamando. Nick Newall arranja shows em qualquer lugar, Johnny Almond forma sua própria banda de sucesso com Jon Mark, e Paul Williams consegue um sucesso considerável com a sua própria banda, a Juicy Lucy. Zoot, Colin e eu permanecemos juntos e, com um novo baixista chamado Pat Donaldson, voltamos os nossos rostos para o futuro cósmico.

BRIDGEHAMPTON, 18 DE AGOSTO DE 1983

Deitado de costas, fecho os olhos e me concentro na minha respiração. Como se estivesse em meditação, sinto o movimento da minha respiração. Enquanto estou deitado entre os lençóis, as palavras *"every breath you take"* ecoam como um mantra por todo o país. As composições são a energia vital de uma banda, o andaime onde você pendura suas habilidades, mostra aos outros a sua vantagem. Sting é naturalmente um compositor talentoso. As canções que ele escreve se tornam o catalisador da energia instrumental do The Police. Antes dos Beatles, muito poucas pessoas escreviam suas próprias músicas, mas os Beatles abriram a porta e mostraram o caminho das composições para todos nós. Esta ideia se deu e se desenvolveu até que a marca de um grupo se tornou não só a qualidade das músicas que tocam, mas a qualidade das músicas que compõem.

Nossa banda nova começa comigo e Zoot sentados tarde da noite no chão do apartamento com dois violões, tentando compor nossas próprias músicas. Às vezes, pegamos o jornal, tentando encontrar algum incidente que provoque nossa imaginação. Depois de algum tempo, conseguimos um bom número de músicas na manga, o suficiente para fazer um disco e também para cair na estrada: *"High Flying Bird"*, *"Four Fireman"*, *"Fourpenny Bus Ride"*, *"World War Three!"* e o nosso próprio hino psicodélico, *"Madman Running Through The Fields"*, que pelos próximos trinta anos permanecerá na lista das melhores canções pop psicodélicas de todos os tempos.

Finalmente, a música vai ser lançada pela Columbia como nosso primeiro *single*, se tornando um *hit underground*.

Com um canal com um prato hi-hat gravado ao contrário, a la *"Strawberry Fields Forever"*, e um acorde com décima-primeira martelado por cima do hi-hat (que novamente surge triunfante, muitos anos depois, como a introdução de *"Walking On The Moon"*) e uma doce terceira parte que pode apenas ser descrita como Bambi passeando pelo bosque, a música tem uma flauta para realçar bastante o cenário silvestre. Em cima disso – da parte silvestre – o título da música é sussurradamente entoado por Zoot. A letra, que astuciosamente aponta a ideia de um louco correndo através dos campos é, de fato, o indivíduo que é verdadeiramente livre e sábio, enquanto nós, os escravos da sociedade convencional, somos os verdadeiramente loucos e acorrentados e ainda cometemos a temeridade de considerar aquele sujeito como louco.

Ela recebe ótimas críticas, uma até diz que vale todos os 23 shilllings gastos e que é a melhor coisa que já fizemos. Estamos bastante orgulhosos dela, e a consideramos uma peça de música pop superior – achamos que captamos alguma coisa de fato especial – isso traz algum alívio sobre termos desmanchado a Big Roll Band.

Nos anos 80, esse é o tipo de música que o Spinal Tap vai sacanear, quando eu deitar no chão do Waverly Theater, em Greenwich Village, uivando e dando risada. Mas muitas de nossas músicas são nessa linha, uma mistura desesperada de um desvio do idealismo dos anos 60 e dos efeitos de alucinógenos usados regularmente. O amor está sempre presente nas letras, não amor pessoal do tipo o menino que conhece a menina e nem das realidades amargas de relacionamentos fracassados, mas um amor do tipo universal, da mente universal, ou se preferir – um amor que alcançará e tocará a humanidade em todo lugar, trará o fim das guerras e o começo de uma era dourada de paz mundial. Sem nenhum traço de cinismo à vista, é nisso em que acreditamos. Possivelmente, pessoas da nossa idade estejam passando por uma psicose de ácido em massa, mas uma mudança no inconsciente coletivo está acontecendo, e nós não estamos sozinhos nesses pensamentos, embora seja possível que aqueles de nós que empreenderam a jornada interior estejam ainda mais psicóticos.

Os Beatles abriram caminho e, como os filhos de Hamelin, nós – e todo mundo que conhecemos – os seguimos. *"All You Need Is Love"*, cantamos. *"Love is all you need"*, sentenciamos. Parece que estamos surfando a onda da mudança cósmica, e que o futuro chegou. Agora fazemos música e escrevemos as letras que lutam e anseiam por uma grande libertação espiritual.

Nossa música se torna aberta a outras influências, e eu sinto que todos os sons exóticos que borbulham na minha cabeça agora têm a possibilidade de voar. Os solos de guitarra se tornam longos e minuciosos, as progressões de acordes são reduzidas a drones modais, e a música começa a ter um sentimento orgânico ao passo que improvisamos de uma maneira que pode ser descrita como "livre", muitos anos antes de surgir o conceito de *jam band*. Esta é uma era de homogeneidades conceituais: pintura, música, dança, religião e ciência convergem, ou voltam a se unir, da mesma forma que fizeram nos anos 20. Jackson Pollock, nos Estados Unidos, já virou o mundo da arte de ponta cabeça com suas pinturas de gotejamento inovadoras. Coltrane abandonou o uso da progressão de acordes, substituindo os solos convencionais por incríveis camadas de som sobre drones e harmonias quartais; Ornette Coleman inventou o free jazz; e os Beatles chegaram compondo suas próprias canções e trazendo o LSD à tona como o elemento essencial para o caminho espiritual.

Este é o novo *zeitgeist*, mas nós não sabemos como vamos nos denominar e tentamos nomes como Tibet, Karma, Reincarnation, Lord Vishnu's Magic Bus e Mountains Of The Moon, mas tudo parece

vagamente ridículo. E então conhecemos Jim Bramble. Jim trabalha como assessor de imprensa no West End e concorda em nos ajudar, sugere o ridículo nome Dantalian's Chariot. Acontece que Jim, como muita gente atualmente, tem uma fascinação pelo oculto e, de algum buraco na sua mística e sombria biblioteca, ele encontra uma referência para Dantalian, senhor do sétimo selo, ou em alguma outra magia e, em nosso estado entorpecido, nós concordamos.

Então nos tornamos Dantalian's Chariot e rapidamente passamos a nos chamar de Dantalion Charabang, que sempre pronunciamos com um forte sotaque de Yorkshire, como se estivéssemos entrando em um *pub* nos Moors em uma noite muito chuvosa. Talvez tenhamos realmente absorvido a nossa iniciativa, porque o humor mordaz nunca nos abandona, estamos sempre inspirados, independente de qualquer coisa.

Para completar toda a verdade psicodélica que estamos prestes a mostrar às pessoas, tomamos mais alguns decisões radicais, assim como mais algumas drogas. Pintamos todo nosso equipamento de branco para que ele possa revelar completamente todas as nuances do glorioso colorido que estamos para projetar no palco e em nós mesmos; para complementar esta extravagância, todos usamos apenas roupas brancas. Com nossas extensas *jams* ao estilo raga e um inebriante arco-íris colorido de luzes, estamos prontos para descer à Terra.

As pessoas estão interessadas em ver o que Zoot está fazendo com a sua nova banda. Houve bastante burburinho sobre o fim da BRB e, apesar do furor, conseguimos uns shows. Mas, demos com a cara na parede; o espírito elevado ainda não ultrapassou os limites de Barnet, ao norte; e de Croydon, ao sul. Embora consigamos shows e viajamos pelo país, a recepção nem sempre é calorosa e, de fato, com muita frequência somos recebidos pelo silêncio estupefato do público. Estamos apresentando um incrível show de luzes e tocando o que achamos ser uma música alucinante, mas parece que estamos muito à frente do público de fora de Londres; East Grinstead não é Haight-Ashbury. Eles querem o velho Zoot e o repertório R&B de Otis Redding e James Brown. Talvez tenhamos feito merda, mas agora não tem volta. Nós vimos a luz e, impulsionados por essa nova verdade interior, continuamos a disseminar a palavra. Talvez a diferença seja que nós tomamos ácido, mas o público ainda pense que ácido seja algum agente de limpeza. A falta de expressão deles revela que não estão em sintonia conosco. Em Londres, nessa época, o verdadeiro indicador – o sinal do homem de verdade – é se ele já viajou e tomou ácido, se já esteve lá; mas mesmo com essa espiritualidade do ácido, existe uma sutil hierarquia. Aqueles que já experimentaram, sabem; e aqueles que não experimentaram, jogam os velhos jogos, desempenham seus papéis da velha vida...

No Roundhouse, no UFO e no Middle Earth Club, em Londres, todo mundo parece já ter sacado, e é como se todos estivessem na mesma onda. A nossa música expressa a libertação, a queda das velhas convenções, a liberdade descoberta recentemente – e tocar o velho estilo R&B naqueles lugares não seria nada legal. Subir no palco da Middle Earth à meia-noite ou às duas da manhã e tocar no mar de um colorido orgânico e turbilhonante, para uma multidão de rostos alucinados cobertos por maquiagens viajantes é o momento da verdade, o lugar onde tudo faz sentido. No fluxo desse momento fervilhante, apresentações são dispensadas porque juntamos todas as músicas em um único e longo *set* para fazer o público viajar pelos recantos mais longínquos do cosmos. Mais do que estarmos meramente tocando, agora nós voamos. Em meus solos de guitarra – mais do que os limitados dezesseis compassos no meio de uma canção pop – eu busco o espírito e tento chegar à viagem de Coltrane. Solos que se movimentam com a ascendente chama interior são indefinidamente estendidas até que a apresentação do tema esteja completa, o círculo desenhado. Começando com uma frase reflexiva ou duas, eles se movem como uma sentença, um parágrafo e continuam até formarem um elevado hino cósmico. Após duas ou três voltas ao redor da divindade, a improvisação lentamente entra em um espiral de volta em direção à terra firme em asas de ouro polido. Os membros da banda balançam a cabeça sabiamente e um deles tem um sentimento de grande espiritualidade.

Enquanto isso, o amor livre chega e nós abandonamos o constrangimento do que imaginamos ser as barreiras morais de nossos pais. Acabar com um estranho na cama, envolvido em um abraço que é tanto físico como cheio de química, é considerado um comportamento normal. Nós somos a geração do amor. Após mais uma noite de cio desvairado, eu acordo em algum canto escuro de Londres e vejo através dos lençóis um rosto que eu tinha visto apenas na escuridão do clube na noite passada. Imaginando o que foi que me possuiu – desejando que o meu juízo estivesse na minha cabeça e não em um chakra mais abaixo – eu me desvencilho dos lençóis e cruzo um corredor frio para mijar e decido não dar descarga para não acordar a pessoa desconhecida que está dormindo e que eu acabei de deixar, porque aí a coisa ficaria complicada: sexo e subterfúgio. Fecho a porta do quarto, silenciosamente visto minhas calças no corredor gelado e depois saio de fininho da casa, tentando não bater o *case* da minha guitarra na porta da frente e nem tropeçar em uma garrafa de leite ao sair.

Arreganhado na minha enorme cama cor-de-laranja, leio uma inebriante miscelânea de livros: *"Magic And Mystery In Tibet"*, de Alexandra David-Neel, mitologia hindu, Camus, Dostoiévski, Hesse, Koestler, Kerouac, Burroughs, Bowles e livros de cozinha macrobiótica. Eu os ponho lado a lado em cima de um pequeno piano-armário ao lado da cama e me gabo deles como o meu tesouro. Meus LPs estão empilhados no peitoril da janela: Ravi Shankar, Vilayat Khan, Hamza el Din, Coltrane, Miles, Mingus, Bach, Messiaen, Beatles, Frank Zappa. Na parede, eu tenho alguns pôsteres do Fillmore, em São Francisco, anunciando noites com o Grateful Dead, Janis Joplin and Big Brother and the Holding Company.

Este quarto é o meu universo e ele contém toda informação que eu preciso. Não há outra vista além de um muro de concreto cinza e os degraus subindo para a Gunterstone Road, mas aqui eu sou feliz porque ouço música, pratico e absorvo informações inúteis, secretas. Sentado no chão com *"Os Três Pilares do Zen"* equilibrados nos joelhos e hashis velozes, eu como uma tigela de arroz integral e flocos de sardini enquanto *"Colors of the Celestial City"*, de Messiaen, toca ao fundo.

Mas, do lado de fora do meu apartamento está tudo ficando louco. Como manifestação exterior da grande mudança interior que todos imaginamos estar acontecendo, nos vestimos como palhaços de circo. Minhas camisas são feitas de tecidos indianos brilhantes, uso pulseiras de conchas em meus pulsos, meus cabelos chegam até os ombros, os fundos das minhas calças-balão chegam a ter 45 centímetros e eu me torno visível a uma milha de distância. Tenho um par de calças de veludo roxas que eu adoro, com elas eu uso uma jaqueta marrom de camurça com longas franjas, uma echarpe escarlate e botas amarelas feitas à mão – o efeito geral fica entre um bobo da corte e um hobbit. Eu começo a adquirir mantos caros e calças feitas em locais como Thea Porter. Uma das minhas mais memoráveis peças é um magnífico casaco de feiticeiro com mangas de sino em vermelho e verde brilhantes com detalhes dourados em volta dos punhos. Eu me apresento no palco com este belíssimo casaco, me sentindo o próprio Merlin. Todos queremos nos sentir como magos agora, ter poderes mágicos, transformar e subverter a mente das pessoas. O casaco ajuda.

Conforme eu ando pela cena agora, ouço conversas sobre as linhas de Ley, cogumelos, pedras antigas, configurações do céu noturno, magia, equinócios vernais e solstícios de verão. Em nosso país isso parece natural. Estamos em uma nação que é uma ilha e vemos os nossos campos verdes cheios de fadas, feiticeiros e gnomos; na verdade, gostamos de colocar estátuas de gnomos em nossos jardins. Nós herdamos um pensamento arcaico, ou pelo menos um gosto inglês por substâncias alucinógenas, como está demonstrado nos trabalhos de Quincey, Coleridge, Tolkien, Blake, Lewis Carroll e nas lendas arthurianas. Eu concordo empolgadamente com todas essas coisas, como se reconhecesse a verdade sob a superfície cotidiana. Como todo mundo, eu concordo e reconheço todas essas coisas, mas de alguma forma eu me apego a uma mentalidade paralela e à minha própria pequena pilha de livros sobre Zen e à prática da música que parece o oposto da linha de Ley ou crença em uma lenda arthuriana. Eu ainda me sinto atraído pela equação de curtição, jazz e pé na estrada de Kerouac.

Em meu desejo de fazer o som da guitarra ecoar mais fielmente as imagens que no momento estão piscando através da nossa nova consciência, eu começo a abrir os acordes das canções. Eu nunca toco um acorde como uma simples tríade harmônica, sempre adiciono uma ou duas notas – uma suspensão ou uma segunda menor ou maior porque elas dão aos acordes uma força mística e expressionista. Uma trilha sonora dos Himalayas, o som da profunda e contemplativa solidão combinada com o êxtase de chupar uma pedra e contemplar os Annapurnas – é isso que estamos procurando em nossa música. Um acorde pestana simples como tantos guitarristas de pop e de rock estão tocando agora parecem mortos para mim, falta inclusive o menor toque de ambiguidade; o acorde pestana é como o som de uma sala com todas as portas e janelas fechadas. Eu quero harmonias que explodam como aglomerados de estrelas, intervalos que, como cometas, chicoteiem todo o corpo caloso do cérebro, cachos de acordes dissonantes abertos que façam as segundas menores se chocarem com as sétimas e nonas e décimas primeiras para criar uma beleza trêmula. ("A beleza não é nada se não for convulsiva", disse Debussy.) Algumas dessas combinações são o suficiente para que um gato tenha um ataque do coração ou que um cachorro comece a uivar. Mas acho que elas são estranhamente tranquilizantes e tento conseguir com uma mistura de koto com cítara, nunca tocando um Mi como um Mi convencional, mas fazendo um cacho de notas, Sol sustenido, Si bemol, Si natural e qualquer outra que me der na telha na hora – afinal, tudo é bonito e isso faz o som da guitarra ficar pungente e estranho, como um prato que é servido com temperos exóticos. Não é para o gosto de qualquer um. Pat Donaldson, nosso baixista, reclama que uso muitos acordes abertos, como se isso representasse a escolha de um guitarrista iniciante mais do que a beleza expressionista que são. Eu vejo esses acordes como flechas afiadas, que fogem do padrão de guitarra imitando o piano, estabelecido desde os anos 40. Somos roqueiros do ácido, seres cósmicos, avatares da luz – esta é a nossa música.

Mas enquanto sigo meu caminho, a maioria dos guitarristas de Londres ainda está seguindo Eric pela estrada do paraíso do *blues*. Não quero me juntar aos rapazes do *blues* de olhos castanhos, em vez disso, faço solos derivados de drone, tocando uma corda contra a outra, imitando os solos de cítara de Vilayhat Khan e o fraseado da música raga indiana. Eu sigo meu caminho, mas ainda serão necessários mais alguns anos para que ele me leve à porta certa.

Chegamos em uma sexta-feira à tarde no Middle Earth para montar o equipamento e fazer a passagem de som para o nosso show à meia-noite. A outra atração que vai tocar conosco nessa noite é a Graham Bond Organization. Graham é um músico de jazz muito talentoso que tem como instrumento principal o órgão, mas que também toca saxofone alto e que canta com uma voz rascante de barítono. Graham também é conhecido por ter lançado um *single* com a música *"Tammy"*, que realmente pode ser descrita como pornografia infantil auditiva, enquanto se ouve Graham cantando o nome Tammy repetidamente com a sua voz encharcada de uísque para uma mocinha seminua que dança freneticamente em um campo de algodão. A música causa muitas risadas na comunidade musical quando lançada. Graham não é o cara mais lindo de se ver; gordo, com barba por fazer e um bigode no estilo siciliano, sua aparência é levemente ameaçadora e, com o seu estilo delirante de tocar órgão, o quadro é o de um completo inferno humano.

Estamos fazendo a nossa passagem e treinando uma nova peça de sabedoria cósmica que chamamos de "A-E-I-O-U", na qual entoamos os sons das vogais antes de completar a cena com mais blasfêmias obscenas. Mas, ao terminamos e descermos do palco, um *roadie* de expressão abatida e olhar preocupado nos chama até o camarim de Graham. Ele se senta de pernas cruzadas em um estrado entre dois candelabros acesos, com sua silhueta sendo projetada na parede ao fundo. "Vocês não podem cantar aquela música", ele sussurra em um tom grave e rouco. "Está escrito que vocês vão trazer o mal, os mortos. O Livro dos Mortos egípcio – as instruções – alertam para não entoarem esses sons. O que vocês estão fazendo é uma invocação, um convite, não façam isso". Bom, nós não sabemos se é para levá-lo a sério ou não. Ele estuda ocultismo há muito tempo, pode ser que saiba de alguma coisa, e isso nos assusta o suficiente para não tocarmos a música naquela noite. Não queremos arriscar provocar a ira de espíritos malignos nem a ira de Bondy. Não cruzamos mais com Graham depois disso, mas ficamos tristes ao saber que alguns anos depois ele cometeu suicídio se jogando na frente de um trem em Brompton, o que é uma grande perda para o mundo da música.

BRIDGEHAMPTON, 18 DE AGOSTO DE 1983

A morte está a apenas um suspiro de distância do ato de tocar música. Cada nota na guitarra representa uma pequena curva: nascimento, vida e morte – e depois você começa de novo. Tocar, criar, tentar o extraordinário, leva as pessoas aos extremos. Você vai até o limite e olha lá de cima; alguns recuam, outros vão em frente. Você se sente triste, mas acaba se conformando quando alguém que você conhece não consegue chegar lá e, ao longo do caminho, existem muitos deles. A música permanece, e esta guitarra – a essa altura da carreira do The Police – sobreviveu a tudo: quase acidentes, voos de avião perigosos, temperaturas abaixo de zero, calor extremo, alta umidade, morte, nascimento e divórcio. Embora pareça uma Fender Telecaster clássica, ela é, na verdade, uma espécie de instrumento mestiço. Alguém observou que o braço dela na verdade é o de uma Stratocaster, o captador da frente é um Gibson humbucker, em vez de um Fender single coil, e ele foi reencapado com uma unidade *overdrive* dentro do corpo. Um terço Les Paul, um terço Stratocaster e um terço Telecaster, sua característica eclética funciona para mim. Eu consigo produzir um timbre fantástico de sua estranha combinação de captadores, e o tamanho de seu corpo e peso são confortáveis.

Guitarras começam como árvores, flutuam rio abaixo, são transportadas por lenhadores, serradas em forma de pranchas e depois secadas, curadas e deixadas para envelhecer. Elas chegam nas mãos do músico ainda com a memória de uma árvore, átomos e moléculas se reformando para se tornarem uma guitarra. A história se inicia; o destino é determinado; coisas acontecem; alguém constrói sua vida em torno de uma guitarra específica; a sorte muda, segue em frente, ou acaba.

A guitarra é um instrumento pelo qual muitos músicos se tornam obcecados. É assim que acontece com as guitarras. Você tem uma em suas mãos e começa a mexer incessantemente nela, a experimentar, passa as mãos de cima a baixo em seu braço, descobre novas combinações – novos caminhos. Ela domina, governa, monopoliza, prende a sua imaginação até que esteja nessa eterna batalha com ela. Você fica atormentado por pensamentos de que exista uma guitarra melhor – isso faz parte do pacote. Eu olho para a minha guitarra do The Police repousando nos lençóis brancos: quase não tem mais a tinta original de seu acabamento *sunburst*, a madeira crua agora se mostra na sua superfície marcada, mas eu gosto da labareda solar vermelha e amarela que se propaga como se passasse de maior para menor através da barriga e sob as cordas. Chegar nessa guitarra foi um pouco como ter vários relacionamentos com as mulheres erradas antes de achar aquela que você realmente ama e com quem vai querer passar o resto da vida. E, antes disso, para combinar com o nosso palco completamente branco dos shows do Dantalian's Chariot, eu comprei uma Gibson SG com três *humbuckers*, que incorporei na fantasia prismática do nosso show de luzes naquele clube em Covent Garden, batizado com este nome depois de um romance de Tolkein.

Em uma noite, após termos tocado no Middle Earth, estou de bobeira na pista de dança quando noto uma garota bonita, pequena, de cabelos escuros olhando para mim. De algum modo, começamos a conversar. Seu nome é Jenny e ela trabalha na bilheteria do clube; ela me pergunta se eu gostaria de ir a um desfile de moda com ela na segunda à noite, que é uma maneira legal de tentar um encontro sem que isso fique tão óbvio – então, sim. Ela diz que vai me telefonar dando os detalhes, e eu dou o meu número para ela. Chega a noite de segunda e vamos ao desfile em South Kensington; depois, para o seu apartamento em Queens Gardens, em Bayswater. Nós nos damos bem, e a conversa flui facilmente. Sendo um espírito no mundo material, lanço as minhas ideias místicas avançadas para ela, ao que ela responde com um educado ceticismo e humor. Fumamos um haxixe e vamos para cama, onde as coisas também vão muito bem, e parece que encontrei uma nova namorada.

Nas próximas semanas, gradualmente vou ficando mais imerso na vida de Jenny Fabian. Aos vinte e poucos anos, ela tem duas filhas pequenas de um marido italiano de quem já se divorciou. Seu apartamento é um constante entra-e-sai, e nós temos o mesmo cabeleireiro, Gavin, do Leonard of London. Jenny astutamente observa que é um sinal dos tempos quando pessoas de gêneros opostos descobrem que estão cortando o cabelo com o mesmo cara.

Eu continuo tocando pelo país, tentando causar uma revolução cósmica com a Dantalian's Chariot e, na maioria das noites, sou deixado na porta da casa de Jenny na volta para Londres. Nós conversamos sobre os tempos que estamos vivendo, drogas, morte, livros, cultura, várias guerras, países que gostaríamos de visitar, nossos sonhos, fantasias. Jenny é perspicaz e inteligente, contestando, não cínica, mas saudavelmente, o otimismo turbinado pelo ácido que está surgindo nas ruas de Londres.

Muitas dessas conversas serão ressuscitadas alguns anos mais tarde quando Jenny escreve um romance chamado *Groupie*, que faz dela, por um tempo, uma estrela literária internacional. Quando ela escreve o livro, eu estou morando na Califórnia e levo uma vida diferente, mas fico bastante admirado em lê-lo porque parece um relato fiel do tempo em que estivemos juntos. Ela reproduziu exatamente as nossas conversas e até mesmo uma carta que lhe escrevi foi abertamente copiada. No livro, ela me chamou de Davy, a Dantalion's Chariot foi rebatizada como Transfer Project, e assim por diante.

Em algum momento, no meio de tudo isso, recebo uma ligação de Chas Chandler, o baixista dos Animals. Ele me diz que está trazendo para Londres um incrível guitarrista que descobriu em Nova York que vem para tocar na semana que vem no Blazes com o Brian Auger Trio. Eu nunca tinha ouvido falar nesse guitarrista, mas Chas faz o maior cartaz dele e eu digo que estarei lá. Algumas noites depois, entro na escuridão do clube e tenho uma incrível visão. No palco, está um homem negro com uma guitarra branca na boca. Ostentando um *black power* de uns 30 cm de altura e usando um traje de camurça com umas franjas de meio metro, ele segura uma Stratocaster branca na frente do rosto e a toca com os dentes. Eu me encosto na parede do fundo, onde permaneço fascinado.

É chocante, um encontro com um extraterrestre. Isso é uma coisa totalmente nova, não um moleque branco tocando *blues*, é música de outro planeta. A música atinge as entranhas como se estivesse emergindo das profundezas da psiquê africana e simultaneamente do espaço sideral; e vem através deste guitarrista como se soubesse que ele é o veículo pelo qual chegará à Terra. Ali, no escuro, entre mesas pequenas, o tilintar de copos, o vozerio fútil e frente a esse barulho primordial, eu me sinto muito branco e inadequado. Como é que ele consegue aquele som, aquela coisa alfa, aquele barulho de sirene, o som de uma trepada? Todos temos guitarras, mas a nossa sussurra; a dele grita. Eu sei que estou testemunhando o nascimento de um novo animal que vai agitar o mundo da música até as raízes e mudar o som da guitarra elétrica para sempre. Eu me inclino e pergunto para alguém, "Quem é esse cara?" através de uma boca cheia de cubos de gelo, obtenho a resposta – Jimi Hendrix.

Somos apresentados no escuro. Ele tem a fala mansa e é tímido: a música é uma coisa totalmente diferente. Chas rapidamente forma uma banda para Jimi que consiste em Mitch Mitchell, um baterista muito bom mas uma escolha inusitada, pelo seu estilo jazzístico, e Noel Redding, que foi escolhido essencialmente por causa de seu cabelo. Em muito pouco tempo, todos estão falando sobre Jimi, e a notícia se espalha. Ele lança o seu primeiro *single* e emplaca um hit, e o mundo o abraça.

De tempos em tempos, eu o vejo por diferentes motivos. Minha namorada é a melhor amiga de Kathy Etchingham, que é namorada de Jimi, e acaba calhando de estarmos juntos em algum clube por causa delas. Em poucas ocasiões, termino a noite no apartamento de Mike Jeffrie, onde Jimi mora, e me sento na cama com ele enquanto fala manso e suavemente arranha a Strato, que parece estar sempre em suas mãos.

Uma noite, o Dantalian's Chariot tem um show no Speakseasy, um clube muito popular no West End. Normalmente, a plateia do Speakseasy é de músicos da pesada e figuras do *showbiz*. O clube é pequeno e cheio, com um palco do tamanho de um canil. Nós somos anunciados e surgirmos do camarim para alucinar essa turma do *showbiz*. Sentado bem na minha frente, literalmente a não mais do que quatro ou cinco passos de distância, está Jimi com algumas garotas. No momento, ele é provavelmente o guitarrista mais lendário do mundo, e eu vou ter que fazer o show inteiro com ele ali bem debaixo do meu nariz, me olhando. Isso é no mínimo inquietante, e, portanto, provavelmente não é a melhor performance que farei na construção da minha carreira. Terminamos e, poucos minutos depois, dou de cara com ele no banheiro masculino, onde estamos lado a lado dando uma mijada. "É, cara, legal", diz ele enquanto mija seus últimos três scotchs com coca-cola.

A cargo do nosso show de luzes psicodélicas estão Mick e um cara doidão chamado Phil. Mick é alto e muito magro e pegou dinheiro emprestado com seu pai para comprar o equipamento. Phil é o artista e é ele quem faz de fato as projeções. Phil veste o que estiver à mão, tem uma

aparência de louco desleixado, fala com uma voz de BBC e tem um enorme apetite por drogas. Ele engole mãos cheias de alucinógenos e outras substâncias, manda tudo para dentro com grandes goladas de álcool e depois fica viajando por três ou quatro dias sem dormir. O que mataria a maioria das pessoas, parece não afetá-lo. Um personagem hercúleo, Phil também é um grande animador e às vezes parece que é ele quem deveria estar no palco ao invés de nós.

Nós finalmente conseguimos colocar sua personalidade espontânea em uso quando chegamos ao porto de Copenhague para a nossa turnê escandinava. Para conseguirmos publicidade e gerarmos algum burburinho, decidimos, de antemão, que quando chegássemos, colocaríamos Phil vestindo apenas uma pele de urso e uma coleira, ao lado de Mick, que o estaria conduzindo em uma corrente, usando um traje branco de safári completo, com chapéu e tudo. De maneira muito natural, Phil se sai muito bem; na verdade, ele até exagera. Quando chegamos ao porto, ao passar pela Pequena Sereia com os acordes de *Wonderful Wonderful Copenhagen*" enchendo os meus ouvidos, Phil bate com sua corrente na prancha e começa a pular e dançar no deque. Ele circula pelo convés passando pelas passageiras com um olhar intimidador e depois, uivando como um lobo, salta para dentro do bote salva-vidas para provocar a tripulação como uma gorila lhes mostrando a bunda. Ele termina habilmente masturbando o mastro do navio e simulando um orgasmo, o que torna bastante duvidoso se nos deixarão entrar na Dinamarca. Depois, Phil apenas sorri inocentemente, perguntando se foi longe demais e depois engole algo roxo.

Nossos esforços teatrais, no entanto, interessaram a um cavalheiro chamado Sean Murphy. Sean aparentemente trabalhou no National Theater, fez Shakespeare e tem um currículo de prestígio teatral. Nos encontramos porque ele supostamente precisa fazer um show em Paris que basicamente envolva qualquer coisa de natureza psicodélica. A ideia da performance é que dois grupos tocarão no palco juntos, ao mesmo tempo, para criar um duelo – uma disputa de bandas. As bandas de sorte escolhidas para esta ideia visionária somos nós e os Yardbirds, e temos uma reunião inicial com Sean em nosso sórdido apartamento. Um sujeito encantador e bem educado da classe média, ele descreve suas ideias de uma maneira bastante teatral. Ele fala de prismas, arcos, curvas e formas arrebatadoras e, deste momento em diante, ele será, para sempre, conhecido por nós como Murphy das Formas Arrebatadoras. Isto é normalmente expresso com um grandiloquente gesto shakespeariano e um prolongado "queriiiido". Agora temos um grande prazer em apontar formas arrebatadoras uns para os outros, notando que, de fato, o universo está vivo com elas e que podem ser vistas em coisas tão mundanas como um cocô de cachorro na rua.

Jimmy Page aparece um dia para discutir a possibilidade de uma interação musical entre o nosso grupo e o dele, os Yardbirds. Ele é educado e inteligente, e me lembro que ele me emprestou sua Les Paul Black Beauty para eu tocar no Marquee. Nós conversamos no meu quarto do porão, e ele admira a minha coleção de livros de Zen e de várias filosofias místicas. Ele também tem interesse nesta área e mais tarde abre a sua própria livraria ocultista na W8.

O show com os Yardbirds não acontece, mas Sean, mesmo assim, nos leva a Paris para uma maravilhosa exposição dos anos 60 chamada *La Fenêtre Rose*, um festival *indoor* de música psicodélica, *happenings*, dança, filme, show de luzes e drogas o suficiente para afundar a marinha britânica. Algo em torno de 30 grupos de rock ingleses estão programados para tocar, e esse promete ser um evento que ficará na memória – se ainda restar memória.

One Train Later

Duas semanas depois, na monótona e cinzenta plataforma da Victoria Station, entre anúncios de Tit bits, Omo, Woodbines com filtro e do tijolo de sorvete Cornish Dairy, nós – um exército multicolorido e esfarrapado de jovens músicos – nos juntamos como um grupo de borboletas monarcas zanzando pela estação, nos cumprimentando e sorrindo em reconhecimento ao extraordinário fim-de-semana que promete acontecer. Estamos todos na mesma onda e beatificados pela certeza de que somos a revolução. Robert Wyatt, baterista da Soft Machine, se aproxima e diz que admira o meu solo na música que gravamos chamada "The Mound Moves", que ele a ouviu em uma jukebox em Kent e que sempre quis tocar com aquele guitarrista. Ele é engraçado e autodepreciador. Fico lisonjeado com seus elogios, simpatizo com ele e imediatamente fico interessado em ouvir sua banda.

Quando chega a hora, saímos de Victoria rumo a Paris – uma nuvem azul de haxixe, guitarras vibrantes, piadas irreverentes, veludo, cafetões, calças boca-de-sino e botas de salto alto. São nove horas da manhã.

Em Paris, tocamos no Olympia. La Fenêtre Rose é um festival que dura toda a noite, de luzes viajantes, flutuantes nuvens de incenso, música pulsante e rostos pintados. Com a música, as cores, a luz e a mensagem mágica se juntando em uma brilhante sinestesia, é uma celebração tribal de intensidade vibrante.

Eu zanzo pelos bastidores e na área do público, onde o calor dos corpos, o mar de rostos pintados com espirais e símbolos, o cheiro intenso do haxixe e o pulsar da dança eletrônica combinam para me fazer sentir como se estivesse levitando. No palco, uma bela mulher aparece vestida com uma fina e translúcida túnica e lentamente se despe ao som de um violino a alguns metros de distância. A Soft Machine toma o palco. Mike Ratledge mete a mão no teclado para criar uma dissonância com as cores do arco-íris e eles mergulham na apresentação deles com a voz cheia de soul de Robert Wyatt pairando sobre harmonias angulares.

Nós tocamos e a performance passa como um sonho, com música, luzes, corpos e mentes se unindo em uma fusão sináptica. Terminamos a apresentação com as nossas luzes strobo vibrando como dois sóis brancos e flutuamos para fora do palco sem nos dar muita conta de que estivemos ali. Eu saio de lá com uma turma de hippies franceses e a cabeça cheia de haxixe para me deitar no chão do quarto de hotel de alguém. A cítara de Ravi Shankar zumbindo na minha cabeça como uma serra elétrica.

Uma dia, depois de fazer um show em Cornwall, passamos a noite em um hotel ali perto. Um amigo nosso – Vic Briggs, guitarrista de Brian Auger – vem nos ver, dizendo que tem algo especial para nós. De modo bastante natural, antes da adrenalina do show abaixar, acabamos juntos comemorando no quarto de hotel de alguém. Vic apresenta um ácido que ele alega ser especialmente bom, acabou de chegar dos Estados Unidos; é chamado de *Window Pane* e, bom, por que não? Cada um de nós toma um tablete, todos menos Vic, que furtivamente guarda o seu na mão. (E eu sempre suspeitarei dessa atitude malandra.) Enquanto rastejamos pelo quarto em um estado de demência, ele meramente observa. A noite prossegue com o seu conjunto normal de fantasias extraordinárias, alucinações e risadas insanas. Vic coloca o LP da trilha sonora de um filme indiano chamado *Guide*, que parece ser um grande sucesso no subcontinente. Ele toca uma música chamada *"Piya Tose"*, uma peça de música gloriosa com um lindo arranjo de vocal hindi cantado pela incomparável Lata Mangeshkar.

Essa música é tão transcendental para mim, tão completamente prazerosa, que eu peço que seja tocada repetidamente (sob os efeitos de dilatação do tempo do *Window Pane*) pelo que, para mim, parecem horas ou até anos. O ácido me leva para algum lugar no sul do Pacífico, onde estou sentado na proa de uma canoa que está sendo conduzida por uma equipe de jovens nativos taitianos bronzeados. É uma alucinação da droga, mas é tão vívida e carregada de uma felicidade intensa que está impressa no meu córtex para jamais ser mais esquecida. No distante futuro, gravarei esta canção no álbum chamado *The Golden Wire*, com a bela cantora indiana Najma Akhtar.

A noite progride, ou talvez descenda para uma fantasia prismática. Após um breve episódio trabalhando em um campo de trigo na Alemanha do final do século XVI, seguido por uma corrida com lobos no círculo Ártico, eu sento na posição de lótus. Com a percepção tão profunda como o oceano, eu compreendo que isto, a posição de lótus, é o antigo segredo da vida e, a partir desta revelação, começo a experimentar o nascimento (talvez tenha câimbras por ficar sentado nesta posição por muito tempo), mas – e isto é discutido no Livro Tibetano dos Mortos – eu, de repente, entro em um processo que, de alguma forma sei, ou me lembro, é de antes do parto – nascimento. Nos termos tibetanos, ele é referido como o nascimento e morte do ego – dois lados da mesma moeda.

Parecendo a nós como um lugar que ocupamos antes e depois do fim dos tempos, o quarto em que estamos rastejando tem, dentro do típico bom gosto inglês, papel de parede floral que não cobre apenas as paredes, mas também as portas e o teto. Isto cria o efeito de termos as paredes do nosso cérebro revestidas de flores, o que é celestial, mas também fode com você. A certa altura, eu abro o que imagino ser a porta do banheiro, mas termino entrando no armário para mijar. Mijar doidão de ácido é uma experiência à parte. Olhando para aquela coisinha murcha, como uma minicenoura, na mão, você fica imaginando a quem ela pertence e o que é aquilo. Mas seja lá o que for, é bonitinho. Se você de fato conseguir urinar, vai observar o fluxo dourado e se admirar de ver o seu grande arco de beleza formando um arco-íris infinito e a mente de Deus trabalhando em todo o seu poder e mistério. É provável que se esqueça de dar descarga, mas se tentar fazê-lo, isso vai ser reverenciado com toda a surpresa e deleite infantil, e o processo vai ser repetido quantas vezes for possível, até que alguém delicadamente tire você dali. Esta noite na Cornualha termina com todos jogados em grandes poltronas cobertas de flores, como homens que viajaram uma vasta distância e que agora, como as próprias flores, lentamente desvanecem e murcham.

Perto do fim de nossa jornada como a Dantalian's Chariot, fazemos uma miniturnê na Escócia – na verdade, dois shows. Cruzamos a fronteira espremidos em uma van em vários estados de confusão. Após um longo dia sacolejando na estrada, com as barrigas cheias de pão frito, feijões Heinz cozidos, ovos e salsicha *a la transport café*, há um suspeito odor sulfuroso no ar e alguém sugere que troquemos de nome para *Farting Zombies* (Zumbis Peidões).

A esta altura, estamos entrando em Cairgorms, na esperança de chegarmos a um lugar chamado Craigellachie, o local do show. Estudamos o mapa e descobrimos que aparentemente o lugar não existe; isso, é claro, como seria de se esperar, foi a incompetência de alguma secretária do escritório, algum erro na hora de escrever ou o chá derramado em cima da palavra que devemos decifrar. Nós devemos, sem dúvida, estar em Cadiff e naturalmente estamos na Escócia. Não conseguimos encontrar o local em nosso mapa amassado e esfarrapado. Como um antigo código celta, não há nada além de manchas marrons e nomes escoceses impronunciáveis e círculos descrevendo as alturas das montanhas.

Está ficando tarde. Lá fora, aos pés das colinas, velhos pastores estão conduzindo os seus rebanhos de volta para a fazenda após um longo dia no pasto e, conforme o sol começa a desaparecer por trás das antigas montanhas, temos que enfrentar a dura realidade de estarmos perdidos no interior da Escócia, nossas roupas psicodélicas e nosso estado entorpecido de repente parecem ridículos. Um belo par de brogues, um *kilt* pesado, uma jaqueta de *tweed*, um cachimbo talvez, um olho aguçado para pegar gavião estariam mais adequados ao invés das pantalonas de vermelho e amarelo brilhantes, jaquetas com franjas, cabelos na altura dos ombros e olhos pintados. Fazendeiros locais? Acho que não. A discussão "onde é que a gente tá, porra?" continua, e eu resolvo me abstrair dessa chatice na certeza de que vamos chegar lá de qualquer maneira. Estou em uma intensa fase Zen, cheio de *koans*, *satori* e linhas de Bashô e, em vez de discutir, eu me recosto no meu assento, tentando saborear o momento em toda a sua perfeição irregular.

Gente boa, os escoceses, digo para mim mesmo enquanto abro *"Os Três Pilares do Zen"*, de Philip Kapleau, e começo a ler, "A mente deve ser como as cordas de um piano bem afinado: esticadas, mas não em excesso". Eu me endireito no banco e imagino a minha mente se esticando e se tornando consciente bem na hora em que por pouco evitamos uma colisão com um rebanho de ovelhas que surgiu do nada em uma curva estreita. "Puta que o pariu!" Eu grito enquanto desviamos e escapamos da morte por um fio de lã. "Porra, isso é que é tensão", eu praguejo. Continuo a ler: "O Nirvana é o caminho da vida que sucede quando o agarrar-se à vida chega ao final". *Mais um desses sustos e eu vou conferir isso em primeira mão*, penso. "Alcançar o Nirvana é também alcançar a budeidade". "Vocês estão no caminho errado – vão ter que voltar" Derrapamos e paramos a uns dois centímetros de uma cerca viva, eu olho pela janela e vejo um pequeno homem vestido como um gnomo em um *kilt* gesticulando com vigor apontando para a estrada atrás de nós. Os próximos 45 minutos serão muito bem resumidos da seguinte forma: "reconhecer vendo, se tornar conhecimento, se tornar verdade, se tornar visão – este é o ideal", "vocês não estão na estrada certa, deviam ter virado à esquerda na fazenda de McCocelby", "a forma suprema do conhecimento é o conhecimento em conformidade com a *realidade*", "vai se fuder", "a percepção da vacuidade, do não-tornado, do não-nascido, do não-feito, do não-formado implica na budeidade, na iluminação perfeita", "dá um trocado para gente tomar um negócio?", "a forma não é nada além do vazio; o vazio não é nada além da forma", e então, "você tá falando o nome errado, é 'Craigellachie'"; como o zumbido de uma lâmpada explodindo, uma onda Krishna de iluminação passa através da van. Sid, que está dirigindo e que também é o nosso encarregado de pedir informações, passou o caminho inteiro se debruçando na janela do motorista e perguntando com o seu sotaque londrino, "Com licença, amigo, conhece um lugar chamado Krajerlatchi?" A pronúncia escocesa, que finalmente aprendemos, é uma pequena palavra perfeita na forma. É emitida guturalmente, como uma compacta frase musical – imagine o velho Sean Connery. Por ignorância e incompetência, desperdiçamos duas horas perdidos nas montanhas da Escócia. "Peguem à direita, rapazes, é bem em frente, é só seguir as placas". Eu fecho o meu livro, me espreguiço e bocejo enquanto a tarde vira noite e partimos para um pequeno vilarejo na Escócia.

Nós tocamos, mas é um caso de mundos que se chocam. O show é em um pequeno salão com vista para os campos do vilarejo. De certa forma, bastante encantador, mas nada adequado para um rock baseado nas drogas; é mais para uma apresentação folclórica escocesa. Destruídos como estamos, descarregamos o nosso equipamento da van e montamos o palco. O salão do vilarejo é um local para todos os propósitos e serve como escola, local para o conselho do vilarejo e abrigo no caso de os alemães chegarem tão ao norte, ou de os vikings resolverem fazer um retorno inesperado. Enquanto montamos o equipamento, um pequeno grupo de curiosos se forma à nossa volta, alguns de fato usando *kilts*, e criancinhas chupando pirulitos. "O que é isso, moço?" "É um pedal de wah wah, moleque". "O que é wah wah?" "É uma coisa que assusta criancinhas". "E isso aí, o que é?" "É uma banana". "Parece uma guitarra". "Você cometeu um erro, não foi, Rob Roy?" "Como chama a sua banda?" "Max e os Pugilistas do Inferno". "Ah, vocês não teriam coragem". "Nós temos sim".

Montando o show de luzes, Phil e Mick têm seu próprio grupo de admiradores, que emitem uma variedade de sons guturais, principalmente quando começam a passar as imagens para testar o equipamento. Todo o procedimento tem o débil propósito de mostrar um nômade Kalahari, uma Polaroid ou o seu próprio rosto no espelho. Tenho certeza que nos contratar foi um engano ou uma brincadeira perversa da parte do nosso agente. Eles provavelmente pediram Dan McChallon and his Jiggerty Reelers, ou Glen Fiddich and his Tartan Trombones. Quando terminamos de passar o som, sentimos como se já tivéssemos feito o show.

Cerca de uma hora mais tarde subimos ao palco, ou melhor, saímos da sala de chá e subimos os quinze centímetros de estrutura coberta com velhas placas de madeira, e lá vamos nós. Dizer que o bom povo de Craigellachie está boquiaberto é um eufemismo de proporções gigantescas. É como se estivéssemos visitando alienígenas, passando uma estranha mensagem intergaláctica para um novo planeta. Há pouquíssimos aplausos, na maior parte exclamações em escocês gutural intercaladas com fortes acenos negativos de cabeça. Em dado momento, eu ouço um som estalado e olho para Zoot, achando que ele pode ter algum novo pedal de efeito que eu ainda não conheço e, então, uma ovelha em uma coleira sobe no palco, levada por uma senhora muito idosa que parece estar prestes a ter um piripaque. Isto é surreal o suficiente para me levar à histeria, e eles acham que nós é que somos estranhos. Para colocar a cereja no bolo, um senhor barbado que parecia ter a barriga inchada de haggis chega do meu lado e me fala discretamente "Dá pra vocês tocarem logo '*The Campbells are Coming*' ou não? O pessoal aqui tá ficando meio chateado, sabe?" Então, jogando pelo ralo o meu último pudor de integridade musical, eu aceno que sim vigorosamente, olho para Zoot e digo "*The Campbells are Coming*", e ele responde alguma coisa tipo "que merda de noite", e eu lanço a alegre melodia. Zoot com uma cara de *ah, puta que o pariu*, dá de ombros e entra na minha juntamente com Colin e Pat. O clã escocês à nossa frente aplaude calorosamente, e eles começam a fazer sua dança folclórica pelo salão. Este é um caso clássico de "Se não pode vencê-los, junte-se a eles". Fazemos uns dez minutos de "*Campbells*" e terminamos sendo ovacionados. Isso é bom, então continuamos com "*Loch Lomond*" e novamente somos aplaudidos com grande entusiasmo, e depois "*I Belong to Glasgow*" e assim por diante até que tocamos tudo o que tem alguma coisa a ver com a Escócia de que lembramos. Finalmente nosso repertório acaba, mas não importa; de qualquer maneira, todos precisam beber algo. O gerente do local vem até nós e agradece veementemente. "Excelente show, rapazes, espero que vocês voltem, vocês tocam muito bem, mas eu acho que não precisavam ter trazido aquelas luzinhas todas, não – vem dar uma olhadinha aqui fora, por gentileza". Não sabemos o que ele quer, mas descemos dos quinze centímetros de palco e o seguimos lá para fora. Do lado de fora, no vilarejo verde, as pessoas estão todas juntas olhando para céu deslumbradas, onde o magnífico show das Luzes do Norte está acontecendo. A Aurora Boreal, mais linda e psicodélica do que qualquer coisa que tenhamos apresentado naquela noite.

Talvez aqui tenha sido onde devêssemos ter encerrado as atividades da Dantalian's Chariot – sob um céu cheio de luz. Mas como se ríssemos na cara do diabo, tocamos por mais seis meses; e, então, como se o próprio Dantalian nos amaldiçoasse, a banda termina em uma noite de tempestade...

Estamos voltando de Newcastle, está nevando e temos que cruzar Yorkshire pelas estradas secundárias. Somos quatro no carro – eu, Phil, Pat Donaldson e Colin Allen – Zoot pegou um transporte alternativo. Não

One Train Later

estamos dirigindo rápido porque a neve está caindo forte e sem parar, mas passamos por uma junção e eu fico meio apreensivo de Colin bater porque acho que ele está meio hipnotizado pela neve. Talvez esteja, talvez não esteja, mas de repente nós derrapamos para fora da pista. O carro bate na vala à esquerda entra em uma coisa que parece uma eternidade de cambalhotas. Como em um sonho, em câmera lenta, eu me bato do teto para o chão, para janela e tudo isso de novo, até que como um monte de metal retorcido, o carro para na vala. Tudo fica quieto; a neve cai docemente do céu parecendo serena e cheia de paz, e é como se sussurrasse delicadamente, *Foda-se, foda-se.*

O silêncio é quebrado por gemidos, xingamentos e suspiros. E então "Você tá bem?" "Tô – caralho". "Acho que sim". "Que merda". Eu me sinto partido em dois, arrebentado e sentindo muita, muita dor. De alguma forma, consigo sair pelo porta-malas do carro para a neve e rastejo para a lateral da rodovia. Sinto como se tivesse levado um soco na cara, minhas costas quebradas, não consigo ficar em pé direito. Colin, Phil e Pat acabam aparecendo e, apesar dos gemidos, eles parecem bem. Mas eu não me sinto bem. Estou experimentando algum tipo de trauma, a temperatura está muito abaixo de zero, estamos no meio do nada e em plena nevasca. Não podemos fazer nada a não ser ficar ali em pé – ou no meu caso, curvado – esperando por um carro que passe nesta faixa congelante de estrada e nos leve para algum lugar seguro e aquecido. Depois de 20 minutos, eu sinto a chegada da morte e começo mentalmente a compor o meu próprio obituário.

Mas justamente quando começo a fazer uma lista de superlativos, luzes aparecem. Graças a Deus, ou a seja lá quem, nós vamos conseguir. Começamos a imaginar a calorosa hospitalidade de Yorkshire, canecas de chá fumegante, conhaque, camas quentinhas etc. Como o nosso carro está de cabeça para baixo na vala com os faróis brilhantemente iluminando o céu da noite, é certo que quem quer que esteja se aproximando, pare. Mas com a ansiedade crescente, percebemos que conforme o carro se aproxima, o idiota não está diminuindo; ficamos lá em estado de choque ao ver que esse desalmado cidadão de Yorkshire simplesmente vai embora nos deixando ali. Aquecemos os nossos corpos trêmulos por uns poucos momentos ao nos agitar insultando o digníssimo condutor do automóvel que se afasta (alguns dos insultos envolvem a mãe do cidadão das formas mais sórdidas) e voltamos a esperar. A neve continua pacificamente, congelante e mortal, até quase uns três minutos antes da minha libertação do plano terreno, quando chega o momento da salvação.

Apitando e engasgando e com um limpador de para-brisa quebrado, a nossa carruagem de misericórdia encosta. Um rosto simpático aparece quando a janela é baixada "Ei, garotos, o que estão fazendo aí? Parece que estão com problemas". Dormentes e aliviados, nos espremos no banco de trás do minúsculo carro, alguém resmunga que precisamos de um hospital urgente, então damos uma meia volta na pista congelada e seguimos para a direção oposta. O hospital fica em uma cidadezinha – um vilarejo, na verdade – a uns 30 quilômetros naquela estrada. Quando chegamos lá, eu estou de fato morto, mas por milagre retorno a esta vida com um incrível e prolongado beijo de uma arrebatadora jovem enfermeira e depois sou levado para uma enfermaria semiprivada no escuro.

A enfermeira da noite me manda esperar – imagino onde ela pensa que eu vou nesse estado –, um médico vai vir. Estou à deriva em um mar de dor, e o médico que me examina diz que tenho uma lesão séria na coluna e que quebrei o nariz. "Agora durma; amanhã damos um jeito em você", e então enfia uma agulha enorme no meu braço. Quando estou prestes a apagar com uma calma versão de *"DamBusters March"* tocando em minha cabeça, eu me lembro que estou com minhas lentes de contato e que preciso tirá-las se não quiser adicionar "córneas seriamente arranhadas" ao meu quadro. Debilmente, eu toco a sineta chamando a enfermeira da noite e explico o meu problema. É difícil para eu me mexer e ficar na posição correta para retirar aquelas porcarias, porém com algumas contorções no melhor estilo Houdini, nós conseguimos removê-las à custa de apenas dois ou três gritos de dor, depois disso, teto preto.

Acordo na manhã seguinte todo dolorido. *Onde estou? Ah, é... Em lugar nenhum.* Por fim, os outros todos se mandaram de volta para Londres e me deixaram na roubada com os yorkies por minha conta. *Valeu, galera.*

As autoridades médicas me informam que eu devo ficar no hospital por mais uma semana para me recuperar e que não poderei mais ter filhos, caminhar e nem tocar guitarra novamente. *Que merda*, penso, *aposentadoria por invalidez.* Mas, então, o meu espírito reage e eu resolvo lutar com essa coisa, crescer, ser duas vezes o homem que era... O que não quer dizer muita coisa.

Três dias depois, eles me dizem que vão quebrar meu nariz. Fico imaginando se eu os aborreci com o meu jeito grosseiro de londrino, ou se é por eu estar cobiçando a enfermeirinha, mas o fato é que meu nariz está se recuperando de uma maneira que parece uma carranca. Colocaram um

One Train Later

espelho na frente do meu rosto e eu sou vaidoso o suficiente para concordar. "Tudo bem, podem me quebrar", resmungo.

Sou levado de cadeira de rodas para uma sala de cirurgia gelada onde me dão um monte de coisas pretas de aparência maligna, enquanto um médico, parecido com um gnomo, com um sorriso perverso e um martelinho de prata, chega ao lado do leito pronto para descer o cacete no meu rosto. "Conte", ele diz. "Como?", eu digo achando que entendi mal. "Ah, dez, noooove..." e a última coisa que vejo é a arma dourada de destruição nasal sendo erguida no ar. Uma hora depois, sou levado de volta à enfermaria com um capacete de gesso grosso circulando a minha cabeça até o meu nariz novinho em folha.

Ganhei duas linhas no jornal local. ASTRO DE LONDRES SOFRE ACIDENTE AUTOMOBILÍSTICO QUASE FATAL, FÃS PREOCUPADOS. Me sinto um herói por três minutos inteiros e depois a realidade sarcasticamente se instala.

Eu volto a Londres de trem alguns dias depois com a máscara medonha que me deram me sentindo 200% humilhado. Enquanto chacoalho de volta, percebo outros passageiros olhando para mim, cobrindo os lábios e fazendo comentários aos seus companheiros de viagem com uma estranha mistura de repulsa e pena em seus semblantes. Eu tento sorrir, mas isso me faz parecer ainda mais bizarro, então eu lanço mão de uma estoica cara de pedra que não é receptiva a comentários, pelo menos não diretamente. Eu me sinto uma aberração; é impossível me sentir à vontade com esta monstruosidade enrolada no meu rosto – nem mil roupas coloridas e pulseiras de chocalho podem disfarçar o fato de que eu pareço um visitante de *Star Trek* – em toda parte em me sinto uma ponta de *schadenfreude*. Eu tento transformar isso em uma lição de vida budista de humildade, mas isso não me serve muito bem. *I Advanced Mask*, uma tragédia estrelando Andy Summers. Hmm... No futuro eu gravarei um álbum com este título, com Robert Fripp; talvez seu embrião tenha sido esta experiência.

Finalmente, vamos ter que subir ao palco juntos, meu enorme quociente de vaidade reduzido ao tamanho de uma moedinha. Naturalmente, eu começo a ter que me acostumar com os apelidos. "Zorro" é o mais comum; "Fantasma da Ópera" é dito entre os dentes; "O Cavaleiro Solitário". Eu tento superar, mas queria não estar tão feio. Sexo, é claro, está totalmente fora de questão, a não ser que seja com alguma pervertida que tenha tesão em gesso.

125

Tocamos mais uma vez no Middle Earth, e eu pareço uma falsificação de alguma das primeiras obras cubistas de Picasso. Eu olho direto para a plateia, na esperança de parecer misterioso e ameaçador, mais do que um simples idiota. O que faz piorar as coisas agora é que todo mundo inventou de autografar a minha máscara, então a minha cara está parecendo mais com os rabiscos de uma criança de três anos de idade do que coisa de uma lenda do rock. Só Robert Wyatt diz que acha superlegal e que queria ter uma máscara assim também, e depois assinou *R. Wyatt* na minha testa.

De alguma forma, o acidente de carro marca a morte da Dantalion's Chariot. Zoot está chocado com o que aconteceu; por pura casualidade ele não estava no carro conosco. O acidente, a recepção morna fora de Londres e a diminuição da lista de shows parece indicar que não estamos em uma fase vitoriosa – talvez o espírito de Dantalian tenha trazido má sorte. Johnny Mac, o primo escocês de Ronni que cuidou de nós durante esse período, lembra que pensou que alguma coisa como um espectro estava nos perseguindo – um demônio no nosso rastro.

Nós chegamos ao fim de uma coisa; estamos perdidos e não sabemos para onde ir. Parece que não há mais nada a fazer senão nos separar. Andei tendo conversas sérias com Robert Wyatt, e recebi uma proposta para entrar na Soft Machine. Eu aceito, saio da Gunterstone Road para sempre e me mudo para West Dulwich.

SETE

Eu mudo para a casa de Honor Wyatt – mãe de Robert – onde vivem não apenas Robert, sua namorada, Pam, e seu bebê, Sam, mas também Mike Ratledge, o tecladista da Soft Machine, e vários outros membros do clã. Todos parecem estar relacionados de uma forma levemente incestuosa, mas quem todos eles são é tão confuso que eu não consigo fazer a menor ideia sobre a coisa toda. A fachada da casa é pintada com um grande espiral multicolorido que, imediatamente, anuncia os habitantes como sendo de uma natureza diferente da de seus vizinhos.

Com o passar do tempo, a casa pode ser descrita como uma comunidade ao passo que parece ser capaz de acomodar inúmeras pessoas que entram e saem em todas as horas do dia e da noite. Honor é um pouco excêntrica, mas uma pessoa doce, encantadora e culta, que dá palestras na BBC e que comanda a todos. Quando está no clima, ela faz uma mesa cheia de pratos elaborados, quiches, tortas incríveis e comidas salgadas que têm pequenas etiquetas descrevendo seus conteúdos. O clima na casa é uma mistura de boemia culta e aldeia tribal. Comer, transar, fumar, beber e fazer música estão todos combinados a observações mordazes sobre intelecto reduzido de um para o outro.

Eu cheguei não apenas em uma parte exótica de Londres, mas em um lugar que tem seus próprios códigos, ritos e genealogia estabelecidos. Este grupo já está junto há algum tempo e em várias situações diferentes, mas me recebe bem na casa e me faz sentir como se já fosse da família. Aos poucos, eu me acostumo e me livro do sentimento de ser um intruso. Foi uma decisão ousada me desraigar da familiaridade de West London e do grupo de pessoas com quem estive nos últimos cinco anos. Mas aqui estou eu na Soft Machine, onde, basicamente, substituí Daevid Allen, o guitarrista original, um australiano que ficou barrado na França e não foi autorizado a voltar para o Reino Unido por questões referentes a seu visto.

Começamos a ensaiar, e eu ajusto minha guitarra à música deles. Em seus melhores momentos, a música da Soft Machine é um movimento circular de teclado denso e maçante, linhas vocais repetidas e padrões de bateria que estão fora de todos os formatos de músicas tradicionais. Na vernácula do momento, isso seria chamado de "trippy". Eu, rapidamente, percebo que sou o melhor músico, algo que faz Kevin Ayers, o baixista, assim entendo, ficar ressentido, e eu começo a sentir uma vibração diferente vindo dele. Robert e Mike são ambos ávidos fãs de jazz, e quanto mais avançamos nessa direção, mais eles gostam, mas este é um teste para a habilidade funcional de Kevin de tocar baixo. Kevin tem algumas músicas muito engraçadas que ele entoa laconicamente e com uma voz grave a la Noel Coward de ressaca. Não há turnês ou shows em vista; estamos à espera de uma turnê pelos Estados Unidos com Jimi Hendrix, que está sendo organizada por Mike Jeffries. Então, tudo o que fazemos por alguns meses é ensaiar. Eu tenho um quarto no andar de cima, na frente da casa, e aqui, se não estou ensaiando, leio, durmo, pratico e fico imaginando se algo vai acontecer a essa banda. Em dias espaçados durante a semana, há um telefonema explicando o porquê de uma turnê não estar acontecendo, e as semanas se transformam em meses. Apesar da companhia cordial, sinto falta de West London e que não estou fazendo nenhum progresso ali. Mas Robert e eu muitas vezes tocamos juntos tarde da noite depois de fumar haxixe. As improvisações disparam para as tangentes mais estranhas e possíveis, enquanto Robert compõe letras dadaístas sobre açougueiros ou as medidas de um quarto, e na maioria das vezes acabamos no chão nos asfixiando com risos e lágrimas, incapazes de tocar.

Em maio, finalmente temos a notícia de que uma turnê pelos Estados Unidos foi organizada e isso vai resultar na nossa união a Jimi em sua turnê. Estou animado e aliviado; finalmente vou começar a fazer algo com este grupo e, ao mesmo tempo, ir para a América. Antes de partir, eu assisto ao pomposo casamento de Angela King e Eric Burdon. Sendo um casamento *pop-star*, é um grande evento midiático e eu fico junto aos outros felicitadores. Sentindo-me leve como o ar, sorrio e cumprimento Eric, quando ele passa com sua noiva e penso, *Boa sorte*.

Quando chego a Manhattan, tarde da noite, com Wyatt, Ayers e Ratledge, a cidade me arrebata como um deslumbrante vislumbre do

One Train Later

futuro. Eu encaro a noite escura e a auréola de néon, hipnotizado por sua dimensão; energia ardente; densa selva de pedras, ângulos e arranha-céus; os mudos *containers* de poder, história e o sonho americano. É isso: Nova Iorque, EUA.

Nada na Inglaterra se compara à adrenalina desta cidade. Eu me reclino no táxi e rio enquanto poder entra na minha corrente sanguínea e o calor de verão da cidade nos atinge como um alto-forno.

O táxi nos deixa no escritório de Mike Jeffries no alto Fifties. "Bem-vindos à América, senhores", diz ele, nos cumprimentando à porta. Nós ficamos em seu escritório por um tempo e olhamos as fotos da Jimi Hendrix Experience e do The Animals na parede. Mike sugere que devemos comer, e um pouco mais tarde nós vamos de carro até Chinatown para jantar. Em uma mesa apertada bancos vermelho-sangue, eu devoro um prato de *chow mein* e olho ao redor como um caçador nômade. Estou animado com tudo: o garçom chinês; o menu; os sotaques americanos; o zunido de pessoas zanzando pela rua suja e fedida; o mau cheiro de asfalto quente, lixo e gasolina; o fato de estar aqui, vivo e respirando na Big Apple.

Na tarde seguinte retornamos ao escritório de Mike, e ele toca para nós algo do novo álbum de Jimi, *Axis: Bold as Love*. Sento-me de pernas cruzadas no elegante tapete cinza-claro na base da mesa de Mike e deixo estes sons sobrenaturais entrarem no meu cérebro. Jimi parece tão à frente agora, criando uma nova linguagem, extraindo sons que nunca foram ouvidos antes de sua Strat. Seu toque e som têm a obliquidade de Picasso no sentido de que ele está criando toda uma nova abordagem para a guitarra elétrica, como fez o pintor espanhol com o cubismo nos primeiros anos do século XX. Ninguém ouviu este álbum ainda. Nós somos os primeiros e ficamos lânguidos naquele escritório em Nova York, murmurando palavras de admiração. O uso expressionista da alavanca, dos amplificadores e o estúdio criam um novo modelo de rock que vai seguir pelos próximos 30 anos, e o único nome apropriado para isso é Hendrix.

Eu reclino na cadeira macia do escritório e me pergunto como ele consegue esses sons da sua Strat. O lugar em que Jimi parece existir é como uma paisagem onírica, onde ele reina como um feiticeiro multifacetado. Sem dúvida, ele consome uma boa quantidade de ácido, mas a música surge como uma nova e poderosa verdade.

No dia seguinte, partimos para o Texas para iniciar nossa turnê de seis semanas. Chegando no final da tarde, encontramos um texano amigável usando um grande chapéu (não para comprovar nossas ideias da infância sobre texanos, mas por causa do calor e da umidade, que são o suficiente para derrubar um homem no chão), e até isso eu acho maravilhoso. Dirigimos até Houston, e Kevin e eu nos cutucamos enquanto o horizonte se esparrama em uma linha infinita, como algo que que vimos em um filme, algo incomparavelmente glamoroso. Apesar da horrenda atividade da CIA ao redor do mundo, os Estados Unidos ainda têm uma imagem relativamente imaculada. Nós crescemos em uma época na qual tudo o que aspiramos vem daqui, e assisto às ondas de calor marolante, poeira, areia e cactos, e amo tudo isso. No banco de trás, Mike Ratledge lamenta por, novamente, estar preso neste maldito país e enterra seu rosto em *Em Busca do Tempo Perdido*. No Vietnã, a Ofensiva do Tet se inicia.

Nosso primeiro show é em um clube chamado The Cave, um "inferninho" nos arredores de Houston. Tocamos nosso *set* e somos saudados pelos gritos entusiasmados dos jovens texanos, que gostam de nós porque somos ingleses e estranhos e, portanto, legais. Mas a música da Soft Machine é mais difícil do que a maioria das bandas de rock. No meio do set executamos uma peça chamada *"We Did It Again"*, uma música que consiste em repetir o cântico *"we did it again"* ao ritmo de *"You Really Got Me"* sobre dois acordes de trinta a quarenta e cinco minutos de duração. Neste momento, a ideia de repetição e transformação da consciência através da música está sendo executada por pessoas vanguardistas, como Terry Riley, La Monte Young e Steve Reich, que adaptaram a ideia das músicas indiana e africana, mas que ainda não está sendo ouvida no mundo do rock. Frug, Watusi, Twist, Mashed Potato, Monkey e Slop são impossíveis com o nosso *beat* fodido. Depois dos primeiros cinco minutos, as pessoas ficam confusas e, então, irritadas, e começam a vaiar, e, em seguida, outra coisa começa a acontecer. O ritmo começa a tomar conta, o cântico infiltra as vias neurais e o clima se eleva em uma espécie de estado de transe extático. Pelo menos, esta é a intenção, e algumas vezes funciona. Esta música diferencia os Softs de outros grupos, mas é preciso ter colhões para tocá-la diante de um público que só quer dançar Frug.

Quando saímos do palco, estamos rodeados por Bob, Dave, Ricky, Rob, Karen, Carly, Shannon e Julietta, que nos enchem de leves e amáveis observações. Vestidos com camisetas, suéteres de universidades, calças brancas e tênis, eles parecem inocentes e dez anos aquém de Londres. Mas eles estão fascinados pelo que estamos fazendo, talvez no sentido de uma bela mulher querer fazer sexo com um anão feio – mas o interesse se justifica porque somos ingleses. "Puxa, vocês viajam muito mesmo. Cara, de onde é essa música? Tipo, uau". Há muitas garotas atraentes no meio da multidão que, quase como um desafio às suas amigas, estão prontas para nos acompanhar onde quer que vamos, e não querendo parecer grosseiros, agarramos o maior número possível.

Temos alguns dias de folga e nossos novos amigos nos levam ao Golfo do México para nadar e relaxar na praia. Tomo banho nas águas quentes do Golfo, boio e fito irrefletidamente o céu azul, enquanto texanas atraentes langorosamente esperam por mim na areia. Tudo está perfeito até que alguém grita "Tubarão!" e eu voo até a praia como Donald Campbell nas salinas de Utah. Da praia, com meu coração rebentando, olho de volta para o oceano. Formas esguias escuras navegam como morcegos de barbatanas negras arrebentando as ondas. Um cardume de tubarões-martelo está fazendo uma visita casual. "Cristo", engasgo, "nada parecido com isso em Bournemouth". "Não se preocupe", diz uma lacônica voz texana, "eles são inofensivos". Eu faço o sinal da cruz e imagino um pedaço de braço ensanguentado pendurado nas cordas da minha guitarra.

Em Columbus, Ohio, caminhamos pela Main Street. Eu uso um manto roxo, calças de veludo cotelê laranja, botas amarelas e o cabelo de Jesus. Pelos padrões correntes da indumentária de Columbus, parecemos alienígenas e ameaçadores. Enquanto caminhamos pela rua, nos assobiam e nos mandam voltar para casa, junto com epítetos encantadores como "filho da puta inglês". Entramos em uma loja que parece interessante; que calha de ser – Lawdy lawd – um sex shop com todas as revistas escondidas atrás de pequenas vidraças com barras de ferro e que só podem ser vistas sob solicitação. Isto é divertido, e nós perambulamos, fazendo comentários engraçados sobre a mercadoria. "Oh, que belo vibrador". "Eu sempre quis um daqueles anéis". "Belo pedaço de látex". O dono, atrás do balcão, não suporta nossa presença em sua loja e está, visivelmente, se contorcendo de raiva. Nossa aparência cigana o deixa roxo. Ele é um respeitável vendedor de pornografia e estamos, seriamente, comprometendo sua posição, prejudicando os padrões do estabelecimento. No entanto, nós apenas ficamos ali calmamente olhando a mercadoria e, silenciosamente, comentamos sobre as qualidades da borracha e do couro. Depois de dez minutos, o pobre esquisito não aguenta mais e fala baixinho para sairmos de sua loja imediatamente ou ele vai chamar a polícia. Nós lhe desejamos boa sorte e saímos. Talvez devêssemos estar vestidos com capas de chuva ou algo do tipo, e como você pode chamar a polícia se o que você está vendendo é ilegal?

Kevin Ayers e eu nos julgamos macrobióticos e, ao invés de ingerir desagradáveis hambúrgueres americanos e batatas fritas, nós cozinhamos nossos próprios poucos pratos de arroz e peixe em um pequeno fogão primus no chão do quarto de qualquer Holiday Inn que estejamos. Isto sempre causa problemas, quando as arrumadeiras chegam e veem um fogo queimando com dois hippies sentados no chão de pernas cruzadas. A nossa estadia – como um estranho e novo vírus – parece constituir uma ameaça. No coração da América, cabelos longos e roupas não militares intimidam e somos constantemente convidados a sair. A trilha sonora desse triste quadro seria o coro de vaias quando deixamos o palco. A barulhenta performance de quarenta e cinco minutos de *"We Did It Again"* irrita a maioria dos promotores, bem como o público. Não somos os Herman's Hermits.

Apesar das vaias, eu estou excitado para rodar pelos Estados Unidos e ocupar o papel de um Cândido perspicaz. Estar no *Deep South*, tocando rock de vanguarda e conhecendo garotas americanas sensuais é uma combinação inebriante, e eu não consigo pensar em um lugar melhor para estar. Completamos três semanas de shows e, então, voltamos a Nova Iorque para uma breve pausa, antes de nos juntarmos à turnê de Hendrix. Chegamos na cidade e nos escondemos no Chelsea Hotel, onde compartilho um quarto com Robert. Isto acontece quando o hotel está no auge de sua má reputação: housing writers, artistas, músicos, emigrantes e filósofos, bem como vigaristas, traficantes, prostitutas, ex-presidiários e vários milhares de baratas.

Pouco depois de chegarmos, Robert me diz, com grande pesar, que eu não vou continuar com o grupo, a razão é que Kevin não quer nem a mim, nem uma guitarra na banda. A Soft Machine, como ele vê, é um trio, ou eu saio, ou sai ele... Como Kevin é um membro original, o rumo é claro. Eu venho sentindo essa tendência há um tempo, mas ainda assim estou puto – ferido. Minha música estava levando a banda em uma direção que não combinava com Kevin, e ele simplesmente não podia lidar com isso. A verdade é que nós nunca tivemos muito mais do que uma aliança desconfortável. Apesar de ter sido convidado, permaneci como um intruso aos olhos de Kevin.

Tendo finalmente chegado aos Estados Unidos, não tenho vontade de voltar para a Inglaterra com o rabo entre as pernas. Então, continuo no Chelsea Hotel, raspando os últimos poucos dólares que tenho, na esperança de que algo vá rolar. Mas eu não conheço ninguém nem sei como fazer conexões, e nada demais acontece, exceto o fato de eu conhecer

One Train Later

a cidade. Vago sem rumo, vou ao Museu de Arte Moderna, tento conhecer garotas no Central Park, assisto a filmes, visito lojas de discos no Village e, no calor do fim de tarde, sento em minha cama e pratico em uma guitarra sem amplificação que eu não consigo ouvir por causa do rugido do antigo ar condicionado.

No quarto próximo ao meu está um cara do Leste Europeu, chamado Piotr. Ele é um violinista e escapou da Hungria para tentar a sorte em Nova Iorque, mas seu tempo também está se esgotando e está perto de penhorar seu violino e pegar algum tipo de trabalho durante o dia. Ele fala sobre uma lavanderia de lavagem a seco no East Village, e lá há uma garota de quem gosta, mas ele está preocupado que ela esteja usando heroína, e ele não quer problemas. Eu o escuto às vezes, à noite, quando as janelas estão abertas, enquanto ele trabalha em um repertório de valsas de Strauss e Bartok. Ele é bom e deveria estar trabalhando, mas há um problema com o sindicato.

Eu passo seis semanas no Chelsea na esperança de encontrar uma oportunidade, mas nada acontece comigo e eu começo a pensar em voltar para a Inglaterra. Como um último esforço, entro em contato com Zoot, que agora está em Los Angeles tocando com The Animals. Minha ligação coincide com a demissão do guitarrista da banda Vic Briggs. Não está dando certo; eu gostaria de entrar na banda? O *timing* é perfeito, Califórnia, The Animals. Eu vou para o oeste.

OITO

BRIDGEHAMPTON, 18 DE AGOSTO DE 1983

Eu pego a Telecaster e toco os acordes de *"The House of the Rising Sun"*, então, levanto da cama e vou até a janela. Cautelosamente, puxo a cortina; o reflexo da luz do mar inunda o quarto, quase me cegando – como a luz da Califórnia, quando lá pousei pela primeira vez, a luz incandescente e brilhante de Los Angeles prometendo tudo.

No mesmo momento em que o avião pousa na pista do aeroporto de Los Angeles, o sol da Califórnia transpassa a janela, e eu sinto uma onda de otimismo. Minutos depois, enquanto ando em direção à esteira de bagagem, sou cumprimentado por Terry McVey, um cara durão de Newcastle com quem me encontrei algumas vezes em Londres. Um velho amigo de Eric Burdon – ele é o *roadie*, a voz da sanidade, a âncora – ele está com The Animals desde que começaram. Enquanto dirigimos em direção a Hollywood e Laurel Canyon, ele me conta, com seu forte sotaque do norte, que Eric finalmente se divorciou de Angie. O casamento acabou. Eric teve os mesmos problemas que eu tive, e, finalmente, ele se livrou dela pelo preço de uma passagem de avião. Eu olho para a linha interminável de ruas banhadas pelo sol e sinto um repentino calafrio de alheamento e fico contente de estar com alguém britânico.

A casa de Eric é um viveiro de atividade. Garotas, motoqueiros, atores e traficantes de drogas passam pela porta o tempo todo. A festa

One Train Later

nunca acaba e é uma mudança radical de onde eu estive, e percebo o quão rápido você pode se perder em um cenário como este. Eu fico em um quarto que tem vista para a piscina logo abaixo e para o cânion até as colinas do outro lado, e me refugio lá quando preciso. Eu ainda estou ligado em Zen e a assuntos relacionados e eu gosto de praticar, meditar e estudar. Eu corto cenouras na diagonal – ao estilo macrobiótico – refogo-as em azeite de oliva e as adiciono ao arroz de grão curto e sardinhas e, em seguida, fico de cabeça para baixo. Isto é a vida, eu digo para mim mesmo, observando o Laurel Canyon pela janela de uma posição invertida e, em seguida, entoando a palavra Om.

Com o seu sol quente, sujeira, natureza fulminante e as garotas quentes e espontâneas, Los Angeles é sedutora. A vida dos sentidos, como um poderoso aroma na cabeça, é totalmente presente. Surge um boato de que há um novo cara na banda e já fui notado pelas garotas, pela participação no The Animals, e recebo algumas cartas delas com pedidos para serem minhas namoradas. Eu sou um emprego com vagas abertas.

Neste momento, na Califórnia, as *groupies* são lindas borboletas que despendem tempo e orgulho com suas aparências. Com botas amarradas, mangas esvoaçantes e coxas morenas, elas se parecem com pré-rafaelitas contemporâneas e mais exóticas do que as garotas de Londres; é fácil cair em seus feitiços. Garotas assim vão existir apenas por alguns anos e, logo, vão desvanecer como pólen no verão, para serem substituídas por gatinhas vestidas de couro e maquiagem extravagante que falam de forma intimidante. Mas, por enquanto, é como se existisse um código entre elas, uma maneira de se vestir e se comportar, com um conhecimento de música que as tornam cortesãs do rock.

Este novo cenário é o antídoto perfeito para o meu intelectual, porém decepcionante período com a Soft Machine, e com os olores de oleandro e de dama da noite enchendo minha cabeça, uma guitarra em minhas mãos, e uma garota de cabelos compridos na minha cama, eu vejo meu futuro acenando com o dedo adornado de joias.

Sol e amorosidade flutuam sobre nós, e um colapso mental ocorre quase sem perceber. Você rapidamente mergulha em um estado lotófago de dispepsia. O rigor mental é deixado para assar nos raios solares, e a linguagem é reduzida a simples elocuções como "sim, cara", acompanhadas por significativos acenos com a cabeça enquanto a baboseira utópica e conscientização intensificada permeiam as longinquidades da vida diária. A Califórnia é mais livre, mais aberta, menos claustrofóbica do que Londres. Aqui, a revolução é um evento natural que envolve e aconchega a todos como em uma tribo hospitaleira, uma fisicalidade eufórica. É uma

135

sensação maravilhosa de fraternidade, mas cegados pela luz das boas vibrações, não vemos a sombra sorrateira.

Na maioria das noites, Eric e eu entramos em seu Sting Ray azul-elétrico e gritamos descendo o cânion e subindo até o Strip, passando pelo Dino's até o Whiskey. Recostado no conversível com um baseado entre meus lábios e o ar morno da noite soprando no meu rosto ao estilo *California dream*, Londres parece distante e cinzenta. Nós nos sentamos na parte de trás do clube entre um bando de mulheres alvoroçadas e ouvimos Buffalo Springfield, Love, The Byrds, Iron Butterfly e Canned Heat, e sabemos que é isso – o auge da cena, onde nós devemos estar. No final da noite, se não vamos para outra festa, dirigimos de volta pelo cânion para a casa de Eric. Eu estou na The Animals, uma banda mundialmente famosa; estamos cercados por belas e jovens garotas; a maioria dos dias começa com um cigarro de maconha; a maioria das noites começa com uma substância chamada THC, que é tragada junto com álcool. As drogas fazem você amar a tudo e a todos: você interage com estranhos... você declama pequenos pedaços de sabedoria espiritual e sorri com sabedoria um para o outro... isto é os anos sessenta... esta é nossa época... as luzes do Whiskey rodopiam em nossas caras e eu me sinto feliz – afortunado e chapado. Puxo uma garota para mais perto, e Eric se vira para mim, com um olhar assustado em seu rosto, e diz: "Ajude-me, cara, eu esqueci quem sou – você tem que me ajudar". Nós saímos e sentamos no Sting Ray por uma hora enquanto o trago de volta da sua alta viagem narcótica: sem rosto, sem nome. Voltamos para a casa de Eric dirigindo pelo cânion e suas colinas escuro-aveludadas, sob a luz das nuvens estelares, e as casas sobre palafitas, com belas pessoas exalando nuvens azuis e todas vêm a mim.

Nós começamos a ensaiar e, com Johnny Weider e eu nos revezando entre guitarra e baixo, rapidamente me integro ao grupo. Zoot e eu ressuscitamos alguns dos materiais do Dantalian Chariot nos quais Eric está interessado, e nós começamos a soar como uma banda.

Poucas semanas depois, eu passo a morar em Laurel Canyon. A Soft Machine chega à reta final da turnê de Hendrix. Há um concerto com os dois grupos no Hollywood Bowl. Eu vou vê-los e estou encantado com Jimi, mas tenho sentimentos contraditórios sobre os Softs.

Nós ficamos sabendo que Jimi vai gravar em Hollywood, em um estúdio chamado TTG, e somos convidados a dar uma passada por lá. Depois de comer no Ah Fongs, no baixo Laurel Canyon, e refletir sobre a importância de um biscoito da sorte, Zoot e eu dirigimos até o estúdio, em Highland. Jimi está gravando no estúdio A, na sala de gravação grande.

One Train Later

Nós caminhamos até a sala técnica e somos recebidos pela visão surpreendente de Hendrix inclinando-se lateralmente na janela divisória de vidro com um cigarro pendurado na boca, o chapéu com a pena indiana em sua cabeça e a Stratocaster branca em seus braços, rugindo e rosnando nos alto-falantes suspensos. A impressão que temos de Jimi neste momento é de um poder xamânico, uma força da natureza que é tanto sexual quanto espiritual. Ouvi-lo é como uma reviravolta visceral.

Jimi se vira e nos vê na sala técnica, e nós acenamos timidamente. Ele sorri, abaixa sua guitarra e entra na sala técnica para nos cumprimentar com seu jeitão tranquilo. Conversamos por alguns minutos, e então eu vagueio pelo estúdio onde Mitch está tocando sozinho. Eu pego uma guitarra que está lá deitada e começo a tocar com Mitch. Poucos minutos depois, Jimi volta para o estúdio, pega um baixo e começa a tocar junto com a gente. Cristo, eu penso, em um *flash* alucinatório, Jimi Hendrix está tocando baixo comigo. Mas eu não piro ou paro, apenas continuo tocando. Isso pode ser: a) o maior ato de autoconfiança de todos os tempos, b) incrível arrogância, c) um colírio para meus olhos, ou (d) a surdez, mas continuamos por cerca de dez minutos e, em seguida, Jimi diz "Ei, cara, você se importa se eu tocar um pouco de guitarra?" "Claro", digo, tentando ser legal, como se isso fosse algo corriqueiro – todos os músicos estão em reverência total a Hendrix neste momento e eu luto para não entrar em colapso.

Nós trocamos de instrumentos e continuamos a tocar. Agora, comigo mantendo os acordes graves e me asfixiando por dentro. Após uma série de variações e diferentes direções, a *jam* se transforma em um brilho quente, esfria e, finalmente, se transforma em cinzas, altura em que todos nós assentimos com cabeça e concordamos que foi legal, murmuramos algumas despedidas ao estilo "até mais, cara", e procuramos a saída. Zoot e eu voltamos para Highland, balançando nossas cabeças em descrença, enquanto lá dentro, Jimi continua a empunhar seu machado através de uma nova fronteira.

Aquela noite, quando finalmente me deito, eu sei que acabei de passar por um momento seminal da minha vida. Jimi está influenciando guitarristas por toda parte: as pessoas estão imitando seu estilo e pequenos Jimis estão surgindo em todos os lugares. O estilo de Hendrix é muito sedutor, e, neste momento no mundo da guitarra do rock, é difícil resistir à tentação de pegar todos os seus *licks* e de imitar seu estilo. Mas eu luto contra isso porque, praticamente, desde o primeiro momento em que comecei a tocar guitarra, um preceito que tem consistentemente me ocorrido, tem martelado em meu cérebro, tido como condição *sine qua non* da música, é a ideia de que você deve encontrar sua própria voz, você precisa – nas palavras de inúmeras entrevistas de músicos nas revistas que li quando era adolescente – "ter algo a dizer". Jimi tem algo a dizer, mas, de alguma forma, através de uma combinação de teimosia natural, instintos musicais inatos e o envolvimento com a ideia da "voz própria", ser um clone de Hendrix é anátema para mim. Eu estou em uma posição que muitos guitarristas cobiçariam, mas, por dentro, tenho um sentimento persistente de que isso é temporário e que eu ainda não encontrei o ambiente no qual posso ser o mais expressivo. Londres e o Flamenco parecem um sonho quase esquecido; outros guitarristas com os quais comecei – Clapton, Beck, Page, Albert Lee – estão bem em seus caminhos. Talvez eu tenha estado cravado em meu próprio caminho de forma muito rígida, talvez eu devesse ter seguido um caminho mais óbvio como todo mundo, ou talvez minha hora ainda não tenha chegado. Mas, como qualquer um, eu preciso me estabelecer onde possa criar raízes. No momento, ambos os parceiros que procuro ainda estão na escola, na Inglaterra: um em Millwall, no oeste inglês; o outro, na escola secundária de St. Cuthbert, em Newcastle.

Eu enfio a minha cabeça no travesseiro; dormir vai ajudar. Mas, assim que encosto minha cabeça na suavidade felpuda, a porta do quarto se escancara e, no comando, duas garotas e um trovão conhecido como Keith Moon. "Cristo!" Eu grito e, de supetão, me sento na cama com o coração palpitando, tentando parecer casual.

– Desculpe, cara, você estava dormindo?

– Eu estava quase.

– Ouvi dizer que você estava aqui, quer ir a algum lugar?

São quase cinco horas da manhã.

– Não, cara, tá tranquilo.

Mas conversamos por alguns minutos; Mooney, obviamente, ainda está no clima de festa e quer companhia. Ele finalmente se manda do quarto, e eu desabo no travesseiro. Onde eu estava? Hendrix, *guitar heroes...*

The Animals, finalmente, entra no estúdio e grava um disco, o qual, no espírito dos tempos, é chamado de *Love is*. Eu nunca fui pago para tocar nesse disco, mas toco um dos mais longos solos de guitarra já gravados até este ponto. Na nossa versão de *"Colored Rain"*, da Traffic, eu a toco, durante todo o tempo, com um solo crescente, estilo "hino ao *ecstasy*", que é tão longo que eu acho impossível de tocar em um estado de transe pleno e ainda sair dele no lugar certo, então Zoot fica no estúdio, contando todo o tempo, e no compasso 189 ele me dá a deixa. Embora eu não escute muito naquela época, o solo, de fato, consegue uma modesta reputação lendária e é mencionado em entrevistas vinte anos depois.

Nós fazemos uma turnê nos Estados Unidos e até mesmo no México, com dois shows importantes nos Fillmore Auditorium de Nova Iorque e São Francisco. Em Nova Iorque, ficamos no topo de uma lista onde também constam Sly and the Family Stone. Eles se apresentam antes de nós e são incríveis, com oito deles em linha enfileirados na frente do palco, rebolando todos juntos a um intenso ritmo de *deep funk* que conduz sua pulsação, inunda você com o suor e cheiro da África e parece uma mensagem direta do Congo. É uma ação impossível para cinco pequenos garotos brancos acompanharem, particularmente quando uma de suas músicas se chama "I'm an animal", mas nós tiramos um som estridente de nossas guitarras elétricas, arrebentamos com os ritmos cativantes dos *hits* do The Animals, e apenas administramos para evitar a humilhação pública quando fechamos com "*The House of the Rising Sun*".

Mais tarde, no camarim, enquanto nos banhamos na euforia festiva de uma vitória de Pirro, de repente, a porta se escancara e quinze ou vinte homens enormes cabeludos e vestidos em roupas de couro preta invadem o espaço como um furacão. Hells Angels. Um odor de suor, cerveja, óleo de motor, couro, tomam a sala, acompanhado por uma apresentação visual de músculos tatuados com suásticas, caveiras e a palavra "mãe", e a única resposta é grunhir, acenar com a cabeça como um macho e falar muitos "foda". De fato, embora não esteja claro, parece que eles querem estar perto de um grupo de rock inglês e ver como eles são – como cães farejando os rabos uns dos outros. Após cerca de dez minutos, rolam alguns grunhidos, e eles dão o fora. A porta se fecha, e nós nos olhamos, sorrindo como estudantes assustados. "Pooooorra, essa foi foda", alguém diz com uma voz de soprano.

A próxima parada é São Francisco, para tocar no Fillmore. Esta é a cidade onde a extravagância está em seu auge e, finalmente, estou animado por estar no que é considerado o centro de tudo isso. Antes do movimento hippie, a cidade testemunhou a cena *beat* dos anos cinquenta e as luzes de Ginsberg, Kerouac, Gary Snyder e Ken Kesey. Com sua mistura de negros, brancos e chineses, é um ponto de apoio natural para a cultura alternativa e o *beatnik* está a apenas um degrau do hippie. A cultura *beat* de cafés, bebop, poesia, barbas e pensadores de esquerda se transformou em uma tribo de estudantes desistentes e tomadores de ácido. Uma multidão que agora evita política, acredita que o sistema é corrupto, prefere se envolver em atividades que não tenham nenhum significado inerente além de ser uma forma de se render ao espírito. Uma grande parte desta nova agenda é estimulada por Owsley, o químico rebelde que, localmente, fabrica ácido aos milhões. LSD adquire vários apelidos: raio branco, brilho do sol, o Sr. natural, fatia laranja, névoa púrpura, vidraça.

Visitamos diferentes partes da cidade – North Beach, Berkeley, Golden Gate Park e Haight-Ashbury. Eu perambulo pelo Haight, mas o acho decepcionante após a enorme aglomeração. Com exceção dos cafés e dos restaurantes de comida natural, é um lugar decadente e arruinado, com adolescentes na rua que parecem famintos e mendigos. Parece haver uma disparidade entre a geração do amor lendário e a realidade da rua, como se o sonho já estivesse desaparecendo.

O publicitário da gravadora local nos leva à casa de um jovem jornalista, chamado Jann Wenner. Ele nos mostra alguns exemplares de uma nova revista de música que ele está lançando. Ela vai se chamar Rolling Stone. O que achamos disso, gostamos do nome? Todos assentimos sensatamente e murmuramos palavras como legal e groovy e voltamos a perambular pelo Haight.

No dia seguinte vamos para Stinson Beach e passamos um dia eufórico escalando rochas, mergulhando no Pacífico e dormindo na grama. Nos estirando sobre as rochas aquecidas pelo sol, penso no livro de Kerouac, *Vagabundos Iluminados*, com suas citações de Budismo e Zen, e como tudo isso parece se misturar tão facilmente à esta paisagem da Califórnia. Sem dúvida, a vida monacal itinerante seria mais fácil aqui. É um pensamento sedutor, e eu me imagino vagando por alguma trilha empoeirada, livre de bens e recitando o Sutra do Diamante, exatamente como Japhy Ryder. Nós olhamos para a sobreposição do mar, nossas cabeças cheias do cheiro de pinho e manjerona, o sol formando arcos pelo céu chumbo amarelo e o ar pesado trabalhando sua magia sonolenta em nós.

No final da tarde voltamos para a cidade, tomando um café para dar uma reanimada. Esta noite é o nosso show no Fillmore, e estamos em um clima de alta expectativa. Antes do show somos levados a uma festa em algum lugar na cidade, onde vamos encontrar Chet Helms. Helms, um guru da contracultura, é uma figura bem conhecida em San Francisco e líder dos Diggers. Chegamos à festa e somos recebidos por inúmeras pessoas, todas estranhas, mas superamigáveis, como as pessoas são nessa época, pois é um reconhecimento implícito da fraternidade que partilhamos – e, além do mais, nós somos os The Animals, músicos ingleses bacanas. Finalmente Chet Helms chega. Ele entra na sala como Jesus, vestido com túnicas brancas esvoaçantes e com um sorriso radiante no rosto. Há um burburinho em torno dele, um campo de energia que pode ser presunção ou a expectativa que seus seguidores projetam. Eu não sei dizer por que, nesse momento, eu estou fora de mim tomado pelo efeito de uma substância chamada THC. Não consigo mais sentir meus pés no chão, e como uma garota gorda perto de mim diz: "caraaaa, você está brilhando", eu não consigo tirar o sorriso de Buda do meu rosto. Estou intensamente feliz e me sinto como se tivesse o universo na palma da minha mão. Quando eu falo, minha voz sai oleosa e quente como o brilho do sol.

Somos apresentados a Chet e ele nos oferece algumas palavras de benevolência ao passo que mesmo nós temos nosso lugar no esquema das coisas. Um pequeno pensamento passa pela minha mente similar a "Ah, sim, o que é que você sabe que eu não sei, Sr. Guru?" Isso é conhecido como uma "vibe negativa". Eu percebo isso e rapidamente abandono tal pensamento e continuo sorrindo como um gato de Cheshire e, finalmente, depois de perceber que eu estou olhando para um espaço vazio onde Chet estava, caio fora com os outros caras.

Nós nos amontoamos em táxis e cruzamos a cidade, até o Fillmore. Até mesmo a viagem de táxi parece cósmica: São Francisco! A ponte Golden Gate! É tudo tão bacana! No táxi imundo e apertado, eu comento sobre o quão belo ele é. "Lindo táxi", digo, e passo minhas mãos amorosamente sobre um anúncio de Marlboro desgastado e colado na parte de trás do banco do motorista, minha voz ligeiramente embriagada e sonora com alcalóides e poder divino – eu estou realmente extasiado.

Chegamos ao Fillmore, que está completamente lotado com um animado grupo de pessoas. Talvez por isso ele se chame Fillmore, faço piada comigo mesmo. Não conseguimos chegar aos camarins ou ao palco pela parte de trás do edifício porque alguém bloqueou a entrada do *backstage*, e apesar de bater intensamente e às gargalhadas, ninguém nos ouve. Isso nos deixa com a perspectiva sinistra de termos que andar através da multidão para chegar ao palco. A garota na entrada por acaso nos reconhece e nos deixa entrar, me encarando – o suposto guitarrista que está sendo puxado para dentro da multidão fumegante como um homem com duas pernas quebradas. Mas com uma pessoa de cada lado meu, sou arrastado pelo chão, e eu sorrindo beatificamente para todos, até chegarmos à área do camarim e nos informam que somos aguardados no palco dali a cerca de quinze minutos. Os Chamber Brothers já estão lá e fazem um bom trabalho aquecendo a multidão para a grande performance – nós.

Alguém me dá uma coisa de madeira com pedaços de fios ligados a ela e me diz que é uma guitarra, é a minha guitarra, uma Les Paul Junior cor de creme. Eu fico olhando para ela, fascinado. Café preto escorre pela minha garganta e eu estou perambulando ao redor do camarim como um idoso impotente e, então, é hora do show. "Vamos nessa!" alguém grita. O quê? Eu murmuro sorridente através de uma névoa de cafeína e resíduo de *cannabis* e depois caio no chão me contorcendo de tanto rir, impressionado com a intensidade do meu próprio humor. Momentos depois subimos ao palco – ou no meu caso, rastejo pelas coxias laterais – para o rugido do Fillmore. Milagrosamente, instinto e dezenove xícaras de café fazem efeito, e eu consigo fazer o show, a coisa toda cintilando diante de mim como um sonho. Uma voz baixa, em algum lugar, diz para não olhar para os meus dedos, porque se eu o fizer, vou ficar preso a eles – então, eu não olho, e eles fazem as conexões, enquanto o meu cérebro vagueia por vastos espaços cósmicos.

BRIDGEHAMPTON, 18 DE AGOSTO DE 1983

Eu levanto da cama e encosto a Telecaster em uma cadeira. Levantando minha mão até a luz, analiso as unhas de minha mão direita. Elas parecem muito grandes. Apesar de estar em uma banda de rock, eu mantenho minhas unhas em boas condições – um bom hábito que ficou dos anos em que tocava guitarra clássica obsessivamente. Eu saco um estojo de manicure e algumas boas lixas, da minha bolsa de viagem, e começo a fazer a unha, cuidadosamente colocando a mão sobre uma camiseta preta para que eu possa, então, ver a curva que eu estou tentando fazer.

Quando Sting e eu começamos a tocar juntos pela primeira vez, um ponto de contato entre nós foi a guitarra clássica. Veio a calhar que ele era um grande fã e, como eu ainda sabia tocar grande parte de meu repertório, ele me pedia para tocar algumas peças para ele, geralmente Bach ou Villa-Lobos. Esta foi uma descoberta prazerosa para mim porque é raro encontrar alguém no mundo do rock que aprecie esse tipo de música, e me senti surpreso, mas seguro por confirmar onde tinha acabado de aterrissar, um amor mútuo pela música, que, apesar de ser de outro gênero, encontraria espaço em nossas músicas. Eu termino polindo minhas unhas nas formas perfeitas de meias-luas, que fazem o som intenso e doce nas cordas de nylon da guitarra e pego a Fender, com vontade de tocar algo daquele tempo. Eu diminuo o tom da primeira corda para um Ré grave e começo a tocar uma peça do compositor mexicano Ponce, "Scherzino Mexicana". Eu simplesmente consigo me lembrar dela – a ponte com seu padrão de movimento harmônico variável é complexa, mas ela volta, docemente romântica, de outro tempo, outro lugar, México...

Vamos para Cidade do México e ficamos em um hotel na Zona Rosa, uma atraente zona turística localizada no centro. Gosto de caminhar ao redor e ver um mundo que jamais teria sonhado alguns anos atrás. Nosso *promoter* é um mexicano muito simpático e louco, chamado Mario Olmos. Muitos anos depois, eu toco para ele novamente, primeiro com o The Police, mas de forma mais notável, sozinho, no Teatro Angelo Peralta, onde, juntos, vamos desfrutar de um esplêndido motim com a polícia militar mexicana e a noite terminando com Mario me entregando um saco de papel marrom com o pagamento em pesos enquanto desaba morto de bêbado debaixo da mesa.

Uma manhã eu dirijo de Laurel Canyon para o escritório do nosso gerente na Sunset Boulevard. Eu entro e pergunto por David, o gerente do The Animals. A secretária lança um olhar estranho e me diz que ele não vai estar no escritório naquele dia porque seu melhor amigo foi morto na noite anterior, na verdade, foi assassinado. Seu nome era Jay Sebring.

Esta é a primeira vez que ouço falar sobre os assassinos de Manson, embora não seja chamado assim até mais tarde, quando toda a história começa a emergir. Mas, gradualmente, aparece no noticiário e na imprensa, e há um sentimento de choque e descrença. Parece como se uma rachadura aparecesse no sonho. Como pode ser isso? No centro desta prazerosa cena amorosa, uma distorção grotesca veio à tona; Manson, com sua aparência semelhante à de Cristo, os seguidores hippie e atos brutais de assassinato, destruíram todas as ilusões.

Nos dias seguintes, falando com amigos ao telefone, é óbvio que esse horror abalou profundamente a muitas pessoas e alguns decidem sair de Los Angeles. Enrolados em *tie-dye* e batique, eles se sentam com as pernas cruzadas e miram a Lookout Mountain enquanto mergulham suas mãos em um saco de *Acapulco gold*, enrolando um baseado e dizendo: "Viagem pesada, cara – viagem pesada". Em Laurel Canyon, o horror é palpável, uma sombra fria e negra rastejando através das colinas. Hippies e *flower children* tornam-se figuras suspeitas. É difícil pensar exatamente da mesma forma sobre um homem barbudo comprando um saco de lentilhas ou uma garota de cabelos compridos recebendo seu arroz de grão curto na loja no meio do caminho para o cânion. Ao passo que a notícia se espalha, é assustador perceber o número de pessoas em torno de Strip que têm conexões com Manson e sua gangue. David, nosso gerente, também pode ter estado lá naquela noite.

Nessa época, tocamos em um festival em algum lugar próximo a Los Angeles e nos bastidores encontro uma garota muito bonita chamada Cathy James. Nós olhamos um para o outro e logo começamos a conversar; dentro de uma semana, ou algo assim, vou morar com ela.

Cathy tem dezoito anos e está na cena desde que tinha quatorze. Ela tem um bebê de Denny Laine, que está agora na banda Wings, de Paul McCartney, mas não deu certo entre eles, e ela voltou para Los Angeles e para um bando de admiradores. Frequentemente, estes fãs de Cathy aparecem tarde da noite, e eu vejo um desfile de gente famosa passar por seu pequeno apartamento na Bronson Avenue. Um de seus fãs mais ardentes é Tiny Tim, que chega uma noite, agitado e tremulante, como uma borboleta. Parece que a personalidade feminina trêmula não é de mentira. Todo nervos e voz estridente, ele senta ao pé da cama e canta para Cathy, acompanhando a si mesmo em seu ukulele. É um momento extraordinário, mas, ao final da música, algo o assusta e ele começa a gritar e agitar os braços, e diz que precisa correr e, literalmente, dispara pela porta da frente como um cervo. Nós o seguimos pela rua por alguns instantes, tentando trazê-lo de volta, quando ele desaparece na noite, gritando e acenando seu ukalele no ar.

Mas depois de cerca de três semanas com Cathy parece que, apesar da atração física, nós na verdade não temos nenhuma química. Nós dois reconhecemos isso e concordamos em nos separar. De qualquer forma, eu sinto falta da cena turbulenta na casa de Eric. Eu ligo para ele e volto a morar lá.

Uma turnê no Japão tem estado nos planos faz um tempo e, finalmente, voamos para Tóquio. Este é um lugar com o qual fantasio há bastante tempo e eu estou bastante entusiasmado para explorá-lo logo. Eu me deixo vagar em pensamentos sobre deixar o grupo e entrar para um mosteiro, tomar o caminho Zen para *satori* e deixar este mundo mundano para trás – mesmo que isso signifique abrir mão da guitarra –, mas tudo acaba de uma maneira bem diferente.

Chegamos ao aeroporto de Narita e somos recebidos no saguão por uma grande multidão de estudantes que gritam, acenam, riem e cobrem suas bocas exatamente ao mesmo momento. É estranho, mas é uma recepção positiva e, de qualquer forma, este é o Extremo Oriente. Mas do lado direito, uma sombra aparece sob a forma de discussão entre David e os produtores, que apareceram para nos receber, ou pelo menos para se certificarem de que estamos lá para honrar o contrato. David nunca fala muito – de qualquer forma, ele é um tipo muito introvertido – mas tem um problema com contratos e dinheiro, e apesar das persistentes reverências e sorrisos, parece que estamos em conflito.

Fazemos a rodada habitual de entrevistas à imprensa e ficamos no Princess Hotel, onde jovens garotas se reúnem no *lobby* todo dia na esperança de um vislumbre de nossos pálidos rostos ingleses. Eu olho para o alto e para baixo, buscando sinais de Zen ou de Koan remoto e inigualável, mas, para minha decepção, não encontro nada. O Japão espiritual sobrenatural que eu reverencio parece ter desaparecido, para ser substituído por um país obcecado por câmeras, carros, TV americana e sexo esquisito.

Nós sempre começamos nossos shows às 18h30, em ponto, horário imposto para shows no Japão. Terminamos às 19h30 e então imaginamos o que fazer com o resto da noite. Aparentemente, é proibido aos jovens japoneses ficar muito animados, levantar, ou expressar entusiasmo, e a plateia – na maioria, garotas jovens – senta-se como estátuas e aplaude educadamente como se fosse uma deixa no final das músicas. As palmas começam e param em frações de segundos, como se suas mãos estivessem atadas ou como se tivessem ensaiado repetidamente – como um cardume de peixes, em que todos viram à esquerda juntos, com uma comunicação telepática invisível. Isso é seguido por um silêncio sepulcral, antes de começarmos a próxima música. Anunciar as músicas é como ler um obituário. É muito desanimador e o extremo oposto das plateias barulhentas dos Estados Unidos. Aqui é semelhante a deitar em um caixão: olhos bem abertos, prestes a ser enterrado, com o grito preso em sua garganta.

Fica óbvio que a tensão entre David e os produtores não está resolvida. Eric sabe alguma coisa sobre isso, mas não deixa transparecer. Mas uma noite, depois do show, somos levados para um lugar em

Shinjuku, o distrito da luz vermelha de Tóquio, um lugar que pode ser chamado de um bordel/restaurante. Descemos alguns degraus rumo a um porão que está cheio de árvores de floração amarela, água corrente e uma cortina de fundo falso do Monte Fuji. Movendo-se rapidamente por este Japão artificial, estão várias garotas vestidas de gueixas. Nós nos separamos em uma ala oposta aos nossos produtores, e eles nos oferecem uísque. Enquanto os uísques estão sendo servidos, somos cercados por um bando de falsas gueixas sorridentes. Eles se jogam na nossa mesa, rindo e fazendo sons sugestivos. Um de nós tem a calça aberta por uma anfitriã, e seu pênis é puxado para fora. Isso causa muita gargalhada, mas naquele momento os sete copos de uísque chegam à mesa – seis cheios e um vazio, exceto por alguns cubos de gelo. Enquanto levantamos nossos copos, um dos capangas encosta em David e sussurra algo para ele, com um olhar malicioso em seu rosto e, em seguida, saca uma pistola de dentro de sua jaqueta e esvazia o tambor de balas de 9mm no copo de uísque vazio. Neste ponto do simbolismo samurai, Eric levanta-se e sai de lá. Sentados à mesa, o resto de nós está paralisado. "Eu estarei com você na época de floração das cerejeiras", eu sussurro para o montinho de arroz no meu prato.

Acima de um local de aparência decadente, localizado em uma rua barulhenta, uma pequena placa com THE ANIMALS escrito em um plástico branco sujo, seguido por uma linha de caracteres japoneses, pende em derrota. Nosso desânimo com este show agendado é expresso em frases lacônicas, mas poéticas como "que porra estamos fazendo aqui?" e "foda-se essa ninharia" Na verdade isso não muda nada. Nós somos The Animals – um dos grupos mais famosos do mundo; isso não faz sentido e, basicamente – de fato – que diabos estamos fazendo neste lugar?

O interior do clube é o habitual de qualquer lugar do mundo. Escuro e sombrio com uma propaganda de Suntory em uma parede e de Asahi na outra. A clientela é, na maioria, japoneses de aspecto sujo, vestidos em ternos, que já estão caindo de bêbados. Ao entrarmos, em um estranho ato de sincronismo, também entram os nossos produtores. Vários garçons inclinam-se bastante, reverenciando-os, e você não precisa ser nenhum Sherlock Holmes para saber que sob os véus da passividade oriental, encontra-se a duplicidade oriental. Terry McVey está conosco, mas David está fora de vista. Isso é estranho; normalmente ele está conosco o tempo todo. Tentamos atrasar nossa subida ao palco até que nosso gerente chega, com Zoot em particular tentando nos deter, como se soubesse de algo que não sabemos. Mas está cada vez mais tarde e, finalmente, saímos do pequeno camarim e subimos ao palco.

Enquanto fazemos o show, como se fosse uma performance de terceira categoria, é difícil não desconfiar desse público. Não há adolescentes à vista, mas na sua maioria homens de meia-idade em ternos e bocas cheias de dentes de ouro, acompanhados por mulheres sensuais, que, suspeitamente, se parecem com garotas de programa. Eu imagino que todo o ambiente foi tirado de um film *noir* dos anos quarenta, com clichês orientais, mulheres misteriosas e grandes quantidades de ópio ou artefatos inestimáveis. Talvez eu nunca mais seja visto novamente, eu penso enquanto dedilho os acordes populares *"The House of the Rising Sun"*: Lá menor – morte misteriosa no extremo oriente; Dó – apagado como uma vela; Ré – o bom morre jovem; Fá – uma breve chama intensa; Mi na sétima – que seu espírito perdure. A ironia de tocar uma música com esse título, neste lugar, de repente, me arrebata e eu tenho uma forte vontade de mijar. Mas o show termina e ainda não há nenhum sinal de David, e começamos a nos sentir como um bebê sem sua mãe. Mas achamos que ele deve estar fazendo negócios ou algo do tipo, então, depois de alguns drinques, decidimos voltar para o hotel. Temos que partir às nove horas da manhã seguinte para Hiroshima.

Todo mundo vai embora, menos eu. Como é de costume, conheci uma garota no clube, uma bonita garota americana de Los Angeles, e estou esperando passar algum tempo extra com ela. Os caras voltam para o hotel, e eu saio para passar a noite discutindo Proust com esta garota em seu hotel. Milagrosamente, consigo acordar cedo o suficiente para voltar de táxi ao Princess Hotel em tempo de sair com todos os outros. Enquanto me preparo para me mandar do quarto, minha nova amiga levanta os cabelos negros do travesseiro para perguntar: "Onde você está indo?" e eu respondo: "Hiroshima, mon amour".

Eu chego ao hotel e encontro meu quarto desocupado e minhas malas desaparecidas. Eu começo a bater nas portas dos outros, apenas para descobrir que não há ninguém por ali – eles foram embora sem mim. Eu entro em um medo covarde e a palavra "mamãe", silenciosamente, passa pelos meus lábios. Estou sozinho no Extremo Oriente: sem dinheiro, sem cartão de crédito, sem passaporte e sem coragem.

Eu corro até o saguão para obter informações, em japonês fluente, sobre o paradeiro dos meus ilustres colegas, aqueles vermes. No momento em que entro no saguão, Mick Watts, nosso antigo *roadie*, vem rompendo a entrada para o *foyer*. "Rápido", diz ele, sem fôlego, "pruaeropor ago". "Que po –", respondo brandamente, sem pensar que nada esteja realmente dando errado, mas algo que eu acabei de foder. No caminho para o aeroporto, Mick desentala a história.

Aparentemente, nossos produtores fazem parte da Yakuza – a máfia japonesa. Eles haviam capturado David na noite passada e o levaram, com uma arma apontada para si, a um buraco imundo em algum lugar nas entranhas de Tóquio. Neste lugar escuro eles ameaçaram cortar um de seus dedos, a menos que assinasse notas promissórias no valor de US$250.000 e acrescentaram que eles também poderiam matar alguém da banda, provavelmente, o guitarrista; na verdade, eles, de fato, me juraram de morte. David – tranquilo como um monge e lançando minha vida insignificante no ar como se joga uma moeda – inteligentemente, deduz que eles não entendam o inglês da rainha e escreve os cheques e uma nota afirmando que, no momento da escrita, ele está sendo ameaçado com uma arma por patifes do Oriente e que se ele nunca sair dali, ele vai enfrentá-los nos tribunais internacionais. Para a sorte de David, nenhum dos vilões sabe ler inglês (ou japonês, por assim dizer) e eles parecem satisfeitos, mas dizem que todos nós devemos deixar o Japão no dia seguinte e acrescentam que eles perderam muito dinheiro porque a turnê original foi cancelada e remarcada inúmeras vezes.

Eu me reclino no táxi em descrença. Isso é impossível para caralho e muito decepcionante – parece que vai dar mais merda, e risco de vida. Será que eu realmente quero mais disso? Deve haver outra saída. Enquanto isso, nosso equipamento – incluindo minhas guitarras, e particularmente uma Les Paul Junior cor de creme, com a qual estou começando a fazer amizade – está a caminho de Hiroshima. Eu nunca os resgato. A perda das minhas guitarras me abala profundamente, e se eu me sentir ressentido com nossos "produtores" por alguma razão, isso é mais do que a ameaça de morte a uma tenra idade.

No aeroporto, como Mick me avisou, nossos antigos empregadores criminosos estão presentes, sentados juntos, enfileirados, e assistindo à banda como predadores; eles querem ter certeza de que nós saiamos e nunca mais voltemos.

A boa notícia é que David tomou a decisão de que devemos ficar em Honolulu por alguns dias, para superar esta experiência desagradável. Isso também vai lhe dar uma oportunidade de ir ao banco e cancelar todos os cheques que assinou. Uma semana depois, um artigo é escrito no International Herald Tribune dando detalhes do incidente.

Talvez Zoot e eu o tenhamos sufocado no palco e isso o desanimou. Isso, mais o sórdido drama que acabamos de passar – ele está cansado deste cenário. Eu lanço alguns acordes e olho para a minha guitarra, um trocinho de madeira compensada, do centro de Honolulu, com uma silhueta de palmeira contra o pôr do sol vermelho e as palavras *"Waikiki dreams"* acima da abertura de som. Música – *yeah*, música. Enquanto estou a ponto de me tornar vítima do meu próprio melodrama, ouço a voz de Mick através das paredes, gritando no tom monótono do sotaque do leste Londrino, "Ê, John, este *Head and Shoulders* – ótimo shampoo, né?" Eu rio alto e com a grande proclamação Zen de Mick, tudo desaparece. Vou à praia e, então, fico vagabundeando por duas semanas no Havaí, por conta própria.

NOVE

Eu volto para Los Angeles e para a casa em Laurel Canyon, onde Zoot me dá a notícia de que Eric está terminando com a The Animals ou a The New Animals, como às vezes é conhecida. Na tradição consagrada da época, por todos os que chegam a Hollywood, ele agora quer ser um diretor de cinema. Então é isso, minha intuição estava correta, mas eu não estou pronto para deixar a Califórnia. Tendo finalmente chegado até aqui, tenho a intenção de ficar, mas é perto de dezembro e, em um estado um pouco confuso, retorno à Inglaterra para o Natal, com a vaga ideia de voltar.

No início de janeiro, não muito certo do que fazer, vou para Londres. Eu não tenho nenhum lugar para ficar, mas depois de algumas ligações, sou convidado para ficar na casa dos Blossom Toes, na Lots Road, Chelsea.

Chego em uma noite de chuva torrencial como um menino de rua em uma história de Dickens. O grupo está em turnê, mas me disseram que posso ficar lá até que voltem. Sou recebido, à porta, por uma garota americana alta que diz que eu posso dividir a cama com Rene. Bem, como se vê, Rene não é assim tão mal, e eu deito na cama com uma completa estranha. Naturalmente, nós começamos a nos pegar dentro de – o quê? – cinco minutos. Pequena, de cabelos escuros, com um rosto bonito, ela é muito boa de cama e debaixo dos lençóis, abençoo os Blossom Toes e desejo-lhes um hit *top ten*. Na verdade, acontece de haver mais algumas garotas na casa e eu me torno – como devo colocar? – desejado por todas, um brinquedo sexual. Eu curto esta situação por um tempo, mas eu tenho a

One Train Later

luz do Pacífico azul em meus olhos e quero voltar. Assim, no final de um janeiro amargo e frio, viro as costas sob os soluços das mulheres em sofrimento e embarco em um avião de volta para Los Angeles.

Eu tenho algumas razões para voltar. David disse que vai me empresariar, que vai me colocar em um grupo, que vou ser financiado e que talvez eu possa fazer um álbum solo; em outras palavras, o estrelato está por um triz. Los Angeles ainda permanece presente na minha cabeça como um perfume, e essas possibilidades tênues, mas emocionantes, são suficientes para me atrair de volta. Durante alguns meses eu continuo intoxicado com a cena de Los Angeles e vivo em uma casa grande no topo do cânion. Passo semanas no Sunset Sound, fazendo um disco solo e as pessoas estão interessadas em mim. Por um tempo, sou capaz de manter a ilusão de que voltar para Los Angeles foi a decisão certa. Mas agora o interesse de David está em outro lugar. Sua vocação, na verdade, não é empresariar – foi divertido empresariar a The Animals, mas confrontado com o verdadeiro trabalho de construir uma carreira, seu entusiasmo morre.

Eu decaio, o dinheiro acaba, o entusiasmo de David desaparece e, depois de alguns poucos meses na Costa Oeste, começo a me preocupar com dinheiro. Eu começo a contar os trocados, imaginando por quanto tempo posso fazer durar um saco de arroz integral e começo a usar um conjunto de cordas da guitarra por muito mais tempo do que eu costumava usar. Estou quase chegando ao fundo do poço e, quando chego, ele se abre como a boca de uma baleia, para se tornar um abismo.

Antes de meu pequeno Fiat Spider sofrer reintegração de posse, eu decido fazer uma viagem com minha namorada, Delia, para Palm Desert, para ver Henry, um amigo que fiz enquanto estava na The Animals. Partimos em torno de nove da noite e eu dirijo todo o caminho com a capota abaixada, apreciando a bela noite da Califórnia. Quando chegamos a Palm Desert, tenho que localizar a casa de Henry, que está em algum lugar fora da rua principal. Eu tenho que encontrá-la pelo número pintado ao longo da calçada, então eu começo a jogar o carro de um lado para o outro da rua. De repente – e quase me apavorando, através do teto do carro – uma voz alta e amplificada arrebenta o ar, ordenando que eu pare bem onde estou. Eu me viro e há um carro da polícia logo atrás de mim, seus faróis queimando meu pequeno conversível com um brilho de luz branca. Eu encosto, com medo porque no chão, entre mim e Delia está um saco de maconha. Eu me abaixo, pego o saco e soco em meu bolso. É um erro. O policial caminha até o carro com uma arma apontada em nossa direção e nos diz para sair do carro.

151

Nós saímos, e ele pergunta por que me abaixei e depois de eu murmurar alguma resposta incoerente, com sua arma apontada para minha cabeça, ele apalpa meu bolso esquerdo e puxa a droga – que é o seu grande erro. "Você está preso por um crime federal", ele late como um rottweiler, então me algema e me manda entrar na parte de trás de seu carro. No meio de tudo isso, o pobre e velho Henry sai para a rua e assiste surpreso à prisão. O policial, animado por ter a escória hippie em suas mãos, se esquece de Delia, bate a porta e parte comigo na parte de trás da viatura, enquanto Henry e Delia, descrentes, observam a luz traseira desaparecer. No banco de trás, algemado e sentado atrás da grade entre nós, sinto meu coração bater como um coelho exausto. Eu pergunto ao policial por que ele está me prendendo – "Você não pode me liberar?" Eu imploro. "Você cometeu um crime federal", ele responde. Lá fora, o céu é refulgente com a luz das estrelas, o ar cheio do aroma de palmeiras, flores do deserto e arbustos. Atrás de uma grossa janela entrelaçada, caio no banco traseiro com a angústia me inundando como um rio negro.

Chegamos à cadeia do condado de Indio dez minutos depois. Elevando se na recepção como algo saído de um conto de Dickens, está uma enorme mesa, como um púlpito, que parece ter saído de um *set* de filmagem. Sua circunferência monstruosa é como uma alucinação surreal e soma-se ao meu estado de confusão, quando fico de pé abaixo dela – um assustado garoto branco e esquálido, com olhos azuis, cabelos loiros e algemas de prata. Minhas informações são inseridas com um gelado distanciamento pelo sargento da noite, e então sou empurrado para dentro da cela.

Esta parte da Califórnia – próxima a Salton Sea – é brutal e estranha, um ímã para aqueles que vivem à margem. Eu entrei em terreno alienígena e sento no frio banco de ferro da cela, tremendo e olhando para as barras de ferro entre mim e o que já se parece com minha vida anterior. Eu sinto como se estivesse desaparecendo pelo esôfago de uma grande besta negra, Jonas na baleia; eu me sinto mal e estou bastante distante de casa. Estou em posse de maconha – Fm7b5 – uma ofensa federal – Bb7b9 – eu poderia ficar aqui por anos – Ebm9...

Às cinco da manhã, um policial em silêncio me leva para o que eles chamam de cela do dia, onde eles mantêm os prisioneiros de verdade. Homens que estão ali por estupro, violência, assassinato ou crimes cometidos à mão armada. Enquanto sou conduzido ao longo do corredor em direção à cela, ouço um coro de fiu-fius. Eu tenho um rosto um pouco andrógino e, sem dúvida, para aqueles que não têm companhia feminina há algum tempo, eu pareço apetitoso. Meu coração naufraga enquanto imagino os piores clichês de filmes de prisão. A porta da gaiola de aço é destrancada e eles me empurram, agora um criminoso comum, para dentro.

Vários brutamontes estão sentados ao redor da cela e me olham com interesse, como abutres circulando sobre um pedaço novo de carniça. Em um esforço para me tornar invisível, vou para um canto, local de onde não pretendo me mudar. Fiz a única ligação permitida – para David, que suspira enquanto eu desesperadamente explico a situação. Felizmente, para mim, ele tem uma casa em Palm Springs e está lá neste fim de semana. Ele promete me tirar da cadeia, mas soa como se ele realmente não quisesse o incômodo. Eu rezo para tornar isso uma realidade. Percebo outro garoto que tem mais ou menos a minha idade. Começamos uma conversa: como eu, ele está lá por posse de maconha, mas faz meses e ele não teve condições de sair. Entro em pânico. Será esse o meu destino? Como vou explicar isso a minha mãe? Carta da prisão: Querida mamãe, tenho me divertido muito – atrás das grades na América, a comida é mais ou menos... Encaro a parede e uma onda de náusea passa por mim – eu desejo minha guitarra, o doce ar livre, as garotas, a vida que tinha lá fora, qualquer coisa, menos este pesadelo.

Às nove da manhã, outra humilhação acontece enquanto somos conduzidos, sob a mira de armas, ao pátio da prisão para uma inspeção. Isto consiste em estar de pé e nu em uma fila, enquanto um médico da prisão passa em nossa frente e examina nossos testículos com a mão enluvada de borracha, momento em que devemos tossir. Pessoalmente, me sinto asfixiado com este ultraje, quero chamar a embaixada britânica. Que clichê patético, mas aqui estou – nu, vulnerável, com a repugnante luva de alguém agarrando minhas bolas, masculinidade despida. Finalmente, somos avaliados como saudáveis e, miseravelmente, voltamos em bando para nossa gaiola de aço.

O dia mais longo da minha vida passa em incrementos de tortura, e eu sinto como se devesse estar de joelhos, rezando, mas então eu provavelmente seria o destinatário de uma ação de retaguarda. Minha imaginação vai para a prorrogação ao contemplar uma vida interior. Eu me pergunto se seria possível escapar; eu me imagino tentando escavar várias toneladas de concreto com uma lixa de unha (provavelmente estaria morto de velhice antes de a tarefa ser concluída); tentando começar um tumulto, mas, então, caindo sob uma saraivada de balas ou sendo empalado em arame farpado; encontrando o túnel de esgoto e sendo despejado no deserto, coberto de merda e mijo, para morrer doente na areia escaldante.

Enquanto fico imaginando esses cenários fantásticos, David finalmente aparece para me liberar e é quase choramingando de alívio que poucos minutos depois eu atravesso o portão rumo à liberdade. À medida que caminhamos em direção ao carro, o cheiro de asfalto quente toma minha cabeça como perfume, a chave girando na fechadura da porta do carro canta uma doce melodia de liberdade no meu ouvido, o motor solfeja um coral de Bach e, ao arrancamos para a estrada para Palm Springs, o ar doce e o alto céu do deserto combinam em um momento de alívio abençoado. Voltando de carro para a casa de David, eu olho através do deserto para as sombras de fim de tarde e penso, *É, o que não mata...* Dezesseis horas angustiantes. Eu abaixo a janela do carro e cuspo na areia.

De volta a Los Angeles, eu tento ficar fora de problemas enquanto minhas circunstâncias se desfazem. Algumas semanas depois da prisão, o caso é julgado improcedente para busca e apreensão ilegal – policial estúpido – e eu consigo respirar novamente. Eu miro através do Laurel Canyon e começo a me sentir isolado. Eu não estou em uma banda, David desapareceu e em uma semana eu vou estar em um país estrangeiro sem onde morar.

Um ator durão mora em uma casa depois da minha. Ninguém por aqui gosta dele. De meia-idade, com uma pança e um comportamento grosseiro, ele grita com o carteiro e parece estar permanentemente chateado, provavelmente não consegue muitos papéis. Um dia, ele me encontra enquanto colocamos o lixo fora e rosna, "Você toca guitarra?" "Sim", digo eu, vendo um gaio-azul pelo canto do meu olho. "Porque não vem aqui e me ensina?" "Ok". "Quanto?" "Cinco dólares". "Chego em meia hora", diz ele. O pardal gaio-azul desaparece pela janela para dentro da minha casa. Meia hora mais tarde, vou até sua varanda da frente e toco a campainha. Passamos uma hora juntos: eu lhe ensino alguns acordes para iniciantes enquanto ele se aborrece comigo por ter colocado um copo de suco de laranja fora do descanso de copo. Ele é um otário, mas eu pego os cinco dólares e fico contente de ter recebido. Um dia depois, encontro uma garota que é amiga de Delia, uma compositora talentosa chamada Robin Lane. Robin já cantou com Neil Young e Stephen Stills, e seu pai, Ken Lane, é o pianista de Dean Martin e do Rat Pack. Ele também é o compositor do maior sucesso de Dino, "*Everybody Loves Somebody*". Eu começo a sair com Robin, seduzido pelas músicas que parecem emanar dela. Eu conheço os amigos dela e nós dois nos envolvemos.

Uma semana depois de ter arranjado uma namorada nova, minha casa e carro são tomados e eu enterro o gaio-azul. Eu me mudo para a casa

One Train Later

de Robin e sua mãe e, quase sem perceber, estou no Vale de São Fernando e em outra vida. Mergulho na luz do sol da Califórnia, no cheiro de laranjas e no som das guitarras. Os amigos de Robin se amontoam ao meu redor e tudo é sobre música. Eu não deixo Los Angeles, vou para casa ou retorno para as ruas cinza e chuvosas de Londres, para o porão mofado, o fogo a gás, as bandas, *pubs*, bares e lojas de guitarra de minha vida anterior.

O calor do sol penetra a superfície da minha pele, vitamina de mamão escorrega pela minha garganta, o perfume das flores exóticas da noite toma minha cabeça, a proximidade do México me enfeitiça e sob este fulgor, a necessidade de proteção e segurança desaparece. Eu não me sinto obrigado a voltar para o familiar, continuar de onde parei ou lutar para subir na vida. Eu estou no oeste.

Mas depois de cinco anos de sucesso em Londres, culminando com o período no The Animals, eu caio no fundo do poço. Não tenho dinheiro, nem carro e nem onde morar, exceto a casa da mãe da minha namorada. E assim começam meus quarenta dias no deserto, que se transformam em cinco anos, em cerca de cinco minutos.

Como se fosse fiel a um sinal fraco – como um homem remando para uma margem distante, guiado por uma estrela – tomo uma decisão. Eu sei que a música é o caminho certo e que eu tenho que levá-la a sério, estudar e tocar sozinho, sem a distração de estar em uma banda. Eu me caso com Robin, me matriculo na faculdade, começo a estudar violão clássico, absorvo toda a música que posso e ganho a vida com um pequeno salário ensinando a tocar. Estas condições não são suficientes para um casamento e dentro de dois anos Robin e eu nos separamos. Eu continuo na faculdade e curto isso por um tempo, mas questiono a academia.

Eu sobrevivo com cerca de sessenta a cem dólares por mês e não me importo muito quanto a isso, já que não tenho outras responsabilidades, senão praticar guitarra. Eu sobrevivo ensinando, quando posso, em uma pequena loja de guitarras no lado oeste do vale. Na maioria das vezes é insuportável, com apenas poucos alunos estimulando meus interesses. Alguns deles sabem que eu estive no The Animals, mas tento não tocar nesse assunto. Às quatro da tarde, com um pesado sentimento de ironia e longas sombras perseguindo meus passos, eu ando ao longo da rua até o Robin's Nest, onde tomo chá, leio um livro e tento lembrar quem sou.

Três anos se passam e eu começo a sentir como se estivesse vivendo com os dias contados. Minha vida está sem impulso, e o único momento em que sinto um arranque é quando estou praticando. Eu começo, internamente, a me sentir doente. Eu não pertenço a esse lugar, mas, motivado a acabar o que comecei, continuo dando duro. Eu dirijo um

Cadillac velho com pneus recauchutados e sem janelas, compro gasolina por vinte e dois centavos o galão, mudo para uma casa nova depois de alguns meses e uso nomes falsos para conseguir uma linha de telefone. Por um tempo, vivo em um pequeno prédio de apartamentos debaixo do letreiro de Hollywood. À noite, ele dispara a piscar através da janela como se estivesse me provocando enquanto pratico Bach. Este prédio está fervilhando com pés de maconha – todos os moradores plantam a erva em seus apartamentos. O proprietário é um velho mal-humorado de cerca de setenta anos que bate ferozmente à porta do seu apartamento e exige o pagamento mensal do aluguel logo ao cruzar a soleira. De alguma forma, ele sente falta das gigantes plantas verdes que, como "Audrey II" em *A Pequena Loja dos Horrores*, decora cada apartamento extravagante.

Meu interesse por budismo, particularmente em Zen, continua e eu começo a levantar às quatro e meia todas as manhãs, para ir a um centro de meditação, onde me sento em meditação por algumas horas e pelejo com um *koan*. Esse período da minha vida é semelhante à formação de um monge, resistindo à pobreza e sobrevivendo com quase nada, exceto arroz. Praticar é tudo, e eu o faço até dez horas por dia. Apesar dos rigores desta existência, mantenho um senso de mim mesmo; não o de uma confiança animada, mas a convicção interior severa de que o caminho está levando à direção certa, embora eu mal possa vê-la.

Embora Robin e eu tenhamos nos separado, eu continuo a interagir com o grupo de músicos que conheci através dela. Neste grupo, assim como na beira de um casamento fracassado, há uma garota impressionante chamada Kate, que voltou recentemente para Los Angeles. Eu a conheci antes e fiquei imediatamente atraído por ela, mas tanto ela como eu éramos casados. Mas agora dentro dos parâmetros do incestuoso cenário e de seu casamento desmoronando, nós ficamos juntos.

Por um tempo, temos uma relação empática e, pela primeira vez, experimento a sensação de estar com alguém com quem acredito poder passar o resto da minha vida. Ela é a tal. Deitamos na cama e conversamos a noite inteira sobre todos os assuntos possíveis, enquanto eu, secretamente, gravo tudo em um gravador de fita cassete e, então, a toco no dia seguinte no carro, para sua vergonha. De algum modo nós entramos em uma zona que parece sempre ter estado ali. Kate não se incomoda com minha pobreza material e, por um momento, eu também esqueço disso quando estamos juntos. Mas há uma sombra na forma de seu marido, que ainda está por perto e uma *pressão* cobra que seu casamento dê certo. Isso chega a um ponto em que ela sente a necessidade de dar-lhe mais uma chance.

Na véspera de Ano Novo, a noite do meu aniversário, sabendo que ela está voltando para seu marido, estamos na casa de um amigo como se fosse nossa última vez juntos. Bebemos champanhe e fazemos um brinde; ela se debruça sobre um balcão da cozinha para puxarmos juntos um *party cracker*[13]; nossos olhos se encontram e, sabendo que a estou perdendo, parece que uma faca está cortando meu intestino. Está acabado e parece o fim de tudo em Los Angeles para mim. A noite chega ao fim e, sentindo vontade de morrer e um pouco bêbado, retorno a Hancock Park, onde eu moro em um estábulo na parte de trás da antiga vila de Hollywood de Fatty Arbuckle. Quando o relógio marca meia-noite, eu fico olhando para uma cama vazia e, como um fantasma, abro uma carta de minha mãe.

De manhã me levanto e faço uma pequena xícara de chá verde no fogão de uma boca e olho pela janela toda a vasta extensão do gramado para a vila branca de estilo mediterrâneo. Do outro lado do gramado, os proprietários recostam em suas cadeiras, riem e brindam ao Ano Novo. Uma estudante bate à porta. Ela está aqui para uma aula. Sentamos e, de alguma forma uma tentativa desafiante e desesperada de estar vivo, eu dou a ela a melhor aula de violão que posso. Ela é uma garota doce e levanta a cabeça da guitarra no final da nossa sessão e diz: "Você é ótimo". Naquele momento eu acho difícil me conter – sua observação, como uma chama de vela em uma caverna, espelha minha fragilidade e eu me sinto como um bebê chorão que perdeu sua mãe. Ela sai – eu pego minha guitarra, toco um acorde e largo-a novamente. Kate foi embora, quatro anos se passaram desde que cheguei aqui e agora, como uma página de um livro sobre Zen, sou um círculo desenhado com pincel, um zero.

Eu começo a experimentar uma depressão inabalável, uma paisagem emocional que se torna tão escura que eu, literalmente, não consigo encontrar razão para sair da cama de manhã. A vontade de sobreviver – de ir adiante – se torna uma linha tênue, algumas rotinas restantes que eu atravesso como se estivesse com os olhos vendados.

Algumas semanas depois, um dos meus poucos alunos traz uma guitarra velha para uma aula e me faz uma proposta de venda. É uma Fender Telecaster '61. Na verdade, não quero comprar uma guitarra, mas quando começo a tocar, algo desperta dentro de mim, retorna como uma memória como se me lembrasse de um eu que havia esquecido. Aquilo me

---

[13]Nota do tradutor: *Party cracker* é um artigo de festa. Feito de papel e com forma cilíndrica dividida em três partes, quando suas extremidades são puxadas (geralmente por duas pessoas), o objeto se divide e libera uma surpresa. Os *crackers* decoram os pratos, e a brincadeira começa antes de servida a refeição.

balança e peço a ele que a deixe comigo. Naquela noite, eu a levo para casa para experimentá-la por algumas horas e percebo que eu não consigo parar de tocar; esta guitarra desperta uma faísca em mim e eu preciso ficar com ela. Eu ligo para o garoto na manhã seguinte e lhe digo para fecharmos negócio. Eu começo a praticar e algo retorna, começa outra vez, empurra para o mundo. Esta nova energia é sustentada algumas semanas mais tarde, quando tenho a oportunidade de entrar para uma banda local. Eu começo a tocar solos de guitarra novamente, fico ansioso esperando os próximos ensaios do grupo, começo a criar partes de guitarra. Esta atividade tem o efeito de renovação; a velha Telecaster tem um tom fantástico, e eu toco como um homem possuído.

Através de um amigo de Kate que ainda vejo de vez em quando, encontro Tim Rose, um cantor bem conhecido que alcançou o sucesso com uma música chamada *"Morning Dew"*. Tim também não está dando muita sorte, mas nos demos bem e ele usa a banda em que acabei de entrar como sua banda de apoio. Começamos a tocar em volta de Los Angeles e, dentro de pouco tempo, volto novamente ao mundo dos grupos musicais.

Uma noite nós vamos ao Troubadour para assistir a uma banda e, depois do show, eu vou embora sozinho. Quando atravesso a rua, vejo um VW laranja. Eu percebo que aquele é o carro de Kate. Surpreso, decido esperar por ela, encostando no carro e olhando para a placa de néon do Troubadour, do outro lado da rua. Ela sai do clube poucos minutos depois. Com um grande sorriso no rosto, eu a observo atravessar a rua até onde estou e espero que ela me abrace, mas, em vez disso, ela caminha passa direito por mim, abre a porta e pede, por favor, que me afaste do carro. Típico de seu sobrenatural senso da percepção espacial, como era de se esperar. "Kate, sou eu", suspiro e rio. Ela olha míope através da névoa de Los Angeles – a cena final de *Casablanca*. "Ai, meu Deus", ela murmura e se aproxima. Nós nos abraçamos e violinos começam a tocar em algum lugar.

A partir desse brevíssimo momento, tudo começa a se desdobrar como se fosse magia. A tentativa de consertar seu casamento fracassou, ela está livre e, desta vez, parece não haver qualquer dúvida de que vamos ficar juntos. Eu quero gritar: "Eu amo esta mulher!" Ela me faz forte e estou pronto para o que der e vier.

Eu vou morar com Kate, em sua pequena casa, em Echo Park. Com três quartos e um telhado como um templo japonês, é um ambiente romântico; todas as noites deitamos na cama e ouvimos o som arranhado dos guaxinins subindo no telhado. Eu consigo um show para fazer aos sábados à noite, na zona leste de Los Angeles, no bar El Dorado e junto a isso, com minha outra banda nova, mais shows e a faculdade. Tudo começa a dar certo novamente. A única pequena sombra irônica em tudo isso é que mais um admirador de Kate, agora, começa a me ameaçar. Começamos a receber telefonemas dele, nos quais descreve as armas que tem, e como ele está me esperando onde não posso vê-lo.

E, então, percebo que esta parte da minha vida está acabada e que é hora de voltar para o Reino Unido. Eu tenho a guitarra, a garota, uma arma apontada para a minha cabeça e um futuro novinho em folha. Resolvemos nossos próprios divórcios, Kate sentada nos degraus da prefeitura às oito da manhã, com uma máquina de escrever nos joelhos, minutos antes irmos à frente do juiz para nos divorciar de parceiros com nomes idênticos. Eu arrumo minhas coisas – o que leva cerca de três minutos – e com um empréstimo do meu pai, compro duas passagens na British Air. Eu tenho vinte e nove anos.

LIVRO DOIS

DEZ

Em um dia frio e chuvoso, em novembro de 1973, cambaleamos pela pista de pouso do aeroporto de Heathrow. Toda minha família, que não vejo há cinco anos, aparece para nos encontrar. É um momento amoroso, de abraços, embora perceba que no decorrer dos anos todos pareçam ter encolhido. De antemão, decidimos passar as duas primeiras semanas na Inglaterra, em Bournemouth, com eles, enquanto nos orientamos. Enquanto dirigimos para o sul de Heathrow, com o sol aguado suavemente iluminando os campos arados e ondulações verdejantes de Hampshire, estou animado por estar de volta, mesmo que a estrada à frente pareça uma tela sem nenhum filme. Fiquei fora de Londres por um vigésimo de século: sem cartas, sem mensagens em uma garrafa e nada de pássaros com palavras escondidas em tubos presos a suas patas. Olá, lembra de mim, o guitarrista? Estou entrando no desconhecido com uma guitarra de segunda mão e uma musa de cabelos louros ao meu lado; a arquitetura do futuro, como uma Polaroid dilacerada, terá que ser remontada com fragmentos de antigos relacionamentos e quaisquer habilidades de guitarra que tiver.

A realidade de entrar para o mundo adulto começa a permear minha mente de músico. Sinto o peso disso e meu entusiasmo se transforma em ansiedade, me afundando ainda mais no banco traseiro do carro. Então escuto minha mãe falando para Kate que a área arborizada pela qual estamos passando agora – tão familiar para mim – é New Forest, embora, na verdade, tenha sido plantada mil anos atrás, por Guilherme, o

Conquistador, e que ela e meu pai não viajam para o exterior desde a guerra porque têm estado muito ocupados, e fala de quais sanduíches gosta? Eu grito como um maníaco no banco de trás: Inglaterra – Inglaterra do caralho.

Ficamos com eles por uma semana, ou algo assim, nos acostumando à ideia de estar na Grã-Bretanha. Minha primeira impressão após a Califórnia é que a Inglaterra é sombria, sem sol e náufraga na realidade em preto-e-branco dos tabloides. Mas depois de algumas semanas por aqui, percebo que, de alguma forma, preciso seguir em frente, voltar para Londres e tentar refazer antigas conexões. Talvez haja um destino, talvez eu tenha uma intuição, talvez eu apenas tenha sentido falta do meu próprio país – mas o fato é que estou aqui e não há como voltar atrás.

Janeiro de 1974. Kate e eu chegamos a uma Londres escura e invernal, uma cidade que, por causa de uma greve de eletricistas, só tem energia três dias por semana. O país também está dividido com uma greve de mineiros e parece chover 25 horas por dia. Eu tenho uma prima distante que mora em Muswell Hill e que concorda em nos receber por algumas semanas, enquanto nos ajeitamos. Ela tem um grande apartamento vitoriano e um casal de filhos: uma má humorada garota de dezessete anos de idade e um menino engraçado, mas desagradável, de cerca de doze anos, com um desenvolvido senso de sarcasmo.

Eu recomeço o árduo processo de voltar à cena ligando para Zoot Money, meu antigo colega de banda, para ver se há alguma banda ou show em que possa entrar, ou mesmo como extra – qualquer coisa. Ele me dá alguns números de telefone e me deseja sorte. Eu começo a fazer ligações e a contar algumas lorotas sobre a gloriosa época de minha carreira nos Estados Unidos, mas aqui estamos, de volta a Londres, e deve ser legal para fazer alguma coisa. Mas é uma coisa delicada e difícil porque músicos tendem a ser paranoicos e protetores com seu território; eles, na verdade, não se interessam com os problemas alheios. É melhor exibir uma atitude positiva de confiança da minha parte, mas a verdade é que já vendi tudo para pagar o voo de volta para casa e nem mesmo tenho um amplificador de guitarra; minha Fender Twin agora está nas mãos de algum garoto no Vale de São Fernando, vendida a preço de banana.

Depois de algumas semanas no apartamento da minha prima, sentimos como se tivéssemos abusando da hospitalidade e, gratos, decidimos seguir em frente. Kate conseguiu um emprego na nova loja de jeans da Gap; entre isso e o bolso cheio de trocados que ainda me resta, temos apenas o suficiente para alugar um apartamento térreo no Shepherds Bush.

One Train Later

Woodstock Grove, n°18, é como um pesadelo saído de Macbeth ou uma piada infernal das Hébridas Exteriores: todo o lugar é decorado com o que parece ser um *kilt*. Um tapete xadrez berrante cobre os andares e os papéis de parede com inebriantes estampas escocesas tomam as paredes em todas as direções; mas, por quatro libras semanais, é a única coisa que podemos pagar, e ficamos com ele. No entanto, ele nos abastece com um bom acervo de piadas escocesas. Por um período, tudo ganha o popular prefixo escocês "Mc" – McCama, McPapel, McOvo, McFone, McVocê, McEu – e eu começo a atender o telefone com um leve sotaque escocês e mandando alguns "pois não" em minhas conversas cotidianas. Ao me reconectar com alguns amigos antigos, descrevemos nosso apartamento e os convidamos para ver nosso mundo xadrez. Eu penso em vestir um *kilt* enquanto passamos por este pesadelo das terras escocesas, mas temo que, se o fizer, posso desaparecer – sugado para dentro do turbilhão de papel de parede tartã.

No apartamento do subsolo, um andar abaixo de nós, vive um *skinhead* com cara de mau, coberto de tatuagens, correntes e um péssimo hábito de tocar música violenta em um nível de decibéis que é suficiente para reorganizar seus órgãos internos. Visto que sou alguém que prefere ter o espaço inviolável, este abuso repetitivo me conduz a paroxismos de fúria até que finalmente eu penso, bem – ou, mais provavelmente, ok – seu otário, é hora da vingança. Certa manhã, ele começa e eu entro em ação, colocando meus próprios alto falantes virados para o chão, aumentando o volume para onze e, engenhosamente, cobrindo-os com todas as almofadas e cobertores disponíveis na casa; isso projeta o som, como uma bomba, diretamente para baixo, através do teto e para dentro do seu crânio raspado. Coloco "*Whole Lotta Love*", do Led Zeppelin, e a deixo gritando por mais ou menos uma hora e volto para The Magus. Mais tarde percebo que provavelmente arrisquei uma morte prematura com este ato insano de retaliação, mas curiosamente nunca mais ouvimos um sussurro vindo dele. A única vez em que o vejo novamente é no mercado de Shepherds Bush, onde ele está agachado e acariciando um cachorrinho; ele me vê e sorri timidamente.

A poucas quadras da Oxford Circus, o Speakeasy ainda está pulsando e lotado de ponta a ponta toda noite com a comunidade *rocker* londrina. Zoot aconselha-me a frequentá-lo, porque é lá onde todo mundo se reúne. "Se jogue", diz ele. Eu começo deixando Kate por volta de 11h30 todas as noites e vou para o Speakeasy para a desagradável tarefa de fazer *networking*. Eu não curto muito este processo, porque neste momento eu estou por baixo e na posição de pedir um emprego, mas é o que tenho que fazer e então faço. Kate entende o que estou passando e me apoia. No entanto, enquanto perambulo pela zona de penumbra deste inferno, tentando parecer bacana e desencanado, fico surpreso como tantas pessoas ainda se lembram de mim.

Afinal de contas, cinco anos não foi tanto tempo assim, mas ainda assim isso não ajuda com a situação de emprego. Por trás dos "E aí cara" e "por onde andou, bom te ver", você percebe quase visivelmente que eles se afastam se acharem que você pode estar prestes a roubar seus shows. É deprimente. A cena no Speakeasy é uma hierarquia mesquinha: músicos de diferentes grupos agem como se fossem superiores uns aos outros, dependendo de quem tem um *hit*, quem não tem, quem tocou nos EUA, ou quem está fervilhando, ou apareceu no New Musical Express essa semana – e é de acordo com isso que você parece conseguir uma mesa boa, ou uma que é uma merda.

Eu não tenho mesa; mal posso pagar o preço de uma cerveja e vagueio por esta multidão de esnobes do rock com um sorriso falso, esperando um encontro casual que resultará em trabalho. Estou dolorosamente a par das atuais estrelas pop de sucesso que se debruçam sobre as mesas que somente eles podem conseguir enquanto perambulo pelo clube, o mantra "apenas faça contatos" ecoando na minha cabeça no tempo do bate-estaca do sistema PA. Eu volto para casa, noite após noite, frustrado e de mãos vazias depois de perder tempo com conversas inúteis e de ficar enrolando, por 3 horas, com meia caneca de cerveja. Fedendo a cerveja e cigarro, já que sou fumante passivo, vou para cama por volta das três da manhã para dar um breve relato sussurrado do que aconteceu esta noite e contar se há algo promissor.

Minha sorte muda quando encontro Robert Fripp, um velho amigo que agora está bem-sucedido com sua banda, King Crimson. Um dia, ele está lá em uma mesa com alguns amigos, e alguém sugere que eu vá até lá para falar com ele. Eu me sento e converso com ele por algum tempo. Ele está diferente. Mais inteligente e mais consciente do que a média dos roqueiros, ou a maioria das pessoas, ele saca qual é a minha e sugere que fale com o baterista Mike Giles, que agora está em turnê com Neil Sedaka e envolvido com muitas coisas na cena musical de Londres. Mike e eu estivemos juntos na Boy Scouts. Robert me dá seu número e eu ando os seis quilômetros do Speakeasy até minha casa, com um tico de esperança iluminando a escuridão.

Eu ligo para Mike no dia seguinte e ele me diz que é improvável que consiga me botar no show da Sedaka, mas que vai me recomendar. Porém, milagrosamente, o telefone toca na noite seguinte e é a esposa de Neil, Lema, simplesmente dizendo que Mike me recomendou como guitarrista para a próxima turnê, mas que eles só podem me pagar 35 libras por noite. 35 libras por uma noite! Eu tento manter a calma e evito me asfixiar à medida que esta soma fabulosa reverbera em meu crânio, e respondo: "Bem, claroooo, provavelmente vou ter que cancelar alguns outros compromissos, mas seria divertido tocar com Neil por um tempo, e quando você estava pensando em começar?" Lema me pergunta se posso ir ao Inn on the Park para encontrar Neil, e eu tenho que me segurar para não gritar, "Eu vou agora mesmo!", então digo a ela que amanhã vou estar o dia todo no estúdio e se poderia aparecer lá pelo dia seguinte? Nós combinamos, desligamos o telefone, e eu desmorono no chão xadrez vermelho e roxo. Neil é uma grande estrela no Reino Unido; "*Laughter in the Rain*" é seu *hit* de sucesso, ele está sempre na TV e toca em lugares como o Royal Festival Hall. Eu deixo de lado minhas ambições estéticas elevadas e começo a fazer um *curry* corrosivo.

Dois dias depois eu pego um ônibus de Shepherds Bush para Hyde Park Corner e caminho até o Inn on the Park para encontrar Neil. Ele tem uma grande suíte em tom-pastel de frente para o parque, que combina com o seu status de estrela. Quando chego, ele está no quarto escrevendo alguma coisa; quando entro, ele abre um grande sorriso, me cumprimenta com um oi e diz para sentar-me na cama ao lado dele. "Mike me disse que você é um grande guitarrista". Ele sorri, e eu sorrio de volta com um "be-e-e-e-m" autodepreciativo, pensando, *Bom e velho Mike*, que não tem me ouvido tocar há anos. Conversamos um pouco e parece que consigo o trabalho sem sequer tocar uma única nota. Também tenho a impressão de que Neil meio que gosta de mim. Agora vem a parte delicada: tenho uma guitarra elétrica, mas não tenho amplificador e, sorrindo tão casualmente quanto possível, peço a Neil se ele pode me adiantar 300 libras para que possa sair e comprar um – meu equipamento ainda está vindo dos EUA e, infelizmente, ainda não chegou ao Reino Unido até agora. Sem problemas, e Neil – Deus o abençoe – dando-me o enorme benefício da dúvida, jogando-me uma tábua de salvação, dando-me um cigarro e um conhaque, enfia a mão no bolso e pesca as trezentas libras. Há um ligeiro brilho nos olhos enquanto faz isso, mas eu acho que o universo está a meu favor naquele dia, porque ele nunca mais me cobra essa grana, não pede provas de nada, apenas diz que tenho um cabelo legal e que ele espera me ver para o primeiro ensaio com a Royal Philharmonic Orchestra no Royal Festival Hall de Londres.

Deixo sua suíte atordoado e cheio das vibrações mais agradáveis possíveis; eu amo este cara. Saio do hotel, tentando parecer despreocupado, mas engolindo em seco e com mais um aceno e mais um sorriso lisonjeiro – para o hotel – caminho em direção ao metrô, sob uma chuva torrencial, rindo por todo o caminho, feliz por ser a personificação viva do hit de Sedaka *"Laughter in the Rain"*. Segurando na alça do metrô, mal posso esperar para irromper as torres axadrezadas para contar as novidades para Kate. Vamos comer, tenho o aluguel, podemos ir ao cinema – contanto que eu não estrague tudo no primeiro show. Nós celebramos indo ao Standard, um restaurante indiano em Bayswater, e dane-se a despesa. No dia seguinte, eu vou à loja de música mais próxima e compro um Fender Twin, levo-o para casa e plugo a velha Telecaster que consegui trazer de volta comigo de Los Angeles.

O Royal Festival Hall, a Orquestra Filarmônica Real. Isto é forte para uma tentativa de retorno, meu primeiro show de volta ao Reino Unido. Espero que a minha leitura à primeira vista esteja à altura e que eu possa manter o nível dos profissionais *hard-core* de Londres. É um começo, mas enquanto eu luto com a calçada molhada, piso em bosta de cachorro e faço careta ao ouvir as vozes de taxistas putos da vida, a realidade luminosa das montanhas de Santa Monica, os beija-flores, o doce murmúrio espanhol e o perfume de magnólia desaparecem como um sonho. Eu olho para um pequeno coreto cor de creme e uma pilha de arranjos orquestrais complicados com uma onda de remorso.

Nós ensaiamos e eu estou tomado pela tensão de fingir que isso é apenas algo sem muito valor para mim. Mas, com apenas uma pequena quantidade de fingimento, e retornando com um grande sorriso para os olhares em minha direção, supero isso. O show do Royal Festival Hall chega e, embora seja enervante tocar com a Filarmônica Real, eu não ferro a apresentação e ainda consigo fazer alguns solos atrevidos. Eu conheço o resto da banda. O baixista, Dave Winters, e eu nos tornamos bons amigos e há um apelo geral de todos para ter um Summers e um Winters no conjunto – de qualquer sorte, isso não faz mal.

Começamos a turnê e sinto alívio por ter chegado, pelo menos, a um começo de volta ao Reino Unido. Tocar com Neil acaba sendo muito divertido. Ele prova ser não só mais popular do que a rainha da Inglaterra, mas um cara muito animado que gosta de se divertir. Ele já teve vários sucessos em sua carreira, incluindo o clássico *"Oh Carol"*, e nós tocamos ao redor do país em shows lotados. Na maioria das noites, temos um banquete gigantesco antes do show, no qual todos comemos e bebemos até ficarmos estufados – Sedaka, muitas vezes torna-se o mais embriagado – e, na hora que conseguimos encontrar o palco, estamos em um estado muito relaxado. Nos bastidores antes dos shows, Neil despenca sobre o piano, manda um Chopin e nos brinda com histórias irreverentes sobre ele e Carole King quando adolescentes; em seguida, caindo uns por cima dos outros, nós o levamos para o palco. Mas a verdade é que por trás de toda a alegria, Neil é um grande compositor de música pop e um músico de muito talento.

Ele cria uma grande afeição por Kate, e nós três vamos juntos ao cinema. Uma noite, depois de jantarmos em Notting Hill, alegremente se despedindo de nós, ele caminha para o meio da rua e teria sido atingido por um carro que se aproximava se não fosse por Kate, que tendo avistado o carro, voou, quase que milagrosamente, em sua direção e o arrancou de seu destino. Fazemos duas turnês desenfreadas e, então, terminamos quando ele decide descansar um pouco.

De volta a Shepherds Bush, Kate e eu estamos mais bem estruturados. Eu agora tenho uma conta bancária de verdade e somos capazes de comprar um carro – um Dyane 6 – e nos mudamos do apartamento enxadrezado para um maior, de subsolo, um pouco mais adiante na mesma rua. O novo local é mais agradável pelo fato de ser um pouco menos deprimente, o único inconveniente é ter a linha de nos fundos do jardim. Toda vez que um trem passa, o apartamento chacoalha como se estivéssemos em um leve terremoto – exatamente como LA, afinal de contas...

Uma tarde no verão de 1974, eu vou a um concerto no Hyde Park. Há uma série de artistas em cartaz, incluindo um cara parecido com um urso de pelúcia rechonchudo chamado Kevin Coyne. Estou me divertindo com sua ácida sagacidade, apresentação autodepreciativa e letras provocativas; ele não se parece com mais ninguém. Algumas semanas depois fico sabendo que ele está procurando um novo guitarrista. Eu descubro onde é a audição e vou com a Telecaster e o Fender Twin. Tocamos algumas das músicas de Kevin – *"Marjory Razorblade"*, *"Eastbourne Ladies"*, *"Mona, Where's my trousers?"* Nós nos demos bem e eu entro no reino de Coyne.

Kevin tem uma brilhante capacidade de improvisar livremente letras incríveis com visões sobre pessoas e a vida que são comoventes, engraçadas e dolorosas. Um artista talentoso e original, ele é o Brendan Behan do mundo do rock, e eu estou feliz em dividir o palco com ele. Uma vez que começamos a ensaiar, uma das primeiras coisas que aprendo é que nesta banda eu vou ser requisitado a beber grandes quantidades de álcool, por conta da forte dependência de bebida de Kev, para deixá-lo no estado de espírito correto. A habilidade de tomar cerveja parece tão importante quanto a de tocar. Enquanto o *pub* estiver aberto, é lá onde estaremos – o termo *pub rock* assume um significado muito real.

Originário de Derbyshire, Kevin é intenso e apaixonado e tem um ligeiro ar de psicose, mas também é muito engraçado e, através de uma névoa de cerveja e fumaça de cigarro, ele nos entretém com infinitas histórias de presidiários e da loucura nos hospícios nos quais costumava trabalhar. Através dessa confusão, vejo uma fusão entre Coyne e seu passado, e é difícil dizer onde um termina e o outro começa. Mas, no Rose and Crown, enquanto nos engajamos nessa coisa marrom, a atmosfera de perturbação cresce e se expande até que estas sessões no *pub* muitas vezes se transformam em debates amargos e rancorosos, com Kevin absolutamente bêbado e psicanalisando cada um de nós por vez. Quaisquer noções de estima que possamos ter sobre nós mesmos são trituradas, lixadas e espezinhadas; geralmente se resume a um arrastado "você não é porra nenhuma – você não sabe tocar, você é inútil do caralho". Depois do primeiro show que faço com ele – em Oxford – ele me abusa tanto no caminho de volta que, ainda não percebendo que isso é um ritual de Kevin, eu finalmente mando ele se foder e encontrar outro guitarrista. Batendo a porta da van, desço com raiva os degraus escuros do meu porão, e o *case* da guitarra batendo contra a parede musguenta, o cérebro cheio de fúria e insultos, e entro para ter alguma paz e futuro desemprego.

Mas ele me liga no dia seguinte cheio de desculpas e, com um dar de ombros, recomeçamos. Quando passo a conhecê-lo, percebo que amo este cara e tenho grande respeito por ele, porque sob sua personalidade bruta e nervosa, ele é cheio de humanidade, compaixão e música. Mas, muitas vezes, depois de horas de Carlsberg, abuso e exaustivas tiradas verbais, a perspectiva pessoal se vai e eu volto para casa pronto para desistir. Não saio, porque a banda – com Kevin batendo com uma cadeira de madeira para cima e para baixo no palco e fazendo fantásticas performances maníacas – é ótima. A banda é forte e bluesística (parecida com o estilo atual do *pub rock*), e nós nos tornamos mais e mais populares, com Kevin sendo reconhecido como um britânico original.

Esta é a Londres de 1975, uma cena musical cheia de bandas hippie antigas, discos de vinil, capas de disco dobráveis, colecionadores, lojas de discos, *glam rock*, rock progressivo, *art rock*, *ambiente music*, *The Old Gray Whistle Test*[14] e os resíduos dos anos sessenta. Neste contexto, sinto como se tivesse retornado para quase exatamente o mesmo lugar que deixei alguns

One Train Later

anos atrás. Invisto tudo na música, mas me pergunto aonde isso está me levando. Esta é a vida do músico de shows, o assalariado. De certo modo é divertido estar de volta em uma banda, com suas brincadeiras e besteiras; mas como um eco da minha primeira encarnação com bandas em Londres, isso não é o bastante. Em particular, eu escrevo músicas, gravo fitas demo intermináveis de músicas para meus próprios álbuns imaginários, escrevo diários e agarro as barras da jaula que nos ajuda a sobreviver, mas me impede de conquistar um espaço maior.

No meio das minhas distrações particulares, minha estrela, de qualquer modo, parece estar crescendo na cena de Londres. Até agora já tive vários comentários favoráveis sobre minha performance e fui apontado como uma possibilidade de junção aos Rolling Stones e fiz um grande ensaio fotográfico para a Melody Maker. Mas, apesar de tudo isso, nada mudou muito. Será que eu cometi o erro de ter partido por cinco anos; é tarde demais? Por quanto tempo posso fazer isso? Kate e eu nos casamos e, embora eu não esteja procurando uma vida burguesa, a ideia de termos um filho é atraente – mas não nesta ninharia.

Kevin começa a chamar bastante atenção na cena londrina, e não demora muito até que a Virgin Records decida contratá-lo. Como Kevin gosta dos companheiros ao seu redor, todos nós vamos junto com ele para testemunhar a assinatura. Depois de tudo, cruzamos a rua rumo ao *pub* para celebrar essa boa sorte e, como é de costume com Kevin, começamos a beber – e beber e beber. Em um clima excessivamente alegre, mando ver quatro vodcas e duas cervejas que me transformam em uma marionete abobalhada e babona. Eu não consigo mais andar ou falar, exceto em um idioma inteligível, algo entre checheno e urdu, por isso acham melhor me arrastar pela rua até a casa de Richard Branson. Chegamos à sua porta da frente e tocamos a campainha. Richard abre a porta com um sorriso questionador, enquanto eu me inclino e vomito com grande violência cerca de 5 metros em seu fino tapete persa, para um grande coro de oohs e aahs, com o pobre Branson chocando-se rapidamente contra a parede atrás de si para evitar uma morte por vômito. Então, gentilmente, sou deitado no sofá, onde me deixam dormindo. Acordo por volta das duas da manhã, me sentindo como um pedaço de bosta de cachorro e vergonhosamente rastejo para fora da casa, encontro o Dyane 6 e volto para Shepherds Bush.

---

[14]Nota do tradutor: programa de TV britânico.

Apesar deste desprezível início rock-and-roll, eu começo a passar um tempo nos escritórios da Virgin na Portobello Road. Estes ainda são os primeiros dias da Virgin e, pelo menos, na superfície há um *feeling* hippie para tudo. Tenho a possibilidade de passear nos prédios, conhecer algumas pessoas nos escritórios: Jumbo, Simon e Al Clark, um ex-jornalista e agora o chefe de publicidade. As portas estão literalmente abertas nessa empresa, uma marca de comunhão e transparência. Poucos anos antes da era corporativa e do domínio da MTV começar, a Virgin parece ser o último bastião dos anos sessenta. A imensamente popular *"Tubular Bells"*, de Mike Oldfield – uma composição genial de *jig* escocês, elfos dançantes, música de duendes e todos os instrumentos tocados por Mike – é um fenômeno. Essa música permanece na intocável posição número um por dois anos e, basicamente, financia o incipiente império da Virgin. Existem bandas como Hatfield and the North, Mole, Caravan e Gong, as quais possuem uma maravilhosa peculiaridade inglesa e ocupam um resquício do mundo hippie. Por um momento, há uma suavidade em tudo, uma superfície plácida, um período de calmaria enquanto algo novo e agressivo agita no substrato.

Na maioria das tardes, subo a escada do porão com uma sensação de *déjà vu* e me jogo na parte de trás da van com o resto da banda de Coyne. Saudamos uns aos outros com comentários sarcásticos, para todos os efeitos e de qualquer maneira, todos morreremos em breve e então vamos pegar o ferry para a Holanda, Alemanha ou Bélgica ou para a estrada até to Birmingham. Tocamos no Paradiso ou no Melkweg, em Amsterdã. Dormimos na parte de cima de pequenas e angulosas hospedarias, comemos ovos cozidos e queijo curado, bebemos cerveja e observamos os vendedores de haxixe, que se sentam em uma pequena sala com pacotes plásticos de erva vermelha e marrom, como se fossem montes de bosta alinhados sobre um balcão. Kevin grita, bate a cadeira de madeira e manda ver na sua afinação aberta, e eu também, com o meu *slide* de latão no braço da minha Tele. Adotamos tiques faciais, maneirismos estranhos e sotaques; zombamos a proprietária da pensão onde estamos hospedados, que reclama que as ruas de Amsterdã são muito irregulares; e nos recolhemos em vários livros de bolso: nós somos uma banda. Temos um grande baterista, um pequeno rapaz chamado Peter Wolf, e eu adoro tocar com ele. Zoot até se junta à banda, e parece que tudo volta ao mesmo lugar.

Confinados na van, Kevin continua, por horas, a nos deliciar com mais histórias sobre lunáticos, maníaco-depressivos, piromaníacos, dipsomaníacos e esquizofrênicos. A cada dez minutos ele vai cantar o nome Doreen, referência a uma piada que parece resumir tudo com a frase

One Train Later

"Doreen, Doreen, curve suas costas – as bolas dos cavalheiros estão no chão frio". Estas histórias sobre loucura permeiam tudo até parecer que não passamos de uma mera enfermaria psiquiátrica sobre rodas. Eu agravo isso lendo *"A Náusea"*, de Jean-Paul Sartre, ficando enjoado e sentindo um forte desejo de me atirar no canal holandês mais próximo. À noite, através das finas paredes de qualquer acomodação barata onde estejamos, nosso líder pode ser ouvido de seu quarto, uivando para as paredes e gemendo para si mesmo – muito disso, sem dúvida, devido ao efeito da enorme quantidade de álcool ingerido antes de dormir. Mas, surpreendentemente, como uma boneca de corda, ele sempre consegue descer para tomar café da manhã. Senta-se lá como uma criatura que foi inventada na noite anterior no laboratório de um cientista louco e sempre pede a mesma coisa: um ovo cozido e torradas cortadas em tiras. Como um homem de cem anos de idade, ele debilmente usa sua colher para tentar quebrar a parte de cima do ovo, mas erra a mira por alguns centímetros. Ele suspira profundamente e enterra a cabeça entre as mãos. Talvez ele esteja agindo com brilhantismo, mas é divertido, e nós temos que abafar nossas risadas para não o perturbar. Mas talvez seja isso o que ele queira, afinal.

Infelizmente, a banda chega ao fim depois de uma cansativa turnê de oito semanas na Europa continental. Esta foi simplesmente demais e, quando voltamos à Inglaterra, estamos desgastados e sofrendo de dano cerebral temporário. A notícia de que Kevin está acabando com a banda chega alguns dias depois, pelo intermédio do empresário de Kevin, Steve Lewis. Ele já teve o bastante – nunca mais quer fazer uma turnê de novo. Eu acho que essa é uma péssima decisão da sua parte. A banda é ótima – uma das melhores do Reino Unido por agora – e eu sei que ele vai relaxar por algumas semanas e depois vai se arrepender, e é o que acontece.

Mais tarde, penso que deveria ter ligado para ele e tentado convencê-lo do contrário. Não ligo, porque outra oportunidade surge quase exatamente ao mesmo tempo. Meu velho oponente, Kevin Ayers, baixista da Soft Machine, está formando uma nova banda. Informam-me seu número de telefone, e Al Clark me diz para ligar para ele. Acontece que ele está vivendo em uma casa flutuante, em Little Venice, com sua namorada americana, que roubou de Richard Branson. Kevin é amigável e sugere em um tom macio a la Noel Coward que eu apareça para vê-lo na hora do coquetel. Eu tenho um misto de sentimentos, mas não estou muito na condição de ser exigente, então concordo em ir. Chega a hora marcada, e mandamos ver alguns vodca martinis e cordialmente deixamos nossa história mal resolvida para trás. Na tarde seguinte, estou em um ensaio com o resto da banda. Nesse meio tempo, Kevin, com seus próprios méritos, tornou-se uma espécie de estrela pop indolente, tendo algum sucesso na Europa com os álbuns *The Confessions of Dr. Dream and Other Stories* e *Yes, We Have No Mananas*. A banda de Ayers tem Charlie e Rob, o baixista e o baterista da banda original de Kevin Coyne, além de Zoot novamente. Não tenho nenhuma dificuldade em me encaixar, mas agora está começando a parecer uma piada repetida, já que os líderes das bandas têm o mesmo nome. Eu passo mais um ano na estrada com a banda de Kevin Ayers, e embora falte o gênio mordaz de Kevin Coyne, o ano está cheio de casualidades idiotas.

Estamos retornando de *ferry-boat* de Bremerhaven, na Alemanha, para a Inglaterra, e enquanto dirigimos, notamos alguns tipos equestres embarcando com um reboque de cavalo, e com eles... a personagem real, a princesa Ana. Depois de vários *ooohs* e *aaahs* e alguns comentários típicos de músicos, estacionamos nossa van mixuruca na sala de máquinas do navio e vamos em busca do bar. Mais tarde, naquela noite, enquanto fazemos a travessia, acontecerá de todos os passageiros jantarem juntos. A ceia é um *buffet* de aparência generosa, servido em uma pequena sala de jantar no deque superior, e todos os passageiros – se quiserem uma refeição noturna – irão, por fim, chegar aqui. Nós nos amontoamos no pequeno salão, assim que a comitiva da princesa Ana chega e, delicadamente, nos espremmos contra a parede para deixá-la passar. Espremido em nosso grupinho desgrenhado está um roadie escocês, chamado Soapy, um homem profundamente apreciado por seu senso de humor perverso e inoportuno. A princesa começa a caminhar em torno da mesa do *buffet* com sua dama de companhia. Enquanto elas, delicadamente, escolhem a comida, são seguidas de perto por Soapy em sua camiseta imunda, fazendo-lhes perguntas sobre os itens em exposição, com um olhar de pura inocência em seu rosto. Enquanto as respostas de Sua Alteza Real e sua dama de companhia tornam-se mais e mais taciturnas, o restante de nós senta no canto do salão em silêncio, rindo entre si. Pouco depois do *buffet* é a hora do baile do navio. Como um estranho retrocesso à Inglaterra colonial, ele acontece em uma pista do tamanho de um selo postal, e todos podem participar. Naturalmente, como era de se esperar, no momento em que Sua Alteza Real vai para a pista para fazer a dança, Soapy e eu vamos atrás e começamos a fazer uns movimentos bêbados de boogaloo bem ao lado dela. Depois de alguns minutos de sérios agachamentos, um grandão, tipo militar, de olhar amedrontador, aparece ao nosso lado sugerindo que saiamos imediatamente da pista de dança,

One Train Later

caso saibamos o que é melhor para nós. Ele parece grosseirão, e com Zoot logo atrás de nós, pulamos para a beira da pista, miramos a porta de saída e cambaleamos até as escadas. Quando chegamos ao convés superior, o balanço do navio e o vento gelado rajando dos fiordes da Noruega parecem piorar a nossa condição bêbada, nosso gancho de realidade tornando-se um borrão gorduroso. Zoot e Soapy, ambos rindo como monges Zen, acham que vão ajudar a me recuperar se me segurarem de cabeça para baixo sobre a lateral do navio. Commpletamente embriagados, eles, de alguma forma, conseguem me tirar de trás dos coletes salva-vidas e me balançar pelos tornozelos sobre o parapeito, onde permaneço vitrificado e rindo para as águas negras e geladas 15 metros abaixo, onde ondas gigantes batem no casco; um pequeno deslize embriagado significaria morte na certa. Finalmente, eles me puxam de volta para o convés escorregadio e nos dividimos em três direções diferentes. Eu tento voltar para a minha cabine, mas fico irremediavelmente perdido no labirinto de balançantes corredores de metal e dou de cara com a cabine de Kevin, onde ele está aos amassos com sua namorada. Imediatamente vomito, de forma espetacular, no beliche mais próximo, botando Kevin e a sua belezura para fora, em busca de outra cabine e me deixa gemendo incompreensivelmente para os rebites na parede da cabine pelo resto da noite.

Quando atracamos às sete da manhã seguinte para começar a longa viagem de volta para Londres, eu me sinto cheio de remorso, terrivelmente fodido e mais indisposto do que em qualquer outro momento da minha vida. Eu finalmente desabo no sofá, por volta do meio-dia, sentindo-me como uma vítima da doença de Crohn e desmaio assistindo à novela *Emmerdale Farm*.

Num sábado à tarde, Kate e eu voltamos para casa e descobrimos que fomos roubados. As coisas estão jogadas próximo aos degraus que dão para o nosso apartamento, como se o ladrão tivesse saído com pressa. Em estado de choque, andamos pelo apartamento e notamos que tudo foi levado, incluindo joias valiosas da herança de Kate. Estranha e simbolicamente, minha Telecaster não foi levada, mas foi de fato tocada. Está apoiada ao lado do pequeno amplificador Fender Princeton, que zumbe baixinho, sua luz vermelha acesa, brilhando como um olhar atento. Eu a pego e toco alguns acordes; parece estar tudo bem, mas a palavra *boceta* toma minha cabeça, de qualquer maneira.

Logo após este evento, tendo finalmente juntado dinheiro, Kate e eu nos mudamos para um apartamento mais espaçoso, em Putney. Kate agora trabalha na Young & Rubicam como redatora e criou um anúncio premiado para a vodca Smirnoff, algo tipo "Smirnoff não vai me tornar uma sensação da noite para o dia – tudo bem, estou ocupado amanhã".

Todas as manhãs, eu durmo até às onze horas, momento em que Kate me liga e trocamos algumas palavras doces. Através da Virgin, que parece ser o nosso epicentro para tudo, fazemos muitos amigos e nos inserimos em uma multidão de pessoas de pensamento similar, em particular Martine e Anthony Moore, da banda Slapp Happy. Nos tornamos fanáticos por Tai Chi e vamos à casa de Mestre Chu três vezes por semana, praticando "mover as mãos como nuvens, chicotear à esquerda, colher agulha no fundo do mar". Kate inicia sessões com um analista junguiano e, alguns meses depois eu a acompanho; nossas conversas tornam-se ligadas a referências sobre sombras, arquétipos, *anima, animus.*

Nós mergulhamos na vida de Londres e, como a maioria dos casais jovens, contemplamos o futuro esperando pelo melhor. Embora, em alguns meses, seja uma batalha desesperada conseguir fazer o pagamento da hipoteca, aturar a chuva constante e lutar com o tráfego denso, está tudo bem, porque estamos no núcleo da cena, sobrevivendo e cercados por amigos. Nós vamos para a Tunísia em um pacote turístico de feriado e andamos para cima e para baixo pela praia perto de Hammamet, falando sobre o futuro que queremos compartilhar. Mas primeiro eu tenho que conseguir ir além de um músico assalariado tocando em bandas. Mas isso parece impossível. Nós caminhamos de volta para o hotel, chutando as ondas e expandindo nossos sonhos.

Um pequeno homem coberto com um manto e de turbante se aproxima de nós, insistindo para que compremos seu tapete, e entramos em uma disputa com muitas piadas que nenhum dos lados entende. "Você é 'costureiro de ovelha'", ele continua me dizendo. Finalmente, compramos seu tapete e ele vai embora, sorrindo e acenando, e nós voltamos para o baile de turistas do hotel. Todo o lugar é tão estranho; ficamos bêbados e perversamente dançamos com o maior número de turistas "pacoteiros" bobos que podemos, ao invés de um com o outro e então, passamos o resto da noite no nosso quarto, uivando com risos e em alvoroço gritamos; "Costureiro de ovelha", até desmaiarmos.

De volta a Londres, eu importuno as pessoas da Virgin para fazer álbuns solo, continuar, eu mesmo, a editar faixas e a escrever músicas. Mas chegar até lá é bastante difícil, e eu sinto uma enorme vontade de gritar – eu odeio a indústria da música.

Em meados dos anos setenta, a Inglaterra está em plena recessão, com o desemprego atingindo o seu patamar mais elevado desde os anos 1940 e o padrão de vida desmoronando. O "jeito inglês de viver" está sob ataque; há assaltos, cartas-bomba e greves do setor público; e o país como um todo se torna masoquista e pronto para o caos. Abaixo da superfície hippie da Virgin e de como os anos sessenta estão chegando ao fim, alguma coisa está mudando. O subúrbio de Londres é um lugar de cinismo e tédio, e com ele vem o estado que dá origem à expressão de violência atual e a tendência de cair para a direita política. Uma nova geração surgiu, e alguns deles – já em bandas de *pub rock* – são contra a cena musical do início dos anos setenta com seus produtores caros, estúdios de East Lake e discos de ego inflado e *overdubs*. Os *pub rockers* são uma nova raça que retornou a um som baseado no *rhythm-and-blues* mais de raiz. Tocada para audiências turbulentas em torno de Londres, esta música está ganhando terreno com bandas como Bees Make Honey, Kilburn and the High-Roads, Dr. Feelgood e Joe Strummer's 101'ers. Eles são os precursores, o pré-eco de um grito que irá viajar ao redor do mundo.

Nessa época, uma antiga palavra com uma nova conotação está começando a ser ouvida em Londres. A palavra é *punk*, e a gênese de seu novo significado é uma loja na Kings Road, chamada Sex – um lugar por onde eu andei muitas vezes, sem jamais suspeitar que ele é o ponto de fusão de um novo movimento e de algo que vai mudar o mundo, pelo menos por um tempo. Ocasionalmente, encontro o guitarrista Chris Spedding, e ele me diz que está envolvido com um grupo chamado Sex Pistols e que eles são ótimos e que realmente vão agitar as coisas – o guitarrista realmente tem "algo".

Pelos fins de 1975, depois de os Sex Pistols terem aparecido no show de televisão nacional de Bill Grundy e de tê-lo chamado de canalha de merda, o punk explodiu na consciência nacional e está emergindo rapidamente para abalar a indústria da música. A Union Jack ascende para o topo do mastro, e a moçada da Inglaterra se torna corrompida. Mas este ano, em que o Norte e o sul do Vietnã se reúnem, Mao Tsé-Tung morre, Jimmy Carter torna-se presidente e na televisão nós assistimos a *Rising Damp, Porridge* e *Rise and Fall of Reginald Perrin*, bandas punk proliferam-se como um enxame de gafanhotos. Ouvimos os nomes; Clash, The Damned, Siouxsie and the Banshees, Generation X, The Slits e X-Ray Spex. Perto do final do ano, um clube chamado Roxy abre e se torna o lugar para ver e ouvir punk, mas só dura cerca de três meses e, em seguida, é substituído pelo Vortex. Tocando pela Europa com Kevin Ayers e fora do país a metade do tempo, o punk parece apenas uma ligeira ameaça, um rugido distante...

Neste breve momento, em meados dos anos setenta, *punk*, rock progressivo, *pub rock*, *glam rock* e disco coexistem. Em Nova York, os Ramones, Television, Blondie, Talking Heads e Patti Smith estão tocando no CBGB. Em Londres, no verão sufocante de 1976, a moda punk está em toda parte, e invade a cidade com cabelos espetados, camisetas rasgadas, couro preto, bate-cabeças e sulfato de anfetaminas. O Sex Pistols e seu empresário, Malcom McClaren, estão à frente dos novos despojados ao passo que tomam de assalto os portões e tentam o acesso cultural. McClaren, com sua bagagem anterior da escola de arte, design de roupas e parceria com Vivian Westwood, construiu este novo cenário em parte como uma maneira de vender o seu (ou melhor, de Vivian Westwood) design de roupas, em parte por seu "interesse político" na Internacional Situacionista, e em parte porque ele é um empresário charlatão. Inspirado pelos New York Dolls – assim como foi o pré-glam, David Bowie – McClaren os tinha visto em uma viagem para Nova York e tentou agenciá-los, mas, depois de uma série de contratempos, eles se desintegraram e ele voltou para a indústria da moda até a chegada ao Sex de Steve Jones, que o recebe interessado em tentar novamente. Eu já tinha visto os Dolls no Whiskey, em Los Angeles, pouco antes de retornar ao Reino Unido, e achei que eles eram fantásticos e, definitivamente, os progenitores de um novo cenário – ou pelo menos, a versão mais recente do punk, que tem os seus próprios precedentes nos Estados Unidos com os Stooges e a MC5, o Velvet Underground e Devo, e escritores como William S. Burroughs e Jack Kerouac.

No início, a coisa toda, com seus cuspes, violência e niilismo, parece ligeiramente repulsiva, para mim. Vindo de uma outra era e ainda tolamente abraçando valores burgueses como querer ser capaz de tocar a porra do seu instrumento, eu acho que isso é apenas o mais recente modelo de raiva e fúria que nada significa, perdição confundida com conceito político. Mas esse novo movimento não saiu de um vácuo. A paz e o amor da geração anterior não promoveram qualquer mudança real: a corrupção e a propaganda capitalista continuam, e muitos garotos sentem isso. O que há para fazer, senão ficar insensível e permanecer insensível, ou enfurecer-se e cuspir contra o sistema? Há uma parte de mim que se identifica com eles, porque eu também tenho uma tendência a soltar um "Foda-se", quando confrontado com qualquer tipo de autoridade. Nós todos queremos o poder de transformar o mundo e, apesar de ser de uma geração anterior, eu acho que eles estão fazendo o que a juventude sempre faz – desta vez, está apenas vestindo roupas de *bondage*. Mas, então, eu tenho um outro problema, porque eu tenho um outro conjunto de valores musicais que são estranhos ao credo punk e ingressar na categoria não é uma opção. Como eu sempre tive a convicção fundamental de que a música é uma força espiritual, um agente de mudança, não importa quão irritado ou agressivo esteja, cuspir nela é contra-intuitivo. Mas raiva e agressão podem ser elementos de tensão produtiva. Tão legal quanto a Virgin e os hipnóticos *"Tubular Bells"*, a música precisa de um belo pontapé na bunda – e essas bandas, traçando seu caminho na imaginação do público, estão fazendo isso. Isto é *rock and roll*.

Em outubro de 1976, no extremo oposto do espectro, a Virgin Records me pergunta se eu gostaria de tocar guitarra em uma performance de *"Tubular Bells"* com a Orquestra Sinfônica de Newcastle – Mike Oldfield não pode na noite marcada. Seu álbum ainda está dominando as paradas, por isso, apesar de ter receios com a *"Tubercular Balls"*, concordo. Parado no meio da orquestra e tocando todas as partes famosas de guitarra, sob a batuta de David Bedford, acaba sendo divertido e, por cerca de uma hora ou algo assim, tenho os holofotes sobre mim. Há um intervalo que será preenchido por uma banda local chamada Last Exit, um grupo de jazz fusion. Eles têm um baixista chamado Sting e parecem ser muito bons, então decido assistir-lhes. Fico na parte de trás do auditório e assisto por cerca de cinco minutos e, em seguida, saio para comer um pãozinho de queijo e tomar uma xícara de chá.

ONZE

Duas semanas depois, estou, novamente, de volta a Newcastle. Desta vez, com a Kevin Ayers Band. Após nosso show, voltamos para o Drogenheyer Hotel, onde, por acaso, o grupo Curved Air também está hospedado. Em pouco tempo, vamos parar no quarto de alguém e, como de costume, compartilhamos alguns drinks, cigarros e besteiras de músicos. Sento-me no chão e tenho uma intensa conversa com um jovem americano: seu nome é Stwart Copeland. Ele é simpático, amigável e intenso – um falastrão – e me dá uma longa palestra sobre como existe uma fábrica de guitarras não muito distante de Newcastle e como ele esteve lá e os convenceu de lhe dar uma guitarra grátis, apesar de ele ser o baterista do grupo, e recomenda que eu faça o mesmo – é fácil. *Fácil*, eu imagino, *com uma língua frouxa dessas: eles provavelmente lhe deram uma maldita guitarra apenas para fazê-lo calar a boca e ir embora!* Mas eu gosto muito dele e, ligeiramente, me vem a ideia se algum dia retornarei a vê-lo.

Nessa época, mantenho uma ligação frouxa com o público da Soft Machine/Gong/Virgin. A rainha regente deste cenário é uma mulher conhecida como Lady June. Ocasionalmente, acontecem festas em seu grande apartamento no Maida Vale e, em uma dessas, encontro Mike Howlett, o ex-baixista da Gong, que, como um grupo, agora anunciou seu fim. Começamos a conversar e ele diz que já me viu tocando por Londres e faz alguns elogios e pergunta se gostaria de me juntar ao grupo que está organizando, como um projeto especial de reunião da Gong em Paris. O evento será um concerto de oito horas, no qual cada ex-membro da Gong

One Train Later

vai trazer seu próprio novo grupo, e o ponto mais alto é a própria Gong tocando junto novamente. Expresso um leve interesse e Mike me diz que tem um baixista de Newcastle chamado Sting que ele gostaria que tocasse. Ele está em uma banda de punk chamada The Police, e talvez pudéssemos chamar seu baterista, e ele – Mike – também vai tocar baixo. Isto parece estranho – dois baixistas? – mas eu dou de ombros e concordo com um novo encontro.

Alguns dias depois, em Shepherds Bush, Mike toca o material para mim, algumas músicas suas e outras desse tal Sting. Eu digo a ele que não estou tão impressionado assim, mas acho que as músicas são ok; podemos fazê-las dar certo para este projeto.

Alguns dias depois, ele organiza uma sessão em um estúdio chamado Virtual Earth, em Swiss Cottage. Cruzo Londres, partindo de Putney, e chego lá por volta das onze da manhã. O baixista e o baterista já estão lá; eles me parecem apenas um par de músicos, e não me lembro de tê-los encontrado anteriormente. O que está com o baixo não diz nada, mas me viu alguns anos antes em Newcastle, tocando com Zoot, então, para ele, eu sou um músico londrino bem conhecido – alguém que, apesar de dar duro para sobreviver, já é um músico de sucesso. Começamos a ensaiar e, como o show é seu, Mike conduz. A atmosfera é agradável enquanto pegamos o jeito de cada um tocar e aprendemos um pouco do material de Mike. Mas, de repente, a coisa toda toma vida quando começamos a tocar uma música do baixista, chamada "*Visions of the Night*". Com uma levada atrevida e uma pegada punk, essa música me tira de um agradável estado de sonolência para uma consciência totalmente eletrizante, e eu começo a tocar com uma energia renovada.

Fazemos um intervalo e, entusiasmado, o baterista me conta sobre suas atividades com o The Police, como eles estão na estrada com uma cantora de Nova Iorque chamada Cherry Vanilla, tocando para ela por quinze paus por noite e, então, tocando seu próprio *set*. Ele fala eloquentemente sobre a cena punk, o quão é ótima, quão viva – que é isto o que está acontecendo – e percebo que é difícil não ser tomado por seu entusiasmo. Ele então me lembra de que seu nome é Stewart Copeland e que, de fato, nos encontramos três meses antes no Drogenheyer Hotel. Isso volta à minha memória, como uma velha fotografia preto e branco – deitado no velho carpete do quarto de hotel, em um porre de cerveja e cigarro, as palavras de Stewart passam pelos meus ouvidos como flechas. E então, o baixista, Sting menciona que nós dois já tínhamos nos batido, já que ele era baixista do Last Exit, o grupo de apoio do concerto "*Tubular*

Bells". "Agora me lembro de você", digo (ou, mais provavelmente, minto), mas nós três estamos juntos na mesma sala, e a roda da fortuna gira.

Volto dirigindo pelo denso tráfego de Londres, com um sentimento que é diferente. Tocar com a fúria cinética da bateria de Stewart e a voz comovente de Sting e seu baixo foi rudimentar, mas poderoso. Observando o trânsito parado e o barulho da Capitol Radio, intuo alguma coisa, mas tendo a deixar isso de lado: este é um projeto de apenas um dia, não um grupo de verdade; eles têm um guitarrista e estão fazendo shows afora com ele; eles são uma banda. Meu entusiasmo natural tende a me colocar em apuros, porque eu acho difícil tocar com a emoção necessária e permanecer desapegado ao mesmo tempo, mas algo está mexendo comigo.

Alguns dias depois, Mike me dá uma fita cassete das músicas que gravamos, o que me desanima. Atravessando e acelerando sem nenhuma elegância, é como o som de um trem desgovernado; talvez isso seja punk, mas não soa como uma banda, não é coesa o bastante para ser poderosa. Mas apesar da rudeza da fita, há uma provocação que sobressai e eu decido guardar meu julgamento e seguir adiante, por enquanto. Continuamos a ensaiar e gradualmente penetramos mais fundo na pele uns dos outros ao passo que trabalhamos nas músicas para o show de Paris. Este é um período potente, porque estou, por enquanto, substituindo Henri Padovani, o guitarrista deles, e um novo elo está sendo formado. Mas, por baixo da onda de ritmo, linhas de baixo e acordes e dos bate-papos aqui e acolá, uma outra agenda está se formando. Sting, que nem sempre verbaliza seus sentimentos, já está cismando com a falta de habilidade de Henri, está frustrado com isso; isso está limitando a ele e suas próprias consideráveis habilidades de composição. Eu, por acaso, entro nesse frágil cenário e tocamos; interagimos; e, sem me reprimir, exijo mais, pressiono por excelência musical, mesmo que seja para um show de uma noite apenas. Sting não diz nada, mas vê um novo conjunto de possibilidades, e as sementes são lançadas.

Nós nos separamos no dia seguinte, já que tenho que ir a Colmar para tocar com Kevin Ayers. Mas após a intensidade de estar com Sting e Stewart – nós três tocando juntos fica na minha cabeça – voltar à Kevin Ayers Band, de repente, parece confortável demais, muito manso, o velho mundo.

De volta a Londres, Mike marcou alguns shows para nós como os Elevators, o nome que ele escolhe para substituir Strontium 90. Fazemos dois shows, um no Nashville e o outro no Dingwalls, mas, partindo de uma perspectiva musical, ambos os shows parecem estranhos. Está tudo bem, mas não está rolando o suficiente, os dois baixos elétricos distorcendo o foco da banda. O outro problema é que todos nós gostamos de Mike, mas ele é o problema. Comparado a nós três, ele é sereno – relaxado – e todos nós somos intensos e agressivos, como se feitos no mesmo molde. Depois de algumas conversas telefônicas furtivas, decidimos continuar sem ele. Ele fica decepcionado, mas não arrasado. Mas há outro problema: eu não estou, de fato, na banda, mas, de alguma forma, estou metade no Elevators e metade na The Police, o que é frustrante. Mas este movimento confuso para continuar sem Mike parece implicar que, juntos, temos que tomar uma decisão, nos comprometer que, em algum momento no futuro, seremos um grupo.

A energia de Paris desaparece, e eu me sinto desiludido. Nada parece claro. Apesar de toda a conversa, Stewart quer continuar mantendo o Police com Henri tocando guitarra, já que ele se encaixa na imagem punk que Stewart tem em mente para a banda. Mas há um impedimento poderoso na forma do seu baixista/cantor, que está lutando com sua insatisfação. Eu começo a retomar o pensamento de que esta é uma causa perdida, mas, alguns dias depois, como se ainda não estivesse completamente disposto a nos separar, Sting e eu temos uma longa conversa ao telefone. Talvez estejamos nos aproximando um do outro, impulsionados por um vago vislumbre do futuro, mas na luz cinzenta de uma manhã de abril, isso se resume ao fato de que, sim, nós devemos tocar juntos – há uma afinidade musical nata. A conversa é sobre algo como a minha entrada na banda. Mas, e Henri? Como lidamos com isso?

Nenhum de nós sabe muito bem como contornar isso, mas neste momento da minha vida, eu não quero tocar em uma banda com outro guitarrista. Eu me sinto egoísta a respeito de minhas habilidades, não quero que sejam diluídas tocando com outro guitarrista ou tendo que rebaixar minha linguagem a um nível simplista. Infelizmente, Henri vem tocando por apenas alguns meses e não seria o guitarrista que escolheria se fôssemos por esse caminho. É um momento difícil, mas para mim é claro que estou dentro se formos um trio. Essa terá que ser a decisão deles. Nós dois sentimos a circunstância, sua dor, a falta de resolução, o potencial. Sting diz que vai ligar para Stewart depois, e talvez nós vamos nos falar de novo amanhã. Eu desligo o telefone, minha cabeça revirando. Eu estava prestes a deixar isso para lá, a ideia de estar nessa banda – e agora?

Um pouco mais tarde eu pego o metrô de Putney para o centro de Londres. Sentado no trem, eu olho para os cartazes que anunciam férias em Maiorca e promessas de um futuro dourado se você poupar com a

Halifax Building Society. Meu futuro, bem mais como latão esburacado, é incerto. Eu fico olhando para o chão imundo do vagão, as moléculas imundas da sujeira, partículas de poeira, canhotos de ingressos, a sujeira dos sapatos das pessoas e penso, *Foda-se, eu tenho que deixar isto para lá*. Os últimos três anos em Londres têm sido bons, mas eu estou ficando sem dinheiro. Eu preciso de uma definição concreta para seguir adiante. Eu já escrevi esse *script* na minha cabeça e já desempenhei todo o papel, embora ainda não saiba que ele não esteja aqui, olhando na minha cara. No fundo, estou animado com este grupo, mas racionalmente não há muito para seguir adiante. Como vou poder saber, chacoalhando na linha do trem, que esta banda será responsável por meu ponto mais alto e minha maior falha? Ninguém nunca ouviu falar da The Police; se me juntar a eles, posso estar me jogando em outro buraco negro.

O trem para e assim que desço na Oxford Circus, Stewart desce comigo, nos entreolhamos, rimos e comentamos como este mundo é pequeno. Mas este é um encontro brilhante: um trem depois e tudo seria diferente. Imagine: Sting finalmente acaba se desiludindo, volta para Newcastle, começa a dar aulas e só tocar música nos fins de semana, em um pub; Stewart se dá conta de sua verdadeira vocação e se junta ao corpo diplomático e, no momento, está demasiadamente ocupado com o Oriente Médio. Mas eu estava no trem, ruminando sobre meu próprio futuro, uma situação agora agravada pela conversa com Sting uma hora antes, então sugiro a Stewart que tomemos um café em algum lugar. Nos sentamos, tomando cappuccinos e começamos uma conversa divertida sobre nossos recentes lances em comum: Paris, Mike Howlett, os shows. Mas eu estou me remoendo; o diálogo com Sting ainda está fresco na minha cabeça, forçando-se como uma dor lancinante. Digo a Stewart que Sting e eu conversamos e que parece haver algumas questões não resolvidas.

É evidente que algo acontece quando tocamos juntos. Sting sente, eu sinto isso; o baixista acha que eu deveria estar na banda, é óbvio. Eu estou pronto, mas vai ter que ser do meu jeito – em outras palavras, uma guitarra. "Mas isso", digo, "é uma decisão sua", e tomo outro gole de cappuccino. Em vez de ser legal, eu provavelmente coloco isso com muita intensidade, porque o que está na minha cabeça, de repente, parece fora de controle, como se isso estivesse me pressionando a aproveitar o momento antes que desaparecesse. Eu quero tocar em um trio, é isso. Mas, ao invés de aceitar o que acho ser aparente, Stewart contrapõe tudo isso afirmando que eu jamais poderia querer estar na banda porque não caberia um músico como eu. Eu teria que fazer um esforço para carregar equipamentos, e Henri?

Existe a tendência de o simples protestar de Stewart trazer umas insinuações, porque ele sabe, e eu sinto, que Sting está farto das habilidades limitadas da guitarra de Henri e pode sair da banda se as coisas não mudarem. O futuro da banda está em risco, mas Stewart é leal a Henri (ou assim imagino). Com uma certa dose de entusiasmo enfático, ele afirma que Henri é autêntico – um punk de verdade (embora Henri tivesse cortado seu cabelo, estilo hippie, na altura da cintura, para entrar na banda). O visual parece ser mais importante para Stewart do que a qualidade da música. Em primeiro lugar, foi ele que contratou Henri, e a minha entrada seria uma mudança de poder. O lado sombrio deste delicado cenário na futura lenda sobre a substituição de Henri por mim, obviamente, é que eu, de forma calculista, devo tê-lo afastado e, como Stewart coloca, forçado a minha entrada na banda – um paralelo à história de Ringo Starr/Pete Best nos Beatles.

Mas há um subtexto nesta história. Como The Police, Stewart e Sting fizeram turnês pela Inglaterra unindo forças no palco com o guitarrista e o tecladista que Cherry Vanilla trouxe com ela de Nova Iorque. No contexto de shows e passagens de som, eles tocam com estes dois músicos: Louis Lepore, na guitarra, e Zecca, no piano. Louis é um guitarrista muito bom que também sabe tocar jazz e um pouco de guitarra clássica, e as *jams* têm uma natureza diferente daquelas que estão fazendo no trio oficial do The Police. Uma noite antes de fazer um show, em Londres, Stewart, Sting e Louis saem para um pequeno café. Stewart inclina-se sobre a mesa e, claramente, diz para Louis, "Ok, eu tenho a nova banda – você na guitarra, Sting no baixo, e eu na bateria". Louis fica surpreso e, um pouco confuso, diz a Stewart que ele não pode – que está com Cherry e, de fato, é namorado dela: não iria funcionar. E, além disso, nesta fase, a The Police não está em absolutamente lugar algum – eles não são um grupo de punk autêntico e sequer têm alguma música que valha a pena mencionar – então, há pouquíssimo atrativo para Louis. Mas, para agravar ainda mais o descontentamento de Sting, uma noite Louis vai até seu apartamento, onde fica uma pequena estante para partitura musical com algumas grades de guitarra clássica. Sting pergunta a Louis se ele consegue tocar alguma coisa daquela, e Louis senta-se, lê a página à sua frente, aumentando dessa maneira a frustração de Sting ainda mais. Enquanto Stewart e eu conversamos sobre a situação, não sei nada sobre isso e, portanto, não posso usá-la como prova de que uma mudança precisa ser feita – e, de qualquer maneira, eu não me incomodaria. Mas como se prenunciando a minha chegada com esta tentativa antecipada de substituir Henri por Louis, Stewart ressaltou que talvez o guitarrista ainda não seja o certo. Por anos eu tenho que lidar com jornalistas imbecis que gostam de trazer à tona esta história e, então, vagamente, aliam-me à imagem de um filho da puta escroto que tirou Henri do grupo, como se todos os outros fossem inocentes. Mas este é o material do qual os grupos são formados: conflito, desejo, traição e estratégias que deixariam Maquiavel orgulhoso.

Stewart quer muito ser a The Clash ou a The Damned, mas isso é uma pretensão, porque não é de maneira alguma o que Sting quer – na verdade, isso o irrita – então há uma fragilidade na estrutura existente, como uma rachadura aparente que se alargou com meu envolvimento. Eles já tiveram uma conversa sobre eu substituir Henri, mas ainda não chegaram a essa desconfortável decisão.

Sting e Stewart estão no campo de batalha com um cara cuja espada não pode lhes dar a inovação que, de fato, precisam. Enquanto Stewart se identifica com o uniforme, Sting está procurando a arma. Com isso estabelecido, eles teriam uma unidade de segurança que poderia se tornar uma máquina de combate em todos os níveis. De certo modo, as emoções de Sting espelham as minhas. Faz anos que ele está escrevendo músicas e, instintivamente, sabe o quão é bom, mas, como a maioria de nós, não está certo de como levar isso adiante. Ele precisa de um catalisador; e eu também. E talvez ambos tenhamos, intuitiva e mutuamente, reconhecido isto. Mas as demandas de apenas tentar permanecer vivos normalmente superam o luxo de assumir um risco. A situação é agravada pela atual cena de Londres, um momento em que se você não estiver com o cabelo cheio de gel, spikes e todo rasgado, você pode muito bem ir para casa e esquecer isto. Ser punk significa que, pelo menos, você consiga fazer alguns shows; então, de certo modo, Stewart, que saltou da derradeira banda hippie para a The Police, fez o que parece ser uma jogada inteligente. Mas isso é prejudicado por não haver credenciais reais para se colocar nesse lugar, e o público lá fora sabe disso.

Ao longo das três últimas semanas, o fato de tocar com eles colocou as coisas em perspectiva para Sting. Algo tem que acontecer, ou ele vai embora. Ele está em Londres – longe de sua cidade natal, com um bebê e uma esposa para sustentar – e isso é uma tensão. Ele já está até pensando em fazer um show com Billy Ocean por 90 libras por semana. Stewart fala com ele sobre isso, mas a minha presença age como outro gatilho. Sting quer o sonho e está preparado para ser implacável para consegui-lo. O "algo" que tem que acontecer é que o guitarrista certo precisa aparecer.

Ignorando quaisquer destas tendências, olho para o lotado café da West End com a impressão melancólica de um acorde triste vibrando em minhas entranhas, uma sensação de esforço desperdiçado. Apesar das várias tramas secundárias e – para o mérito de Stewart – por ser leal a Henri, não concordamos em nada mais do que, talvez, faremos uma tentativa com duas guitarras. Um compromisso frágil.

A versão cartum de Stewart para esta história será que eu necessariamente exigi entrar na banda, não aceitaria um não como resposta. Mas sem nenhuma ideia das maquinações ocultas – a tentativa inicial de substituir Henri por Louis Lepore – eu luto com uma estranha mistura de intuição e dor, sabendo que estaria tirando o emprego de alguém. Mas, por outro lado, o que é exatamente isso que estou fazendo? Tirar alguém de uma banda que agora não é nada? Embora possa vislumbrar o potencial deste grupo, ele ainda não é exatamente um trabalho que dê dinheiro. Mas é a resolução natural de convergir desejos e isso acontece, e a história subsequente justifica isso de tal modo que mesmo Henri irá concordar que isso era o certo; fingir o contrário seria cegueira.

Mas primeiro tentamos fazer alguns shows com a The Police como um quarteto; o primeiro no Music Machine. Henri e eu chegamos a refrões e versos em tempos diferentes, com acordes diferentes; parece um desastre, e eu não vejo muita esperança nisso, mas tentamos amenizar a situação como se fosse possível resolvê-la.

O nosso segundo show é em uma arena no festival de punk de Mont-de-Marsan, na França, em 5 de agosto de 1977. Viajamos até o sul da França em um ônibus caindo aos pedaços com Eddie and the Hot Rods, The Clash, The Damned, The Jam e The Maniacs. Ainda iniciantes, estamos diante de bandas que já são famosas e que já têm muito fãs; mas seguimos em frente, determinados a competir. Embora pareça desastroso ter duas guitarras, mandamos ver um curto, mas intenso *set* e nos absolvemos. Depois do show, Sting, Stewart e eu vamos para a cidade e achamos um café barato e, quando faço alguns comentários ácidos sobre o garçom que está nos servindo, Stewart sorridentemente fala: "Ah, então esse vai ser esse tipo de banda, não é?" Parece um aceno de consentimento e eu sinto a possibilidade de fraternidade.

No ônibus, voltando de Paris, as bandas "punk" estão, de modo geral, tentando superar umas as outras, tocando fogo em peidos e cuspindo um na boca do outro, enquanto Stewart e eu trocamos observações sarcásticas a respeito deles. Sting lê um livro, e Stewart está mortificado por este ato desafiador; ninguém devia ler no mundo do punk. Paul Simonon, do The Clash, senta-se ao lado de Sting e lhe pergunta sobre tocar baixo. Por baixo do escárnio da cena punk, parece que ele realmente ama o seu instrumento e quer tocar melhor. Quando nos aproximamos de Paris, Sting, Henri e eu estamos todos juntos sentados na parte de trás do ônibus, Henri entusiasmado com as novas possibilidades do grupo, enquanto Sting e eu nos entreolhamos e sentimos a angústia do momento, porque percebemos o rumo que as coisas estão tomando.

Em Paris, somos alojados em um moquifo imundo, um hotel, que só serve para ratos. Nós quatro somos levados a um quarto no topo do hotel. À medida que entramos no quarto com gemidos como "Meu Deus", percebemos que só há três camas no sótão. Stewart e Henri imediatamente deitam-se em duas delas, enquanto Sting e eu sobramos para dividir a cama que restou. Exaustos, Sting e eu mergulhamos para debaixo dos lençóis com comentários como "Bem, se tem que ser assim", "Nada de peidar" e "Boy bands estão voltando".

Há uma última coisa com Henri, uma gravação no Pathway Studios, com John Cale produzindo. Deve ter sido uma boa ideia de alguém que imagina que trabalhar com John Cale vai nos dar um *hit* ou fazer com que algo mágico aconteça. Mas é uma ideia mal concebida; Cale não está mais antenado do que nós três, e não está realmente em sintonia com a cena punk de Londres. Ele chega bêbado e atrasado para a gravação, o que nos irrita e nenhuma de suas sugestões parece estar de acordo com a direção em que estamos indo. Talvez este seja o primeiro momento em que nós três estamos ombro a ombro e agimos com um espírito de grupo. Não estamos indo a lugar nenhum com Cale e, embora esteja implícito, estamos todos frustrados e irritados. Talvez tenha algo a ver com um problema com autoridade – alguém nos dizendo o que fazer, a ideia de que esse cara vai nos ensinar algo. A verdade é que somos mais sérios do que ele e simplesmente não precisamos dele. Esta situação é agravada pelo fato de que Henri e eu estamos nos batendo, tentando extrair um som das duas guitarras. Não está funcionando e estou frustrado porque isto não parece estar certo. Isto, finalmente, chega a um ponto crucial quando, tirando o sarro, toco um velho riff do Led Zep e Cale junta-se a ele e grita: "É isso aí – vamos gravar isso". Isso é o suficiente – fazemos as malas e voltamos para casa. Naquela noite, Stewart relutantemente chama Henri para lhe dizer que ele não está mais na banda. Uma conversa dolorosa que nenhum de nós gostaria de ter, mas Henri sai de uma banda que ainda não é nada, que ainda não chegou a lugar algum.

Agosto de 1977, e agora eu sou o guitarrista da banda, mas eu tenho um sentimento de vazio interior e uma sensação de tudo ou nada na minha cabeça. Em casa, Kate é encorajadora; conversamos na cozinha, discutimos no banho, deitamos na cama e consideramos as possibilidades. Ela enxerga

One Train Later

o potencial e me apoia na decisão, mesmo que isto nos deixe literalmente sem renda, já que abandonei a ninharia que ganhava quando tocava com Kevin Ayers.

Londres é atualmente um turbilhão de moicanos, bandeiras do Reino Unido, coturnos, látex, artigos de fetiche e música motivada por anfetamina. *Street credibility* é o lema politicamente correto da época, e o The Police não tem nenhum. Porque muito do punk é rejeitar a velha guarda, é melhor neste momento – se você quiser sobreviver – não ter nenhum *background* em música. Como diz Martin Amis, "o punk é a celebração da falta de talento", e talvez este seja o ponto. Por esse padrão, nós somos falsos, simplesmente assim. Mas também é muito desta cena louca, agitada, com alguns de seus expoentes sendo pessoas cujo passado é alguma coisa mais do que os postos corajosos de onde o punk deve vir. Mas nada disso importa, porque é fabuloso de qualquer maneira. Isto é o que devia acontecer e está acontecendo de uma forma fantástica que apenas a Grã-Bretanha poderia produzir. Bem como sendo uma nação com uma longa história de prontidão para ir à guerra, a Grã-Bretanha também tem um longo histórico de movimentos de protesto: está no sangue. Simplificando, nós gostamos de um pouco de agressividade. A juventude da Grã-Bretanha, que vê o país como sendo nada mais do que uma distopia controlada pelo produto de uma oligarquia desordeira, regularmente produz: os fabianos, sufragistas, os sindicatos, os teddy boys, mods, os rockers, os Aldermaston marchers, hippies e punk. Os britânicos também têm um dom de traduzir isso na música, muitas vezes pegando a música americana e a reproduzindo de uma forma ainda mais visceral do que a original, por exemplo, os Beatles, os Stones, The Who, Cream, Led Zeppelin. O que é o rock, senão um grito? Neste momento do final dos anos sessenta – embora não me identifique com a atual manifestação exterior da fúria inglesa, punk – eu amo a energia e agressividade, e o fato de que o punk é uma explosão de dinamite através de uma indústria musical que engordou e é complacente. Da noite para o dia, isso gera estragos e tira um monte de porcalhões gordos do mercado.

Eu lancei a minha sorte com Sting e Stewart, mas agora, tendo que enfrentar a cena hard-core, o momento da verdade chega para nós. Com a música que temos em mãos e a nossa forma de tocar, eu sinto como se sorrisse para uma severa tempestade de granizo, com minha agressividade em vigor, mas meus valores musicais no fundo de um oceano negro. As músicas que compõem nosso *set* são terríveis. Stewart se livrou de músicas em uma corajosa, mas rápida tentativa de dar à banda uma pegada punk, mas não há nenhum som original, nenhuma verdadeira voz de composição que seja genuína o suficiente para atrair o público. O que temos é uma disputa veloz e furiosa, mais parecida com três pirralhos malcomportados, mais parecida com o som do modismo do que uma mensagem musical – e isso é inútil. Em poucas palavras, somos uma merda.

No dia em que Elvis morre, fazemos um show no Rebecca's, em Birmingham. O estilo predominante é facilmente descrito. É muito rápido, muito alto e apresenta ruídos estridentes, fortemente distorcidos, geralmente acompanhados de muitas bocas cheias de cuspe. Nós subimos ao palco no pequeno e escuro clube e mandamos ver todo o nosso *set*, realizando todos os valores acima, que são feitos em cerca de 12 minutos. Devemos tocar por uma hora. Olho para Sting e Stewart em quase descrença: nós acabamos de tocar quinze músicas em 12 minutos como se estivéssemos para bater um novo recorde de velocidade em terra. Talvez este seja o jeito que Dizzy e Charlie Parker se sentiram nos anos quarenta, quando começaram a tocar bebop o mais rápido possível para que os brancos não pudessem dançar. É melhor rir para não chorar; até mesmo o público está olhando para nós de queixo caído. Se nada mais, pelo menos somos a banda mais rápida da região. Estamos tão preocupados em sermos vistos como punks, que perdemos a música inteiramente; a ideia parece ser que, se você é visto como autêntico, então você será bem sucedido – conteúdo é secundário. É uma atitude suspeita e não pode ser sustentada por muito tempo. Nós somos uma banda, mas para mim parece que é somente no nome. Mesmo Miles, irmão de Stewart, que está fortemente envolvido na nova cena, não vê muita coisa em nós neste momento, porque ele também acha que somos *fake*. Stewart chama isso de nepotismo inverso. Miles tem um problema comigo, em particular, porque eu subi no palco do Music Machine vestindo calças que são meia polegada mais largas do que a regulamentação punk.

Nós tocamos na Marquee no auge da síndrome do cuspe, e a coisa é feia. Cuspir na banda tornou-se rigor em shows de punk e provavelmente representa um dos pontos mais baixos na cena musical britânica. Uma das razões pela qual o ato de cuspir torna-se tão desenfreado é que, possivelmente, o sulfato de anfetamina cause grande quantidade de saliva na boca – e onde melhor se livrar dela do que na banda que você acabou de pagar para ver? Na tentativa de seguir adiante com nosso *set*, catarro voa em nossa direção como uma maldita chuva da multidão abaixo de nós. Pousa no braço da minha Telecaster, respinga no meu rosto e cabelo, escorre pela minha camisa. Este é um momento em que sinto um ódio intenso por aqueles para quem estamos tocando. Sentimentos de violência brotam de mim e me fazem sentir mal e só consigo pensar, *Foda-se, isso não vale a pena.*

Agora estou no meio do inferno, mas é como aterrissar em uma festa na qual você não foi convidado, e seguro a minha guitarra como a um bote salva-vidas. Mais uma vez, a juventude é rebelde, outra geração contrariando a ordem estabelecida; mas assim como a cena hippie, isso também vai passar, deixando um resíduo no mundo, seus adornos tornando-se aqueles dos museus com punks com moicanos e bandeiras do Reino Unido, posando para turistas na Kings Road. A fala de Steve Jones – não estamos afim de música, estamos afim de caos – soa muito parecido com o comentário de Jim Morrison dez anos antes, quando disse que estava interessado em revolta, desordem, caos e qualquer atividade que não tenha sentido. Mas com a moda e agressão punk, é fácil ver como os garotos tornam-se envolvidos nisso, embora a verdade seja que a maioria deles não tem conhecimento sobre política e do fato de que em Londres a cena foi, pelo menos, parcialmente projetada por um empresário de moda, com o objetivo de vender roupas. Eu sou forçado a recuar em minha defesa – a guitarra, o machado – com uma atitude básica de "foda-se, eu posso tocar melhor do que qualquer um destes babacas".

Em algum ponto no meio de nossas primeiras semanas como um trio, Stewart aparece no apartamento de Sting, em Bayswater, com um grande sorriso em seu rosto e seu cabelo tingido de loiro platinado chocante. Sting e eu nos surpreendemos com esta atitude extravagante, pensando que Stewart perdeu o juízo. Mas, como a boa sorte vai bater à porta, poucos dias depois Sting recebe um telefonema para fazer um comercial de goma de mascar da Wrigley. Eles querem que ele apareça com uma banda punk, e todos devem ter cabelo loiro. É uma chance de fazer um pouco de dinheiro extra, o que nós precisamos desesperadamente, então, em pouco tempo, Sting e eu também nos tornamos loiros, ou mais loiros. Talvez esta seja a mensagem original dentro da garrafa, porque uma vez feita a coloração, também é o nosso futuro.

Em um mar de sarcasmo sobre putas e com a minha cabeça enfiada em uma tigela, Kate me ajuda a tingir meu cabelo na quarta-feira à noite, mas, em vez de um de platinado a la Marilyn, sai um tom de laranja medonho, mais para Koko, o palhaço. Na manhã seguinte, olho no espelho do banheiro e uma prostituta de rua, abatida, me encara de volta. Horrorizado, percebo que essa aparição sou eu e, sussurrando as palavras "pacto faustiano" para o espelho, volto para a cama, esperando que eu esteja apenas tendo um pesadelo. Levanto-me de novo, ainda estou laranja e decido usar uma boina, por um tempo, até que minha cabeça não se pareça mais como se um OVNI tivesse acabado de pousar sobre ela.

Mas eu consigo tingi-lo de mais loiro e acaba acontecendo de nossas três cabeças loiras funcionarem como um charme. Elas nos unem e nos dão uma forte identidade – os meninos descoloridos – e começamos a perceber mais cabeças loiras em nossas pequenas lamentáveis reuniões. Temos uma pequena lista de músicas rápidas e agressivas – "*Landlord*", "*Nothing Achieving*", "*Truth Hits Everybody*", "*Dead End Job*", "*Fallout*" – todas refletindo o sabor atual de angústia. Elas são o suficiente para conseguirmos levar um show, mas não vão virar o carro-chefe de uma gravadora ou nos dar uma carreira. Continuamos a fazer shows em torno de Londres, tentando segurar as pontas juntos, mas estamos sempre atolados em dificuldades como o aluguel de um amplificador vagabundo e uma van de merda para chegar ao show. Normalmente, a maldita van quebra e o custo do amplificador é tanto que nós terminamos a noite rachando cinco libras entre nós e, em seguida, começamos a tarefa de empurrar a van de volta pelo West End, onde as luzes de restaurantes brilham como um convite do outro lado.

Conseguimos um show no Hope and Anchor, espera-se que seja importante, um passo adiante. Estamos muito animados e acelerados por isso, desesperadamente pensando que este show mudará nossa sorte. Temos um pequeno grupo de fãs e nossas esposas – Kate, Sonja e Frances – portanto, nunca estamos completamente sozinhos. Contando com a gente, mais a plateia, temos um público sólido de cerca de quinze pessoas mais ou menos. A grande noite chega; o público em seus lugares. Nos amontoamos em um pequeno camarim ao lado do palco. É hora de começar e estamos prontos para subir, mas enquanto passamos pela porta e diretamente para o palco, o cabeçote de minha guitarra bate contra a porta "que merda", digo, mas não checo a afinação. Recebemos uma leve saudação, como um peido de rato vindo da plateia, que em sua maioria são nossas esposas, filhos e alguns bêbados, e então mandamos uma versão veloz e furiosa de "*Truth Hits Everybody*". Minha guitarra está tão fora do tom que eu quero gritar, mas não podemos parar, porque (como de costume) estamos tocando rápido para caralho, como um trem bala. Eu estou em algum lugar entre Dó sustenido menor e Mi maior – embora você dificilmente possa dizer que o som que eu estou fazendo são essas denominações docemente harmônicas, mais como Arnold Schoenberg sob

o efeito de ácido, ou um gato sendo esfaqueado até a morte – e eu tento, dentro dos limites de um nanosegundo, alcançar as cravelhas, mas não tenho essa sorte. O 9:02 está fora da estação e destruindo as faixas como um morcego saído do inferno, e quando tento mover minha mão do acorde para as tarraxas, simplesmente parece como se estivesse criando um novo estilo de guitarra ou, talvez, tendo um ataque epiléptico. Nós gritamos a música inteira, enquanto vivo a experiência de um homem se afogando, revendo toda minha vida passar em cerca de dois minutos e meio, fazendo o mais horrendo barulho atonal e decidindo que está realmente na hora de eu largar a indústria da música. Nós terminamos, e Sting olha para mim com uma sobrancelha arqueada que diz tudo. Eu olho de volta, com vergonha, e digo: "Se importa se eu afinar?"

Nas noites de folga, que são a maioria das noites, temos por hábito sair e pichar nosso nome nas paredes de vários edifícios em West End, que é o que todas as melhores pessoas fazem. Isso se chama pichar seu sucesso, mas, em sua própria maneira criminosa, é emocionante porque você está na rua, com suas armas de spray e tinta, pichando THE POLICE em uma parede, de olho na realidade, para o caso de ter que fugir rapidamente, THE POLICE É PRESA seria uma manchete interessante. Mas estamos lutando, tentando permanecer vivos e pichar nosso próprio nome em várias paredes de Londres parece ser apenas mais uma unha pendurada na borda da sobrevivência. Já joguei no tudo ou nada, a perder de vista, e olho através de um véu de angústia enquanto picho o nome da banda em um belo trecho de muro imaculado. Não parece boa, a estrada à frente; não é nem mesmo o luxo de tornar-se comercial, já que não há dinheiro no horizonte, nem mesmo uma leve brisa. No momento, a The Police nem mesmo é uma verdadeira banda punk, e aos olhos da velha guarda, eu entrei na onda, levemente disfarçado de alguma raça rara de orangotango, cabelo laranja soprando no rugido das minhas caixas Marshall. Vários amigos meus acham que eu finalmente perdi o juízo juntando-me a uma banda chamada The Police, e isso começa a parecer solitário, mas tenho que me agarrar a meus instintos iniciais sobre Sting e Stewart, à música que eu acho que vamos fazer.

Através de um contador chamado Keith Moore, com quem Stewart esteve envolvido em seus dias na Curved Air, somos abordados por um casal de senhores iranianos com grandes ambições na indústria do entretenimento, Alex Riahi e seu ajudante, o resignado Tony. Alex acha que devemos ficar com algo e há uma conversa sobre ele nos pagar um adiantamento de 60 libras por semana, se assinarmos com ele um contrato para nos empresariar por cinco anos, mas lhe dando os direitos de publicação de todas as músicas. Estamos em uma posição vulnerável; é tentador; não poderíamos descer menos e, com certeza, poderíamos usar o dinheiro. Mas concordamos em ensaiar em seu estúdio, em Pimlico, e ver como vai rolar por um tempo, antes de assumirmos um compromisso mais sério. Esta é provavelmente a decisão mais sã que já tomamos. Talvez estejamos invocando o nosso próprio futuro ou agindo na intuição, mas, sem exceções, somos ferozmente protetores sobre não desistir de nossos direitos de edição por 60 libras semanais.

Nós começamos a praticar em Pimlico e, rapidamente, descobrimos que Alex é intenso, ao ponto de ser desagradável. A maioria dos dias ele grita na garagem do estúdio, em sua Mercedes conversível, pula para fora e começa a nos passar sermão. Estas críticas geralmente tomam a forma de "Por que vocês não conseguem ficar mais parecidos com The News?" – outro grupo que ele está empresariando e que tem um hit menor na época. Ele os coloca acima de nós, como um exemplo brilhante, e diz que eles serão o maior grupo no mundo dentro de dois anos. Nós os odiamos, sua música estúpida e seu cantor careca, mas Alex diz, "The News, The News". "Que porra de The News", murmuramos pelas suas costas.

One Train Later

Tony, seu parceiro, é uma alma gentil que aparece quando estamos ensaiando, para perguntar como estamos indo. Mas se Alex aparece quando Tony estiver presente, ele corre para a sala, correntes de ouro balançando em seu pescoço, vira e ladra, "Tony – café, agora", e o pobre e velho Tony se afasta como um cão espancado para buscar a bebida nojenta. E, em seguida, em outra agitação de medalhão dourado, Alex vira-se para nos dizer como vai ser, o que deveríamos fazer e se queremos ter Rolls-Royces, jatinhos, mulheres caras e pisos de mármore, ou o quê? Tudo soa como um pesadelo iraniano, e nossa única resposta é olhar para o chão em um embaraçoso silêncio enquanto ele delira até que pule de volta em sua Mercedes, ligue o motor e arranque em grande velocidade. A melhor coisa de tudo isso é que, durante algum tempo, temos um lugar livre para ensaiar. É um momento estranho quando parece que estamos quietos, parados: nós fizemos um leve movimento em falso e talvez saibamos disso, mas pelo menos não assinamos nada; ainda há uma saída.

Durante as tardes, nós vamos até a esquina a um pequeno café-bar para tomar uma xícara de chá e um enroladinho de salsicha e, desanimadamente, discutimos o nosso futuro um tanto nublado e as músicas que estamos ensaiando. Nesta fase, ainda não temos as músicas que nos farão famosos. Sting tem algumas ideias, mas estamos tateando, como se tentando encaixar uma chave no escuro. A pressão de escrever "músicas punk" apenas para nos manter, não vem facilmente. Sting tem um talento natural para escrever temas melódicos e harmônicos, então caímos entre dois polos e não chegamos a nada satisfatório. Precisamos de um catalisador. Acho isso desencorajador, porque ficar sem shows é uma coisa, mas ficar sem música é outra. Nós até mesmo tentamos tocar um blues, mas isso não funciona, e eu começo a questionar seriamente se tomei a decisão certa e volto para casa, murmurando para Kate que esses caras não sabem tocar. Parece que estamos em uma zona morta: sem shows, agenciamento de merda, nada. Mas voltamos na chuva e no frio e continuamos a trabalhar nas músicas, tentando melhorar, tentando sobreviver com uma dieta de música e esperança.

Antes de me aventurar com Sting e Stewart, eu tive shows alternados na Alemanha com um maestro chamado Eberhard Schoener. Eu ainda tenho um compromisso restante com ele, e este cai, convenientemente, no final da pequena temporada de shows na Holanda e na França, com a The Damned. Mas existem alguns problemas, porque não há nenhuma maneira de levarmos nosso equipamento para Rotterdam e, como eu tenho o único carro com um motor que dá a partida (ou talvez o único carro com um motor), temos de arriscar nisso. Se nós realmente chegarmos lá, podemos pedir os amplificadores emprestado à The Damned, talvez.

Passamos algumas horas nauseados na balsa de Ipswich para a Holanda, comendo sanduíches de queijo e olhando para o deprimente canal cor-de-vômito, que se agita lá embaixo como vômito indo por água abaixo no vaso sanitário. Chegamos às margens cinzentas da Holanda e dirigimos rumo às entranhas da Holanda, rezando para que o maldito carro não pife – ele já está chiando como um velho asmático. Algumas horas mais tarde, depois de dirigir pela maior parte da Holanda e da Alemanha, e contornando a fronteira russa, chegamos em algum lugar que só pode ser descrito como algum lugar. Nós tocamos naquela noite em um salão escuro e esfumaçado em um campo flamengo, cheio de punks flamengos e vômitos flamengos. The Damned é a grande estrela e nós a pobre atração coadjuvante, mas eles são decentes o suficiente para nos emprestar seu equipamento, sem nos fazer passar por total humilhação. Brian James, o guitarrista, me deixa usar seus amplificadores e sou grato.

Depois do show e uma noite passada em uma pousada belga impregnada com o cheiro forte de urina de bicho e cerveja derramada, partimos para Paris em meu automóvel canceroso, aos solavancos, em direção à la Belle France, como uma salsicha deslizando sobre a superfície de uma omelete gordurosa. Chegamos a Paris um dia antes do show, e, embora estejamos animados por estarmos na capital francesa, não sabemos o que fazer com nós mesmos. Mas encontramos um lugar para ficar no sexto *arrondissement* pela soma precisa de aproximadamente uma libra por noite por um quarto, do tamanho de uma caixa de fósforos, malcheiroso, no topo do edifício. Não vale o esforço nem da metade disso, e porque não há espaço para ficar de pé, nós deitamos e fazemos observações de canto de boca, sobre nos sentirmos românticos e alegres. Como de costume, não temos dinheiro para fazer nada além de tocarmos no show, mas Stewart e eu ficamos coladinhos o suficiente para juntos assistirmos à exibição vespertina de Star Wars com legendas em francês, em St. Michel. Enquanto estamos no escuro, assistindo Darth Vader e fazendo comentários sobre a linha "Que a força esteja com você", Sting está vagando pelas ruas de Pigalle, observando as belas prostitutas.

Na noite seguinte, depois de dar duro pela manhã e à tarde, como algo saído de Náusea, vamos para o show. Acaba por ser um porão abaixo de um restaurante em algum lugar perto de Les Halles. Quando chegamos lá, o lugar está vazio e a The Damned está longe de ser vista porque o show foi cancelado. Um aspirante a Johnny Hallyday com um cigarro Gauloise pendurado em seus lábios nos diz que a The Damned não vendeu ingressos suficientes. "The Damned, ninguém sabe que porra ela é", e "The Police, não me faça rir". Com um profundo sentimento de fracasso e uma atitude "ah, foda-se tudo", nós escapulimos na direção do nosso moquifo parisiense de merda – mas não sem mais nenhuma aventura.

Sendo bons turistas, estamos interessados   em ver os pontos turísticos e decidimos pegar um atalho na volta para o hotel, sobre a famosa Pont Neuf. Encostamos o carro no meio da ponte e saímos para observar a extensão do Sena. Paris e Rio Sena, que beleza, que história. Ficamos em silêncio, por um momento, então, impressionados com o peso de tudo isso, inspirados com o comentário poético: "Eu me pergunto quantas prostitutas mortas acabaram aí?" "Está cheio de mijo, e é daí que obtêm a sua água potável, da fossa de sapos". "Brigittey Bardot Bardot." Tendo libertadonossos sistemas disso, entramos em um discurso de apoio mútuo sobre o nosso próprio futuro. Se conseguirmos sobreviver a isso, podemos fazer qualquer coisa; é apenas uma questão de tempo, obviamente, não é? Nos acalmamos e, olhando para o rio, caímos em um atordoado devaneio – Sting gerando a letra de "*Roxanne*", eu imaginando inversões de acordes estranhos, Stewart ouvindo batidas de tambor para *beats* heterodoxos, o futuro se desdobrando como um caminho, como o próprio rio.

Voltamos para o carro para um passeio contemplativo de volta pelas ruas de Paris, mas, naturalmente, a porra do Dyane teve uma convulsão no meio da ponte e agora não vai nem mesmo ligar, apesar dos meus xingamentos furiosos, chutes e torcer da chave de ignição. Para melhorar ainda mais a situação, começa a chover – bem, não uma chuva, mas um pé d'água como uma vingança tão mesquinha que parece que precisamos de uma arca, e não um pedaço qualquer de merda francesa.

Com mais comentários como "Eu já dirigi sobre pontes melhores do que esta merda francesa" e assobios fora do tom de "*La Marseillaise*", começamos a gastar dinheiro na Pont Neuf, em direção à sexta *arrondissement*. Pouco depois de ter saído da poderosa ponte, somos parados por *gendarmes*[15], que querem ver nossos passaportes (que por uma sorte bizarra, todos nós temos). Então, iniciamos uma longa conversa, como se estivéssemos no primeiro capítulo de uma aula de francês, sobre, realmente, não estarmos roubando aquele carro francês, mas como, na verdade, um de nós, tão admirador da ingenuidade francesa, de fato, o comprou, e que carrão ele é, e que má sorte termos ficado sem gasolina em uma noite como esta, mas, tudo bem, *regret rien and c'est la vie*, policial.

---

[15]Nota do tradutor: Policiais franceses.

Depois de muito dar de ombros gaulês, e de fazer bico e de, provavelmente, não saber o que fazer conosco, os *gendarmes* voltam para sua pequena e agradável van, acendem alguns cigarros Gitanes e partem em uma névoa de fumaça, enquanto ficamos como esponjas encharcadas no Niagra da água que está a destruir toda a Paris. Com dores nos membros e lábios roxos, atravessamos a inundação de volta para o hotel, com uma sensação desesperada em nossos estômagos sobre a manhã.

A luz do dia surge e nas ruas abaixo de onde estamos, parisienses abastados e elegantes, com um *petit dejeuner* e café forte francês em seus estômagos, vivem suas vidas sorridentes, pensando em uma manhã de trabalho gratificante e um demorado e delicioso almoço de crepes de frutos do mar acompanhado por algo seco e branco do Vale do Loire. Acima de seus corpos bem cuidados e saudáveis, nós nos arrastamos de nossos colchãozinhos fedidos, sabendo que a primeira coisa que temos a fazer é encontrar a maldita oficina. Depois de uma conversa confusa na recepção, ficamos sabendo que, na verdade, há uma oficina por perto e, melhor ainda, ela fica no fim de uma ladeira. Com uma combinação perigosa de empurrar, correr e frear, em meio a imundos insultos franceses, chegamos a uma oficina mecânica em menos de cinco minutos. Depois de os mecânicos olharem sob o capô com desdém e lufadas de Gauloise, recebemos o sábio conselho que eles, mestres franceses de automóveis, podem consertar o carro, mas se o motor for desligado, ou se ele parar, nunca mais vai dar a partida novamente – jamais.

A horrível tarefa de retornar esta miserável pilha de metal para Blighty sobra para Sting, que não foi contratado para o show de Eberhard Schoener, na Alemanha. Esta é uma tarefa hercúlea: ele tem que levar o carro para o barco e manter o motor ligado por todo o caminho até o outro lado do Canal. Mas ele faz a observação de que nasceu para isso, e só resta a nós admirarmos sua determinação e pensar que foi com homens como ele que o império foi construído. Stewart e eu, felizmente, fomos aconselhados por Eberhard a alugar um veículo por sua conta e dirigirmos até Munique, e nós, alegremente, nos despedimos de Sting quando sai da oficina para sua longa jornada de volta à Ilha Esmeralda[16]. Talvez haja uma pitada de *schadenfreude* da parte de Stewart e da minha também, mas, no meu caso, é uma faca de dois gumes, porque aquele é o meu carro e eu provavelmente jamais o verei novamente. Há murmúrios como "sacana", "filho da puta", "ele merecia isso faz um bom tempo agora" – você sabe do que estou falando.

---

[16]Nota do tradutor: nome poético para a Irlanda, por causa de seus verdes campos.

Tendo embarcado Sting no moribundo Dyanne, Stewart e eu nos ocupamos com a tarefa de chegar a Munique. Agora que estamos gastando o dinheiro de outra pessoa, tudo ganha um brilho novo. No lugar designado, alugamos uma nova van VW, fazemos um drama sobre a cor, nos certificamos de que o tanque está cheio e decidimos que precisamos de uma boa refeição antes de partimos para a longa viagem, o que fazemos em um restaurante bastante caro e, então, sonolentos e contentes, partimos para Munique e para um show bem remunerado. No caminho até lá, relato para Stewart a história do homem com quem estamos prestes a compartilhar nosso destino.

Eberhard é notório na cena da música clássica alemã, porque ele fez acrobacias como trazer toda uma orquestra de gamelões balinesa para a Alemanha, combinando-a com uma orquestra e eletrônicos, e levando-os em turnê. Fui apresentado a ele por Jon Lord, o tecladista do Deep Purple, que me pediu para vir a Munique para tocar em um álbum de rock clássico que ele está produzindo lá, conduzido por Eberhard Eu encontrei Jon uma noite no Speakeasy e ele me perguntou se eu gostaria de fazer isso, porque precisava de um guitarrista que pudesse ler partitura e talvez tocar música clássica também.

Eu cheguei a Munique alguns dias depois, no Hilton, onde as sessões estavam acontecendo no porão, agora convertido em um estúdio de gravação. Aqui eu conheci Eberhard, um alemão alto, com um cabelo selvagem, artístico e chocante. Com muitas histórias para contar, foi muito agradável e divertido estar com ele; nós nos demos bem, sem saber o quão ligados nos tornaríamos no futuro. As gravações, embora difíceis, iam bem, já que passamos o dia tocando com a orquestra – todos refugiados húngaros, com uma aldeia inteira para eles, em algum lugar fora de Munique. Os problemas surgiram porque nós (a banda de rock) estávamos em um palco, em uma extremidade de um grande salão e eles (a orquestra) estavam empacados no extremo oposto, por isso, quando todos nós tentávamos tocar juntos, um enorme lapso de tempo tornava muito difícil os sons chegarem no início do compasso juntos, não importando muito o fraseado de legato da orquestra, que se arrastou horrivelmente contra a batida arrojada da banda de rock. Mas ao longo do dia, conseguimos resolver o problema, com Eberhard no meio do salão, agitando os braços como uma boneca de pano epilética. De alguma forma, isso funcionou e o final do dia é animador com muitos murmúrios germânicos de "algo nova, eu acha, algo nova, *ya-gut*".

Eberhard e eu devemos ter nos conectado de alguma forma, porque pouco depois de minha volta à Londres, ele ligou para perguntar se eu me importaria de voltar a Munique para fazer mais alguns *overdubs* de guitarra para ele. De forma bem natural, eu voltei, já que estava à beira de vender minha guitarra, mas, a partir de então, voltava regularmente a Munique para tocar guitarra para Eberhard. Eu sempre ficava com ele e sua família, em seu belo apartamento, em Schwabing, uma zona nobre de Munique. Um grande contador de histórias, era divertido estar com ele e, geralmente, me deixava tocar o que eu quisesse.

À medida que o relacionamento progredia, Eberhard me dava rédeas livres, até que chegou ao ponto em que eu chegava ao estúdio, abria o lugar, ligava os gravadores e gravava a mim mesmo. O estúdio ficava ao lado de um velho salão chamado Burgerbrau, conhecido como um dos lugares onde Hitler fez os primeiros discursos em sua trajetória para o poder e, claro, o cenário de uma tentativa de assassinato à sua vida. Um de seus inimigos tinha abarrotado o local com dinamite, com a intenção de explodi-lo para sempre ao fazer seu discurso, mas, infelizmente, Hitler terminou cedo e saiu, e então a história se desenrolou da maneira que já conhecemos. Todo dia, enquanto vagueava com minha guitarra, gostava de subir naquele palco e tentava sentir as más vibrações provenientes do local onde ele estava, mas, na verdade, eu não sentia nada demais. Lá fora, porém, era diferente. Havia um café ao lado do prédio; sentados às mesas, estavam vários homens em torno de seus sessenta ou setenta anos, todos usando óculos escuros e todos competindo para ser o sósia número um do Dr. Fantástico. Eles, silenciosamente, sentavam-se lá, sob a luz pálida do sol bávaro, olhando para o infinito, talvez sonhando com a antiga crueldade e o poder que já haviam desfrutado antes.

Ocasionalmente, você os veria sorrindo entre si enquanto levantavam mais uma xícara de *kaffe* alemão amargo até seus finos lábios ou espetavam uma *bratwurst* desafortunada, com a outra mão, em uma luva preta, desesperadamente agarrando uma corrente presa à garganta arfante de um rottweiler, pastor alemão ou outra estranha raça bávara de cachorro assassino. Não havia dúvida de que, sob a fina camada de respeitabilidade, eles eram nazistas. Fiz algumas perguntas discretas e, com certeza, havia lugares em torno da cidade onde faziam encontros secretos e homenageavam a suástica. Isso não havia se extirpado, mas simplesmente tinha submergido, provavelmente até que o *Führer* emergisse mais uma vez. Eu sentava lá, sozinho, na hora do almoço, garfando um prato de chucrute, sentindo uma estranha mistura de riso e humor temeroso.

Minha história contada, Stewart e eu dirigimos até a França, analisando o mapa e divagando sobre nosso possível futuro. Chegamos a Munique no início da noite, nos atrapalhamos para chegar até Schwabing

One Train Later

e somos recebidos calorosamente por Eberhard. Durante o jantar, contamos a ele sobre nosso fantástico baixista Sting – e cadê ele? Podemos incluí-lo? Em um humor expansivo, Eberhard concorda que talvez devêssemos trazê-lo também. Ligamos para Sting, em Londres – tirando a parte de abandonar o meu carro em Dover, ele chegou bem lá – - e dizemos para pegar o primeiro avião pela manhã. Duas noites depois, estamos em uma tenda de circo no centro de Munique. Este show, com um cantor de ópera, teclados eletrônicos e um acrobata (mais uma banda de rock) tem um aspecto felliniano. *Bem*, penso, *eu sonhava em fugir com o circo, mas isso é ridículo.* Sting canta algumas coisas para Eberhard, que está muito impressionado e imediatamente usa sua voz no show. Ele me pergunta sobre Sting: de onde é que ele veio? Voz maravilhosa, mas ele parece uma criança – tão tranquilo, tão misterioso. Claramente, Eberhard está fascinado por esta *wunderkind*[17]. Criamos um relacionamento com Eberhard e nos estabelecemos rapidamente como artistas de circo alemão.

Retornando da Alemanha, tendo efetivamente trabalhado e sido pagos por isso, voltamos para Pimlico nos sentindo mais confiantes e, rapidamente, percebemos que Alex Riahi não está conseguindo absolutamente nada para nós, e que estamos perdendo tempo. Algumas tardes depois, quase que programado, olhamos um para o outro e dizemos, foda-se, vamos arrumar as malas e ir embora. Apesar de não termos mais nada, nos sentimos melhor, como se tivéssemos tomado o nosso poder de volta. Nunca mais ouvimos qualquer palavra do rei do pop iraniano.

Nós continuamos praticando e, como ratos, passamos por uma série de esgotos que são hilariamente chamados de salas de ensaio, cada uma mais parecida com o Buraco Negro de Calcutá do que a anterior. Cheirando a merda, mijo e vômito, elas são todas pintadas do chão ao teto com tinta preta e grafite imundo. Se você cometer o erro de olhar para o teto, você vai ver um grande cu grafitado cagando em sua direção. Mas há uma rosa em Spanish Harlem, e da ferida cresce a flor, e de alguma forma, na penumbra dessas cavernas, nos movemos em direção à luz, tateando o nosso caminho em direção à música que é uma costura escondida nesta escuridão subterrânea.

No meio deste período de prática intensiva, Sting fica sozinho por alguns dias, quando sua esposa, Frances, vai para casa, na Irlanda; Kate e eu o convidamos para ficar conosco, provisoriamente, e garantir que ele se alimente. Sting dorme na sala de estar, e uma noite quando Kate e eu estamos finalmente indo para a cama, ouvimos um suave dedilhado de

---

[17]Nota do tradutor: alemão, "criança prodígio".

Andy Summers

guitarra em cordas de nylon e uma música sobre uma garota chamada Roxanne. Ela é linda e gosto da seqüência de acordes, mas Kate imediatamente se liga na canção e, virando-se para mim na cama, diz: "É muito boa, muito interessante".

A experiência em Paris se transformou em uma música – na verdade, uma música pop perfeita, com uma letra enérgica e harmonia interessante. Nos deitamos na cama e ouvimos "*Roxanne*" pela primeira vez. Um dia, esta música vai ser um grande sucesso mundial, nos colocar no mapa e vai mudar as nossas vidas de forma irrevogável. Nós capotamos e caímos no sono enquanto a semente germinada de "you don't have to put on the red light" lambe as últimas brasas da consciência e canta uma canção de ninar para o bebê que cresce na barriga de Kate.

Poucos dias depois, Sting, Stewart e eu estamos no porão, metade-construído, do apartamento de um cabeleireiro gay, em Finchley Road, no norte de Londres, irritadamente fazendo barulho e sem realmente nos divertir. O quarto é úmido e o ar espesso com o cheiro de gesso, concreto e pintura. Estamos prestes a largar tudo quando ou Sting ou eu sugerimos que talvez devamos experimentar sua nova música, "*Roxanne*". Na época é uma bossa nova, o que é um problema – não porque ela não funciona dessa maneira, mas porque, no clima prevalecente, seria suicídio dar a ela uma pegada brasileira, e já temos problemas suficientes. Então, como devemos tocá-la? Temos que torná-la mais atrativa e lhe dar uma pegada legal. Nós decidimos experimentar um ritmo de reggae, altura em que Stewart começa a tocar uma espécie de chimbau reverso e diz a Sting onde colocar os hits do baixo. Uma vez que baixo e bateria estão ajustados, o contraponto ideal para eu tocar é a parte de compasso quaternário. Agora temos três partes distintas, e com a linha vocal por cima, ela começa a soar como música. Estamos todos satisfeitos com isso, mas não temos nenhuma ideia do quão importante essa música vai se tornar para nós. Cheirando a cimento em pó, areia, concreto molhado e tinta à base de óleo, saímos para High Street, em Finchley, no final da tarde, nos sentindo bem; temos uma música chamada "*Roxanne*".

O Natal chega e, além de nossos ensaios, nada está acontecendo ainda. É um final triste para o ano, e Kate e eu vamos aos EUA para ver seus pais, enquanto Sting e Stewart ficam em Londres. Enquanto estou fora, Sting faz uma festa e Stewart lhe empresta alguns de seus discos de Bob Marley para o evento, com o resultado que ele começa a se atentar para as linhas de baixo das melodias de reggae. Depois da minha volta, nós ainda não temos nada a fazer, senão ensaiar, e encontramos uma sala, no andar de cima de um prédio, na Jeddo Road, em Shepherds Bush, uma das poucas

One Train Later

que ainda não foram pintadas de preto – o que torna nossa adaptação difícil.

Um dia Sting traz uma música nova que ele escreveu, chamada *"Can't Stand Losing You"*. Ele pega minha guitarra e a toca para nós. Stewart e eu ficamos arrebatados; isso é bom, uma música pop de verdade. Nós trabalhamos nela, tocando-a repetidamente. Ela atua como um guia para o território que temos procurado e, quase magicamente, parece que estamos mudando as marchas e pegando impulso. *"So Lonely"* vem um pouco mais tarde, e também recebe o tratamento e se torna uma música com a nossa assinatura. Alguma coisa está começando a acontecer. Sob a influência de Bob Marley e do ritmo do reggae, as partes de baixo se distanciam do padrão de oitavas latejantes para uma sexy linha de loop que é tanto sobre as notas não tocadas quanto aquelas que são. Por cima desses padrões, começo a tocar acordes altos, nebulosos que são coloridos por eco e delay, e Stewart os contrapõem com padrões reversos de chimbau e caixa. A partir de uma denso arrebate, as músicas se tornam cheias de ar e luz. Isso é gratificante; o material está aparecendo agora para que eu possa realmente trazer algo para ele. Sting está emergindo como compositor, ou pelo menos é o que pensamos; a verdade é que ele tem escrito músicas há anos, e algumas das músicas que acreditamos que ele acabou de escrever ainda esta semana, de fato, vêm rolando faz um bom tempo. Mas isso não importa, porque com este material e a forma com que nós três o tocamos, estamos criando uma identidade própria.

Sting incorpora mais reggae em suas composições, e nós fluímos com elas. Eu descubro que consigo tocar expressivos acordes exóticos atrás de seus vocais, e isso não o incomoda de nenhuma maneira – na verdade, ele gosta. No minuto em que mandamos qualquer coisa que concordamos ser um clichê, jogamos fora. Temos longas discussões que, agora, como se levemente vislumbrando a possibilidade de um futuro, estendem além da música e em um manifesto do grupo: a nossa aparência, que tipos de shows deveríamos fazer, lançamentos de discos – sonhamos juntos e basicamente somos um, jogando fora qualquer coisa que soe como o passado ou como outra banda.

Por um tempo, ensaiamos no Manos, na Kings Road, em Chelsea. O cara que gerencia o lugar nos diz, uma noite, enquanto estamos arrumando as coisas, que há algo em nós que é diferente das outras bandas. "Vocês vão ser famosos", diz ele. Por alguma razão, esta observação é quase o suficiente para me fazer chorar, como se tivessem nos atirado um ossinho. Dirijo de volta até a Kings Road, com um pequeno vislumbre de esperança.

Andy Summers

Remover as convenções do padrão de rock elétrico também significa abandonar solos de guitarra. Como muitas das bandas novas são incapazes de fazer um solo de guitarra, esta ausência no clima atual tornou-se uma marca registrada arrogante, o longo e virtuoso solo agora sendo considerado um símbolo da velha guarda e gente como Eric Clapton. Assim, todos os solos são breves, o que é irritante quando você passou a maior parte de sua vida tentando ser bom neles. Mas há outras maneiras de fazer as partes de guitarras concretas, e é isso o que estou tentando fazer.

Eu adquiro um velho Echoplex, que é basicamente um dispositivo para criar eco, usando um pedaço de fita de ¼ de polegada, que gira em torno de um carretel em duas cabeças magnéticas. Você pode acelerar ou desacelerar o número de repetições, deslizando uma pequena seta de metal para cima e para baixo no comprimento de uma barra de metal que corre ao longo da parte superior do carretel. É grosseiro, mas funciona e adiciona um rico som harmônico à guitarra e uma dimensão espacial ao som de grupo, o que nos diferencia. Eu começo a usá-lo todo o tempo e crio um efeito de tempo-duplo com ele – em outras palavras, posso tocar com colcheias contra a bateria e conseguir um padrão de semicolcheias, que, colorido por harmonias dissonantes e sincopado acentuado, resulta em um som de guitarra que se torna enorme e prismático, como um arco-íris sobre a banda.

A utilização deste dispositivo é seminal na mudança e impulsão do grupo em uma única direção. A criação de uma cortina de espaço, ele parece atuar como um catalisador para nos libertar. Sting é capaz de lamuriar e vocalizar sobre o ambiente como se fosse Miles Davis remoendo o seu caminho através de um solo – e com Miles sendo uma grande influência, é um resultado natural. Contra estas *jams*, a linha do baixo de reggae é mantida no lugar, enquanto Stewart inverte o ritmo, e eu acrescento pequenas dissonâncias picantes que não são rock padrão. De repente, um conjunto de respostas naturais converge para produzir um som que nenhum trio de rock possuiu antes, mas estamos muito enterrados nisto para ouvi-lo nós mesmos. De forma bastante estranha, outras pessoas reconhecem isto antes de nós. Mas, finalmente, levantamos nossas cabeças e começamos a ver o terreno aonde chegamos e o reconhecemos como se nos conhecêssemos o tempo todo. Com esta informação no lugar, somos capazes de codificá-la até o ponto onde podemos pegar quase qualquer música e, como se diz, "policificá-la" – até mesmo qualquer coisa de Noel Coward ou uma canção popular das ilhas escocesas. A partir de uma viagem instintiva e inconsciente, descobrimos

One Train Later

um som para o qual não existe uma fórmula anterior, *space jam* com *reggae* com colagens de Bartok com vocais de *white soul*.

Depois de alguns meses nós imaginamos se podemos progredir para a tarefa toda-poderosa de fazer um álbum, mas, como de costume, não temos dinheiro para pagar um estúdio e nenhuma gravadora para nos conseguir um. A esta altura, o irmão mais velho de Stewart, Miles, entra em cena e nos coloca em um estúdio a algumas milhas ao sul de Londres. É chamado de Surrey Som e está em uma cidade chamada Leatherhead. Miles faz um belo acordo com o proprietário, um médico local com aspiração a produtor musical. Seu nome é Nigel Gray.

DOZE

Em janeiro de 1978, nós começamos a ir ao Surrey Sound toda vez que o estúdio tem uma tarde livre, ou se *rock stars* importantes como Godley & Crème cancelam suas sessões. Começamos com o material que temos em mão, mas quando escutamos novamente no novo ambiente do estúdio, reconhecemos falhas e imperfeições e começamos o processo de abandonar músicas e escrever outras novas. Gradualmente, nós achamos nosso caminho no estúdio. Embora as discussões sejam uma característica das nossas sessões de gravação, elas são sempre sobre como uma música deveria ser gravada; esse atrito é um fator que contribui para a tensão que é parte do som da The Police – e pode ser descrito como o som de um compromisso conciso.

Após um período de uns seis meses, pegando dias emprestados e pulando para o estúdio quando outras pessoas cancelam suas gravações, nós remendamos um álbum que, em última instância, é a destilação de um material suficiente para três álbuns. Miles nos faz uma visita ocasional para ver como estamos indo, mas a maioria dos seus comentários são de uma natureza cáustica. Embora seja visionário, ele não é muito de conversa fiada (ou tato, nesse caso) e, normalmente, temos receio de tocar para ele o que gravamos porque sabemos antecipadamente o que ele vai dizer. Como Stewart, Miles também é tão apaixonado pelo punk que, na verdade, é incapaz de ouvir qualquer outra coisa nesse momento, ou, em nossa paranoia, é isso que pensamos.

One Train Later

Uma noite, ele aparece querendo ouvir o que temos feito e, como de costume, nós tocamos para ele a coisa mais rápida e furiosa, achando que é isso o que ele quer ouvir. Finalmente, depois de ele nos dar uma série de grunhidos como resposta, mas nenhum entusiasmo, tocamos para ele a nova música que gravamos naquele dia. Estamos com medo de tocá-la, porque temos certeza que ele vai odiá-la; para todos os efeitos, é uma balada e a cerca de mil milhas da atual tendência do movimento. A faixa é tocada, e nós três observamos de longe, como se estivéssemos ligeiramente embaraçados. A música termina e, por alguns segundos, há um pleno silêncio, o que parece confirmar nossas piores suspeitas. E, então, Miles se levanta, sorrindo. "Isso é bom pra caralho – eu vou levar isso para A&M amanhã, me dá uma fita". Estamos chocados. Ele amou a música. Nós tínhamos certeza que ele odiaria uma balada, mas Miles – como um dos reis dos velhos tempos de Tin Pan Alley – escuta a música, sente o cheiro de grana e começa a tramar. A música é *"Roxanne"*.

Voltamos à noite para Londres, tagalerando uns com os outros como maníacos, muito empolgados porque uma de nossas faixas vai, de fato, chegar na porra da A&M, uma gravadora de verdade. É um milagre do caralho. Nos sentindo efusivos, celebramos nossa visão do futuro indo comer um sanduíche de salsicha e tomar uma xícara de chá no Happy Eater.

A A&M está entusiasmada, e *"Roxanne"* é lançada no início de abril de 1978. John Pidgeon, do Melody Maker, escreve uma crítica sobre ela. O consenso geral é de que somos uma banda para se prestar atenção. É uma grande música, mas não é um hit e nosso empolgamento se esvazia como um balão de festa. Nós acalentamos sonhos de glória, mas agora *"Roxanne"* não vai nos trazer o sucesso que imaginamos.

Nós lemos as críticas. Os críticos acham que somos bons, mas parece que ainda somos suspeitos; apesar do clássico brilho pop de *"Roxanne"*, a míope tendência da época tem a ver com críticos desdenharem da capacidade de entender a perspicácia incisiva e irrevogável poder de permanência da música. Entretanto, um dos efeitos colaterais de ter um *single* lançado pela A&M é que nós iniciamos uma relação com o escritório da Kings Road. Calha de esse momento ser propício para nós, já que a A&M acabou de se recuperar de um episódio desagradável e altamente publicizado com o Sex Pistols. Como todo mundo, a gravadora tentou pegar carona no movimento punk e conseguiu colocar suas mãos nos Pistols, com quem assinaram com um grande alarde do lado de fora do Palácio de Buckingham. Infelizmente, uma semana depois, o grupo entrou no escritório da Kings Road e aterrorizou todo o lugar mijando na mobília, arrancando discos de ouro das paredes e derrubando mesas em uma demonstração ilustrativa e escabrosa do credo punk. Derek Green, o diretor da A&M inglesa imediatamente rompeu o contrato com eles e esse foi o fim do acordo.

Pouco depois do fiasco com o Sex Pistols, chegamos como bons meninos capazes de ter um diálogo mais razoável. Estamos passando por algumas dificuldades, e ter um *single* com uma grande gravadora significa muito para nós. Queremos uma situação em que possamos nos desenvolver, na prática, lançar álbuns e ser uma banda. "*Roxanne*" não nos levou a isso, mas depois do que acabou de passar, a A&M dá um metafórico suspiro de alívio e nos traz uma quantidade incomum de liberdade de opinião. Começamos a desenvolver uma relação boa o suficiente para ter uma segunda chance com outro *single*, "*Can't Stand Losing You*".

Uma situação interessante acontece com essa música. A gravadora acha que é uma grande faixa, mas precisa ser remixada – e eles sabem como fazer isso. Há uma ligeira atitude de "deixem os profissionais assumirem agora, meninos, nós vamos arrumar isso para vocês". Ficamos um pouco ofendidos, mas não temos muito o que fazer: eles são o selo todo-poderoso, e nós precisamos deles mais do que eles precisam de nós. Eles somem com a faixa durante três semanas, mas, finalmente, voltam com um olhar levemente embaraçado, dizendo que tentaram cinco mixagens diferentes, mas não puderam deixar melhor do que a nossa, o que, pelo menos, é honesto. Isto é um pequeno triunfo para nós e estabelece um precedente de considerável importância ao longo dos próximos anos, porque, a partir deste momento, a A&M não mais interfere no nosso processo de gravação novamente.

Entre março e agosto temos pouquíssimos shows para manter uma crença em nosso próprio futuro. Mas conseguimos algumas oportunidades como uma banda de apoio – algumas aparições com o grupo americano Spirit; outra com a banda de reggae Steel Pulse, no Roundhouse, em Londres e outra na Alemanha, com Eberhard em sua turnê Theater Laser. Finalmente, em 14 de agosto, "*Can't Stand Losing You*" é lançada e chega à 42ª posição nas paradas britânicas. Estamos tão radiantes com este pequeno sucesso que é como se tivéssemos realmente chegado ao primeiro lugar. Infelizmente, a BBC não a toca porque ela fala de suicídio. Embora seja irônico, eles acreditam que a música pode causar uma onda de suicídios e não querem assumir essa responsabilidade. Além disso, a capa tem Stewart sobre um bloco de gelo derretendo com uma corda em volta do pescoço. Assim, sem o suporte do poder da BBC, ficamos estagnados no 42⬚ posição e nossas esperanças desaparecem novamente. Mas, ainda assim, temos um sucesso (mesmo que pequeno); como resultado, a A&M concorda em lançar nosso álbum em outubro, o que nos parece a eras de distância. Mas vai acontecer.

Nos arrastamos através do verão, fazendo apenas dois shows junto ao Chelsea e um só nosso, no Rock Garden, em Covent Garden. Nós não somos exatamente um sucesso estrondoso. Toda vez que tocamos em um show só nosso, ninguém aparece e terminamos a noite dividindo 2 libras entre nós três e depois, geralmente, temos que empurrar a van pela rua. Só Stewart mantém o espírito nos chamando para sair e grafitando nossos nomes em um muro, em algum lugar, mas eu fico deprimido. As longas noites de verão se arrastam com uma luminosidade untuosa, a tela da TV pisca com jogos de críquete e pessoas felizes vão para o pub. Para mim, este verão está se transformando em um teste de fé. Como um eclipse solar permanente, este – o verão de 1978 – é o mais fino, mais tênue, ponto de nossa existência.

Em setembro, as coisas dão uma ligeira virada quando fazemos shows no Nashville Room e no Marquee. Conseguimos uma considerável quantidade de expectadores em ambos os shows e, aparentemente, as coisas começam a ter um pequeno progresso. Estes eventos são coroados por uma aparição em 2 de outubro (aniversário de Sting) no The Old Grey Whistle Test, um programa televisivo de música pop muito popular. Anne Nightingale, a apresentadora, nos apresenta como uma excitante nova banda que se parece com um grupo de anjos, e então tocamos "Can't Stand Losing You". Esta deveria ser uma grande oportunidade para nós, mas que fica um pouco afetada pelo fato de uma lata de spray de cabelo ter explodido no rosto de Sting pouco antes de entrarmos no ar. Por uma incrível sorte há um hospital oftalmológico na esquina do estúdio, e eles conseguem lavar todos os produtos químicos de seus olhos. Isso leva tempo e, por um triz, conseguimos chegar a tempo para a apresentação, com Sting usando um grande par de óculos escuros. Duas semanas depois disso, partimos para uma turnê de três semanas nos EUA, após Miles ter decidido, algumas semanas antes, que nós temos que fazer algo para salvar a banda. Já que não conseguimos estourar no Reino Unido mesmo, talvez tenhamos melhor sorte lá. Miles está sempre defendendo a opinião de que, se você estourar nos Estados Unidos, o resto é consequência – e ele está certo.

Em 1978, há uma empresa chamada Laker Airways que foi concebida e planejada pelo temível Freddie Laker que, revoltado com as mega-companhias aéreas, criou uma companhia aérea barata e honesta. Na Laker Skytrain é possível obter uma viagem de ida e volta para Nova York por sessenta dólares.

Ian Copeland, o irmão de Miles e Stewart, é um agente que trabalha em Macon, Georgia, com a Capricorn/Paragon Production e ele agenda para nós uma série de clubes na costa leste, começando com CBGB's, no Bowery de Nova York, que já é a meca lendária do punk e do *new wave*. Ian e Miles gerenciam as finanças: com os baixos valores que vamos receber como pagamento pelos shows, podemos fazer uma turnê de três semanas e chegar perto do equilíbrio. É um cenário financeiro desolador, mas que representa uma oportunidade. CBGB's – o coração pulsante da nova música – é o melhor lugar para se tocar. Ao fazê-lo, nós naturalmente adquirimos mais alguns pontos no *street cred*, algo que não vemos na Inglaterra. Mas para mim é arriscado porque Kate agora está grávida de oito meses, e eu vou me afogar em dívidas já que o bebê está para nascer. Falamos sobre isso e concordamos que esse é o caminho, que eu deveria ir, e que, enquanto permanecemos juntos, podemos lidar com a situação.

Para nos ajudar com essa turnê, contratamos um ex-baterista chamado Kim Turner. Kim tocava em uma banda chamada Cat Iron na qual Stewart trabalhou como produtor de turnê há alguns anos, antes de decidir, ainda jovem, que preferia estar no lado da gestão do rock. Kim torna-se quase um quarto membro do grupo.

Em 20 de outubro de 1978, Sting e eu voamos para Nova York; Stewart já está lá, visitando seu pai. Chegamos por volta das 22h30 e devemos estar no palco à meia-noite. Kim nos encontra no aeroporto JFK e dirigimos como loucos pela cidade direto para o Bowery. Quando entramos em Manhattan, tenho uma ligeira sensação de *déjà vu*.

O CBGB's é rodeado, principalmente, por edifícios industriais e lugares conhecidos nos Estados Unidos como pensões baratas. A atmosfera exterior em torno do clube é de miséria e violência. Nestas bandas de New York, as ruas estão cheias de prédios abandonados e moradores de rua; assaltos – geralmente a pessoas indefesas – são comuns. Iniciado em 1974, o CBGB, na verdade, significa country, bluegrass e blues, que eram as músicas favoritas do proprietário, Hilly Kristal; mas, no momento do nosso surgimento, em 1978, tornou-se o santuário do punk e do new wave – um caldeirão e laboratório para experimentar novas músicas. Com bandas como Television, Blondie, The Talking Heads, Richard Hell and the Voidoids, The Heartbreakers, Patti Smith e Ramones, esse se tornou um clube com pedigree. Mas fisicamente, assim como os clubes de Londres, ele não passa de um buraco imundo. Com pichações por toda parte, nenhum lugar para se trocar, um camarim sem portas e praticamente dentro do banheiro, é o que nós estamos acostumados, e começamos a montar nosso equipamento. Eu estou alugando caixas amplificadoras da Marshall para essa turnê, mas trouxe também meu Echoplex. Nós fazemos uma rápida e tosca passagem de som na frente do público e, então, estamos prontos para tocar. Ninguém lá sabe quem somos, ou já ouviu falar de nós – temos que provar o nosso valor e, sabendo disso, ficamos ainda mais determinados a surpreender o público. Estamos cansados da longa viagem de avião, mas, de alguma forma, New York vem da rua para nos encher com adrenalina e tocamos um *set* pesado e irado que levanta o público, que nunca tinha ouvido nada parecido com isso antes. O efeito de reggae do Echoplex vibra e os vocais altos de Sting cortam a atmosfera barata como uma faca e, pelo final do primeiro *set*, o público está de pé e literalmente se esgoelando junto conosco. Apesar de não ser muita gente, parece ser um grande sucesso.

Nós saímos do palco e desaparecemos no camarim para jogar no chão nossas roupas encharcadas de suor; como não há nenhuma porta, a maioria do público também entra. Nos fazem um monte de perguntas sobre o nosso estilo: "De onde vocês tiraram isso?" "Como vocês fazem aquilo?" "Vocês são massa, caras". Isto é muito diferente da cena de Londres – essas pessoas realmente parecem gostar de nós por causa da música que estamos fazendo e não parecem incomodados com a credibilidade punk. Menos ligados na moda e mais musicais, eles compreendem a música como ela organicamente acontece no palco. Conforme o tempo passa, eu percebo que as audiências dos EUA são as minhas favoritas, porque elas apreciam a música de forma mais natural. Eles levam isso a um nível visceral. Talvez na escuridão do CBGB eles sejam mais receptivos conosco. Eles não sabem nada sobre nós – nós nos levantamos ou caímos na música sozinhos, um tiro certeiro, sem a cortesia caluniosa dos "proto-hippes do outro lado do punk" da revista inglesa *Sounds*.

Nosso segundo *set* no CBGB começa por volta das duas e meia da manhã, e repetimos o primeiro quase sem nenhuma variação. Estamos com tão pouco material que não temos muita escolha a não ser improvisar e estender todas as partes instrumentais no meio das músicas. Esta falta de material torna-se um importante fator na criação de nosso estilo, porque isso significa que precisamos extrair o tanto quanto possível de cada música para tocarmos o tempo necessário. Embora tenhamos ensaiado muito em Londres, tocar em frente a um público toda noite por três semanas vai ser uma experiência diferente. A energia de um público nos dá o poder de tornar nossas *jams* intermináveis. Começamos a engrenar e seguimos em direção a uma nova pegada em nossa música que simplesmente não acontece em uma sala de ensaio, provando o axioma de que um show na frente de uma plateia vale dez dias de prática.

Algumas pessoas se referem à nossa música como *space jams*. Nós somos capazes de chegar a um lugar onde – com uma combinação de delay, batidas Trenchtown, harmonia dissonante e o tom de tenor de Sting elevando-se sobre tudo –, começamos a soar como uma versão punk do Weather Report. Mas sem acordos formais ou rígidos arranjos iniciais, a música se desenvolve naturalmente e nós encontramos o nosso caminho, empurrando, puxando e reagindo uns com os outros. A partir de um pequeníssimo repertório de seis ou sete músicas – *"Landlord"*, *"Roxanne"*, *"Can't Stand Losing You"*, *"Nothing Achieving"*, *"Next to You"*, *"Truth Hits Everybody"* e *"Hole in My Life"* – somos forçados a uma nova liberdade e a uma maneira de tocar que se torna o nosso estilo. Deixamos o CBGB naquela noite com o som da multidão em nossos ouvidos e um sentido de renovação encharcada de suor.

Nós seguimos nosso caminho até a costa leste, tocando em lugares como Willimantic, Philadelphia, Syracuse, Rochester e Buffalo. Uma noite, nós chegamos a uma cidade chamada Poughkeepsie para tocar em um local apropriadamente chamado de Last Chance Saloon[18]. Faz muito frio e nós descarregamos nosso equipamento da van debaixo de muita neve. Parece um lugar decente, mas, obviamente, hoje à noite nós não vamos ter um público. Há quatro pessoas. Estas são almas resistentes ou insanas que enfrentaram o frio entorpecente para ver uma desconhecida banda inglesa de punk chamada The Police. Quatro? Por um momento, temos uma sensação de desgraça – talvez estejamos fadados ao fracasso, mesmo neste país e, de repente, sentimos o sucesso do CBGB a uma imensa distância de nós. Mas montamos nosso equipamento e, depois de comermos algo, estamos bem recuperados para dizer: "Ah, foda-se, vamos tocar, precisamos ensaiar e, pelo menos, vamos nos aquecer". E subimos ao palco de frente para nossa quase invisível plateia e damos um show completo, saltando como maníacos, fazendo um estardalhaço, botando banca e improvisando que nem uns loucos. Os quatro receptores desse caos respondem na mesma moeda com aplausos veementes e, de uma maneira perversa, nós nos divertimos – ligamos o foda-se em relação a isso, e seja o que Deus quiser. Depois do show, todo mundo se junta a nós no vestiário e nos diz o quanto eles curtiram. O gerente nos diz que ficou surpreso com nossa performance e adoraria nos contratar novamente, apesar do público lamentável. Voltamos para o motel nos sentindo bastante satisfeitos conosco mesmos.

Em Boston, temos quatro noites agendadas na boate The Rat, um porão com uma temática alemã no meio da cidade. A A&M dos EUA, apesar dos protestos iniciais de Miles, de não nos trazer para a América, está agora ficando interessada. Só porque assinamos com a gravadora do Reino Unido não significa que a A&M americana queira se envolver ou investir algum dinheiro. Mas agora, depois de ter visto a gente tocar e de como somos recebidos pelo público dos EUA, eles fazem uma mudança radical e aparecem na The Rat vestindo roupas de policial e distintivos de xerife e distribuindo todo o tipo de objetos da polícia como algemas, cassetetes de borracha, apitos e insígnias. Achamos que esse é o começo de uma loja policial, uma tradução pateticamente literal do nome estúpido da nossa banda. Isso vai continuar acontecendo por alguns anos com algumas das mais ilógicas promoções imagináveis do The Police, até que, finalmente, batemos pé firme e lhes dizemos que não vamos aparecer mais se eles insistirem nessas merdas de polícia. Junto com isso, é claro, temos

---

[18]Nota do tradutor: Bar da Última Chance.

que aturar as intermináveis manchetes das críticas como POLÍCIA JUSTA, PERFORMANCE APRISIONANTE, POLICIAIS APITAM DESESPERADAMENTE.

Boston tem uma estação de rádio, WBCN, cujo DJ mais popular é um cara chamado Oedipus. Oedipus está tocando *"Roxanne"* sem parar; em outras palavras, ela vai ser ouvida, pelo menos, uma vez por hora. A música, que também está sendo tocada por outras estações de rádio, está se tornando um *hit* em Boston. Estamos entusiasmados ao ouvir isso e, quando recebemos uma solicitação da A&M para fazermos várias entrevistas em diferentes rádios na área, estamos prontos para ir. Por causa do furor do Sex Pistols, a mídia dos EUA está ciente de que existe algo chamado punk ou new wave acontecendo na Grã-Bretanha, mas têm encontrado dificuldades de compreender na forma do Sex Pistols, que era muito crua, muito britânica e não tinha uma música que eles achavam que pudessem tocar no rádio. Nós preenchemos esse espaço perfeitamente. Temos uma música ótima, eles pensam que somos uma banda de punk, podemos articular a nova cena e nós não destruímos escritórios nem insultamos as pessoas – pelo menos, não na cara delas.

Nós esgotamos quatro noites na The Rat e, de repente, sinto que estamos no caminho certo novamente, embora não haja nenhum sucesso tangível, além do aplauso do público toda noite. A esta altura, *"Roxanne"* está sendo tocada apenas como uma importação e não é um lançamento oficial, mas agora, enxergando seu potencial, a A&M muda de ideia sobre nós e decide lançar o álbum nos Estados Unidos.

Apesar do rigor da viagem, vans e condições de neve, estou animado com a nossa transformação de absolutamente nada para alguma coisa. Talvez eu esteja finalmente na banda certa. Eu não posso bancar isso, mas, todo dia, no corredor congelante de um hotel de beira de estrada, ligo para Londres para falar com Kate e para saber como ela está e lhe falar sobre como vai a turnê. Ela é estóica, calma e encorajadora. Ela é a única com coragem, não eu.

Nós dirigimos para o centro-oeste, para Cleveland, onde temos um show no Pirates Cove. É final de outubro e paramos na porta do palco frios e desanimados. Lá dentro, o ambiente crepuscular do clube está impregnado com um leve cheiro de cerveja e cigarros, o vestígio de solidão acentuado pelos cartazes berrantes na parede. Há um pequeno palco em uma extremidade onde nós vamos tentar agitar as pessoas. Enquanto estamos montando o equipamento, quatro ou cinco caras que se parecem com roadies vêm até nós e perguntam o que diabos pensamos que estamos

One Train Later

fazendo e quem diabos somos nós. Nós explicamos para eles: a porra da banda de apoio. Eles grunhem um para o outro e nos dizem que eles estão aqui para arrumar as coisas para Raven Slaughter, o astro local, e que precisam fazê-lo antes de nós. "Ok ok, como quiserem", dizemos, deixando que eles façam seu pequeno jogo de poder, e nos retiramos para o camarim, onde nós nos mijamos de rir. Raven Slaughter – até hoje em dia.

A banda finalmente aparece, e não estamos desapontados. Com couro preto, cabelo bíblico, delineador de olhos e *spikes* de metal, eles se parecem com fugitivos de um filme de Drácula. Eles nos ignoram – não somos nada, eles são a Raven Slaughter – e tentamos manter uma cara séria, mas é difícil. O guitarrista se chama Killer e ele bebe de uma vez uma garrafa de tequila. Em nosso pequeno canto do camarim, tranquilamente fazemos observações como "Duro, sempre tão duro", e continuamos lendo nossos livros de bolso. Após o show, depois de eles brilhantemente atenderem todas as nossas expectativas com músicas sobre a escuridão que se aproxima, Satanás, lobisomens e tal, assistimos como, gradativamente, o pobre e velho Killer vomita até a alma em um canto do camarim – uma noite de trabalho completa.

Nós terminamos a turnê com um show no CBGB. Depois de três semanas tocando, nos tornamos um grupo de sucesso e terminamos com um show agressivo, comigo dando tudo que posso, porque estou desesperado para voltar para casa, para Kate e para o nascimento iminente de nossa filha. Depois de ficar deitado no chão do apartamento de um fã por quase uma hora depois do show, olhando como um zumbi para um pôster do Jimi Hendrix, eu pego um táxi para o JFK, para pegar o voo que sai às seis da manhã, rezando para chegar lá em tempo. A corrida me leva o último dinheiro que eu fiz da turnê, e eu rapidamente me pergunto como vou de Heathrow para Putney.

215

TREZE

Kate solta um suspiro audível de alívio quando eu entro no apartamento, e eu ecoo isso. Ela está tão esticada ao ponto de parecer que vai explodir, tendo segurado por pura força de vontade até meu retorno. Algumas horas depois, quando terminamos a comida chinesa que pedimos e rastejamos para a cama, ela começa a ter contrações. Os papéis estão invertidos: ela está serena e estou com os nervos à flor da pele, andando para cima e para baixo no corredor até que ela me diz para relaxar – vai ficar tudo bem. As contrações duram toda a noite, eu ligo para o hospital a cada cinco minutos, perguntando se nós já poderíamos ir, sem ter muita certeza, e tentando responder a perguntas estranhas como "Ela tem dilatação?" Sento na cozinha e como o resto da comida chinesa e me pergunto se estou ficando com gripe. Mas, finalmente, uma parteira chega e diz que é hora de ir e, com muito cuidado, descemos três lances de escadas, saindo para a névoa de Londres, e para o recém-consertado e indomável Dyane 6 para dirigir cerca de cinco quilômetros em uma hora até o Hospital St. Mary, em Chiswick.

No hospital, tudo é rotineiro e eles assumem sem pestanejar. Kate é levada para a sala de parto e começa a dar à luz imediatamente. Eu pairo inutilmente em um canto como um pardal sobre uma perna, chorando debilmente, "Empurra", junto com todos os outros, mas o bebê não vem – algo está errado. Depois do que parecem horas de esforço sem sucesso, os médicos percebem que o cordão umbilical do bebê está enrolado em torno de seu pescoço e que o incessante esforço para parir só está estrangulando o bebê. Eles arrumam um par de tesouras de aparência medieval e gritam que vão cortar o cordão. Eles fazem isso e, como uma rolha de uma garrafa de champanhe estourando, a minha filha chega ao mundo. Há um outro momento tenso de silêncio quando ela é transportada para um pequena mesa e, em seguida, como de praxe, é estapeada no bumbum, o que causa um choro saudável de bebê e uma enxurrada de lágrimas minhas, seguidas por umas gargalhadas insanas enquanto abraço Kate e babamos um ao outro. Nós olhamos para a nossa filha admirados, uma vida, um ser, um milagre. Eu vou para casa mais tarde naquele dia, radiante e devastado com a experiência. Eu ligo para os meus pais, amigos e parentes; lhes dou a notícia; e, em seguida, sentindo-me frágil, desmaio por quase 16 horas.

Os próximos dias são preenchidos apenas com visitas ao hospital e familiarização com o novo mundo da paternidade que nós agora habitamos. Stewart é doce o suficiente para fazer uma visita com um grande buquê de flores e amavelmente perguntar a Kate: "O bebê – já pode pegar ela?". Em poucos dias nós precisamos ir embora, trazer o bebê para casa e fazer isso sozinhos. Essa é uma perspectiva horrível; fazer uma turnê pela América não é nada comparado com isso. Está chovendo torrencialmente na tarde em que eu busco Kate e a nenê Layla no hospital. Meio paralisado e com medo de que talvez alguma coisa aconteça no caminho de volta e levemente aborrecido porque o limpador de para-brisas funciona apenas uma vez a cada dez minutos, eu dirijo tão lentamente com Kate e o bebê voltando para Putney que causo um engarrafamento na ponte Hammersmith. Mas eu não ligo. "Bebê recém-nascido, cara", eu grito para os dedos levantados que me são mostrados dos carros que nos ultrapassam.

De volta ao apartamento, nós temos um quarto especial para o bebê com um berço pronto para ser usado e com um pequeno alto-falante plástico que comprei na Marks & Spencer para monitorar a respiração do nenê. Nós quase não dormimos na primeira noite, cutucando um ao outro todo o tempo e nos perguntando nervosamente "Você está ouvindo ela?" "Eu não tenho certeza – melhor dar uma olhada". E assim nós vamos como novos pais no mundo, sofrendo e nos alegrando, mas, no meio tempo, há uma pequena questão de uma banda de rock com sua própria boca esfomeada.

Miles arrumou uma turnê para nós como banda que abre para a Alberto y Los Trios Paranoias. A Alberto é uma banda de rock cômico com mais ou menos oito membros que desfrutam de muita popularidade no

circuito universitário. O cachê é de cinquenta libras por noite, e nós estamos felizes de conseguir esse trabalho, uma pequena esmola que vai nos permitir continuar com a fantasia por mais um tempo.

O primeiro show é na Universidade de Bath. Sem ensaiar, nós saímos de Londres em uma tarde no final de dezembro, felizes por estarmos novamente juntos e não sabermos realmente o que esperar dessa turnê. Não parece que é o nosso público – mas, de qualquer forma, não temos um público. Montamos nosso equipamento no palco antes da Alberto. Apesar de sermos a banda que vai abrir, estamos, pelo menos, sendo pagos, além de ansiosos para tocar para uma plateia lotada. A impressão é que cabem cerca de mil pessoas no auditório, dez vezes mais do que os moquifos do tamanho de caixas de fósforos em que costumamos tocar. A hora do show chega e obedientemente vamos tocar para aquecer a multidão para a Alberto. Quando chegamos em frente a nossos amplificadores e bateria, o salão irrompe em caos. Um mar tumultuado de couro preto, cabelos espetados e camisetas rasgadas correndo na direção do palco e se empurrando contra ele como se esta fosse a última banda que fossem ver na vida. Por uns instantes, ficamos chocados; que diabos está acontecendo? Este é o público da Alberto? Mas no calor do momento não podemos parar para analisar, mas sim reagir e começar a agitar com o nosso *set*, em resposta à onda de adrenalina como se este fosse o nosso último show. É um pandemônio; dificilmente podemos nos ouvir, mas inspirados pelo vigor em nossa frente, fazemos um show foda e deixamos o palco com uma multidão aos gritos, meninas histéricas nos chamando de volta.

A pobre Alberto fica do lado do palco em estado de choque, com os rostos brancos como giz. Quando chegamos aos bastidores seu baterista, Bruce, comenta com um olhar perplexo no rosto, "Então, esse é o jogo de vocês, não é?" Estamos tão deslumbrados pelo que acabou de acontecer que nos sentimos quase arrependidos como se tivéssemos jogado sujo; o que não verdade, e, obviamente, ia ser muito difícil bater nossa apresentação. A Alberto percebe que pode ter cometido um pequeno erro, mas, de volta ao vestiário, estamos praticamente eufóricos e ensandecidos. Como isso aconteceu? Em Londres, somos recebidos com frieza, mas aqui – aqui, nos arredores de Bath, somos deuses.

Depois de perguntarmos despreocupadamente, descobrimos que *"Roxanne"* e *"Can't Stand Losing You"* se tornaram legendárias fora de Londres. Hoje à noite, assistimos à manifestação de seu sucesso. Vamos embora passando por uma multidão enlouquecida, com meninas chorando e se atirando contra nós, o que se repetirá a cada noite da turnê de vinte dias. Naquela noite, voltamos para Londres berrando de alegria como se tivéssemos vencido uma luta pela primeira vez e certos de que podemos fazê-lo novamente. Chegando de volta em Putney, pelas duas da manhã, minha cabeça atônita por causa das horas anteriores, abro a porta do apartamento, tropeço no fio do monitor da bebê, praguejo, me recupero e entro no quarto na ponta dos pés – o mundo de mãe e filha. Kate está acordada, dando de mamar à bebê. Eu sussurro no escuro, "Como vocês estão? Você não vai acreditar nisso..."

A turnê da Alberto chega ao fim três semanas depois com a gente se sentindo triunfante e convencido. Pela primeira vez em meses, a cena para e, ao invés de me movimentar entre o curto espaço entre as batidas da bateria e os gritos das plateias, desembrulho presentes de Natal, assisto televisão e chamego Kate e nossa nova filha. O cheirinho de bebê age como um novo e estranho sonífero, e, por um momento, relaxo em um estado de calmaria, mas eu sei que isso é apenas temporário no processo. Nós vamos voltar para a Alemanha logo depois do Natal, para trabalhar com Eberhard novamente. Nosso relacionamento com ele está mudando. Está rapidamente se tornando evidente que somos uma banda de sucesso, e trabalhar com Eberhard nos parece algo que não é prioritário, embora ainda precisemos do dinheiro. Nós concordamos em fazer a turnê. Nós gostamos dele, e sem ele nós poderíamos ter sido forçados a nos separar, então, em 09 de janeiro, voamos para a Alemanha.

Nós fazemos a turnê de vinte dias, indo de uma cidade alemã para outra e aproveitando o fato de que estamos trabalhando e fazendo algum dinheiro, mesmo meio que colocando a nossa própria carreira em espera. Mas, desta vez, estando mais fortes, insistimos em abrir o show com quatro de nossas músicas próprias, que estão em claro contraste com o resto da noite com o sua quarteto de cordas e sons sintetizados.

Um dos destaques desse show é uma música chamada *"Code Word Elvis"* em que eu toco guitarra clássica com um quarteto de cordas na abertura da música e então corro até o meio do palco para pegar a Telecaster e mandar um solo elétrico. Eu tenho que, rapidamente, mas com cuidado, apoiar a guitarra clássica no chão, desembaraçar-me detrás da estante musical, lembrar-se de não tropeçar no meu banquinho e, em seguida, correr 4 metros do palco, deslizar para perto do amplificador, chicotear a Telecaster e lançar um solo incendiário enquanto Eberhard levanta sua sobrancelha esquerda e batuta, e tudo isso é executado sob o atento riso dissimulado do público alemão, esperando que eu arruine tudo. Finalizando o solo, eu corro de volta para o quarteto de cordas enquanto um solo de bateria de compasso quaternário é executado e me recomponho em um comportamento de músico-clássico para entoar alguns doces arpejos com o quarteto. É uma tarefa um pouco complicada, pra dizer o mínimo, mas, a cada noite, ela funciona bem com o público, que aposta se eu vou tropeçar ou não no violinista principal.

Voltando à Inglaterra cor-de-petróleo, em fevereiro de 1979, somos aclamados pelo intenso foco da mídia que parece dissipar todas as dúvidas sobre o nosso futuro. Embora a maior parte do mundo ainda não nos conheça, a Inglaterra está, de repente, atrás de nós, com os jornalistas batendo na porta e propostas vindo de todos os lugares. A A&M agora se dá conta do nosso potencial e está ansiosa para se dar bem com o nosso segundo álbum. Há um burburinho do tipo "vocês não querem usar um grande estúdio em Londres, ter um produtor famoso?" – como se isso assegurasse que eles vão obter os hits que querem – mas eles não veem que a fórmula mágica já está em vigor. Nós optamos por continuar na Surrey Sound. Nós decididamente não queremos um produtor ou alguém nos dizendo o que fazer; temos três produtores na banda. Nós gostamos de Nigel e do estúdio fedido e escuro em Leatherhead que fornece a atmosfera criativa que precisamos, e nós voltamos.

Desta vez, gravar parece diferente, pois somos bem providos de um novo olhar, da energia escura do CBGB, da energia visceral do palco, das tensas improvisações e o aumento repentino do público. Tomados por esta

One Train Later

efervescência, nós voltamos ao estúdio como se nós já o dominássemos. Nós ainda temos que fazer a gravação, mas ela é mais rápida desta vez, porque agora temos uma identidade, um som característico e estilo que é a música da The Police. Sting se estabeleceu como o principal compositor e traz novas músicas, duas das quais, *"Message in a Bottle"* e *"Bring On The Night"*, são pérolas. Nós passamos por um processo de conhecer a música e, em seguida, fazer novos arranjos para lhe dar o som da The Police, o que significa levá-las a um lugar em que o som seja conciso, enxuto e livre, a carne perto do osso. *"Message in a Bottle"*, *"The Bed's Too Big Without You"*, *"Walking on the Moon"* e *"Bring on the Night"* são todas grandes músicas, e nós discutimos e nos empenhamos para adequar as faixas que permanecem com o firme compromisso das nossas ideias.

À medida que gravamos, desta vez, estamos alimentados por uma onda de emoção e expectativa. Somos um sucesso como uma banda e, conduzidos pela pressa de tocar juntos, estamos determinados a impulsionar ainda mais o nosso sucesso emergente. Nosso engenheiro Nigel avalia e nos empurra na direção certa, mas nos deixa experimentar nossas ideias, então, a atmosfera é criativa, ousada, fluente. No espírito de abrir o som de uma banda de três elementos, eu experimento uma variedade de pedais de efeitos diferentes. Sob meu pé agora eu tenho um flanger, um phaser, um compressor, uma caixa de fuzz, tudo o que eu emito através do Echoplex. Eu raramente tento tocar qualquer outra guitarra que não seja a Telecaster, porque ela parece funcionar com quase tudo. Nós fazemos nossa *jam* estendida no palco de *"Can't Standing Losing You"* no título instrumental da música – *"Regatta de Blanc"* – do álbum. Com harmônicos da guitarra e hits ricocheteando a caixa da bateria de Stewart, esta peça soa como nenhuma outra. *"Deathwish"*, uma música nova de Sting, é tratada com um ritmo à la Bo Diddley e ganha uma moderna roupagem com o uso do Echoplex. Para a introdução de *"Walking on the Moon"*, eu toco um grande brilhante ré menor com décima primeira que atua como uma fanfarra para a memorável melodia subsequente. *"Bring on the Night"* tem um belo arpejo de guitarra clássica e uma linha de baixo pungente que acompanha a linha vocal. *"Message in a Bottle"* é uma obra-prima das músicas pop escritas por Sting, e será sempre uma das minhas favoritas. De alguma forma, neste momento somos capazes de pegar a energia do punk e combiná-la com uma abordagem mais melódica e harmônica para que o resultado tenha a pegada e modernidade necessárias, e não a complacência ou a qualidade inflada do rock do início dos anos setenta. É um momento inquantificável, quando três pessoas certas se reúnem sob as circunstâncias corretas, no momento certo. Não existe uma fórmula para isso – e nós simplesmente a criamos à medida que trabalhamos juntos, mas sempre com a intenção de chegar a algo que tenha uma tensão interna. Brigamos a respeito da música, mas é uma unidade segura. Mais tarde, muitos músicos se aproximam de nós com uma expressão um pouco irônica e mencionam que eles gostariam de ter pensado o mesmo. Mas isso nunca teria acontecido, a música da The Police só poderia ter sido feita apenas por nós três. Gravar *"Regatta de Blanc"* é um momento que permanece como um dos melhores na nossa história.

Dale e Mike, os caras da A&M, aparecem uma noite, e é gratificante ver seus sorrisos espontâneos quando tocamos *"Message in a Bottle"*. Dentro de duas semanas, o álbum está pronto. Podemos fazer isso porque nós gravamos como se estivéssemos nos apresentando para um público, e o estúdio é quase como um show. Não precisamos de muita ajuda, além da engenharia de som, e apesar da brincadeira e do tom sarcástico que usamos uns com os outros, a verdade é que sabemos onde queremos ir. Nós nos tornamos uma unidade selada, hermética, impossível de penetrar. A A&M vê isso e nos deixa seguir em frente.

Neste momento, na Grã-Bretanha, há um popular programa de televisão chamado *Rock Goes to the College*. A cada semana uma faculdade em algum lugar do país é escolhida como o local para uma banda de rock atual fazer um show. Nós ainda não nos sentimos grande o suficiente para conseguir este tipo de exposição, mas ficamos entusiasmados quando somos convidados a fazê-lo. Somos agendados para a Hatfield Polytechnic, um passo muito importante por causa da exposição nacional e porque vai ajudar a nos impulsionar.

Em casa, eu tento ser totalmente atento a Kate e Layla, mas acho difícil estar tão presente como deveria, o sucesso da banda tende a arrastar tudo, ser tudo, comer tudo. Sinto que estou andando em uma corda bamba. O telefone toca sem parar, o bebê chora, a imprensa bate na porta, o monstro começa a levantar do fundo do lago e partimos no caminho do sucesso e, mutuamente, da destruição assegurada.

Em 21 de fevereiro, nós dirigimos pela autoestrada M4, passamos pela placa que diz Hatfield and the North, uma placa que bandas identificam como um lembrete constante de que mais uma vez estão prestes a viajar para longe de casa, trancados em uma van suja, com uma pilha de tambores e amplificadores. Estranhamente, ninguém que conhecemos jamais viu ou esteve em Hatfield, e a crença geral entre bandas é que este lugar realmente não exista. Mas hoje estamos animados porque, como se fossemos às antigas ruínas de Éfeso, na verdade, estamos indo ver Hatfield – ou pelo menos a faculdade.

Depois de superar as maravilhas de Hatfield, nós tocamos à noite para um estrondoso público universitário. Nós tocamos "Message in a Bottle", "So Lonely" e "Can't Stand Losing You" e eles rugem em sinal de aprovação. Estamos nervosos porque esse show parece representar uma chance de arrebentarmos, mas agora alimentados pelas turnês na Costa Leste e a Alberto, conseguimos ficar relaxados o suficiente para passar por isso com excitação e convicção suficientes para apresentar um *set* forte. Stewart e eu também contribuímos com *backing vocals*, mesmo que isso não seja o nosso forte; as partes que tocamos são muito complicadas para um monte de oôoooos e aaaaaahs, mas cantamos de qualquer maneira. Kate veio para o show e trouxe Layla com ela, agora com três meses de idade. Nós voltamos para Londres no ônibus da A&M, sentados na parte de trás. Atordoado por tudo o que está acontecendo, eu olho para a M4, que tenho atravessado constantemente na minha vida e penso, *Talvez desta vez...* Eu me viro para Kate no escuro; a bebê está dormindo, mas Kate sussurra, "Eu acho que ela pode estar em choque – o volume..."

Nós temos duas semanas de folga e, então, como se nunca tivéssemos partido, voltamos aos Estados Unidos. Fizemos bastante barulho em nossa primeira turnê *"salve a banda"* para garantir uma segunda chance e porque agora nós também estamos oficialmente no selo da A&M americana. Deixando Kate e um bebê de três meses de idade em Londres, pego um táxi para Heathrow cheio de sentimentos contraditórios. Este voo é para Los Angeles.

QUATORZE

Sob o avião, uma megalópole de joias abre suas asas sobre as Montanhas de Santa Mônica como uma borboleta gigante. Nós pousamos e um sentimento de aprisionamento inunda minha cabeça, adoçado apenas pela avaliação de que talvez aquilo fosse necessário; este é o lugar onde eu me salvei, reequipado para o futuro, encontrei uma companheira, preparei o terreno para o que quer que essa coisa nova fosse resultar. Pela janela, observo o aeroporto de Los Angeles. Temos três noites marcadas no Whiskey.

O Tropicana Motel, com seu cheiro de carpete felpudo, produtos de limpeza e cloro da piscina, é uma lembrança nítida da desprezível Hollywood e o torpor de fracasso no sol brilhante. Eu acordo para o brilho incandescente da Califórnia abrindo as cortinas meio rasgadas e, por um segundo, sou tomado por um sentimento de futilidade e depressão familiar. Eu me deito sob os lençóis por um momento para deixá-la passar, antes de finalmente me levantar e lembrar que o café Dukes faz parte do hotel; você nunca sabe quem pode encontrar lá.

Como um antro saído de um romance de Bukowski, o Dukes tem sido o ponto de encontro para muitos escritores lendários, roqueiros e personagens variados, incluindo The Doors. Estou animado por voltar aqui como parte desta banda, mas tenho que me livrar das duras memórias acesas que pipocam no meu cérebro como se para acentuar o meu vazio, como se para me lembrar de que, enquanto o resto da cidade rolava em dinheiro, fama e celebridade, aos vinte e seis anos, eu já não conseguia pensar em uma razão para sair debaixo dos lençóis.

One Train Later

Stewart e eu tomamos café da manhã juntos. Não há ninguém notável no restaurante, e nós decidimos caminhar pelo Strip[20] para ver se o nosso nome está na fachada do Whiskey. Depois do inverno londrino, o brilho efervescente e o tremor de Los Angeles entram na corrente sanguínea como champanhe e, de repente, é intoxicante. Nosso nome paira sobre o Strip e nós caminhamos pela rua rindo porque nos sentimos muito bem. Percebo a ironia de voltar ao Whiskey; que pouco mudou ao longo dos anos, mas desta vez ele parece diferente, como um portal encantado, um ponto na bússola pelo qual devemos passar e, para nós, é igual ao Hollywood Bowl.

Os ingressos no Whiskey esgotam e tocamos para uma plateia quente e suarenta. Eu já estive neste palco antes, mas é isso. O pessoal da A&M está presente todas as noites, e até mesmo Jerry Moss – o M da A&M – vem para nos assistir. Aqui, longe do julgamento de Londres, temos credibilidade. Ninguém se preocupa com nosso passado, apenas com a música que estamos fazendo agora. Isso parece justo. Nós podemos ter sucesso ou fracassar como banda e já não temos que nos desculpar por ter pego um guitarra antes da era punk.

Toda noite nós tocamos *sets* agressivos e cheios de distorção na maior altura e improvisando com *"Roxanne"*, *"Message"* e *"The Bed's Too Big"*, e saímos do palco encharcados de suor e inebriados pela adrenalina que emana do público. Após o rugido final da bateria, baixo e guitarra subimos correndo para o vestiário, onde desmoronamos esgotados no sofá e nas cadeiras surrados, atordoados, mas triunfantes. Dentro de cinco minutos as pessoas começam a bater na porta e, com toalhas ao redor de nossos pescoços, nós as deixamos entrar. "Vocês estavam excelentes, uau, eu realmente gosto da sua música, muito legal, onde você consegue esse som?" A ladainha que está se tornando familiar começa novamente. O camarim rapidamente fica lotado de fãs, simpatizantes, piranhas, vampiros e predadores que nos instigam com tons sedosos de persuasão, que nos oferecem sexo e drogas – o que for preciso para entrar. O burburinho de conversa animada e energia sexual inundam este pequeno cômodo sobre o Strip, e parece que o verdadeiro show está acontecendo no camarim depois da apresentação. Eu vejo alguém que uma vez ameaçou me matar com uma arma; ele olha para mim, depois se vira e vai embora. Velhos amigos aparecem para me ver, espantado mas feliz que estou agora nessa banda que parece estar indo, como um foguete, em direção ao grande

---

[20]Nota do tradutor: Strip é um trecho da Sunset Boulevard, zona oeste de Hollywood, famoso por ser muito frequentado por roqueiros, ser o coração da indústria do entretenimento e ter muitos outdoors.

Andy Summers

momento. Bajulação nos atinge em uma onda quente como um novo e estranho sol. É preciso se acostumar e, como rostos aparecem e desaparecem, eu me sinto como se estivesse no meio de uma sala de espelhos distorcidos. As pessoas estão se relacionando conosco de uma maneira diferente, como se já estivéssemos em um pedestal, tivéssemos um poder que nos diferencia, e eles nos fitam com um olhar turvo de adoração.

Depois do show, andamos pelo Strip e nos amontoamos no Ben Franks sentados com torta de limão merengada e chocolate quente ou ovos mexidos e *hash browns*[21] enquanto, nas mesas ao nosso redor, metade do público está sentada e sorvendo bebidas espumosas por canudinhos. Eles fingem não nos ver, mas é uma farsa. "Nossos primeiros *stalkers*", diz Stewart. "Acostume-se com isso", diz Kim, soprando um anel de fumaça perfeita em direção a uma das mesas.

Deixamos Los Angeles e começamos nossa trajetória ziguezagueando por todo o país. Enfrentado quilômetros intermináveis de asfalto preto e sem tempo suficiente para chegar onde estamos indo, desmoronamos no carro cheio de antigripais e vitamina C, em uma tentativa de ficar bem o suficiente para tocar. Austin, Houston, Dallas, Chicago: nós sugamos a distância, cuspimos o asfalto. É março, e nós dirigimos e dirigimos e dirigimos, sob uma chuva sem fim e neve, grandes torres de nuvens de tempestade e chiado de rádio. Dormindo e fungando, com olhos semicerrados observamos a pradaria, as planícies, as montanhas encobertas por *cumulus* na esperança de ver um búfalo ou uma reserva indígena. Nós entramos em paradas de caminhões mal-encaradas para comer hambúrgueres, sanduíches de atum e batatas fritas na companhia de um monte de caras durões que poderiam nos esmagar com uma mão. Ao lado deles, parecemos mocinhas indefesas. Nós recebemos olhares estranhos e, geralmente, não ficamos por muito tempo, mas passamos apressados pela loja de presentes, agarrando cartões postais, bonecas kachina[22] e pacotes de chips de *tortilla*. As paradas são um universo só de americanos de caminhões monstruosos, motores, veículos com distância exagerada entre eixos, rádios amadores, música country e os homens que lutarão pelos Estados Unidos da América.

No final da tarde quando o neon de uma pequena cidade começa a pulsar nos últimos raios de luz solar, nós entramos em um estacionamento

---

[21]Nota do tradutor: bolinho frito em forma de hambúrguer feito com batata ralada.

[22]Nota do tradutor: bonecas dos povos nativos americanos, utilizadas em cerimônias religiosas.

de um pequeno edifício de concreto. Este é o lugar onde nós vamos tocar; nós sabemos por que o nosso nome está em frente em uma coisa de plástico preto-e-branco, mas eles esqueceram o "The" e lê-se apenas "PO ICE" – sem capitalização, o "L" no chão em algum lugar. Alguém diz: "A porra do L", e todos nós damos uma risada cansada. Sentado no seu Camaro está um homem de meia-idade, com um longo e grisalho rabo de cavalo que tira um Marlboro de sua boca e sorri pra gente. "Stingstewartandy", ele fala lentamente. "Prazer conhecêeeee, sôooo Rick. Sentoos trazer quirrapais, ok, vamo". Ele está entusiasmado e, cansados, nos empilhamos na parte traseira de seu Camaro e corremos para a loja de discos onde está programado que façamos uma aparição e autografemos álbuns. Estes *in-store*, como são chamados, são cenas de multidões em que autografamos não só os nossos álbuns, mas partes da anatomia e qualquer outra coisa que é empurrada na direção das nossas canetas. Nas paredes, cartazes de tamanho grande em cores chocantes têm nossos rostos e nomes, detalhes de competições organizadas pelas rádios locais e os nomes das músicas do nosso primeiro disco.

Não sabemos nada sobre estas coisas com antecedência e, como bêbados encarando um espelho, ficamos espantados ao nos ver nesses lugares – Austin, Dallas, Chicago, Pittsburgh. Como estrelas de filmes de Hollywood, estamos próximos às caixas cheias com discos do Black Sabbath, Neil Young, Joni Mitchell, Beatles e é emocionante porque, de repente, parece que somos realmente parte da cena musical, como artistas profissionais e ainda mal começamos. Meninas se empurram e brigam entre si para chegar perto de nós e puxarem suas camisas para que Sting, Andy ou Stewart escrevam em seus decotes, e riem histericamente enquanto a caneta penetra suas peles. O sexo é uma parte da equação, sexo é rock and roll, sexo faz tilintar a caixa registradora.

De volta ao Camaro, Rick aponta para os vários braceletes de turquesa e prata que cobrem seus pulsos e – diminuindo a voz estrondosa cheia de *reverb* do DJ da estação de rádio local, que está anunciando o nosso show hoje à noite como se fosse a segunda vinda de Cristo – nos diz que eles são símbolos Navajo. Dando um trago no toco de seu cigarro e olhando pelo para-brisas como se em busca de chuva, ele descreve o que alguns deles significam – os mitos, o sol escalando o céu, a concepção do nativo americano sobre o mundo – e, então, exalando uma nuvem fina de fumaça no ar e, simultaneamente, acelerando o motor, nos diz que sua mãe era uma Navajo, e saímos do estacionamento.

Na estação de rádio, falamos "ao vivo" para o DJ local, Redbeard, sobre nossas façanhas, o que estamos fazendo no país, onde a turnê está indo, de onde *"Roxanne"* veio, porque The Police. Existe um aspecto competitivo nestas entrevistas, porque cada um de nós quer falar, mas Stewart, que é extremamente verborrágico, dificulta que Sting ou eu consigamos falar qualquer coisa. No futuro vamos fazer entrevistas separadamente para que cada um de nós tenha seu próprio espaço. Exaustos por causa de tudo isso, nós finalmente voltamos ao local do show, passamos o som de maneira desleixada e caímos em um canto do *backstage* entre caixas de cerveja, uma mesa de bilhar e um amontoado de cadeiras quebradas e desmaiamos até o primeiro *set*. Estas entrevistas, tardes de autógrafos e shows são um período intenso de trabalho duro alimentado por adrenalina e força de vontade, mas não nos queixamos porque nós estamos lutando para fazer isso e talvez desfrutar de uma boa luta. Nos Estados Unidos, as estações de rádio tocam apenas música segura e estereotipada que é comprovada e que se encaixa na ideia dos anunciantes de entretenimento inofensivo de meio termo. Nossa música não é material para *play-list*, e nós temos que lutar contra esta convenção, aceitando todas as entrevistas de rádio que podemos e proselitismo para a nova cena musical.

Nós nos hospedamos em hotéis de baixo nível como o Days Inn e edifícios com nenhum outro nome além de "hotel" e ficamos constantemente doentes com gripe, vírus e dores de garganta que passam entre nós como um jogo de pingue-pongue. Não nos ocorre que talvez nós devêssemos recuar um pouco. Tentamos dormir no carro durante a viagem para o próximo show, tomando sedativos de venda livre e acordamos algumas centenas de quilômetros depois de ressaca e grogues de sono que não dormimos. As estradas americanas se estendem como um sonho escuro, e os quartos de hotel, com o seu resíduo químico estranho e mesmice entorpecente, devem ter sido feitos por uma única pessoa. Com suas orelhas zumbindo e sua cabeça girando, você acha que o número do quarto de duas noites atrás é o seu número de hoje à noite e você está em frente de um sete ou nove dourado e desbotado, imbecilmente se perguntando por que a chave não entra, até que a roleta mental gira para frente e outro número se encaixe no lugar e você se sente culpado por ter amaldiçoado o proprietário, o país, o produtor. "Compaixão, compaixão", você murmura enquanto entra em um quarto de 2,5 metros quadrados, com uma colcha bordada, o fedor de pinho-sol e uma imagem de Jesus na parede.

Nós viajamos por uma série de cenas repetidas ao passo que saltamos da carga de adrenalina do show para a dificuldade de reencontrar nosso hotel na periferia da cidade, para o chamado cedo da manhã, para voltar a van para a próxima viagem cansativa. Mas, mesmo nesta fase inicial as pessoas estão esperando por nós quando chegamos para montar o nosso equipamento. Eles estendem suas mãos através do frio cortante do centro-oeste, segurando o nosso LP ou o single de *"Roxanne"* ou um pequeno livro rosa de autógrafos. Eles são educados e abordam cada um de nós nos tratando por "senhor". Nós somos da Inglaterra, e pela maioria dos padrões fora de New York ou Los Angeles, nós – com nossos cabelos tingidos de loiros, jaquetas *bombardier* e calças pretas apertadas – parecemos que chegamos à festa errada. As bandas locais, com seus cabelos longos, jeans e botas de caubói, emitem uma pesada vibração de boogie e blues e machismo roqueiro. Nós parecemos *drag queens* marcianas.

Esta segunda turnê dos EUA novamente termina em Nova York, no CBGB. Ele ainda é preto e deprimente mas, como um casaco velho, está começando a ter um conforto familiar. Nova York é corrida; a eletricidade da cidade impulsiona a música. Nós fazemos uma apresentação animal e não perdemos tempo. É 1979, e embora ainda não tenhamos conquistado a América, temos a faca e o queijo nas mãos.

QUINZE

Eu deito sob os lençóis ao lado de Kate e da bebê Layla, meus ouvidos zumbindo, a sensação de um helicóptero zunindo na minha cabeça. A cama familiar, cheiro de fêmeas, o leite materno, fragilidade e nutrindo o fim suave do balanço do pêndulo, o adversário gentil da complicada distância, fedor de asfalto, estrada fantasma, tédio e morte no final de um taco de sinuca. Envolvido no conforto do toque animal, o murmurar baixo de carinhos, ondulação luminosa dos sonhos e o conforto da nossa história, estou em casa. Sonolento, eu me enterro embaixo dos lençóis enquanto Buffalo, Chicago, New York giram em meu cérebro, vermelho em um campo de preto.

Agora que estamos de volta à Inglaterra, a A&M relança *"Roxanne"* – e desta vez ela entra para o Top 20. É um momento de triunfo afiado com uma implacável satisfação, e é difícil não se dar o luxo de um "Bem que eu disse". A BBC graciosamente deixou de proibir nossa música pop, e estamos autorizados a aparecer no Top of the Pops. Então, nós damos o nosso melhor, com uma performance meio que tirando onda, com Sting cantando para a câmera e ocasionalmente balançando o microfone a cerca de sessenta centímetros de sua cabeça.

Nós coroamos estas breves duas semanas de volta para casa com uma apresentação no Nashville, em West Kensington. Desta vez, ao contrário do vazio solitário do ano anterior, o lugar está um pandemônio absoluto, com filas dando volta no quarteirão e fãs raivosos desesperadamente tentando se enfiar pela janela. Lá dentro está tão lotado

One Train Later

como uma prisão agitada, e eu acho difícil tirar o sorriso do meu rosto, já que parece que foi há cinco minutos quando nem conseguíamos fazer um show aqui. Entre a multidão estão muitos punks vendidos, que cantam junto com a gente. As barreiras caíram.

Partimos para os EUA mais uma vez. Estou animado para voltar aos palcos e continuar nossa promoção na América do Norte, mas novamente me sinto em conflito por deixar minha família para trás. É como se eu estivesse viajando para me divertir e viver aventuras, enquanto Kate – concordando com a situação de sua maneira única doce e inteligente – é deixada sozinha para lidar com um novo bebê e o veneno da depressão pós-parto. A banda e a família vão em direções opostas. É como um *koan* Zen: "Bebê novo, nova banda, onde está o coração?" Mas eu mal consigo sair desta situação; essa é a jogada; a seta finalmente penetrou o alvo; e agora, como seu aspecto ambivalente, chega palpitando como o Médico e o Monstro. Eu me sinto como um homem pendurado na beira de um penhasco com uma pistola em sua cabeça. Na convergência de toda essa masculinidade, a banda, o sucesso, o dinheiro, o poder é tudo – e pouca atenção é dada aos casamentos, bebês ou situações de fragilidade. Temos que conquistar a América, engolir o mundo. Com essa mistura de emoções, volto para começar uma turnê nos estados do sul com Sting, Stewart e Kim Turner, que agora está conosco o tempo todo. Miles repete o mantra que se nós estouramos nos States, também estouramos no resto do mundo. Turnê cansativa ainda é o processo que funciona. Miles está certo, mas isso vai demorar três álbuns, três milhões de quilômetros e três casamentos.

Depois de apresentações na Costa Leste, chegamos em Atlanta para um show no Agora Ballroom. Uma das primeiras coisas com que somos confrontados é com um concurso de "Roxanne". Isso foi organizado sem o nosso conhecimento por uma estação de rádio local e, quando informados sobre este evento, nós ficamos ligeiramente perturbados – já que vamos ser os juízes. Nós sentimos que temos de tomar uma posição sobre as mulheres sendo tratados como gado, mas estamos em um dilema, porque a estação de rádio que tem nos promovido vigorosamente acredita que vamos amar isso e, então, temos que manter nossas bocas fechadas. As garotas, por outro lado, estão adorando e não acabam as concorrentes dispostas. A ideia é que cada menina tente se tornar a própria encarnação de Roxanne, uma prostituta empobrecida.

Depois de termos nos movimentado bastante durante o show e de ter nos secado, reaparecemos no palco, desta vez como juízes, e o concurso é anunciado. Nossa forte determinação não chauvinista desaparece

231

quando uma tropa de cinquenta garotas seminuas entra no palco em frente de uma plateia aplaudindo e assobiando. Vestidas com todos os tipos de lingerie sexy e roupas de fetiche, muitas das garotas são deslumbrantes, juntamente com alguns dos mais insanos tipos que apenas um demente pegaria em um ponto de paquera. Mas, mesmo para essas pobres criaturas este é um momento de glória; você precisa admirar sua ingenuidade, pelo menos, como elas criativamente mostram sua afinidade com a meretriz, a vadia, a vagabunda, a puta, a irmã da misericórdia. "Ok, então nós somos porcos sexistas", dizemos uns aos outros enquanto andamos para lá e para cá na frente da fila de meninas dando risadinhas, os nossos olhos passeando pelas carnes das pretendentes a Roxanne. "Agora olhe o que você começou", eu digo, cutucando Sting. "Eu não queria que isso acontecesse", diz Sting, parando na frente de uma belezinha com meias, cinta-liga e um par de botas de puta.

Você faz uma música e, se você tiver sorte, ela vive, entra no mundo, é cantada, assobiada, comprada, memorizada, vira trilha sonora – a testemunha do progresso da união, é lembrada com alegria ou amargura, um sorriso, um olhar suspirado para o espelho, e entradas sigilosas debaixo dos lençóis para ficar com você para sempre. Parece que foi há um segundo desde que nós três estávamos em Paris, Stewart e eu assistindo Star Wars, murmurando "Que a força esteja com você" de volta para a tela, e Sting vagando por Pigalle e observando as prostitutas, as sementes de *"Roxanne"* brotando em sua mente.

No palco do Agora, é tentador escolher uma das meninas gordas de short curto porque ela é corajosa e bonita por dentro, mas no final, uma garota sexy de cabelos escuros em um espartilho é levada para a frente e, com Sting levantando seu pulso algemado acima de sua cabeça e a multidão embriagada de luxúria abaixo cantando o refrão de *"Roxanne"*, meio envergonhados, com alguns olhares libidinosos em nossos rostos, a escolhemos – Ela.

Nós saímos de Atlanta e rumo (à região protestante chamada de) / ao Cinturão Bíblico, tocando na Louisiana e Flórida e depois subindo até Oklahoma, Colorado e Arizona. Não há tempo para passeios turísticos, mas somente para hambúrgueres, batatas fritas e café, as I-90, I-65s, viaduto, passagem subterrânea, o desvio para Baton Rouge, o desvio fora de Denver. Mas, apesar das horas exaustivas, a experiência é como uma tocha para o sangue. A abóbada do céu do Oeste se estende sobre nossas cabeças como um dossel infinito, uma tela azul-clara enquanto viajamos em alta velociadade, um barco cheio de Vikings, para a próxima cidade.

One Train Later

Toda noite, apesar das horas e dos quilômetros percorridas, trabalhamos e abrimos o caminho para incendiar o público em uma reação quente, dominá-los em submissão, dobrá-los à nossa vontade, seduzir, tramar, conspirar, transformar. Nós não deixamos o palco até que tenhamos ganhado.

"*Roxanne*" agora é um hit, que a multidão canta com a gente a cada noite. Deixamos cada cidade com uma pontinha de tristeza porque foi muito bom tocar ali. Por que ir embora? você se pergunta, os traços de adrenalina da noite passada ainda no seu cérebro, até que a próxima lhe diz para superar isso, Phoenix hoje à noite. Somos como marinheiros que navegam constantemente para o próximo porto, deixando para trás fragmentos dispersos de promessas: me liga, nos escreva, sim próxima vez, de volta em poucos meses, sim você também – um turvo caminho de expectativas, o débil otimismo de um futuro compartilhado. Nós conhecemos pessoas modernas, compreensivas que querem ser nossas amigas, falar conosco e nos levar para suas casas. Eles nos dão livros, pinturas, baseados gordos de maconha da boa, vinho tinto e ofertas de camas, comida, conforto e ajuda. Há sempre um cara amigável, barbudo e gordo, que quer levar o nosso equipamento e sair com a banda.

Todas as noites há também uma oferta para f-a-r-r-e-a-r. Você se espreme dentro de um Firebird ou um Chevy com um grupo de moleques, uma fita no som e "*Roxanne*" é tocada em alto volume enquanto um baseado é passado na roda, seguido por uma garrafa de tequila, todo mundo grita: "You don't have to put on the red light", e ao derraparmos por um subúrbio americano, as estrelas em um aglomerado exuberante contra a cúpula do céu profundo do Colorado são interrompidas apenas pelos arcos dourados do McDonald's.

Atravessamos o gramado e entramos na casa, tentando não tropeçar nos regadores. "Não irrite os vizinhos", alguém ri. A TV na sala da frente está ligada com a cara murcha de Reagan movendo-se silenciosamente em uma pantomima preto-e-branco. Mais música é tocada. "Tá afim de ouvir o quê, cara?" "Sei lá, qualquer coisa". "Sim, legal – que tal Bob?" Do lado de fora alguém vomita violentamente em um arbusto e então começa a rir e diz: "Merda, cara, a porra dos meus sapatos". Uma guitarra vermelha aparece do nada. Nós olhamos a coleção de discos: Zeppelin, Sabbath, Marley, Velvet Underground, The Stooges, Bowie, The Police. Nos recostamos no sofá, nos esparramando como isca viva – fomos capturados. Observamos animais fofinhos em cima da TV, e eu penso em James Mason como Humbert Humbert, quando chega na casa de Lolita no final do filme e pede a ela para ir embora com ele. "Esta é a América", digo a ninguém em particular, e não consigo me decidir se a amo ou odeio.

Eu começo a ir a lojas de guitarra nestas cidades, à procura de uma beleza vintage ímpar que às vezes pode ser encontrada por uma pechincha, e eu encontro uma Stratocaster 62 vermelha, uma loira assassina 1958 ES 175, uma Martin D28. A loja George Gruhn, em Nashville, envia um mensageiro às oito horas da manhã quando estamos deixando o hotel para ir até o Arizona. Com minha respiração congelando no ar, eu subo na van e entrego quinhentos dólares por uma Gretsch Chet Atkins cor de tangerina. A maioria destas guitarras são pagas por Kim Turner, que faz uma nota cuidadosa de quanto é pago em meu nome. Ele sempre balança a cabeça em sinal de desaprovação, me pergunta se eu vou poder pagar por isso – mulher e bebê em casa – em seguida, entrega o dinheiro. Apesar de nosso sucesso crescente, ainda estamos vivendo apenas da grana dos shows; de fato, os direitos autorais de gravação não vão aparecer por mais dois anos depois de passar pelo aspirador do departamento de contabilidade da gravadora. Mas eu estou muito feliz, finalmente, por ter grana para comprar guitarras, lembrando quando eu estava reduzido a apenas um conjunto surrado de nylon há alguns anos antes.

Fortalecidos pela resposta enfática a cada noite, ganhamos uma nova confiança em nossa performance de palco. Os shows se tornam um canal de oportunidade e partimos em direção ao limite. A parte instrumental de *"Roxanne"* é estendida em proporções épicas e, dentro dela encontramos novos licks, novo território, novos *grooves*, de modo que a improvisação se torna uma peça em si. *"The Bed's Too Big Without You"* recebe um tratamento de reverbs jazziístico cheio de repetição, tarol repercussivo e jorrando linhas de baixo: jazz punk. *"Can't Stand Losing You"*, com sua adição de modulação altamente dramática (Fá maior para Si maior) e intercâmbio entre nós e o público, traz o *set* a um clímax final todas as noites com a plateia lotada.

Eu passo a conhecer Ian Copeland, nosso agente e outro irmão de Stewart, um pouco melhor, já que ele está muitas vezes em nossos shows. Pergunto-lhe sobre a sua agência – quem mais está na lista, etc. Ele responde que sua banda número dois, depois de nós, é Robin Lane & the Chartbusters. Minha ex-esposa. Eu tiro outra Bud Light da grade.

Uma noite em Boston, em uma experiência surreal fora do corpo, eu entendo – a nossa coisa, seja lá o que for, eles gostam de nós. Temos ido tão rápido que só temos tempo para breves agradecimentos suados, que seja lá o que for que estamos fazendo, está funcionando e, em seguida, vamos embora. Na metade de *"Can't Stand Losing You"* no Paradise, em algo que deve ser como um pico de endorfina, minha cabeça dá um *zoom* para fora do palco e eu nos vejo do ponto de vista do público; por um segundo, eu vejo isso – é massa. Mas eu não quero esta informação; ela vai me foder; toco outro efeito de *stompbox* no palco.

Agora que estamos conquistando uma pequena fama, um homem latino-americano de sorriso largo nos visita de vez em quando. Um executivo da A&M, seu nome é Bob Garcia. Ele cai do céu como um anjo em meio a um turbilhão. Estamos sempre felizes em vê-lo, pois é como se a cavalaria ou a nossa fada madrinha chegasse e, por um momento, o hotel nojento, a van fedorenta, clareiam como uma memória distante e sentimos o perfume do mundo real novamente, o lugar que tem sido obliterado pelo aumento repentino e monotonia das turnês. Bob tem uma inteligência e um humor ácido que encaixa muito bem com nosso e, por alguns dias, é como se tivéssemos um tio generoso por perto que nos leva para comer, nos compra VapoRub, faz nosso *check-in* no Bates Motel. Com um monte de fofocas e um conhecimento enciclopédico de livros e filmes, ele diverte e mima a gente por alguns shows antes de entrar no avião para Hollywood para fazer um relatório. Ele vai permanecer com a gente.

Perto do final da turnê, nós tocamos em Cleveland novamente. Somos entrevistados na TV local, antes de ir para o hotel. Mencionamos já ter estado em Cleveland antes e nossos bons companheiros da Raven Slaughter – muito legais, aqueles caras – e, em seguida, vamos para lendário hotel de rock-and-roll Swingos. Quando chegamos lá, a Raven Slaughter está completa nos esperando no lobby e querem tomar uma bebida, vamos para o bar, batemos um papo sobre os velhos tempos. Eles viram a nossa entrevista e estão muito gratos pela menção, então, bebemos.

As cenas pós-show começam a assumir um ar bajulador. Há uma sutil contracorrente nos diálogos agora; necessidade, desejo, posse, fluxo sob a superfície, o doloroso acorde que não é sobre música, mas sobre poder, paixão, controle. E com palavras brilhantes e olhos efervescentes como água gaseificada, eles tentam nos enrolar em malhas de seda. "Oi... eu sou Julie, por que você não me deixa lhe levar para dar uma volta? Eu tenho uma erva excelente. Você gosta de champagne?" Você percebe o que está acontecendo e ergue um escudo psíquico que vai ficar aí para os próximos vários anos, se não para sempre.

DEZESSEIS

Após o clima exótico do Deep South e os vastos céus dos estados do oeste, a Londres de 1979 é como uma torta na cara e, por um minuto, vivenciamos um choque cultural em nossa própria casa. Temos uma semana de folga antes de começar uma turnê pelo Reino Unido, pela primeira vez como atração principal, mas estamos muito cansados até mesmo para falar uns com os outros, sabendo que mesmo antes de irmos para cama estaremos discutindo isso no palco novamente.

Em Putney, olho pela janela, a chuva escura e os riachos que fluem para os esgotos com LCC estampados em suas grades de ferro. Um pouco tonto e com *jet-lag*, estou confuso com o jeito que a Inglaterra parece ter diminuído de tamanho enquanto estava fora. Kate e eu vamos ao o restaurante chinês local com a neném, que se senta em uma cadeira alta na frente da bandeja giratória, joga arroz no chão e, então, começa a chorar inconsolavelmente. A TV zoa na sala de estar com o som de vozes da BBC enquanto fazemos massa, abrimos uma garrafa de *Beaujolais nouveau* e tentamos voltar para onde estávamos.

Nós andamos de Putney Green até o rio, onde nós empurramos Layla em um carrinho de bebê ao longo do passeio ao lado do Tâmisa. Kate veste um casaco vermelho brilhante vivo e uma mecha dourada de seu cabelo flutua no vento enquanto falamos e fazemos sons de arrulhos para nossa filha. Eu fico olhando para a minha esposa como se a visse pela primeira vez, a forma esguia, o rosto de Botticelli, os olhos cinza-esverdeados, a alma. "Eu tenho sorte", cochicho contra o vento e coloco meu braço em volta dela. Um jovem casal vem em nossa direção no passeio. "Meu Deus", diz o homem, "não é você" – ele diz meu nome – "amo sua banda. Você se importa?" Eles tentam achar papel e caneta, encontram, e pedem que autografe o papel no vento gelado que vem do rio. Eu tiro uma das luvas e rabisco meu nome, o nosso momento se foi.

A nossa popularidade na Grã-Bretanha agora chegou a um ponto em que podemos ser considerados astros, nós finalmente temos o poder de atração e devemos começar na Escócia.

O palco do Glasgow Apollo inclina para baixo a uma queda de cerca de 4 metros. A borda desaparece na escuridão e, no calor do momento, seria fácil dançar para fora dele. Nós abrimos uma roda nessa rampa com o público escocês cantando e gritando. O balcão balança, curvando para cima e para baixo como se estivesse prestes a quebrar, mas alheio à fragilidade abaixo, os fãs saltam para cima e para baixo como se desafiassem o destino. Este é o nosso primeiro show como atração principal no Reino Unido e, com uma multidão em torno do hotel e esperando fora do Apollo, já está fora de controle. Eu piso em meus pedais, salto no ar, corro ao redor do palco e rezo para que não estejamos prestes a testemunhar uma tragédia. Perto do final do show, fazemos uma música chamada "*Be My Girl – Sally*" que, após o refrão inicial, tem um monólogo meu sobre um caso de amor de um indivíduo infeliz com uma boneca inflável. Eu sempre canto esta música com um sotaque de Yorkshire, já que isso parece dar o tom certo e mesmo com esta peça improvável conseguimos que todos cantem junto, e todos vamos ao auge com um crescendo de "And I only have to worry in case my girl wears thin".

De volta ao camarim, encharcados de suor e sentados entre pilhas de pequenos presentes embrulhados em tartan, comentamos sobre o balcão balançando, espantados que a coisa toda não desmoronou. Mais tarde descobrimos que o Apollo foi condenado.

Deixamos o Apollo pensando que vamos a um clube nas proximidades, mas há uma multidão de adolescentes gritando nossos nomes e os colorindo com seu doce sotaque escocês e temos de correr, com as meninas nos perseguindo. Corremos por paredes de tijolos vermelhos, lojas de bebidas, pubs, algumas pessoas desmaiadas na sarjeta. Enquanto corremos, eu cantarolo a melodia de "*I Belong to Glasgow*" e penso em Hank Marvin. Terminamos na frente da Charlie Parker, a boate *hip* local, onde estamos esperando uma recepção calorosa e um pouco de tratamento especial, tendo acabado de tocar no Apollo, mas normalmente o brutamontes na porta não vai nos deixar entrar, porque, como ele carrancudamente aponta, estamos vestidos de forma muito casual.

"Vocês estão casuais demais", ele pronuncia indistivamente, inclinando seu tronco do tamanho de um gorila contra a porta, como se dissesse "vá em frente, por que não se engraça comigo" "Vamos embora", digo, "Planeta dos Macacos está passando na televisão". Nós entramos na limusine, que finalmente nos alcançou. Eu disparo com paroxismos sobre camponeses escoceses, o jazz de Charlie Parker e a porra do Apollo. De volta ao quarto do hotel, abro o minibar e termino a noite com um Schweppes citrus e um pacote de biscoitos.

Um grupo americano chamado The Cramps está em turnê com a gente. Eles estão no selo de Miles, Illegal, e, pelos padrões convencionais eles são estranhos. O guitarrista deles é intencionalmente desagradável ao olhar, com um lado de sua cabeça raspada, um rosto cheio de marcas e metade de seu cabelo branco descolorido; o cantor é Lux Interior, que se arrasta sobre o palco, cantando e gemendo, enquanto sua linda namorada, Poison Ivy Rorschach, fica parada como se estivesse catatônica. Eles chamam sua música de psychobilly. O público os odeia, mas eu gosto deles, porque pelo menos, estão tentando fazer algo diferente. Mas depois de um tempo a apresentação deles se torna enfadonha. O que eles estão vendendo é uma atitude; o que se sente quando você sai do show deles é incerteza. É como assistir ou ouvir um filme lado B de terror (que é provavelmente o efeito pretendido), mas é isso o que você quer da música? Comparado com eles, somos normais, e boa parte da imprensa de rock britânica tenta fazer disso uma grande coisa sem necessidade alguma, preferindo categorizá-los como um bando sem chance e estranho do que como alguém que tente fazer uma música honesta – e somos criticados por tocar muito bem.

Estamos subindo muito rápido, e você pode ouvir as facas sendo afiadas. A nossa presença parece ser um desafio para alguns da imprensa, que tentam nos ridicularizar porque temos boas músicas, sabemos tocar nossos instrumentos e temos *flash* e bravatas que já geraram um grupo fanático de seguidores. Um crítico tenta nos diminuir a *rock fora de moda*; então eu me pergunto, se a nossa música com seus sons únicos e fontes diversas é antiquada, o que, então, é a nova moda? É o punk? Que durou todos os cinco minutos.

Apesar de tudo isto, a *Melody Maker* mandou um jornalista a Glasgow para escrever uma grande reportagem sobre nós. Ele nos faz ter

One Train Later

convulsões quando nos diz que algumas noites atrás ele olhou por debaixo dos lençóis e notou o tamanho dos pés da mulher com quem ele estava dormindo, percebendo com um choque que ele estava fazendo amor com uma transexual e, questionando na manhã seguinte, descobre que ela um dia já foi "ele". E o que foi que você estava dizendo sobre a The Cramps ser estranha? A verdade é que a The Cramps, depois de remover sua máscara, acaba sendo bastante agradável, pessoas normais.

Nós terminamos a turnê em Londres, no Lyceum Ballroom, com os fãs na frente, a quem vemos agora em todos os shows, seus braços brancos se esticando para cima em nossa direção como pescoços de cisnes famintos.

Na Holanda, tocamos no Pink Pop Festival, um festival gigantesco ao ar livre que acontece todo mês de junho. Subimos ao palco no início da tarde para tocar para uma multidão de vários milhares de fãs de rock holandeses. Começamos o *set* em um ritmo frenético, e eu olho para Stewart com uma cara feia, lhe dizendo para desacelerar aquela porra, mas nós zumbimos no calor da tarde, e eu me sinto como se estivesse nadando no ar enquanto o sol baixa, a música uiva, a multidão surta, e uma luz branca muito quente apaga os pequenos sinais vermelhos da minha pedaleira. Quando bato nos botões, não posso dizer se eles estão ligados ou desligados. Eu não sei o que estou fazendo; eu me sinto cego e surdo, mas por instinto, levo o *set* até o final. A multidão grita e John Peel, o DJ britânico por excelência, entoa algo salutar no PA e, em um momento de inspiração suada saltamos completamente vestidos, do alto da ponta do backstage, em uma piscina logo abaixo, enquanto uma legião de câmeras da imprensa fotografam feito armas atirando. No dia seguinte, estamos em todos os jornais, sorrindo, triunfantes, arrogantes e molhados. John Peel nos endossou, e em nossas mentes isto é tão bom quanto ganhar um prêmio. No Reino Unido, uma vez que você levanta a cabeça acima da multidão, a mídia é uma besta que você quer ignorar ou matar. Com selo de John Peel, sentimos que, pelo menos, colocamos um pouco de veneno em sua garganta. A turnê continua com mais doze shows na Inglaterra e depois de volta para a Europa. Chegamos a Amsterdam para tocar no Paradiso. Nós estamos lá um dia antes e o que há de melhor para fazer do que ir às compras de coisas que não precisamos? Vou à procura de algo bacana para Kate e um brinquedo para Layla, mas acabo comprando um par de botas vermelhas aparentemente chiques, com grandes solas com pregos. Eu acho que elas são muito legais e decido usá-las no palco naquela noite. À medida que começamos o show e eu piso na minha pedaleira para fazer uma mudança de efeitos complicada, mas necessária, nada acontece e penso, *Que porra, e agora?* Então, percebo que as tachas nas minhas botas exibidas estão atingindo a superfície plana da pedaleira e ainda deixando uma lacuna, o que me impossibilita de desligar o interruptor.

Continuo perdendo as coisas e meu som de guitarra efervescente é reduzido a um zumbido raso. Isso não é bom e, xingando e suando, eu começo a fazer um movimento de agachamento peculiar, tentando mexer na porra dos botões com a lateral do meu pé. Essas palhaçadas definitivamente não são as de um *guitar hero*; Sting e Stewart olham para mim com olhares confusos enquanto xingo o filho da puta que fez essas coisas vermelhas nojentas que agora estão me paralisando. Depois do show, eu atiro as botas em uma lata de lixo e escrevo uma nova regra para guitarristas: nunca usar sapatos novos no palco, especialmente se eles são vermelhos com tachas nas solas.

Sting está rapidamente se tornando uma estrela da mídia. Com sua boa aparência eslava, voz de tenor e arrogância mal-humorada, ele é a perfeita matéria crua para a máquina de fazer estrelas. Stewart faz comentários para a imprensa sobre como ele criou Sting, percebendo agora que é assim que vai ser, mas ele também faz alguns comentários politicamente corretos sobre como o cantor sempre se destaca e que sorte que a cara da banda – nossa cara – é a de Sting. Temos um publicitário chamado Keith Altham, um cara alegre que carrega a atmosfera da Londres dos anos cinquenta, recôndito Soho e brilhantes fotografias de oito por dez. No entanto, ele é o publicitário de muitas estrelas, incluindo the Who, e é usado para manobrar e lidar com a imprensa. Ele rapidamente viu o potencial de Sting e alimentou a imprensa de informações, como comida para um peixinho dourado. Quando ele chega ao camarim do Brighton Dome uma noite para alegremente nos contar sobre algumas artimanhas de publicidade para Sting, algo ruim está porvir. Embora no momento Stewart e eu tentamos argumentar um "E nós?", Keith – parecendo magoada e dolorida – explica que não apenas Sting, mas todos nós, nós três, vamos ser estrelas, megaestrelas, não um, mas todo o grupo. No final, todos nós temos mais do que o nosso quinhão na imprensa, quase ao ponto de náuseas. Sting também percebe que ele é o material de fantasia perfeito para a barriga faminta dos tabloides, e ele não os nega. A verdade é que esta atenção ao nosso cantor, em vez de causar atrito, apenas nos empodera ainda mais, embora por baixo haja a sombra persistente que talvez ele vai, na frase honorável, "seguir carreira solo", que Sting vai se tornar STING, com a banda tendo sido uma plataforma de lançamento fantasticamente bem sucedida para ele, o rock do qual ele vai impulsionar sua própria carreira. Ele vai fazer comentários no sentido de que a ambição é mais forte

One Train Later

que a amizade – "Eu estou buscando minha própria carreira e eles sabem disso" –, mas agora, no verão de 1979, não há nenhum sinal disso. Só um tolo iria se afastar deste tipo de sucesso.

À medida que o verão se aproxima, as coisas esquentam ainda mais com todo o barulho em torno do filme *Quadrophenia*, em que Sting faz uma pequena parte, interpretando um dos *mods*, Ace Face. Mas a mídia o põe para cima como se ele tivesse o papel de protagonista e ele ofusca um pouco a Phil Daniels, o personagem central do filme. Fotos de nosso cantor agora aparecem nos tabloides britânicos com frequência, e parece que a banda está se movendo para o centro da vida britânica.

A *premiére* do filme é no Gaumont, em Leicester Square, e nós chegamos em limusines pretas para andarmos em um tapete vermelho sob uma chuva de luz. Em torpor e sorrindo, você chega até a tira púrpura como um zumbi sorrindo, todos os olhos em você, enquanto flashes das câmeras são como relâmpagos brancos. Você já viu isto na televisão, e aqui está você, uma onda de vertigem vinca o seu cérebro enquanto em algum lugar muito abaixo, uma multidão acena para você e você flutua como uma mariposa no crepúsculo suave do foyer. Este cintilante desfile de gala, parece bastante distante de estar em cima de um pequeno e suarento palco, em Des Moines ou Buffalo, outra realidade que é como um resultado final muito cedo no jogo. Enquanto caminhamos pelo corredor entre o zumbido de conversas inteligentes, eu me lembro de que na parte de trás do Gaumont há uma parede de tijolos onde grafitamos nossos nomes menos de dois anos atrás. Provavelmente ainda está lá, a menos que a chuva os tenha lavado.

Com *Quadrophenia*, nosso nome está em toda parte e nós despontamos como um navio viking, com Sting como um gurupés. Esta onda de energia agora parece não parar, e chegamos ao topo, como atração principal no Festival de Reading em 24 de agosto de 1979.

Realizado no auge do verão todo ano, Reading é o festival de rock número um na Grã-Bretanha e encabeçar isso é uma clara marca de sucesso. Chegamos no final da tarde no local do extenso festival. Há uma multidão de trinta mil pessoas no campo enlameado além do palco. No *backstage*, nos sentamos em uma tenda com os pés em pranchas de madeira por causa da lama. O cheiro de lama e lona mistura-se com o zumbido da multidão no campo, e eu me lembro de estar sentado em um banco de madeira duro sob a grande tenda do Billy Smart's Circus entre meus pais, apavorado enquanto eles riam alto das palhaçadas sinistras, sorvete escorria pelo meu suéter de lã e xixi escorria pelas minhas pernas.

241

Não podemos passar o som devido ao grande exército de fãs lá na frente, mas rostos sorridentes continuam aparecendo em torno da aba da tenda, nos desejando sorte e verificando nosso bem-estar. Vários astros da A&M aparecem para nos ver. "Tudo bom, rapazes? Bom show", eles dizem. Miles e Kim enfiam suas cabeças através da aba da lona, avaliando com olhares profissionais.

Kate e Layla estão comigo; Sting tem seu filho Joe e esposa Frances; e esta noite parece que estamos comparecendo à nossa própria coroação. Fora da tenda, ouvimos o rangido e a vibração de Lemmy's Motorhead, o barulho da multidão – podemos tocar depois disso? Um pequeno momento de paranoia – o guitarrista soa como... temos que ir lá fora e arrebatar a multidão... ser a melhor banda... Este é o *Reading*, a tensão como uma corda de Ré tocada firmemente.

Estranho – esta mistura de confiança e vulnerabilidade, como creme de leite nos intestinos. É hora de reforçar com um rápido toque de buzina? Temos que subir lá e mandar ver – não quero decepcionar a banda. Algumas pessoas chamam isso de nervosismo, ou medo de palco, mas é mais como uma aranha comedora de carne rastejando através de seu fígado. Mas espere, nós somos – O momento de loucura e insegurança passa, e com nada mais do que alguns goles de pinot grigio, saímos da tenda.

Na noite já fria, alcançamos as escadas para subir da escuridão para a luz, e um rugido como ondas quebrando invadem o palco, bateria explode, e nós disparamos a primeira música.

Esta é a maior multidão para qual já tocamos, e é como tentar assumir o controle de um animal se contorcendo. Mas estamos intensos, furiosos, tenazes. Sting assume o comando da multidão, e eles são conspiradores dispostos que cantam, entoam, e batem palmas junto até que nós terminamos com uma estrondosa *"I Can't Stand Losing You"*. É um momento de triunfo e, enquanto desço os degraus para a área dos bastidores, Lemmy está lá de pé e se inclina para frente e sussurra em meu ouvido: "Quem tem cheiro de rosas, então?"

A noite é agora encerrada nos bastidores com uma pequena cerimônia, enquanto a A&M nos presenteia com discos de ouro por *Outlandos d'Amor*, mas enquanto estamos lá com grandes sorrisos e flashes piscando, um árbitro dissoluto de punk, Mark P do fanzine punk *Sniffin 'Glue*, entra cambaleando na cena, bêbado e gritando epítetos sobre traição

One Train Later

e mentira. Nosso sucesso é como a decepção final do punk, o indicador de seu fracasso final. Na sua perspectiva, somos os destruidores do sonho, e ele cambaleia, desajeitadamente derrubando uma criança. A essa altura, Stewart caminha vai para cima dele e lhe manda dar o fora, ele é empurrado para longe, soluçando. É um momento de dor e constrangimento, e eu sinto por ele enquanto eu estou na lama, agarrando o meu primeiro disco de ouro sob os flashes das câmeras da imprensa. Para ele, o farol luminoso do punk foi desrespeitado por bárbaros. Nós não implementamos sua agenda, mas aquilo nunca foi previsto.

Duas semanas após o Festival Reading, nosso primeiro single do nosso segundo álbum é lançado. *"Message in a Bottle"* entra nas paradas na oitava posição e sobe para o primeiro lugar em sua segunda semana. Nós partimos em outra turnê no Reino Unido como atração principal novamente. A turnê é uma corrida intensa de histeria e pandemônio. De alguma forma, nos transformamos em uma banda que as garotas adoram e, tentando deixar o local do evento a cada noite, nós passamos por um corredor de fêmeas chorando desesperadamente e uma enxurrada de discos, fotos e cadernos de autógrafos, mãos, braços e o ocasional seio à mostra. Este estado de coisas é interrompido bruscamente uma noite quando fazemos um show no New Theatre, em Oxford. Na metade do show, as portas na parte de trás do teatro se abrem e uma gangue de cerca de trinta skinheads em couro preto, coturnos e uma série de tatuagens de suásticas avança. Eles vêm para a frente do teatro e fazem uma fila abaixo de nós. Depois de alguns minutos, eles começam a entoar, *"Sieg heil, sieg heil[23]"*, para nós. Agora o auditório está crepitando com a tensão. Sting pega sua vida – nossas vidas – em suas mãos e os convida. Todos os trinta escalam os degraus e sobem no palco conosco. Enquanto isso, jamais paramos de tocar. Os Skins começam a pongar por todo o palco e o transformam em uma roda de punk. As cortinas fecham, então agora somos só nós e eles em um pequeno espaço fechado. A violência com que eles colidem um contra o outro e também com a bateria e amplificadores é intensa. Mas Sting é de Newcastle e já viu muitas dessas coisas antes. Ele assume o controle da situação, deixa um deles cantar no microfone e, depois, basicamente, lhes diz para dar o fora. Ele os enfrentou; eles parecem aceitar e agora, tendo feito a sua parte, deixam o teatro para

---

[23]Nota do tradutor: "Salve a vitória, salve a vitória", expressão alemã muito usada no período nazista.

causar problema em outro lugar. As cortinas abrem e nós terminamos o show com a plateia que restou. O promotor deste show é um cara muito durão do East End de Londres. Na semana seguinte, ele visita Oxford com alguns amigos e profere seu castigo divino. "Eles não vão foder meus shows", diz ele.

Nós terminamos nossa turnê e voltamos para os EUA. Nosso primeiro show é de três noites no Hotel Diplomat. Nas últimas duas turnês do Reino Unido, tivemos um cara chamado Dave carregando o equipamento de show para show e ajudando a montá-lo. Além de Kim Turner, ele é o nosso único roadie. Ele é um motorista de caminhão do sudoeste da Inglaterra. Um cara amável que é o sal da terra, todos nós realmente apreciamos seus esforços e com carinho sempre o chamamos de "Doive" em homenagem ao seu sotaque rural. No terceiro dia de show no Hotel Diplomat, Kim por acaso entra no elevador do hotel com Dave e pergunta onde ele está indo. Dave com um olhar triste em seu rosto diz a Kim que está indo para o aeroporto e segue com "Tô deixano a banda – num guento mais". Ele conta a Kim que a pressão é muito grande e que ele agora está bebendo uma garrafa inteira de uísque por dia para lidar com isso, e parte para o Aeroporto Kennedy. Naquela noite, um cara novo aparece – Quatrochi Danny, um guitarrista de New Jersey. Ele traz seu amigo Jeff Seitz, um baterista de Nova Jersey. Ambos são muito bons músicos que concordam em fazer isso somente por um tempo mas, na verdade, eles ficam até o fim e mesmo além. Doive volta para a Inglaterra e se torna uma lenda nos anais da banda. Finalmente, camisetas são feitas com sua foto de passaporte na frente, começamos uma religião de Doive, e isso vai rolando. Simpatizando com a nossa nova equipe de New Jersey, Sting, Stewart e eu pegamos o sotaque de Hoboken e nos tornamos versados nas formas de subcultura de Jersey.

Em outubro, *Regatta de Blanc* é lançada e entra nas paradas do Reino Unido na primeira posição. Mas, em vez de capitalizar sobre o sucesso britânico e desfrutar deste momento de glória, nós contrariamente voltamos para os EUA para tocar em clubes do tamanho de um canil para um público pequeno que nunca ouviu falar de nós. América é tão grande que tudo o que podemos fazer é esperar para invadi-la como um vírus ou nos expandir nela como a mitose de uma célula. Pode levar anos, ou o resto de nossas vidas. À medida que deleitamos o primeiro lugar cinco mil quilômetros através do Atlântico, nós vergonhosamente descemos um lance de escada escuro em Virginia Beach para tocar em um porão sombrio cheio de bêbados tomando cerveja. Somos apenas o entretenimento da noite, o nosso nome escrito em giz branco em quadro atrás do bar; amanhã, Bret and the Falcons. Esta é uma pílula amarga para engolir, mas incentivados por Miles, vamos tentar manter o espírito pioneiro, enquanto enfrentamos uma nova fronteira, apesar do fato de que em nosso próprio país, somos reis.

DEZESSETE

Olhando na escuridão para um bar decorado com teia de aranha servindo Budweisers e Coors Light, eu me sinto como se estivéssemos no filme de outra pessoa; mas com determinação hesitante, anunciamos aos garotos de fraternidade que o entretenimento da noite – nós – está, na verdade, em primeiro lugar no Reino Unido no momento. A resposta não são os gritos do Reading, mas o som estrangulado de vozes que dão um indiferente "yeah" através de uma golada em uma lata de Bud.

Depois de uma noite agitada com o som do Atlântico a poucos metros da janela deliberadamente zombando de nossa situação, eu decido elevar curar minha ressaca fazendo compras no Woolworths[24] local. Ele está situado no calçadão com vista para a praia, e eu vagueio pela cena iluminada de cabines de fotografia, balanças e máquinas caça-níqueis, enquanto lufadas de vento sopram o cheiro de algodão doce na minha cara, e as gaivotas sobrevoam acima da minha cabeça guinchando e mergulham para catar restos de pão de cachorro-quente nas latas de lixo. Dentro da loja, bate o cheiro de salitre e grãos finos de areia cobrem as tábuas de madeira, então elas precisam ser constantemente varridas. Me arrasto aleatoriamente pela loja e sigo meu caminho entre as mercadorias. Talvez eu possa encontrar algo para Layla – um raspador de lama para sapatos, pó dental, uma coisa para desossar salmão, um saca-rolhas que nunca falha, uma caixa com botões sortidos. Depois de dez minutos, sentindo-me

---

[24]Nota do tradutor: rede de supermercados.

One Train Later

entediado, eu pego um par de botas de beisebol e uma lata de tinta rosa. Pago e vou até a máquina de refrigerante, sento no banco de courino vermelho arrematado com um aro cromado e me debruço sobre a fórmica brilhante do balcão para ler a lista de achocolatados, cervejas de raiz e *milk shakes*. Peço um *shake* gigante com sorvete, banana e pêssego chamado Explosão Virgem para uma loira de meia-idade parecida com Shelley Winters, que diz: "O que vai ser, querido?". Seus lábios avermelhados pronunciando a palavra *querido* como se ela estivesse mascando um chiclete. "Eu gostaria de uma Virgem", digo. Ela olha para mim por um segundo e, em seguida, sem pestanejar, diz: "Pode deixar suas mãos longe de mim, príncipe Charles", e gargalha convulsivamente de sua própria piada enquanto joga os ingredientes em um copo. Eu rio também, e brevemente imagino como seria transar com ela, mas logo tiro essa ideia da cabeça. Eu mando a Virgem goela abaixo e, poucos minutos depois, de ressaca e enjoado, volto para o hotel com as botas e tinta rosa, e desabo na cama em frente à janela aberta.

Depois de meia hora os efeitos de várias toneladas de açúcar branco foram parcialmente anulados por enzimas, à parte de um leve sentimento de ter sido atacado por um rebanho de vacas enfurecidas, estou apto o suficiente para assumir a tarefa de pintura da bota. Eu cautelosamente abro a lata de tinta de um quarto e a coloco sobre a colcha ao meu lado. Enquanto inclino para frente para pegar as botas, a lata delicadamente pende para o lado para criar um belo lago rosa no meio da cama. "Porra, merda, caralho!", eu grito para o cartaz de Andrew Wyeth na parede e salto da cama como um gato escaldado. Eu tenho que fazer alguma coisa, tirar da cama a tinta rosa dos infernos, mas eu preciso dela para pintar a bota e puxo a colcha pingando da cama e coloco sobre a lata no chão, esperando desesperadamente conseguir um pouco dela de volta para dentro da lata. Uma quantidade insuficiente escorre de volta, enquanto o resto simplesmente fica lá ou respinga no tapete a sorrir para mim em triunfo.

Corro para o banheiro minúsculo com a colcha e tento socar tudo na pia com a torneira aberta. Nada se move e eu rapidamente concluo que a tinta do Woolworth é feita de cola de cavalo. Agora a pia tem uma espessa camada de rosa. Quase chorando, eu calmamente fecho a porta para a carnificina com um sentimento de remorso. Eu odeio Virginia Beach, odeio. Eu tento não derramar a tinta cor-de-rosa no tapete marrom tabaco enquanto cubro as botas com um rosa extravagante. Ocorre-me que Layla, que ainda tem menos de um ano de idade, provavelmente gostaria desta cor e provavelmente arrastaria estas botas por todo o quarto e mastigaria os cadarços. Eu preciso ligar para Kate, que está lá de volta, boiando como uma rolha solitária no oceano, e eu sinto dor. Bacana como tudo isso é – viajando pelos povoados dos EUA, tocando para plateias pequenas, e com algum lugar no fundo da sua mente a ideia de que os ganhos disso vão ser capazes de sustentar uma família –, é difícil estar longe daqueles que você ama. Eu pego uma fotografia e olho para uma imagem de uma bela e sorridente Kate com nossa bebê em seus braços, então olho para o quarto de mau gosto onde estou e penso, *Cristo, temos que conseguir.*

As botas estão molhadas e a tinta parece tê-la encolhido para um tamanho menor, mas há apenas o suficiente para pintar os cadarços. Eu as ergo sobre o peitoril da janela e rapidamente meto a tinta nos cadarços, e tudo vai muito bem, exceto por alguns veios rosa escorrendo pela parede exterior do hotel. *Trabalho de merda*, eu digo para mim mesmo no espelho sobre a pia do banheiro rosa brilhante. *Por que você não cai fora?*, responde o espelho. *Ok*, eu digo para o reflexo, limpando um montão de rosa no meu cabelo, *foda-se você também.* Segurando minha mala em uma mão e as botas na outra, eu passo pelo saguão rapidamente para encontrar os outros lá fora, sob a pálida luz rala de Virginia Beach. "O que aconteceu com suas mãos?" pergunta Kim. "Oh, nada", digo, tentando parecer despreocupado com minhas mãos, que agora parecem ter sido pintadas para um ritual exótico. "É loção de calamina, sabe – esses malditos mosquitos". Eu ergo as botas dentro da van para que todos possam admirar. "Por favor, eu não almocei ainda", diz Sting. "Você vai doá-las ao Tate?" diz Stewart. Vou usar estas botas pelos próximos anos, já que vão ser fotografadas em diferentes palcos em todo o mundo. Eu as penduro para fora da janela, onde chacoalham e balançam, rosas no sol da Virgínia; dentro, desmaiamos e sonhamos com a glória das duas últimas semanas.

BRIDGEHAMPTON, 18 DE AGOSTO DE 1983

Olho para minha Samsonite aberta. As famosas botas cor de rosa estão no topo de tudo, como dois passarinhos exóticos. Até agora elas rolaram ao redor do mundo três vezes, fotografadas por Leica, Nikon, Canon, Minolta e câmeras Pentax; pisaram na placa do pedal; caminharam de vestiários sem fim a palcos intermináveis; emergiram geladas de porões de carga; embrulharam meus pés na intimidade; brilharam nas faces; nos rostos das pessoas da primeira fila; testemunharam brigas, discussões e piadas ruins; e adquiriram o seu próprio cheiro distinto. Mas o rosa está se desgastando...

Chegamos ao Tennessee e Kim, Stewart e eu paramos em uma lanchonete de aparência estranha com uma galinha amarela gigante no telhado, o pássaro acima presumivelmente sinalizando a refeição abaixo. Não há muitas pessoas no local, exceto três rapazes que se parecem com extras do filme *Amargo Pesadelo*. Um sentimento muito ruim emana da mesa deles e quase como uma deixa eles começam a rosnar e cuspir em nossa direção, nos alertando para sair ou eles vão nos matar. Eles não gostam dos nossos cabelos; eles não gostam das nossas roupas; e alguém ouviu a palavra *viado*, ou isso é algo no menu? Stewart Copeland, meu herói, se levanta e usando um tom bem claro lhes diz para provar isto ou cair fora. Stewart é grande, definido e ameaçador, e eles calam suas bocas sujas e olham para seus pratos como cães que apanharam. Nós continuamos a comer, mas não ficamos por muito tempo, apenas no caso de eles terem reforços, mas passamos pela mesa deles ao sair, com atitude, notando o cheiro e a saliva que engorduram a superfície da mesa.

No meio desta etapa americana (*etapa* sempre sendo o termo usado para o ponto onde você sente que, ao invés de tocar música, você está tendo relações sexuais com uma centopéia), chegamos ao Cabo Canaveral. A razão pela qual estamos aqui, além de fazer um show na vizinha de Miami, é gravar um vídeo para *"Walking on the Moon"*, que vai ser o nosso próximo single a ser lançado. Temos um passe especial para ver os foguetes e naves espaciais da década de 1960, e nós escalamos esta antiga tecnologia que realmente esteve no espaço, e eu penso sobre Dan Dare and the Mekon e *Journey* into *Space*. Começamos o processo ridículo de ilustrar a música fazendo mímica das letras e nos divertindo sobre as asas gigantes e retrofoguetes, etc. Isto acontece alguns anos antes da MTV e da era de vídeos solipsistas. Super 8 e 16 milímetros portáteis com atitudes introspectivas de vítima ainda são uma coisa do futuro. Ainda estamos na era dos Beatles felizes, vídeos engraçados sobre personalidade e nossos esforços são baseados em maior parte, apenas nisso: o nosso trabalho na câmera é brilhar.

Antes de deixarmos o sol brilhante e ainda a estranhamente desagradável atmosfera da Flórida, temos mais um show – na Disney World. Este acaba por ser estranho até mesmo para os nossos padrões. Estamos fazendo isso por dinheiro, um supercachê de oito mil dólares, o que parece astronômico. Nos sentimos desconfortáveis a respeito, como se tivéssemos que baixar nossa guarda. Isso não é bom para *street credibility*, mas com certeza vai ajudar nas despesas.

Como fantasmas na luz do sol da Flórida, chegamos ao *Magic Kingdom* e somos recebidos por um robô bronzeado e sorridente que nos conduz através do labirinto de corredores subterrâneos que se estendem por quilômetros em todas as direções. Passamos pelo pessoal da Disney que anda com emblemas gigantes de Mickey ou Pluto com sorrisos forçados, como as esposas do filme *Mulheres Perfeitas*. É de arrepiar. Percebemos que cometemos um erro, mas o contrato foi assinado e temos que tocar ou seremos exterminados. Somos levados a um pequeno *bunker* de concreto, onde nos mandam sentar e aguardar novas instruções. Alguém faz um comentário sobre Eva Braun e, trazendo um copo plástico do Pato Donald à minha boca, gargalho. À zero, o autômato de 1.500 horas 60001 70034 reaparece na porta para nos levar para o nosso lugar de direito. Nós andamos de volta através do labirinto subterrâneo, o Disbot diz, "Lá dentro", e vemos uma sala preparada com nossos amplificadores e baterias. "Mas é subterrâneo, ninguém vai ver a gente", berra um de nós lamentavelmente. "Vai subir", diz Disbot. "Toquem quando eu mandar". Assumimos nossas posições e, alguns instantes depois, uma luz vermelha se acende. "Agora", diz Disbot com um sorriso deslumbrante final. "*Roxanne*", canta Sting, e nós somos elevados para a Disney World, nos sentindo como Daniel na cova dos leões.

Olhando por cima do perímetro com espanto está o bom povo do Centro-Oeste, que nos olha com uma expressão vazia, enquanto emergimos como um barulhento U-Boot alemão. Pelos próximos cinco ou seis minutos, tocamos para mães, pais, avós e crianças pequenas e pegajosas, todas cheias de McDonald's. Com os brinquedos giratórios da Disney World provendo uma grande atração, eles se dispersam, nos deixando com uma fina multidão de garotos com aparência punk que, no néon berrante da Disney, se parecem com pequenos aliens indefesos. Nós descobrimos mais tarde que tínhamos tocado no Tomorrowland Terrace, mas para nós parecia com domingo à noite no London Palladium – com a humilhação final sendo a nossa saída do palco girando em espiral para baixo, ainda tocando, as nossas vozes e instrumentos diminuindo cada vez mais, como canários em uma mina de carvão.

Como recompensa por suportar a experiência da Disney, Miles decide que agora devíamos ir a uma prisão (ou melhor, ir para uma prisão e tocar para os detentos), uma vez que isto irá nos ajudar a manter a nossa imagem de durões – POLICE TOCA NA PRISÃO, POLICIAIS ATRÁS DS GRADES, esse tipo de coisa. Na verdade, temos um show agendado na prisão Terminal Island, em San Pedro, Condado de Los Angeles.

Partindo de Hollywood, onde estamos hospedados no Chateau Marmont, viajamos à noite para a prisão. Não temos certeza do que esperar: um motim, tiros, holofotes (SÃO AQUELES HOLOFOTES QUE

FAZEM A RONDA, SABE? ELES TÊM UM NOME ESPECÍFICO?), ou mera indiferença. Alguém faz uma piada sobre escapar da prisão e tenta jogar a ponta de um baseado na estrada, mas a confluência do carro acelerando e o vento a sopra de volta e nós gastamos cinco minutos pulando como idiotas, tentando extinguir as faíscas renegadas.

Minha mente percorre várias cenas de prisão: *Rebelião no Presídio, Prisioneiros do Rock, Fúria Sanguinária, Rebeldia Indomável, Caged Heat – A Gaiola das Tormentas, O Fugitivo*. Esta será a minha segunda vez em uma prisão da Califórnia. A ironia da minha visita como um *Policial*, desta vez não vai passar despercebida.

Nós chegamos a San Pedro, uma pequena cidade costeira, e é como algo saído de um velho filme de Bogart. Como sombras monstruosas, os navios parecem ter vindo do Extremo Oriente, podem conter grandes quantidades de heroína ou falcões de Malta. Encontramos a prisão e, depois de um ritual complicado no portão, vamos para o pátio, prontos para entreter os presos como a "The Police". A verdade é que nesta prisão eles têm um programa de música, mas com poucos instrumentos, por isso, bem como emocionando os detentos com os nosso som, também estamos doando cinco mil dólares para a compra de alguns instrumentos – a música é o meio que acalma as bestas-feras. Somos levados para o que parece ser uma sala de espera; a equipe já havia montado os equipamentos no palco, à tarde. Nós olhamos para as paredes de concreto cru. A vida dentro do lugar é um pensamento arrepiante e quando eu penso nisso eu quase...

É hora do show, e subimos correndo para o palco. "Não se prenda a nada e façam o que tem que fazer", diz Miles com um sorriso. Isso é diferente: em vez de entrar no palco para emocionar o público com a nossa presença, saímos em tropa para um palco que está no final de um salão sujo e isso parece mais como estar na forca. Não há aplausos. Além do palco, pequenos grupos de homens estão amontoados como se no meio de uma transação de drogas. Esta é uma situação na qual é difícil ser otimista, fazer as pessoas sorrirem, ou lhes dizer que se animem. Estes homens estão cumprindo pena, alguns deles por crimes de natureza violenta; eles não se deixam levar por três caras brancos, não vão ter uma revelação súbita e ver onde deram errado no caminho da vida. Então, fazemos nosso *set* sem dizer um monte de coisas e tentamos, pelo menos, tocar decentemente, mas pongar e saltar no pequeno palco parece dolorosamente artificial quando confrontado com a realidade de uma casta mais escura. No final, nós nos retiramos do palco, murmurando clichês como "boa sorte", "vejo vocês na próxima", etc.

Nós passamos o resto de novembro cruzando o país como um jogo de cobras e escadas[25], turnês sempre sendo planejadas para serem tão tortuosas e exigentes fisicamente quanto possível, para que dessa forma o artista sempre se apresente em uma condição de choque pós-guerra.

Houston, Dallas, Tulsa, Lawrence, St. Paul, Chicago, Detroit, Milwaukee. Mais uma vez, tudo se transforma em uma jornada caleidoscópica de autoestradas, paradas de caminhão, convites para farra, quartos de hotel, livros de bolso descartados, frentes frias, alto-estratos, cirro-cúmulos, nevascas, orvalho, geada, neblina e erupções solares – o motivo central sendo os shows e o aroma familiar de cerveja e maconha e o gosto de cheddar grudado em uma bolacha dos bastidores. Estamos ganhando, mas é bem devagarinho.

De volta à Europa, seguimos em frente em turnê na Alemanha como se fosse um outro estado dos EUA e na *autobahn* para Aachen alguém comenta: "Certamente deve ser Detroit mais adiante". Enquanto viajamos para cima e para baixo no Vale do Ruhr, "*Walking on the Moon*" é lançada e entra nas paradas britânicas na primeira posição. É bom estar de volta à Europa e decidimos coroar o ano com um show duplo em Hammersmith, em 18 de dezembro, o final de mais uma turnê pelo Reino Unido.

Miles agenda os dois shows; no Hammersmith Odeon e Hammersmith Palais, apenas a menos de um quilômetro descendo a rua. Vamos começar no Odeon e depois vamos lentamente em um pesado veículo militar blindado, com visão aberta para o público, até o Palais. Será uma brilhante manobra publicitária – uma noite cheia de brilho – e os ingressos irão provavelmente esgotar em algumas horas. Este é mais um destaque astuto da palavra *Police*, do qual Miles parece nunca se cansar. Como ele foi criado em circunstâncias militares, qualquer coisa paramilitar parece lhe deixar estimulado, e para grande parte da nossa existência, somos apresentados em termos de poder masculino dominante, quase ao ponto de paródia.

A noite chega e é um sucesso espetacular, com todos os tipos de admiradores e celebridades aparecendo no backstage antes da apresentação, o show da The Police agora sendo o lugar onde estar. Nós tocamos para um público que simplesmente não se cansa. Uma das características comuns de nossas performances do Reino Unido agora é a presença da brigada da St. John Ambulance, porque nós temos um grande número de garotas que desmaiam e são removidas em macas pelos homens

---

[25]Nota do tradutor: antigo jogo de tabuleiro indiano.

de azul. Isto atinge proporções quase absurdas, e há um fluxo contínuo ininterrupto de macas que passam pelo palco durante o show. Algumas das meninas estão fingindo seus desmaios apenas para que elas possam chegar até a frente do palco, e sorriem para nós quando passam abaixo de nós. Passamos a conhecer os rostos dos homens e, eventualmente, podemos simplesmente dizer: "Boa noite, Sid. Tudo bom?" Os caras da St. John Ambulance adicionam um toque agradável de normalidade ao processo, o que é às vezes ausente em outros países. Eles geralmente estão presentes na passagem de som, fazendo a delimitação do palco para possíveis percalços e falamos com eles sobre seu trabalho, sobre nosso trabalho e, bebendo chá juntos concordamos que estamos todos no mesmo barco. "Garotos bacanas, esses Police", você os ouve murmurar.

Depois do show, com os flashes das câmeras piscando como uma tempestade de neve, nos ajuntamos fora do Odeon e subimos no veículo semilagarta do exército para fazer o trajeto pela rua para o segundo show da noite, no Hammersmith Palais. Quando cruzamos a rua com três ou quatro mil fãs delirantes em torno do veículo, é como Moisés dividindo o Mar Vermelho e como uma grande piada na qual nós e nossos fãs estamos atravessando juntos. É um absurdo, mas um grande teatro rock-and-roll, um toque de surrealismo no monótono inverno inglês; enquanto sorrimos no meio da camuflagem do semilagarta, não vemos nada além de sorrisos, rostos vibrantes nos dando boas-vindas, como heróis. Eles adoram um desfile na Inglaterra.

1979. Thatcher está no poder, o Aiatolá está de volta no Irã, o Estripador de Yorkshire está fora de controle, Saddam Hussein tornou-se presidente do Iraque, os soviéticos invadiram o Afeganistão, e o público britânico comprou uma banda chamada "The Police". Nós somos um sucesso pop. Com dois discos na primeira posição e um número enorme de shows realizados, nós merecemos um longo descanso. Ganhamos duas semanas.

DEZOITO

BRIDGEHAMPTON, 18 DE AGOSTO DE 1983

Olho pelo quarto para onde minha guitarra inclina-se contra a parede com a luz ainda cintilando nas cordas. Vale uma foto. Eu saio da cama e saco minha Nikon FE do estojo e começo a fotografar a colisão de luz e cordas a partir de vários ângulos, tendo o cuidado de mostrar o detalhe das sombras. A segunda vez que chegamos a Nova York eu fui até a B&H Photo, na Rua 34, com um fotógrafo de rock que se ofereceu para me aconselhar e, então, tirou fotos enquanto eu comprava a Nikon FE e uma lente 24 milímetros.

Eu começo a fotografar tudo à minha volta e rapidamente começo a odiar a distorção das lentes grande-angular. Percebendo que fui mal aconselhado, eu mudo para uma lente padrão de 50 milímetros e começo a obter melhores resultados. Eu amo a sensação de uma câmera na minha mão – parece a de uma arma: eu miro no mundo. Inspirado por Walker Evans, Diane Arbus, Henri Cartier Bresson, Lee Friedlander e Ralph Gibson, eu começo a vagar à noite tentando fotografar no escuro em ISO alto e sem flash. Tudo na América parece fotografável, e enquanto a minha cabeça fica repleta de imaginação em preto-e-branco, minhas mãos estão sempre segurando uma câmera. Quando as coisas esquentam com a banda, isto se torna um mundo particular para o qual posso me retirar, um mundo só meu.

Aos poucos, a estrada, os hotéis, os grupos de fãs, as longas filas de limusines na noite do Arizona, tornam-se construções do olhar; minha relação quando estou em uma turnê agora não é somente a de tocar música, mas também de sonhar através da câmera.

1980. O ano começa com uma rápida visita a Hamburgo para um programa de TV do qual mal nos damos conta: estamos prestes a partir para uma turnê mundial que vai nos levar a trinta e sete cidades e dezenove países, incluindo Hong Kong, Japão, Índia e Egito. Temos uma equipe de filmagem que vai viajar conosco por toda parte, capturando nossas façanhas, para eventualmente ser lançado como um documentário chamado *Police: Around the World*. Mas, antes de chegarmos aos países mais exóticos, temos que passar outra vez pelos EUA, apenas no caso de podermos ter ignorado um ou dois vilarejos. Chegamos a Buffalo para tocar no Clark Gym. Lá fora, o chão está coberto por uma espessa camada de neve e a temperatura está abaixo de zero, e com o Niágara rugindo ao fundo, entramos em outra fase do sonho americano. Voltar aos EUA sempre parece humilhação após o caos na Europa, mas o Gym Clark está lotado e nós derretemos a neve em torno do edifício.

Buffalo, Cleveland, Ann Arbor, Madison, St. Louis, Memphis. Sendo historiadores do rock, sabemos que Elvis nasceu ali bem perto de Memphis em Tupelo, Mississippi, e temos de prestar homenagem.

Alugamos um carro e dirigimos ao sul para Tupelo. Ao entrar na pequena cidade, é como se você viesse para um estranho local religioso. Placas, imagens e mensagens se enfileiram nas laterais da estrada, com o tipo de devoção a Elvis que normalmente é reservado a Jesus. Naturalmente, há também mais mensagens comerciais que estimulam uma experiência gastronômica no Elvis Inn ou para obter a sua camiseta de Elvis no Arnie's. Há setas apontando para o local de nascimento do Rei em cada rua e, em três minutos exatos, estamos do lado de fora do barraco minúsculo onde ele nasceu. Surpreendentemente, você simplesmente caminha até ele e bate na porta, o que fazemos. A porta é aberta por uma senhora muito, muito velha que poderia ter sido a mãe de Elvis (mas só não o faz porque está morta, como todos sabemos). É uma cabana minúscula com não muito mais do que 3 metros quadrados. Ela pode realmente ser descrita como humilde, mas, sabendo que partindo deste pequeno pedaço surgiu uma grandeza, somos reverentes. Como os Três Reis Magos em uma visita, permanecemos em silêncio por alguns minutos e sentimos as vibrações – minha mente voa de volta para o tapete felpudo da mãe de Carl Hollings, a lareira artificial e o Rei cantando "Teddy Bear" – há muito amor nessa cabana. Suspirando, saímos e começamos a viagem de volta a Memphis sem falar, apenas fazendo uma única parada para comer um hambúrguer ou seis em honra ao Rei.

New Orleans, Oklahoma City, Denver e Salt Lake, aonde chegamos em um voo vespertino e, depois de fazermos o *check-in*, dou uma volta porque quero ver o quão peculiar a cidade realmente é. De qualquer maneira, estou sempre interessado em fotografar esses lugares. Dominado por seu enorme tabernáculo, a cidade fica em um vale cercado por montanhas e planícies salinas. O sal é uma daquelas coisas nas quais pessoas e cidades se transformam quando levantam a ira de Deus, e como um sinal de alerta, há bastante disso por aqui. Aqui, em cofres subterrâneos, os mórmons mantêm os registros de todos os que já viveram (segundo eles). Uma das organizações mais ricas do mundo, eles enviaram pregadores para a África, onde foram capazes de obter muita prática na posição de missionários. Tudo isso nos leva a especular sobre como o show vai ser hoje à noite. Será que vai haver um protesto contra nossa profanação? Uma detenção pelo departamento de polícia, ou o quê? Mas saímos do palco algumas horas mais tarde, depois de ter simplesmente tocado para uma das multidões mais selvagens e fora do controle da turnê, as garotas locais vindo até nós com montes de chicletes em suas bocas e soprando grandes bolhas cor de rosa em nossas caras, a mensagem implícita.

One Train Later

Seattle, Vancouver, Portland, Honolulu e para o aeroporto de Narita, no Japão, onde uma enxurrada de lembranças vêm correndo de volta. E se aqueles caras ainda estiverem por aí? E se eles quiserem resolver uma dívida antiga? E se? Eu decidido deixar isso pra lá e espero que o novo produtor tenha os meios para proteger seu investimento. Antes de realmente permitirem que entremos no país, somos rigorosamente vistoriados por pequenos homens japoneses com um risinho no rosto, com cães farejadores que realizam buscas em nossos corpos, equipamentos, malas de viagem, guitarras e amplificadores. Claramente desapontados e um pouco confusos por não terem encontrado nada, eles finalmente nos deixam passar e exaustos, subimos no ônibus para fazer as excruciantes três horas de carro para Tóquio.

Nós estamos trabalhando para a Udo Organization, e o próprio Sr. Udo, um homem de meia-idade rechonchudo e encantador com um jeito gentil, nos encontra no saguão do hotel. Ele fala Inglês e tem uma maneira cortês, mas dirige sua organização com punhos de aço. Como de costume com os japoneses, é difícil dizer o que realmente está acontecendo – emoções tendem a ser escondidas atrás de uma máscara impassível – mas, com a gente, Udo nunca é menos que cordial. Acompanhando-o em todos os momentos e de todas as formas e tamanhos estão os seus rapazes, que têm nomes como Moony, Cobra, Bullseye e Tommy, que parece ser o líder. Há vários deles, e todos são tanto guarda-costas como roadies vestindo jaquetas *bombardier* azul escuro com UDO ORG em grandes letras brancas nas costas. Carregando pequenos walkie-talkies, nos quais sussurram em afiado japonês, eles se comunicam sem parar uns com os outros sobre posições de vigilância e retaguarda. Onde quer que estejamos, eles estão também; e se eles acham que estamos indo a algum lugar, um deles vai se adiantar à nossa frente. Quando nos recolhemos à noite, um fica de guarda do lado de fora até que você acorde de manhã. Ao se levantar para o café da manhã, você é recebido na porta com uma reverência de Snake, que educadamente lhe pergunta onde você está indo. "Café da manhã", você boceja, "andar térreo". Ele imediatamente passa essa informação para Moony, no térreo, que vai ficar do lado de fora da sala do café enquanto você come. Isso é ligeiramente claustrofóbico, mas também lisonjeiro, como se fôssemos algum tipo de carga preciosa. A verdade é que o Sr. Udo está protegendo o seu investimento, e nós perambulamos pelos corredores bem demarcados.

Fora da sala do café da manhã, nos assistindo comer, está uma multidão de estudantes que, sempre que você lança um olhar em suas direções, explodem em risos, cobrem a boca e dão um passo para trás. É

257

Andy Summers

divertido e isto vira uma pequena peça de teatro quando você olha fixamente para seu cereal e, de repente, levanta a cabeça com leite e flocos de milho caindo de sua boca. Isso as deixa loucas, e elas se retiram novamente, como se em um conjunto de fios invisíveis.

Após esses desvios intelectuais, é hora de ir às compras em Tóquio com o nosso amigo fotógrafo Watal Asanuma. Ele nos leva até a loja de câmeras Yodobashi, a banda e cerca de uma centena de estudantes se arrastam atrás de nós como uma nuvem azul-marinho. A Yodobashi tem cinco andares de equipamentos fotográficos, dispositivos de áudio e todos os tipos de engenhocas que a mente japonesa pode inventar, é metade do preço e duas vezes menor, coisas que você não vê em nenhum outro lugar. E por meia hora nós nos tornamos consumidores possessos, compramos coisas de que nem precisamos só porque elas são muito pequenas. Enquanto caminhamos pela loja, somos surpreendidos a cada cinco minutos por uma música muito alta vindo através do sistema de PA. É uma música sobre câmeras Yodobashi cantadas ao tom de *"John Brown's Body"*; é incrivelmente irritante e irresistivelmente engraçada, e se torna uma música tema pelo resto da turnê.

A turnê no Japão acaba sendo mais divertida e menos solitária do que algumas das nossas turnês americanas. Anne Nightingale, da famosa BBC, junta-se a nós, e saímos por aí em uma grande comitiva, com a equipe de filmagem, a nossa equipe de palco, o Sr. Udo e seus rapazes e uma multidão cada vez maior de estudantes. Viajamos de trem-bala, apreciamos o Monte Fuji pela janela e visitamos os jardins Zen e os templos de Kyoto. Criamos uma histeria fora de controle para o Sr. Udo em todos os lugares, e a honra é satisfeita. Mas gostamos de sair do palco no final do show com seu público estrondando e pedindo desculpas ao Sr. Udo por não fazermos negócios melhores, e iremos tentar novamente amanhã à noite. Udo cumprimenta a isso com um tênue sorriso de Buda.

O ponto culminante desta viagem para o Japão é quando eu concordo em lutar até a morte contra um lutador campeão de sumô em uma casa na periferia de Tóquio. Saímos de carro em uma manhã fria de janeiro para o albergue de sumô; percebemos que todos eles vivem juntos (pelo menos quando em treinamento). Paramos em um subúrbio que parece anônimo, eu faço o sinal da cruz, e entramos. Após cinco minutos de reverências mútuas e sorrisos, somos levados a uma antessala, e eu encontro o meu adversário. Imagine o Capitão Ahab perto de Moby Dick, a grande baleia branca. Um vasto mar de gordura me confronta em todas as

direções; eu lentamente levanto os meus olhos e olhando para baixo com um sorriso benevolente está Yaki San, meu adversário. "Ele não tem a menor chance", digo, minha voz abafada pelas dobras da sua carne.

Porque há um lado espiritual na arte de lutar sumô, temos que nos sentar e comer juntos como um ritual de união. Vamos reconhecer o espírito eterno em cada um de nós antes de tentarmos sair batendo nos cérebros uns dos outros. Eu noto que enquanto eu ocupo um espaço na mesa, Yaki ocupa doze. Eu tento não deixar que isso me detenha, mas mantenho um olhar maldoso em meu rosto. À esta altura, já me vesti nos padrões apropriados de sumô, o que significa fazer um coque no cabelo e vestir uma tanga minúscula. Eu pareço uma versão covarde de Tarzan. A casa está congelante, já que o aquecimento central não faz parte do credo do sumô, e eu me sento sugando o macarrão com os dentes batendo. Enquanto eu mando o macarrão pra dentro, revivo filmes samurais em minha cabeça, tentando desesperadamente me lembrar dos maiores filmes de Toshiro Mifune, *Os Sete Samurais*, *Yojimbo*, *Rashomoan*, um pastiche preto-e-branco de espadas cintilantes e trilha sonora de grunhidos, mas isso é tudo em vão – este é um combate desarmado de carne e osso, e eu provavelmente terei que acabar com ele com a minha chave secreta.

O momento da verdade chega e somos levados para outra sala de concreto com um círculo marcado com giz. Depois de mais dezessete ou dezoito reverências, chega a hora. Nós rosnamos um para o outro, eu percebo um pequeno olhar de medo passando pelo seu rosto e então estamos por todo o ringue, e na garganta um do outro. Atordoado e confuso, eu me levanto cerca de cinco minutos depois, em um dos extremos da sala, perguntando como fui parar lá. Eu olho através do concreto: ele ainda está lá com um grande sorriso de Jackie Chan iluminando sua cara e piedade em seus olhos. *Certo*, penso, e disparo como uma bala pelo ringue, para ser enrolado como uma boneca de pano nos braços de um gigante e gentilmente colocado de cabeça para baixo ao lado do ringue. Vamos novamente, em um turbilhão de grunhidos e movimentos escorregadios. Sting, Stewart e Miles ficam perto do ringue, e suas formas sombrias fundem-se com as mães e pais desfazendo-se em sorrisos na escola Summerbee enquanto o garoto galês Evans me espanca até um quase-coma. Levanto-me cambaleante do concreto e enterro minha cabeça como uma formiga nas dobras das vastas entranhas de Yaki, para ser repelido como uma pedra de uma catapulta. Uma coisa que eu observo enquanto continuo a ser atirado como uma cortiça em um mar agitado é o quão doce ele cheira. Meu rosto é esmagado continuamente em seu peito grande e macio, e um doce perfume, inebriante e de outro mundo pulveriza-se sobre mim. Com uma resignação voluptuosa, sinto que estou me apaixonando por ele, mesmo quando me esmaga para frente e para trás sobre o concreto. Eu não tenho nenhuma outra explicação para isso, a não ser o pensamento de que eu possa ser um masoquista latente ou que, na verdade, goste de rapazes. Isto finalmente chega ao fim e eu, rabugentamente, cedo à vitória por pontos; enquanto isso, na temperatura congelante, pego uma gripe.

Nós voamos para Hong Kong para tocar na discoteca Today's World. A razão pela qual estamos tocando em uma discoteca é que este é o único show que conseguimos neste momento em Hong Kong e ele se encaixa no nosso esquema de tocar em todo o mundo. Eu tenho a temperatura oscilando em torno de 38° – a real gripe de Hong Kong em Hong Kong, que é bastante satisfatório. Porém mais importante do que a preocupação com a saúde é o meu desejo ardente de obter um terno sob medida; me disseram que nesta cidade você pode obter um terno feito em poucas horas, e nós decidimos colocar isto à prova. Chegamos a uma alfaiataria esquisita e entramos para encomendar os nossos ternos. Com uma grande confusão por parte do alfaiate, eu descrevo um exemplar azul claro, com zíperes do inferno por toda lapela, nos bolsos, nos braços, até que ele se parece com uma criação de Vivian Westwood em esteroides. O alfaiate está balbuciando em mandarim, sem entender esta última moda do Ocidente até que um leve brilho aparece em seu rosto e ele finalmente, depois de certa dificuldade, entende que isto deve ser uma piada.

One Train Later

Ainda estou controlando a temperatura quando chegamos para tocar na discoteca. Me sinto bastante doente, mas tomo uma injeção de B12 e consigo fazer o show, e também por causa da adrenalina; estranhamente, após a apresentação, eu me sinto muito melhor, como se eu tivesse eliminado o vírus pelo suor. Um grupo de homens jovens é levado para o camarim vestindo uniformes com a palavra POLICE estampada no peito; vem a calhar que eles são cadetes britânicos da academia de polícia de Hong Kong, e todos concordamos em trocar camisetas. Nós pegamos a deles; e eles, as nossas: uma troca muito gratificante. Após a apresentação, Anne Nightingale nos regala com alguns prêmios de Melhor Nova banda britânica e Melhor Álbum. A cerimônia é televisionada via satélite ao vivo para a Inglaterra e, como marcianos, todos acenamos da discoteca, atravessamos o globo até aqueles na Inglaterra. Eu imagino minha mãe e meu pai sentados no sofá com xícaras de chá, sorrindo enquanto cutucam um ao outro, e minha mãe murmurando: "Cuidado, amor". Gostaria de saber se Kate e Layla estão assistindo; com a grande diferença de horário, não temos nos falado recentemente.

Dirigir em Bombaim pela primeira vez é uma agressão. Presa entre o passado e o futuro, a cidade é um emblema desordenado de duas civilizações concorrentes. Toda vez que um carro para em um semáforo (se ele, de fato, parar), mendigos começam a arranhar e gritar na janela. À exceção de um pedaço de pano ao redor da cintura, eles estão nus; muitos deles têm um membro amputado. As mãos estão estendidas a pedir esmola, e mães de quatorze ou quinze anos de idade estendem as palmas das mãos com um olhar de tristeza anciã. Me sento na parte de trás do carro com toda a sensação de que, anteriormente, o que eu chamava de realidade esvaneceu, porque nada lhe prepara para isso. Estamos aqui para entreter, o que parece incongruente neste primeiro confronto com Bombaim. Outdoors olham para as massas abaixo, incentivando-os a escovar os dentes com creme dental com flúor e a comer chocolate, como se tudo pudesse, de repente, deixar cair a farsa da pobreza e ir para casa rindo de sua pequena encenação. Depois do que parece uma rota tortuosa e sinuosa projetada para dizer "esta é a Índia", estacionamos em frente ao Taj Intercontinental. Comparado com o que acabamos de passar, o Taj, com sua versão de luxo ocidental da Índia, é um refúgio de paz e segurança. Passando por seu majestoso hall de entrada para o salão principal, a dicotomia é visceral. Lá fora, caos, pressão, doença e o calor escaldante.

Dentro; American Express, serviço de quarto e água mineral com gás. A ideia de tocar nesses países foi originalmente minha, e Miles voou para Bombaim sem contato prévio para ver se conseguia agendar algum tipo de espetáculo. Ele fez contato com uma organização chamada Time and Talents Club, uma comissão de senhoras indianas de meia-idade que trabalham para a caridade e, ocasionalmente, organizam shows para arrecadar dinheiro. Elas ficam encantadas com Miles e, enquanto a notícia corre sobre o grupo pop The Police, o show muda de um clube pequeno para um auditório em ruínas que comporta três mil pessoas.

Somos levados para almoçar à beira do rio para encontrar as senhoras do Time and Talents Club. Elas estão animadas para nos conhecer e em seus saris multicoloridos elas tagarelam e se movimentam para lá e para cá como pássaros exóticos. Todas estas senhoras falam com um sotaque inglês elegante e são um tipo completamente diferente de indianas daquelas das ruas de Bombaim. Elas são Parsis e mantêm uma crença religiosa que pertence ao zoroastrismo, que teve origem na Pérsia, cerca de 1500 A.C. com o seu profeta Zaratustra. Um dos princípios da fé Parsi é de que os elementos terra, água, fogo e ar são sagrados e não devem ser poluídos por dejetos humanos. Portanto, quando morrem, os Parsis são deixados em estruturas de concreto concêntricos – as Torres do Silêncio – para serem comidos por abutres. Enquanto café e bolo são oferecidos e os comunicados são feitos em vozes que ecoam no Raj, é difícil manter sua mente longe do fato de que os ossos dessas doces e entusiastas senhoras – nossas promoters – um dia serão retalhados por pássaros necrófagos. Somos apresentados à presidente da bilheteria delas, uma mulher pequena e murcha que deve ter pelo menos 120 anos de idade, mas ela coloca seu punho pequenino sobre o dinheiro, com um brilho em seus olhos que diz "não foda comigo, velho".

Nós temos alguns dias antes do espetáculo e saímos para passar pelas ruas lotadas de Bombaim. Uma simples palavra para descrever isto seria puta insano. Enquanto você luta entre a multidão com o murmúrio de hindi penetrando seus tímpanos, você é confrontado por sadhus com membros arrancados, que sofrem terríveis atos de penitência, comerciantes inclinando-se nas tendas com olhos suplicantes, crianças nuas, táxis buzinando e outdoors gigantes mostrando a mais recente extravagância de Bollywood em cores extravagantes. É uma versão de New York, fumegante e antiga, conduzida pela pobreza, ao estilo da Índia. Com nove milhões de pessoas, e mais para o filme *Blade Runner, O Caçador de Androides* do que para uma cidade da antiguidade, Bombaim continua a ser

One Train Later

um ímã para toda a Índia. Nós paramos por um momento e assistimos a um mangusto rasgar a cabeça de uma cobra. *Coitado de Rikki-Tikki-Tavi[26]*, eu penso enquanto cambaleamos no calor. A vida aqui está tão parada no tempo e presa às tradições que as pessoas parecem aceitar essa realidade dolorosa como normal. À noite, no calor brutal, as pessoas dormem em montes nas ruas e praças, como se desabassem, onde quer que estejam. Mais tarde, descobrimos que elas fazem isso porque é melhor do que a outra opção – os terríveis cortiços lotados e cheios de doença.

Na segurança confortável do Taj Mahal Intercontinental nós, estrelas do pop, fazemos palhaçadas para as câmeras de cinema, excessivamente teatrais em trajes indianos e lutando com espadas. Nos sentamos ao redor do salão de chá e tocamos cítara, tambura e tablas, criando uma versão raga distorcida de *"Walking on the Moon"*. A imprensa inglesa veio para este show, incluindo Paul Morley, um jornalista de música pop inovador e crítico de bom gosto da New Musical Express. Aos vinte e três anos, ele é a estrela da NME e escreve bem, embora, na maioria das vezes, com um narcisismo mórbido. Como ele é famoso por fazer picadinho dos músicos, imaginamos que deva odiar a nós e a nossa música, então não temos muita certeza do que fazer com sua aparição, além do fato de que se ele foi enviado a um grande custo para a Índia, ele vai ser legal com a gente, se quiser viver. Não há lugar para estrelas no universo Paul Morley, mas quando retorna à Inglaterra, ele escreve um texto egocêntrico sobre sua paixão por Sting, como Sting é uma estrela muito bacana e como estrelas como ele são necessárias. Isso acontece porque Sting deliberadamente faz tudo para conquistá-lo, para fazer o garoto se apaixonar por ele. "O amor é a crueldade final", Sting diz depois.

Uma multidão de 3.500 pessoas esgotou os ingressos do show no auditório Rang Bhavan. Aparecemos no final da tarde para passar o som em uma cena levemente caótica. Esta é a Índia, e nada realmente funciona. Todas as coisas, eventualmente, sucumbem ao calor e à podridão. Ficamos ansiosos com a energia elétrica: será que vamos ser eletrocutados? Será que vamos tocar na escuridão? Devemos fazer acústico? Mas, depois de muita gritaria, aceno de mãos e invocações de várias deidades hindus, tudo ganha vida como se despertasse do repouso vespertino. Estou animado; tocar na Índia parece ser a realização de pelo menos uma ambição de vida,

---

[26]Nota do tradutor: "Rikki-Tikki-Tavi" é um conto, e também o nome de seu personagem principal, um mangustão, em O Livro da Selva, de Rudyard Kipling.

263

e eu olho para as fileiras de cadeiras dobráveis de metal, sorrindo por dentro. A noite chega com seus mosquitos, lâmpadas de mercúrio e verde suave, e esperamos nas coxias para subir ao palco. Antes de prosseguirmos, um longo discurso torturante é feito sobre política, o Time and Talents Club, os próprios funcionários, o quão histórica é esta ocasião, e as esperanças e sonhos da Índia. Isso leva tanto tempo que, dizimados pelo calor, estamos quase prontos para desistir e voltar para o hotel. Finalmente, os tons coloniais da presidente do Time and Talents anunciam, "E agora, sem mais delongas, The Police", nós partimos (ou melhor, exaustos pela umidade e lassitude, nos debatemos como peixes) para o palco. Todo o público avança como um estouro, um rebanho de bestas selvagens, empurrando-se contra o palco em uma histeria imoderada, alvoroçados e agitando os braços para o alto.

Infelizmente, as primeiras duas ou três filas, que foram cuidadosamente isoladas para os funcionários idosos da cidade e uma noite de entretenimento gentil, estão agora totalmente aniquiladas pela multidão fervilhante e nunca mais os vemos. Depois ficamos sabendo que um deles acabou no hospital, e nós enviamos flores e uma carta com um pedido de desculpas. O show é o caos do começo ao fim, com nuvens de insetos que pululam contra o clarão da luz, calor que estoura através das tábuas do chão, e uma parede de rostos gritantes a alguns metros de distância. É difícil não gargalhar, porque você se sente como se estivesse surfando uma onda gigante ou no meio de um tumulto no hospício. Nós terminamos com possivelmente o melhor *"Can't Stand Losing you"* ao vivo que já fizemo, e isto parece mais com uma rebelião do que um show de música pop.

Depois, somos levados juntos com duas das principais modelos de Bombaim, belezas indianas pairando em torno da marca de 1,80m, a uma pequena sala acima de uma loja de discos no centro da cidade. Esta é a festa do The Police, e no calor sufocante de um forno de 40 por 50cm e andando acima da rua devassa, nos movemos desordenadamente com o alvoroço do show e o cheiro de arroz e chapati se fundindo com os copos de vodka que são rapidamente colocados em nossas mãos. Senhores indianos em dhotis e turbantes vêm até nós, um após o outro, para dizer que "nós vamos esgotar as vendas da porra do seu disco". Uma alma gentil chamada Raji Singh me diz que vamos vender cinquenta mil discos na Índia e que temos um grande futuro no subcontinente indiano. Eu engulo um pedaço de chapati e lhe digo que sempre amei o lugar. Através de uma névoa de Smirnoff e curry, eu olho para a sala e penso nas Quatro Nobres Verdades,

One Train Later

o sofrimento, o apego, a libertação, o nobre caminho óctuplo – exatamente como estar nesta banda – e, então, autografo outro disco com uma Bic.

Dois dias depois de Bombaim, chegamos sob um calor explosivo no Holiday Inn em Gizé, no Egito. Sendo o único hotel deste tipo no mundo, com vista para a Grande Pirâmide, é um pouco inquietante olhar pela janela do quarto e ali, como uma relíquia de um velho filme de Peter O'Toole, estar a tumba triangular de quatro lados erguida por um milhão de escravos, ou, possivelmente, extraterrestres. O restaurante, com suas palmeiras em vasos e lentos ventiladores de teto, precisa apenas de Sydney Greenstreet para completar o quadro. Pedimos o almoço: *eesh baladi,ta' miyya', babagahannuugh*. Nós não temos nenhuma ideia do que vamos comer, mas faço uma oração. O serviço se move na velocidade da construção de uma pirâmide. Imaginamos se não seria mais rápido dar um pulo na Inglaterra para almoçar e, de fato, quando a comida chega, é terrível, como se tivesse acabado de ser retirada da geladeira, onde esteve desde o tempo dos faraós; na maior parte, apenas pequenas coisas marrons sobre um prato branco, como estrume de camelo.

Estamos no Egito para tocar na Universidade do Cairo como parte de nossa excursão ao redor do mundo. Mas já temos um problema. Enviamos nosso equipamento por frete, pois é consideravelmente mais barato do que o excesso de bagagem. Mas porque ele chega na sexta-feira, que é o dia do descanso árabe, ninguém está de plantão na seção de carga aérea. Nosso equipamento é trancado e não pode sair do o aeroporto. Isso é um desastre porque temos um show no sábado e só poderemos coletá-lo na segunda-feira seguinte. Inicialmente, há uma grande discussão com peitos inflados e movimentos de braços no calor vulcânico do aeroporto do Cairo. Miles e Ian Copeland, que se juntou a nós para o show no Egito, parecem estar em seus elementos naturais quando partem para cima dos funcionários do aeroporto, o principal tema do diálogo é "Estou fodido, não, você está fodido". Este domínio profundo da língua e da cultura não nos leva a lugar algum até que Miles finalmente resolve tudo de forma fácil ligando para um oficial do governo de alto escalão, o coronel Hasan Tuhani, o vice-primeiro ministro do Egito, e um agente especial do governo aparece para abrir as portas em um dia santo e recuperar nosso equipamento.

Nós passamos a tarde que antecede o show, com nós três galopando a cavalo pela areia após depois das pirâmides, fazendo as nossas melhores imitações de Lawrence das Arábias. Com o sol se pondo atrás das

265

pirâmides, voltamos para o hotel e enquanto entro no lobby um pequeno sorriso egípcio em um fez vermelho, smoking branco e gravata borboleta traz uma bandeja de prata em minha direção. Na superfície brilhante está um pequeno envelope cor de creme com um pequeno ibis em relevo no canto superior esquerdo. Dentro, em uma única folha marfim, estão algumas linhas-recém escritas – "Sra. Summers e sua filha estão no quarto 137. Cordialmente" – e um floreio de caneta-tinteiro indicando o nome do gerente do hotel. Eu abro a porta e vejo Layla deitada na cama dormindo e Kate de pé, sorrindo; ela levanta um dedo sobre os lábios e aponta para a menina dormindo na cama: não a acorde. Eu aponto para o banheiro – vamos entrar. Nós vamos para o banheiro para beijar e nos reconciliar com paixão, e ao fazermos, o teto inteiro como uma grande nuvem de cimento e gesso cai sobre nós, deixando um buraco até o quarto acima. Caímos em espasmos no chão – ou é o poder do amor ou as habilidades que uma vez projetaram as pirâmides que estão enferrujadas. De qualquer maneira, a bebê não acorda.

A Universidade do Cairo foi jogada ao caos por conta da nossa chegada; um grande grupo já até encheu o salão, e a energia elétrica que percorre todo o caminho da Represa de Assuã sob tamareiras, bundas de camelos, crianças gritando, mulheres em burkas, a Grande Pirâmide, a tempestade de areia khamsin, as cerimônias de circuncisão e o túmulo de Nefertiti não está chegando ao palco. Estamos sem forças, impotentes.

"Espero que os abortos sejam legais neste país, porque você está prestes a testemunhar um hoje à noite", diz Danny Quatrochi enquanto briga com o PA, que veio de avião da Grécia, mas parece não possuir energia suficiente para tocar o nosso som além do limite do palco. Junto com esta confusão, os egípcios conseguiram com alguém seis holofotes para o palco, mas com apenas uma lâmpada – claramente este não é o tempo dos faraós. Sting, Stewart e eu nos sentamos no *backstage* com nossas famílias e esperamos, pouco desfrutando da situação com comentários úteis como "Eu quero minha mamãe", "Eu acho que eles estão sem muita Egitação", "Fez pra cima, é foda com a prima" e solicitamente assobiamos "O Sheik das Arábias". Finalmente vamos ao palco com uma situação inadequada de iluminação pela metade e eletricidade intermitente, mas Ramsés III sorri para nós e conseguimos fazer o show inteiro sem ninguém ser eletrocutado, embora me ocorra que, se alguém morresse em um palco egípcio, ele seria mumificado?

Em algum ponto no meio do show Sting *vê* o que ele pensa que é um policial partindo para cima de um garoto na frente do palco e lhe diz para

One Train Later

dar o fora. Acontece que o segurança é de fato o chefe de polícia, e uma situação difícil surge mais tarde quando Sting se recusa a pedir desculpas. Corremos o risco de irmos presos até que Miles finalmente consegue acalmar o chefe, pedindo desculpas em nome de Sting: honra é servida e relações anglo-egípcias permanecem intactas.

Um dia depois chegamos ao fresco ar helênico de Atenas e, de repente, parece um alívio estar de volta no Ocidente. Nós somos a primeira banda de rock a tocar aqui desde os Stones em 1969, quando os militares tomaram o país, e os shows de rock na Grécia chegaram ao fim. Quando chegamos a nosso grande ônibus azul, uma enorme multidão já está em torno do edifício e uma falange da polícia tentando controlar as coisas. Há tantos jovens na rua que não conseguimos passar e, com o motor ligado, o ônibus faz uma parada no meio da multidão. Sabendo que estamos dentro, eles cercam o ônibus e começam a bater nas laterais. A situação se torna impossível e assustadora – claramente, um discurso socrático não vai funcionar dessa vez; emoções estão à flor da pele. Mas a verdadeira *Police* chega ao ônibus e faz um belo pequeno corredor de cassetetes, por meio do qual somos capazes de sair do ônibus e chegar com sucesso ao estádio. Eu carrego Layla em meus braços por baixo dos cassetetes levantados e canto para ela, "*We're off to see the wizard...*"

Deixamos Atenas e continuamos a turnê no resto da Europa; os shows se tornam marcados pelo caos, desordem e tumulto. Na Itália, terminamos a noite presos no camarim com um tumulto – polícia, gás lacrimogêneo e carros queimando – do lado de fora. Este é o circo do rock supremo. Como uma força da natureza, giramos em cada porto, deixando destroços emocionais e físicos na nossa esteira. Nós três nos sentamos no olho do turbilhão, com uma meia consciência do que está acontecendo nas margens, as coisas que são escondidas de nós, mentiras, conluio, agendas emocionais. O estrago chega sorrateiro e tudo o que podemos fazer é dar de ombros, ver tudo isso como um teatro. Se tentarmos corrigir cada pequeno machucado, cada pequena ferida, vamos ser sugados para nosso próprio turbilhão. No meio deste inferno, ainda somos o ponto neutro e, em alguns aspectos, o menos danificado, mas sentado no backstage com a minha guitarra e amigos e inalando a papoula dourada do sucesso, é um saco saber que, para alguns, a experiência do The Police é inferior à afirmação da vida.

Nós nos apresentamos e fazemos os discos, mas já deixamos de ser um trio de esperançosos desconhecidos para nos tornar uma máquina que impassivelmente mastiga as pessoas e depois as cospe fora. Ouvimos relatos de pessoas que foram contratadas. Eles vêm para fazer turnê e gerir uma banda de sucesso com rostos sorridentes e, então, mais tarde – emocionalmente destruídas – deixam a banda soluçando e prometendo nunca mais fazer algo assim novamente. Sob a voz que se vangloria do triunfo há uma sombra de jogos de poder, hierarquia e machismo; enquanto andamos para frente, os negócios se tornam um monstro inchado – uma abelha rainha cercada por trabalhadores guardando a fonte dos ovos – e em um momento de sonho, com algumas canções dando o poder de destruir, criar, te dar qualquer coisa e com nossos rostos observando posters extravagantes acima das camas de adolescentes, nós nos tornamos em uma comitiva de setenta e cinco pessoas.

DEZENOVE

Em junho, nosso contador, de quem agora obedecemos cada palavra, mas que infelizmente irá para a prisão em poucos anos, nos diz que temos que sair do país, que devemos nos tornar exilados fiscais. Nós seguimos à risca o que ele diz. Sting e eu começamos a fazer uma busca, perguntando-nos para onde ir, como se já não tivéssemos o bastante com o que lidar. Stewart, sendo um americano, pode ficar na Inglaterra. Algumas semanas depois, ambos mudamos para a Irlanda, Sting para o noroeste e eu com a minha família para um ponto no mapa chamado Aughavanah.

Não há telefone na casa e para fazer uma chamada eu tenho que caminhar um quilômetro e meio pela estrada até uma cabine que fica na junção de duas estradas vicinais. Você pega o telefone e a operadora local chega para lhe perguntar se você está tendo um bom dia e você responde algo como "sim, um ótimo dia, tudo bem. Então, o que você vai querer, Sr. Summers", pois ela sabe – como todos sabem por aqui – quem são os novas moradores dali. "Uma ligação para Londres, aqui está o número". "Vai ser caro – você tem certeza agora?" "Com certeza", eu respondo, olhando para as amoras que estão nascendo. Há uma confusão e discagem em algum lugar da linha e, finalmente, a ligação é completada até o século XX. Eu sei que a operadora ouve tudo e faz um relatório formal para o vilarejo. Esta nova vida está em contraste gritante com a vida que eu pensei que eu estava vivendo, e agora eu me pergunto se estou alucinado a coisa toda.

Depois de algumas semanas disso, Kate e eu decidimos tentar a sorte mais ao sul e acabamos comprando uma casa georgiana com vista

Andy Summers

para o antigo porto de Kinsale, em um vilarejo ao sul de Cork. É romântico, mas frio, úmido e muito grande. Viver na Irlanda rural é uma mudança drástica de ritmo após a movimentação a que estamos habituados em Londres. Não há literalmente nada para fazer, exceto caminhar ao longo das falésias e olhar para a beleza selvagem da Irlanda, brincar com os cavalos da fazenda e falar sobre o tempo. Eu realmente ainda não estou pronto para isso ainda e, apesar do calor e da proximidade da família, sem a banda e a correria das turnês, fico parecendo mais como um viciado passando por uma crise de abstinência.

Estou com Kate na loja McLaughlins, em Kinsale, e olho para a fileira encolhida de coisas marrons que passam por vegetais na Irlanda. Está se tornando um ato de imaginação vívida conseguir um jantar decente todas as noites. Pelas manhãs, com o vento cortante rasgando minhas roupas, eu removo os pregos que foram colocados sob os pneus do meu carro e limpo o graffiti da nossa parede, com as suas provocações sobre a The Police e sermos britânicos. Estou desconfortável e não vai demorar muito para que Sting realmente receba ameaças de morte; finalmente, ambos temos que deixar a Irlanda.

Eu aceno para a Sra. Keohane do outro lado da rua estreita e corro de volta para dentro, para lutar com carvão e lenha na lareira e me pergunto se a chaminé está aberta, enquanto a fumaça espalha-se no ambiente. Viver na Irlanda, de repente, se parece com um prêmio de consolação; em vez do prazer sibarítico do sucesso popular, somos confrontados com a dura realidade de tempo cinzento; umidade, vento de doer os ossos; e comida ruim – tudo para combater o fisco. A impressão que dá é que aqui a vida parece ser a habilidade de resistir até o dia seguinte, manter a umidade longe da sua medula óssea, passar as longas horas cinzas. Tentamos ser uma família e abraçar a nova situação, mas isso é uma tensão. Eu posso sentir que minha cabeça está em outro lugar, lá fora, na estrada; a falta de familiaridade com a Irlanda, o frio e a tranquilidade da vida do vilarejo não combinam comigo. Kate e eu começamos a cair em um pequeno estranhamento. Minha atitude e o contínuo clarão dos holofotes e a implacável imprensa estão começando a desgastar Kate, que não se mudou para a Inglaterra comigo para ser abandonada.

Em nosso novo status de exílio fiscal, Sting e eu vamos com Stewart para a Holanda, para começar a gravar nosso terceiro álbum. A expectativa de outro álbum de sucesso é enorme, e a pressão de não decepcionar está com a gente o tempo todo. No que parece ser um *flash*, chegamos a uma fase em que um grande número de pessoas é dependente de nós: nós somos

270

One Train Later

suas vidas, seu futuro, sua sobrevivência. Todo mundo prende a respiração e oferece uma oração silenciosa e fazemos outro número um. É como se tivéssemos nos tornado um cavalo de corrida que se tornou uma aposta infalível; por mais que nós como todos os outros gostemos disso, esta é uma situação de fragilidade inerente.

Desde que completamos *Regatta de Blanc,* eu fico imaginado por quanto tempo Sting vai jogar com a gente, porque isso não parece natural para ele. Ele não é um jogador de equipe, realmente não quer compartilhar os créditos e faz comentários na imprensa com este efeito, como se prenunciando o evento final. Eu entendo, e isso parece com uma pequena abrasão interior que está em repouso no momento, mas que um dia pode se tornar uma ferida que vai ter a dor residual de ser abandonado por alguém que você ama. Na mudança clássica que sempre acontece com bandas, podemos estar chegando ao ponto em que pensamos que não precisamos uns dos outros, que podemos seguir sozinhos, nos separar, como os Beatles. Parece que cada um de nós realmente gostaria de fazer todo o show ou estar fora por conta própria. Stewart, ousado e franco, impõe seu jeito nas coisas, bem ao estilo Copeland, mas atinge seus objetivos. Se deixados à nossa própria sorte, Sting e eu provavelmente ficaríamos muito sutis, muito esotéricos; Stewart contraria tudo e dá às coisas um tom rock and roll de foda-se. Não há dúvidas de que Miles é eficaz como empresário, mas às vezes o estilo irrita e é inoportuno, como se estivéssemos ganhando por meio de intimidação. Mas, eu racionalizo comigo mesmo, temos a sorte de ter tal personagem porque isso é o que é preciso; sutileza e delicadeza não rolam no mundo da música rock. Nós temos uma aliança, mas que não é fácil.

Entramos no estúdio, em Wisselord, com Nigel Gray novamente encarregado da engenharia de som. Notamos que Nigel mudou. Ele se metamorfoseou de médico local, em Leatherhead, para rock star. Seu cabelo agora está na altura dos ombros; ele usa botas de cowboy e uma jaqueta de couro com longas franjas. Foi-nos dado um mês para fazer o álbum, o que – considerando o quanto há nele – é um tempo incrivelmente curto. De maneira bastante surpreendente, este mês fica reduzido a três semanas, quando somos informados de que, no meio da gravação, iremos passar uma semana tocando no Milton Keynes, na Inglaterra, e no Castelo Leixlip, na Irlanda.

As coisas estão mudando rapidamente agora que somos uma "grande" banda de rock. Parece ser o momento certo para que as pessoas nos empanturrem com tantas drogas quanto possível. Mas, no meio dessa situação, isto nos torna ansiosos, porque estamos aqui para trabalhar, não para usar drogas; precisamos deste terceiro álbum. Um dos problemas de cheirar cocaína no estúdio é que, além da ilusão que ela cria por meio da qual você pensa que tudo o que faz é apenas "absolutamente incrível", ela afeta a sua audição, com o resultado de quanto mais chapado você se torna, mais você aumenta as altas frequências na mixagem. O resultado final muitas vezes se torna algo que faria um cão uivar.

Grandes fileiras de pó são colocadas na nossa frente, mas nós não queremos fazer isso – temos pouco tempo, precisamos do álbum, não podemos foder com tudo. Para agravar ainda mais este problema tem os desaparecimentos de Nigel para o distrito da luz vermelha em Amsterdã, e ele quer que a gente vá com ele. Estamos chateados com tudo isso porque temos que conseguir gravar este álbum, e o processo está sendo ameaçado. Parece como se tivéssemos invertido os papéis e agora estamos simplesmente fornecendo a trilha sonora de uma festa de rock-and-roll que outras pessoas estão gostando. Isso vai se tornar uma marca registrada nos próximos anos, um lugar onde as fronteiras são muitas vezes turvas quando a linha entre trabalho e estar alto como uma pipa esmaece.

Nós nos damos bem com a música. Sting trouxe algumas boas canções para alimentar o álbum, *"Don't Stand So Close to Me"*, *"De Do Do Do, De Da Da Da"*, *"Driven To Tears"*, *"When the World Is Running Down, You Make the Best of What's Still Around"*. Pegamos as bases das músicas no estúdio e começamos o processo de lhes dar arranjos ao estilo da The Police e, desta vez, eu introduzo um sintetizador de guitarra Roland no som da banda. Aos poucos, algo como um álbum surge, mas estamos com falta de material. Eu tenho uma música instrumental que quero fazer, uma peça peculiar com uma espécie de tema do Oriente Médio inquieta chamada *"Behind My Camel"*. Há uma certa resistência a ela. Concedida; ela não é uma música sensacional, mas é interessante. Sting se recusa a tocá-la, o que é um saco, mas Stewart está pronto, então coloco a faixa de apoio comigo fazendo o baixo e depois adiciono as partes de guitarra. Em algum ponto no meio desta ação, Sting – meio brincando, meio sério – esconde a fita no jardim na parte de trás do estúdio. Eu percebo o que está acontecendo e um dia depois eu desenterro a fita e a música acaba entrando no álbum. Nós continuamos, ainda nos acostumando a este novo lugar, mas logo que estamos acertando nosso passo, somos tirados do estúdio. Nós temos que fazer os dois grandes shows, o primeiro na Inglaterra, no Milton Keynes. Eles o estão chamando de Regatta de Bowl.

One Train Later

O show no Milton Keynes é outra marca na subida de nossa carreira. Como chegamos no final da tarde, a emoção corta o ar como uma serra circular. Este é o maior concerto que já fizemos até agora no Reino Unido, mas, ironicamente, tendo agora alcançado status de exilados fiscais, não podemos ser pagos e nosso cachê vai para caridade. No momento em que subimos ao palco, a arena ao ar livre é um mar de lama e histeria. Miles consegue piorar as coisas tentando fazer com que os fotógrafos da imprensa assinem um contrato de três páginas garantindo uma porcentagem da venda das fotografias para a banda. Em nosso casulo protetor, nós não sabemos disso até muito mais tarde. Mas é angustiante descobrir que Miles e outros começaram a tomar decisões em nosso nome, as quais sentimos que não nos representam. Isto vem com uma ligeira sensação de que somos bebês incapazes de lidar com essas realidades. Deveríamos apenas sermos deixados sozinhos com a nossa música. Há uma reação desagradável às blasfêmias de Miles, com uma postura como "nós fizemos vocês subirem de patamar e agora vocês estão tentando nos cobrar por isso, bem, fodam-se". *Engraçado, eu penso, a imprensa nos odiava por todo esse tempo e agora em seu caminho parasitário normal, eles estão vindo comer em nossas mãos.*

A melhor coisa sobre o show do Milton Keynes é que eu adquiro meu próprio roadie, um pequeno escocês chamado Tarn Faigrieve. Percebo o quão rápido e eficiente ele é no palco, como todos os meus leads de guitarra, etc., parecem muito mais ordeiros; nada passa por ele. Nós o contratamos naquela noite. Ele também fica conosco até o fim.

De Milton Keynes, voamos para a Irlanda para tocar no grande festival realizado no terraço do Castelo Leixlip, a casa da família Guinness. Quando chegamos ao castelo, na parte da tarde, há uma fila de pessoas em pé na frente dos portões para nos cumprimentar. É o clã Guinness, juntamente com vários empregados. Para meu espanto, junto com eles está ninguém mais do que Jenny Fabian, a quem eu não via desde antes de ela escrever *Groupie*. Nós não tocamos naquela noite, mas nos sentamos perto da lareira na sala de jantar, bebericando conhaque caro e desfrutando da hospitalidade de Desmond Guinness e sua família. Jenny e eu nos atualizamos a respeito das vidas um do outro e rimos sobre a estranheza de nos encontrar aqui. Ela deixou Londres e agora vive na Irlanda, criando cães da raça galgo, e continua tão charmosa e pé no chão como sempre. Na tarde seguinte, nos apresentamos nos jardins do castelo na frente de 35.000 pessoas. Temos uma grande recepção, afetados apenas por um grupo de garotos de aparência selvagem que tentam chegar até a frente do palco e gritam insultos para nós por sermos britânicos e, finalmente,

Andy Summers

lançam uma garrafa no palco, que atinge Stewart – o único membro não-britânico do grupo – e temos que tratá-lo antes que possamos continuar e terminar o show.

Voltamos para a Holanda e para a realidade nua e crua que temos uma semana para terminar o nosso tão-imporante terceiro álbum. No último dia antes de sairmos em uma turnê europeia, chegamos à conclusão de que as mixagens não estão certas e que estamos uma missão kamikaze de remixar o álbum inteiro em uma noite. Isto é como rolar os dados com os olhos vendados, acompanhado pela sensação incômoda de que você pode estar arruinando seu futuro. Mas é assim que é; tudo o que fazemos parece estar comprimido em um espaço apertado. Entretanto, acabamos às seis da manhã e *Zenyattà Mondatta* está pronto para sair mundo afora.

A turnê de verão é na costa norte e sul da França, e eu vou me lembrar desta como sendo a mais divertida de todas as turnês da Police. Nós viajamos em um grande ônibus, uma comitiva de farras e risadas. A XTC é a nossa banda de apoio, e comigo estão Kate e Layla.

Paramos na frente do Atlantic Hotel – o melhor de Biarritz – e Kate, Layla e eu somos levados a uma bela suíte em um declive que paira vertiginosamente sobre as ondas do Atlântico. Com uma cama de dossel e um banheiro em mármore rosa, o cenário é ultrarromântico, e Kate e eu deitamos juntos na cama, enquanto nossa pequena de dois anos de idade cicia pela suíte como um beija-flor. Nós pedimos champanhe, e eu seguro Layla no colo perto da janela para que veja as ondas abaixo batendo nas rochas. Na praia, uma criança em roupa de banho vermelha executa cambalhotas para seus pais sorridentes. Ondas volumosas quebram na areia como acordes de violoncelo, e me lembro de dormir na mesma praia quando eu tinha dezessete anos e viajava de carona para a Espanha. O dourado do fim da tarde desliza por trás das persianas, e eu deslizo meu braço em volta da cintura de Kate; é um momento em que podemos redefinir o nosso curso e desviar do fio da navalha da fama.

A próxima série de eventos que temos que enfrentar é o lançamento do nosso novo álbum e outra turnê dos Estados Unidos para apoiá-lo. *"Don't Stand So Close to Me"* deve ser o primeiro *single*, e nós fazemos um vídeo estúpido em uma escola de dança em Clapham, no qual ficamos pulando vestidos em becas e capelos pretos nas já antiquadas convenções de vídeos de música pop. E acho essas filmagens frustrantes porque

One Train Later

parecem uma tradução muito literal das músicas. Por que, eu me pergunto, não podemos fazer um tipo diferente de vídeo, algo que tenha algum nível de ambiguidade, uma pitada de obscuridade? Algo mais fodido – particularmente nesta música, com o seu subtexto de sexo com uma menor. Mas a gravadora não gosta desse tipo de coisa ainda. Eles gostam que nos apresentemos como alegres, extrovertidos, não ameaçadores, inócuos – algo para as mamães e papais. Estou pensando, e Godard, Truffaut, Bergman, *Lolita* de Kubrick – eu sou o único que viu esses filmes? Mas ainda é muito cedo – isto não vai acontecer nos próximos dez anos – portanto, continuamos sorrindo e saltitando.

Ambos o *single* e o álbum entram nas paradas de sucesso do Reino Unido na primeira posição, mas a imprensa faz umas boas críticas maledicentes, de qualquer maneira. Parece que o nosso sucesso contínuo bate direto no nariz de alguns críticos. Um jornalista chamado Lynden Barber nos dá uma nota seis em seu livro; outro escreve um prolongado pedaço de merda cheio de frases complicadas e absurdas, mas menciona que Leonard Bernstein, em uma carta ao *The New York Times*, nos proclamou melhores do que os Beatles. Julie Burchill, com seu guincho histriônico, nos declara a pior banda de todos os tempos. Mas Derek Jewell, por outro lado, critica um show ao vivo e elogia a brilhante tecelagem jazzística, reggae e pop; as belas harmonias; a interação rítmica.

Eu começo a dar entrevistas para revistas de guitarra quase que diariamente. Esta sobre a canção *"Shadows in the Rain"*:

A forma como estamos tocando esta música ao vivo está agora a transformando em uma peça seminal da música do Police. Muitas pessoas estão surpresas com ela. Eu encontrei a parte da guitarra depois que a gravamos. Começamos mais ou menos a partir do zero no estúdio. Sting tinha esse velho ritmo jazzístico, nada parecido com a versão em Zenyatta e tentamos um monte de coisas, eu coloquei duas guitarras que complementaram uma à outra e fizemos um estranho ritmo reggae, o que nós decidimos ser uma evolução, sendo mais lenta e com uma pegada funk. Então eu fui e coloquei a parte do eco pseudopsicodélico da fita em toda sua extensão, e todo mundo gostou. Eu fiz tocando no Echoplex com Stewart mudando a fita de velocidade, para cima e para baixo, de modo que parecia estar borbulhando, torcendo e virando toda a faixa. Obviamente eu não poderia fazer isso ao vivo, então comecei a trabalhar esta parte mais orquestral; acordes com o eco e repeat soprado por toda a faixa, para dessa

275

forma, quando você tocar na guitarra, o som original não ser ouvido. Tudo que você ouve é o eco, e eu aumento com o controle de volume, shhhhhhhhh, e é como uma seção de cordas chegando. Você tem que fazê-lo pouco antes da batida, de modo que você não ouça a repetição do eco, que você só ouça a grande nuvem de som emergindo. Alinhado a isso, eu fragmento todos os acordes. A estrutura de acordes é razoavelmente básica, mas eu a toco em nonas achatadas e as inverto para que tudo isso soe muito mais moderno.

Quer dizer, o riff no final, quando Sting canta "shadows in the rain" repetitivamente é uma base de Lá menor, mas na verdade eu uso uma estranha inversão de um acorde na um acorde de Lá menor com sexta. É no alto do braço, e quando ele começa a voltar eu mando uma harmônica alta na corda superior, o que ecoa contra o feedback, e, em seguida, você começa a criar todo esse efeito novo. Você entra em outro mundo. Eu realmente gosto da qualidade inquietante e sombria dela. Eu acho que é um bom caminho para nós seguirmos.

Os fãs, que simplesmente gostam da música, nos colocam no primeiro lugar em ambas as paradas de sucesso. Enquanto isso, no Extremo Oeste – Colorado, Idaho, Montana e Califórnia – temos trabalho a fazer, e com precisão infalível, e mais uma vez deixando nossas esposas e filhos para trás, voamos para o Canadá.

VINTE

Winnipeg fica nas planícies infinitas de Saskatchewan e, com o piscar sincronizado vindo das asas, nós descemos na pista de pouso como se tivéssemos nos pendurado no vazio. Para quem é que vamos tocar, produtores de trigo? Imagino meninas de faces rosadas com pernas como carvalhos jovens, agricultores com camisas xadrez e colheitadeiras, grandes feixes de trigo em cada esquina.

Nós nos movemos rapidamente por Winnipeg, Regina, Calgary e Edmonton, tocando por cerca de oito mil dólares por noite; então, descemos à Costa Oeste, desta vez sentindo faltando de Los Angeles por razões táticas; e, em um piscar de olhos, chegamos à Cidade do México.

Somos uma das primeiras bandas de new wave a chegar ao país, e o preço do ingresso é caro: quarenta dólares, o que é bem chocante (para 1980). Ficamos chateados com o preço de entrada, porque pensamos que esse valor estaria fora do alcance dos nossos fãs, mas parece que o show foi montado para a elite da Cidade do México e suas namoradas.

Nós somos recebidos por Mario Olmos, um beberrão, animado produtor mexicano que vem até mim e "Andy, Mario", e me abraça – "não se lembra?" The Animal... Eric... Eu coloquei você no show... Você não se lembra? "Ah, sí, M-A-R-I-O. Recuerdo. ¿Como está usted, amigo?" Uma vaga lembrança como uma névoa fina de fumaça de maconha surge de volta e, de repente, é "sim, México, eu amo esse país", e eu realmente amo. Em um "vamos tomar uma bebida e retomar exatamente de onde paramos" estado de espírito, vamos para o bar do hotel.

A locação do nosso show é um arranha-céu meio-construído com dois pisos, andar térreo e o quadragésimo, mas um elevador foi gentilmente instalado para chegar até a armadilha da morte que espreita no céu acima. No quadragésimo andar há um palco construído às pressas que parece ser uma metáfora para a forca enquanto estrondamos para as celebridades da Cidade do México, ansiosamente me perguntando se todos nós, banda e público, vamos cair através de trinta e nove andares. Mas este é o México: eles comemoram o dia dos mortos aqui, eles têm revistas dedicadas a imagens de vítimas de acidentes de carro, e a morte é parte da trama. Então... alguém morreria antes de bater no concreto? Pedaços de crânio esmagado e membros respingariam pelos sacos de cimento semiusados? Talvez – *Can't stand losing youoooo...*

Aqueles que não podem pagar o preço do show, cercam o nosso hotel pelos próximos três dias e gritam muito. Eu faço uma fotografia de um rolo de papel higiênico desenrolado desde uma porta do quarto com a palavra "socorro" rabiscada em tinta preta e, então, sob guarda armada e atrás de pesados óculos escuros, saímos pela cozinha do hotel para ver as pirâmides da lua, os murais do jaguar e o Templo de Quetzalcoatl, na antiga cidade de Teotihuacan.

O México é um país onde o surrealismo é normal. Andre Breton chegou à Cidade do México, em 1939, para escapar dos rigores de Paris. Ele montou uma casa na cidade e decidiu ter alguns móveis feitos sob medida para sua casa. Ele queria uma mesa para sua sala de jantar, por isso, contratou um carpinteiro e elaborou o projeto em perspectiva, com a extremidade dianteira da mesa naturalmente aparecendo mais ampla no desenho do que a outra extremidade. Duas semanas depois, a mesa chegou conforme desenhada, com uma extremidade larga e a outra extremidade estreitando alguns centímetros. "Não tenho nada para ensinar a esse povo", suspirou Breton desesperado, e imediatamente retornou a Paris.

Depois do deus da chuva Tlaloc, coiotes com cocares de penas e a excitação de tocar em uma semiconstrução mexicana, nós entramos novamente na mentalidade das turnês e seguimos para o norte para tocar em Chicago, Madison, Minneapolis, Detroit; subimos para o Canadá; voltamos para o Centro-Oeste; e, em seguida, descemos para os estados do sul. Agora voamos por companhias aéreas comerciais, que na maioria das vezes significa que caímos por ali, meio adormecidos e fazemos brincadeiras insensíveis com os outros sempre que possível. Voar é bem melhor do que pegar a estrada.

Saímos do Sunset Theatre em Fort Lauderdale uma noite para ouvir a angustiante notícia de que John Lennon foi assassinado. É repugnante e inacreditável. Lennon se foi? Parece uma ferida profunda e contudo o fim da picada para o moribundo sonho dos anos 60. John: o Beatle que todos mais amamos, com seu humor ácido e *persona* rebelde – um anarquista desde as entranhas. Somos entrevistados muitas vezes ao longo dos próximos dias sobre isso, e é difícil falar sobre nosso novo álbum ou dizer qualquer coisa sobre o nosso grupo à sombra dessa tragédia.

Chegamos à Argentina; é o tempo da guerra suja, o tempo dos generais. Pessoas estão desaparecendo, sendo sequestradas em falcons verdes nas ruas laterais de Buenos Aires, "los Desaparecidos". As mães estão marchando na Avenida de Mayo e segurando fotos de seus filhos desaparecidos. Há medo na cidade e uma silenciosa indignação sobre o que está acontecendo na Argentina; as pessoas têm medo de falar, porque isso significa que você também vai "desaparecer".

Gangues militares chamadas *la patota* operam à noite, chegando nas casas de suas vítimas para raptá-las, torturá-las e, finalmente, executá-las. As vítimas são enterradas em sepulturas sem identificação; atiradas ao mar, afundadas com blocos de concreto; ou queimadas em covas coletivas. Algumas organizações de direitos humanos estimam que trinta mil pessoas desapareceram entre 1976 e 1978. Não só todas as instituições políticas do país desapareceram, mas também, de forma autoritária, desapareceu toda a livre troca de ideias ou de expressão. Como o eco final da Alemanha fascista, a Argentina está sob a regra do último dos crentes.

Com apenas uma noção muito vaga do que realmente está acontecendo, estamos encarcerados – por razões que mais tarde parecem óbvias – em um Hilton, na periferia da cidade. Isso não nos permite caminhar fora do hotel nem na própria Buenos Aires, a razão é que há muita tensão nas ruas e os produtores não querem problemas. Então, ao invés de mergulhar na cultura, nos deitamos ao redor da piscina estúpida, preso em um "pequeno pedaço dos EUA na Argentina". Até o final do dia, com a proximidade da hora do show, todos nós estamos nos sentindo um pouco reprimidos e precisamos desabafar.

Por volta das sete e meia, nós começamos a nos dirigir lentamente ao lobby para ir até o local do show. De alguma forma, os moradores descobriram que estamos neste hotel, o que resulta em um grupo grande de fãs também estar no lobby. Nós damos autógrafos enquanto nos juntamos lá para sair. Percebo uma jovem que está muito emocionada e tem lágrimas escorrendo pelo seu rosto enquanto nós assinamos suas fotografias; é difícil não simpatizar com ela e os outros que se juntaram ao redor. Algo está vindo desses garotos que é diferente da Inglaterra ou dos EUA, um estender a mão, um desejo de voar; com nossas guitarras como armas em nossas mãos, nós somos os homens que viajam livremente, e isso corta o ar como uma corrente elétrica.

No show há uma forte presença policial (sem trocadilhos); os fãs não estão autorizados a levantar-se ou sair de seus assentos, e o salão está cheio de policiais gordos e feios que circulam cutucando as pessoas com cassetetes. Os fãs expressam seu entusiasmo, mas com reservas porque há uma tensão que queima como um pavio lento. Parece que os policiais estão apenas procurando a menor desculpa para pegar pesado. Nossa aparição aqui neste momento é como a colisão de dois mundos: os cassetetes de madeira grossa contra nossas guitarras brilhantes e tambores. À medida que o concerto esquenta e nós fazemos o nosso melhor para entreter o público, as coisas começam a desenrolar. Alguns fãs têm a coragem de deixar seus assentos e vir até o palco, incluindo a jovem que estava no lobby do hotel. Ela fica bem na minha frente, dançando ao som da música. Isto desagrada à polícia e, em poucos segundos, há um deles bem gordo e feio ao seu lado, cutucando-a com seu pesado cassetete e mandando-a sentar-se. Eu sinto uma inundação de raiva me atravessar. Perdida no momento com um rosto cheio de êxtase, minha Madonna adolescente não se move. O policial continua cutucando, e sou eu quem está sendo cutucado, e eu sinto uma raiva crescente, como um morcego em minha garganta. Eu vou para a beira do palco, coloco meu pé em seu ombro lhe dou um forte empurrão. Isto arranca aplausos entusiasmados do público, que claramente odeia esses opressores. Continuamos, mas poucos minutos depois eu penso, *Oh, Cristo*, porque agora, ao lado do salão, há um amontoado de policiais olhando para mim, apontando para mim. Eu nervosamente toco a introdução de *"Roxanne"*, Sol menor, Ré menor, Mi bemol, Sting salta pelo palco com um grande sorriso em seu rosto e diz: "Eles vão te prender..."

Roxanne, que porra eles vão fazer comigo? Roxanne, vítima 06732. Roxanne, como são as prisões na Argentina? Roxanne, como vou explicar isso a Kate? Tocamos o último acorde e corremos para o lado do palco, onde esperamos alguns minutos antes de voltar para o bis. Miles está de pé ali, olhando aflito. "Comece a pensar rápido", diz ele. "Eles estão vindo para prendê-lo; chamamos um advogado e um intérprete". *Jesus!* Eu penso. Nós voltamos ao palco enquanto eu reconfiguro meu Echoplex, sorrio para o público e começo a agitação do ritmo de semicolcheias de *"Can't Stand Losing You"*. Eu tenho uma sensação de profundo mal estar na boca do meu

One Train Later

estômago, e eu sei que eu estraguei tudo – o Natal vai ser em uma prisão fascista na Argentina – e o gosto azedo de metal do medo enche minha boca.

Nós saímos do palco e vamos para o camarim. Sting e Stewart fazem comentários irreverentes sobre chamar Henri Padovani de volta para a banda, ou talvez eles continuarão como um duo. Será que eu vou lhes enviar um cartão postal? Estou nervoso; que diabos é que eu vou dizer a esses brutos? Miles chega com dois argentinos, o advogado e o intérprete. Com um bom senso de ocasião, Stewart sobe até o topo de um armário com a sua super 8 para filmar todo o acontecimento. Depois de alguns minutos há uma batida aguda na porta e entram um policial e alguns caras à paisana. Com a agulha do medidor de besteira marcando firme no vermelho, eu logo assumo uma postura de macho man e aperto sua mão com vigor, sorrindo e perguntando-lhe se ele está bem. Ufa! Aquela fã te machucou? Eu o fito com um olhar suplicante em seus olhos bovinos cor de amêndoa. "Uau, foi uma loucura lá fora, mas eu acho que nós conseguimos – você e eu, sim – estamos bem agora. Que belo país é esse. Graças a Deus que vocês oficiais estavam lá para nos proteger daqueles fãs brutos – como está a sua mãe?"

O intérprete me acompanha em um veloz espanhol argentino, o *yo* se tornando o rude *jo* argentino. Um olhar de confusão passa em seu rosto

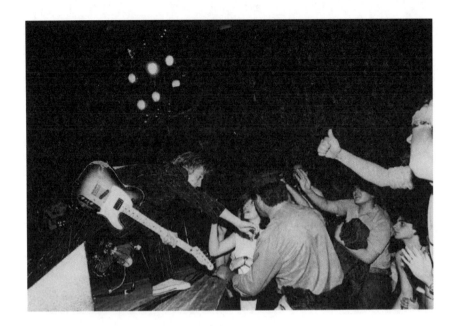

quando eu me seguro em sua mão rechonchudo gorda – mas, então, um leve sorriso – como se ele tivesse apenas peidado dormindo – chega à sua cara. Ele diz algo para os outros dois pesos pesados, e todos eles grunhem como os porcos em A Revolução dos Bichos. Parece que sua honra havia sido satisfeita: eles permanecem fortes e poderosos, e eu o gatinho miando pronto para ser esmagado sob a bota do fascismo. A porta se fecha e eu estou banhado por um mar manso de zoeira sarcástica, cortesia dos meus amigos e colegas.

Mas, enquanto estamos no assunto da Argentina, vamos fazer uma digressão para o lado – que é onde a maior parte da ação acontece de qualquer maneira – longe da tendência inexorável para a parte final desta história. O fiasco das Ilhas Falkland, pequeno desvio tático de Galtieri para tirar a mente do país do que acaba de ser feito, infelizmente, revela-se uma experiência mais humilhante para a Argentina.

Eu vou voltar à Argentina alguns anos depois, desta vez para fazer alguns shows de violão com meu amigo John Etheridge, outro guitarrista britânico. Chegamos a Buenos Aires depois de fazermos alguns shows no Brasil e, na primeira tarde, há uma coletiva de imprensa no hotel. Eu estou sendo entrevistado por diversos jornais e revistas. Uma coisa que noto é que, no final de cada entrevista todos os jornalistas me perguntam sobre o

One Train Later

incidente do chute no policial; estou espantado com isso, já que agora são muitos anos depois do acontecido, mas parece que este incidente foi registrado como um grande momento de rock nos anais da história da Argentina. Naquele momento no tempo, quando o país foi tão reprimido, qualquer gesto de rebelião era visto como uma bandeira hasteada. Assim, depois disto ter sido citado várias vezes, digo-lhes que agora quero uma estátua minha na Avenida Julio[27] para marcar a minha grandeza, o que todos eles acham muito engraçado.

Enquanto fazemos a turnê ao redor da Argentina, percebo que para o tipo de show e o tipo de música que estávamos tocando, há um fervor incomum: em La Plata nos são dadas as chaves da cidade pelo prefeito em uma delicada e comovente cerimônia de bastidores, e em Buenos Aires, há uma multidão provável após o show que, considerando que estávamos tocando jazz em guitarras acústicas, parece um pouco injustificada. Durante esta cena ardente, eu tenho a experiência notável de ser convidado para abençoar um bebê, e eu começo a perceber o que a música e a liberdade de expressão significam neste país. O resto da turnê não é sem incidentes também. Em La Rosa, uma pequena cidade nas profundezas dos pampas, estamos no palco tocando em um belo teatro antigo quando um morcego, de alguma forma, entra e mergulha na direção do público durante vários minutos antes de usar seu radar para escapar pela janela. O efeito é eletrizante; por um momento toda a atenção está sobre a criatura enquanto ele se debate sobre as cabeças na plateia – o morcego se torna o show, e John e eu simplesmente os acompanhantes.

Depois, enquanto damos autógrafos, há uma série de sinais da cruz sendo feito e murmurações sobre vampiros. "Vampira, vampira", dizem em sussurros chocados enquanto nos entregam pequenos livros floridos de autógrafos e canhotos de ingressos. "Bem-vindos aos pampas", diz um jornalista, um tipo um pouco menos rural, sorrindo sobre as cabeças balançando. Me ocorre que devemos fazer do morcego uma atração permanente, dar ao show um bom toque de Ozzy Osbourne; ele tem um agente?

Este tema de Nosferatu é ecoado alguns anos mais tarde, quando chego à Eslovênia para um show. Na minha imaginação antes de ir para a Eslovênia, vejo uma bela cidade da velha Europa Oriental com um antigo teatro art déco lindo, comida, vinho e adoráveis mulheres. Nós dirigimos ao longo da fronteira de Trieste, na Itália. Imediatamente o céu parece escurecer e as árvores, como em uma história infantil assustadora,

---

[27]Nota do tradutor: o nome real da avenida é 9 de Julio.

parecem nos agarrar com garras longas, sinistras. Nós paramos o carro em um edifício que é como algo saído de um filme da Hammer dos anos sessenta e descubro com uma careta escondida a decepção que este é o nosso hotel. É gótico, para dizer o mínimo, e pode ser mais bem descrito como uma hospedaria barata da Transilvânia. Os quartos são escuros e de mau gosto, com lençóis sujos sobre as camas, e me pergunto se pela manhã eu terei metamorfoseado em uma barata gigante. Devo pendurar alho sobre a porta? Usar um crucifixo? Michael Shrieve e Jerry Watts saem antes de mim para verificar baixo e bateria, respectivamente, e, em seguida, cerca de uma hora mais tarde, eu sou levado para o local do evento – onde quer que seja. Os dois rapazes que me buscam são altos e abatidos, com cabelos finos na altura dos ombros e quase não falam inglês. Entro na parte de trás do que deve ser um carro russo, e nós caímos na estrada como um morcego saído do inferno.

As estradas são escuras; as cidades são negras formas ameaçadoras com nenhum sinal de vida; e os campos são escuros, mas, provavelmente, cheios de negros trogloditas demoníacos. "*Highway to Hell*" toca no som do carro a um volume ensurdecedor, e eu acho que é quase certo que vou para a sepultura com o som do AC/DC tocando em meus ouvidos. Me sinto muito enjoado. Por incrível que pareça, nós conseguimos – isto é, nós chegamos em um campo que tem um pequeno edifício de concreto e uma placa de néon no lado piscando intermitentemente com a palavra KLUB. É isso: foi-se o belo teatro antigo da Transilvânia, foi-se o vinho tinto dos Países Bálticos, as mulheres adoráveis e o bis entre cortinas macias de veludo vermelho.

Saio do carro e piso em cerca de vinte centímetros de lama e me arrasto até a boca desse inferno. Ele é escuro e gelado com um pequeno palco em uma extremidade, sem *salon des artistes*, sem nenhum produtor genial. Jerry e Michael estão no palco, olhando desesperados e derrotados. Eu faço uma ou duas observações irônicas sobre showbiz e, então, identifico o bar – só há uma maneira de lidar com isso. Eu peço não apenas uma, mas duas vodkas com limão e as bebo rapidamente. Isso me deixa mais leve e, de repente, parece apenas um outro momento divertido no quadro constante de mudanças. "Contanto que não sejamos assassinados", eu digo encorajadoramente para os meninos, mas parece ter uma boa chance de que seremos. Os poucos jovens em todo o lugar estão olhando feio para nós; apenas o sangue aquecido pela vodka me dá força para sorrir palidamente na direção deles. Um dos altos-e-magros consegue dizer alguma coisa sobre comida, e nós o seguimos de volta para o campo e para o outro lado do prédio, onde há uma iluminada sala brega com um bar.

One Train Later

"Senta", nos dizem. "Comida vem". A guerra com a Bósnia acontece a apenas a alguns quilômetros dali, e meu sorriso bêbado-e-feliz não cai muito bem com os habitantes locais empilhados no bunker; há uma vibração.

Nós sentamos na nossa mesa e todos os olhos estão sobre nós enquanto bebemos o vinho tinto que aparece – eu gostaria de dizer trazido pela filha gostosa do dono do estabelecimento, mas em vez disso, é uma coisa de aparência brutal com uma barba mal feita e um bocado de dentes quebrados que certamente deve responder pelo nome de Igor. A comida é uma enorme pilha de carne vermelha em uma bandeja; não há mais nada – sem verduras, sem molho, sem condimentos, nada – e jogada diante de nós como se em desafio. Mas, como vampiros, nos inclinamos para frente e mandamos ver.

Agora temos que entreter. Voltamos para o palco, arrotando e escalamos as tábuas de madeira, onde temos que nos trocar em um lance de escada ao lado do palco em plena vista do público. É tudo inútil, mas fazemos assim mesmo, transformando isso em uma espécie de show de strip. Eles não estão se divertindo. A multidão no escuro abaixo de nós é de 90 por cento do sexo masculino, com um olhar inquieto de extremo descontentamento, o olhar dos mortos-vivos. A música que vem do sistema de PA é do tipo death metal furioso e é o que eles estão esperando; isto parece uma missão suicida. Nós subimos no palco e eu abro o show com "*Hackensack*" de Monk. Isso não vai muito bem. Alguém grita, "Metal!" e eu rapidamente considero tocar "*Wade in the Water*", mas penso melhor e continuo com algo próprio. Este é um momento sombrio no qual eu nunca me senti tão indesejável. Nós nos agitamos por um tempo, esperando que dê certo, mas eles querem metal e é isso. Seu país está em guerra, eles estão deprimidos, é um momento sombrio, eles precisam de uma trilha sonora para espelhar a raiva que eles estão sentindo, e eu não estou lhes dando isso. Eu faço um *set* curto, não dou nenhum autógrafo e volto pela noite negra para a pousada de miséria, que passa um show pornô ao vivo e muito obsceno até as seis da manhã.

De volta à Argentina, a turnê termina na cidade de Córdoba, em algum lugar no meio do país. Depois do último show, temos um dia para arrumar as malas e, então, pegar o voo da noite para fora de lá. À tarde, todos vão ao aeroporto para fazer o *check-in* do voo e se certificarem de que o equipamento embarca e tal. Meu passaporte foi levado para provar que somos quem dizemos que somos. Eu decido andar pela deprimente cidadezinha e tirar fotografias com a minha Leica, um hábito que tenho praticado por vários anos. Eu passo cerca de duas ou três horas fotografando e estou finalmente voltando ao hotel quando uma janela me chama a atenção: a luz do sol está caindo sobre ele de uma maneira interessante, iluminando um pedaço de papel enrolado com moscas por todo o lado. Eu me curvo, levanto a Leica, começo a fotografar de vários ângulos oblíquos, até que eu sinto um tapinha no ombro.

Pensando que é um fã ou algo assim, eu o ignoro. *"Señor"*, vem a voz de novo, desta vez com mais firmeza, *"identificación, por favor"*. Eu me viro e, horror dos horrores, é o maldito policial outra vez, ou se não é ele, é seu irmão gêmeo. Minhas entranhas congelam. O que agora? *"Identificación, identificación"*, ele exige, estendendo cinco salsichas e um bife disfarçados como sua mão. Sinto-me um idiota – eu não tenho nada, exceto uma carteira de motorista e alguns cartões de crédito, que eu estendo com um sorriso esperançoso. Ele não se impressiona com um American Express e pede novamente uma identidade. Engulo em seco e faço algumas tentativas fracas em espanhol, sem sucesso – ele não está se mexendo. *"Viene"*, ele late, e me segurando pelo braço, nós marchamos pela rua. *"Estación"*, ele grunhe, e me segura mais firme. Tenho a ideia de que ele está me levando para a delegacia e sinto o oco familiar no meu estômago de novo – que merda é agora? Nós atravessamos um pátio empoeirado distante da rua e entramos em um conjunto de prédios de concreto sombrios que constituem, aparentemente, a delegacia.

Lá dentro, Hermann Göring (ou seu dublê) está sentado em uma mesa. O policial diz algo em um espanhol rápido para Hermann, e eu sou jogado em um escritório contíguo e fazem sinal para eu me sentar. Eu desesperadamente penso em fugir e, logo, imagino a saraivada de balas penetrando meu corpo enquanto me jogo de cabeça na poeira quente, o que, sem dúvida, me faria uma boa lenda do rock. Mas como é que eu vou explicar isso para o gerente da minha empresa de crédito imobiliário?

Estou na merda de novo – isso não me parece muito bom –, o ventilador de teto gira como um pulso morrendo acima da minha cabeça, moscas zumbem pela sala, a temperatura está em quase 40°. Uma sensação de pânico começa a me tomar quando me dou conta de que isso é muito sério: eu não tenho nenhuma *identificación*, ninguém aqui fala inglês e eu estou sozinho. Os caras vão voltar do aeroporto e vou simplesmente estar desaparecido, ter me tornado um de *los desaparecidos*. Um homem alto de cabelo curto entra na sala, seus penetrantes olhos azuis olhando para mim através de óculos de aro de aço. Seja lá quem for o seu figurinista está

One Train Later

fazendo um trabalho esplêndido. Ele passa a me interrogar. *"Soy musico, concierto anoche"*. Eu recorro inclusive ao "The Police, Sting", na vã esperança de que ele possa vagamente reconhecer, mas não, isso não significa nada para ele – nada. Uma borboleta de repente entra através de uma pequena janela no alto da parede; sua dança como uma criatura alienígena nesse escritório me parece uma pequena luz de esperança. Ela se agita devagar e na frente do rosto de Göring; sem tirar os olhos de mim, ele ataca, pega a borboleta e a esmaga com uma mão, e então diz: *"Claro"*, pega o telefone, late para ele, e faz um sinal para eu me levantar – eu estou sendo transferido. Tenho a ideia de que estou sendo levado para outro lugar. Eu começo a escrever o meu obituário – morto em uma prisão argentina, desapareceu na América do Sul, perda para o mundo, se foi – seria um final glamuroso para uma vida desperdiçada e ficaria bem na primeira página do *Guardian*, mas eu não me sinto completamente pronto para isso.

Sou empurrado para o pátio de novo, e nós marchamos como sapos para o portão da frente. Eu estou sendo levado para a delegacia principal. Como eu estou ladeado por pesos pesados, meu coração congela, um outro homem atravessa o pátio, alguém que eu não tinha visto antes. Ele olha para mim de uma forma peculiar e depois me diz que fala inglês e pergunta o que está acontecendo. Com um enorme suspiro de alívio, eu lhe digo que eu estava apenas tirando fotos como um turista – apenas curtindo, eu toquei ontem à noite e tal. Ele me pergunta se eu tenho qualquer identificação, eu lhe entrego minha carteira de motorista, ele a leva e vira as costas para mim. Eu imagino que ele está dando uma boa risada às minhas custas ou pensando que unha vai arrancar primeiro quando ele se vira para mim e pergunta: "Você é Andy Summers do The Police?" Meu coração para – eles vão me pegar desta vez, eles não esqueceram o incidente há alguns anos atrás – mas sim, eu aceno vigorosamente, sim. Seu rosto abre um sorriso radiante. "Eu sou um grande fã de rock – Eu amo o Police – prazer em conhecê-lo". Eu praticamente me ponho a chorar, mas consigo grasnar, "Por que estou aqui? O que eu fiz?" "Oh", diz ele, "você estava tirando fotos da janela do banco; pensamos que você era provavelmente parte de uma gangue e estávamos investigando o caso". Eu teria rido, mas eu me senti muito perturbado – e qual é o ponto de entrar em uma longa explicação sobre a fotografia de arte e a estética de Cartier-Bresson? Ele sorri, me avisa para não tirar fotos de banco no futuro, e diz: "Tudo bem, você pode ir". Eu aperto sua mão mais uma vez e caminho pela rua para o hotel como um homem que teve a pena de morte adiada segundos antes de ir para a cadeira.

VINTE E UM

Após as confusões de Buenos Aires, vamos ao Rio por alguns dias e, então, encerramos o ano com a proeza de tocar em um circo em Tooting Bec Common. Alguém teve a brilhante ideia de "tocar em um circo no Natal" – legal para a garotada. Então deixamos as areias brancas de Ipanema, o Pão de Açúcar, os rebolantes biquínis fio dental do Rio, o pulsar suave da bossa nova; para entrar em um Concorde; parar no Senegal; pegar outro voo em Paris; e ir parar 16.000 quilômetros depois, em um mar de lama e vento cortante de dezembro em Tooting Bec Common.

Eu tenho tempo apenas suficiente para reencontrar Kate e Layla antes de partir para Tooting. É com uma onda de emoção que eu atravesso a porta, pego a bebê e a beijo e também a Kate; no calor de seus abraços, os voos de avião, multidões gigantes e o regime fascista da Argentina derretem como neve de primavera. Mas Kate e eu sempre precisamos de um período de reajuste. Volto cheio de adrenalina – tendo estado com a banda, tendo estado entre homens, falando besteira – e esperando que tudo ceda à minha vontade. Kate retorna à relação vinda do mundo suave da maternidade, tendo estado sozinha com uma criança e com seu próprio conjunto de ideias sobre o casamento. Nos tentamos nos entender, mas o tecido da nossa parceria está se desgastando e eu tenho que partir novamente.

Os ingressos para o show estão esgotados. O circo gigantesco comporta cinco mil pessoas, e já existe cerca de dez mil fãs respingados de lama e um empurra-empurra para entrar no local. No espírito do Natal,

One Train Later

tivemos a ideia sagaz de colocar Tommy Cooper para abrir o show. Tommy é uma amada estrela de TV na Inglaterra, uma instituição inglesa, e imaginamos que o público vai amá-lo. É um desastre. A maioria dos garotos na plateia não tem a mínima ideia de quem ele seja, e eles arruínam o show gritando pelo The Police durante toda a apresentação de Tommy. Como se acabado de ser apedrejado, Tommy sai do palco branco e tremendo, jurando nunca mais fazer isso de novo. Nos sentimos muito envergonhados e chateados por termos feito ele, um de nossos heróis, passar por este mau-bocado – boas intenções que deram errado.

Finalmente subimos ao palco e é a confusão danada de sempre, mas desta vez com uma perigosa superlotação e o ar sufocante dentro da tenda. Um grande número de fãs é carregado pelos formidáveis homens da brigada da St. John Ambulance, só que agora eles não parecem estar fingindo. Naturalmente, no dia seguinte, na imprensa, somos execrados por termos a arrogância de fazer nossos fãs passarem por tal suplício e colocar suas vidas em risco – quem pensamos que somos? – as previsíveis merdas entediantes e mesquinhas de sempre que os tabloides ingleses inventam diariamente.

Duas noites mais tarde, para fechar o ano, temos uma grande festa no Holiday Inn Chelsea. Esta festa – nossa comemoração – é a festa mais quente de Londres. Sento-me com Kate a uma longa mesa e sorrio e aperto sua mão enquanto nos exibimos para as filas intermináveis de pessoas e paparazzi esperando para nos encontrar. Mas por baixo da febre alucinatória da festa, eu sinto a tensão de tentar me reconectar a Kate e ao mesmo tempo tentar manter a necessária *persona rock-and-roll*. Ela é uma pessoa reservada – os holofotes gritantes da publicidade não fazem seu estilo – e debaixo do estroboscópio de luz branca, ela sente a realidade de um relacionamento que está se tornando mais difícil, apesar dos esforços de ambos os lados. Layla está em casa com uma babá que nunca contratamos antes, o que também não ajuda, e no meio da noite Kate decide ir para casa para se certificar de que tudo esteja bem. Eu consigo um carro para ela, nós nos beijamos e ela murmura em meu ouvido, "Faça o que tem que fazer, querido."

Eu volto para a batalha, atiro-me no turbilhão embriagante, e depois de várias taças de champanhe, decido que só há uma coisa a fazer: pular na piscina completamente vestido. Alguém empurra um dos caras da A&M primeiro, e com câmeras piscando em um frenesi, todos nós acompanhamos. No dia seguinte, está em todos os jornais com um título sensacionalista como "*pop stars* ricos e mimados fazendo palhaçadas enquanto o mundo sofre". Temos que justificar a nossa situação financeira recém-descoberta; abrimos uma organização de caridade e estamos doando todos os nossos ganhos ingleses, como se jogássemos um osso para um cão raivoso, na esperança de que ele não vá rasgar sua garganta.

Depois do Natal – como se nunca tivéssemos partido – voltamos à América do Norte para fazer um show no Forum, em Montreal, em 07 de janeiro de 1981, como um esquenta para o Madison Square Garden, onde vamos tocar três dias depois. Precedido por sua própria lenda, o Garden é um dos melhores locais para realizar eventos no mundo, um show além dos nossos maiores sonhos, mas vendemos todos os ingressos em três horas. Estou animado por estar de volta a Nova York, já que sempre parece que voltamos ao ponto morto do mundo. À medida que caminhamos para o palco a energia de um público já febril é incendiária. Agora eles seguram nossas fotos, cartazes com mensagens rabiscadas e nossos nomes, com comentários ousados ao lado, e é difícil sentir outra coisa senão emoção com a energia.

A hora em que melhor tocamos agora é durante as passagens de som, quando ainda podemos relaxar e tocar todos os tipos de música com quase nada do show, e é durante essas *jams* que temos ideias para novos riffs e conceitos rítmicos, que são a força vital da nossa música. Agora, nos shows de verdade, enquanto fazemos o *set-list* planejado – as músicas que o público espera – eu me sinto frustrado. Embora seja divertido fazer todas as coisas orgânicas e harmônicas que desenvolvi para a banda, eu realmente quero rasgar alguns solos não convencionais e sentir como se realmente estivéssemos tocando juntos, criando no momento, ao invés de executar versos e refrões na ordem correta. Quando eu relaxo, existe uma forte reação do público ao momento da libertação. Mas há um problema. Neste ponto Sting não gosta de ser ofuscado no palco; quando eu tiro um solo de guitarra, ele quer acabar com isso rapidamente – já que isto o tira dos holofotes. O credo do punk de "não fazer solos" é mantido, mas isto diminui o alcance do grupo. Eu entendo – eu não gosto disso, mas, no interesse de manter o status quo intacto, relutantemente modero meus próprios impulsos; já temos problemas suficientes. Sting diz que não gosta de solos de guitarra, e ele vai ser leal a isso no futuro. Mas, de qualquer forma, em particular, eu pratico incessantemente como se estivesse me preparando para um futuro diferente, e ouço música que é consideravelmente diferente da The Police. Eu viajo por misteriosos becos em busca de compositores pouco conhecidos, gênios ocultos, música de Mali ou do sul da Índia, o novo jazz da ECM. Muitas vezes me perguntam o que estou ouvindo, e em vez de ser capaz de dar alguma brilhante resposta rock-and-roll e de listar alguns grupos de rock, eu murmuro sobre Gavin Bryars, ou Ramon Montoya, ou Coltrane's Crescent, um coro de mulheres do Estado Búlgaro, desejando que não tivessem me perguntado.

O show no Garden é um sucesso eufórico e é prejudicado apenas por alguém atirando uma garrafa de vodca que passa pela pele do bumbo da bateria de Stewart, ponto no qual temos que parar o show e improvisar enquanto ela é substituída. A maioria dos grupos deixaria o palco, mas nós apenas ficamos lá e tentamos manter vinte e cinco mil pessoas rindo. Andy Warhol vem no backstage depois, tira uma foto nossa com ele, e ele me dá um exemplar da revista *Interview* com a dedicatória "Para Andy, de Andy". No dia seguinte, eu apareço no seu estúdio Factory, distante da Union Square, e ele tira uma foto minha. Demora cerca de 15 minutos do início ao fim.

Aterrissamos de novo em Los Angeles para fazer dois shows. O primeiro é no centro, no Teatro Variety Arts, onde fazemos um truque publicitário chamado "Loiros tomam Los Angeles" – a ideia é que você não pode entrar no show, a menos que tenha cabelos loiros, ou, pelo menos, uma peruca loira. Para seu crédito, Miles ainda pode sonhar com a peça ímpar de surrealismo rock and roll, e esta é apenas mais uma brincadeira para fazer de nós algo diferente. Mas nos bastidores há tensão, já que Sting não quer ir para o palco com uma estúpida peruca. Ele está puto com a coisa toda; ele está se afastando da banda, e eu vejo que a partir de seu ponto de vista, esta pequena bobagem apenas o empurra de volta para o coletivo, subjuga a sua personalidade e vai contra as convenções. Mas, finalmente, ele cede e subimos ao palco usando perucas grandes e negras, mas no final da primeira música, Sting joga a sua no palco, fim da brincadeira.

Nós tocamos na Los Angeles Sports Arena e antes do show, cheiramos um pouco do melhor pó da Bolívia e fazemos um *set* rápido e apertado, com uma poderosa energia. Stevie Nicks fica ao lado do palco e assiste a todo o show. Quando saio do palco recebo um bilhete seu pedindo para encontrá-la mais tarde no Rainbow, um sórdido boteco de rock no Strip, onde todo mundo briga para entrar – a menos que você seja uma celebridade, situação na qual você entra se gabando, superior e mais importante do que o proletariado que fica do lado de fora. Los Angeles, Hollywood – de repente se parece com um esgoto, e eu sinto falta de Nova York.

Esta é a década de oitenta, a era do dinheiro e do excesso. Reagan é rei e vai triplicar a dívida nacional, apoiar o *apartheid*, apoiar Saddam

Hussein, fantasiar sobre Star Wars, apoiar esquadrões da morte da América Central e negociar armas por reféns. O consumo de cocaína se irrompe como uma nevasca branca e, para evitá-la, você precisaria de um *band-aid* sobre a boca e o nariz. Onde quer que estejamos agora, traficantes de drogas saltam como gênios do papel de parede. Nós agora temos o poder, fama; e como um ímã, isso suga a todos, de celebridades a traficantes, todos esperando para esfregarem-se contra a ilusão. Todo mundo usa coca: advogados, banqueiros, atletas, contadores, trabalhadores de escritório, *roadies*, técnicos, motoristas de limusines e camareiras de hotel. Dos mais sérios aos mais loucos festeiros, seu uso é epidêmico e todas as atividades pareciam ser acompanhadas por uma ou duas carreiras inaladas em notas de dólar enroladas.

Uma noite, em um rápido momento, Kim Turner decide usar uma nota de cem dólares como canudo para cheirar. Há várias pessoas aleatórias na festa, e uma garota atraente no fim de carreira embolsa a nota de Kim e, tendo feito o seu dinheiro da noite, desaparece. Alguns anos a partir de agora, muitas dessas pessoas terão septos desviados e vidas arruinadas. Elas se amontoam à nossa volta, nos implorando para usar drogas com elas. Elas querem ficar chapadas com a The Police e depois se gabarem disto. Algumas são muito tranquilas e chafurdam em carreiras sem serem vistas. Elas cheiram o dinheiro, o poder, o limite; eles estão com fome e vêm até nós com bocas babando.

Todas as vezes que estamos em Los Angeles, um rapaz latino com o cabelo penteado para trás e um terno elegante aparece como que por magia, e sua mensagem é sempre a mesma: ele pode nos conseguir qualquer coisa que quisermos, ele só quer ser nosso amigo, ele está aqui apenas para ajudar, o que quer que precisemos, ele simplesmente ama a música. *Sim, tá certo*, nós pensamos, e às vezes eu me pergunto se há uma falha nos processos mentais dessas pessoas. Sua suposição é que nós somos uma banda e, portanto, devemos ser superfarristas, doidões 24 horas por dia, e ainda criando e fazendo música sem nos preocupar com o mundo. Temos que ser discretos e desenvolver um sexto sentido para aqueles que possam nos sugar para dentro do vórtice, percebendo onde muito pó pode lhe levar e cuidando uns dos outros. A maioria das coisas parece estar misturada com porqueira e despeja você em um deserto sombrio no dia seguinte.

A atmosfera em torno da banda está se tornando ainda mais excessiva, mais hedonista. A festa nunca termina, e com um dar de ombros aproveitamos as comemorações. Exigências extraordinárias são colocadas em nós e nós simplesmente não seríamos capazes de fazer esses intensos shows sem o ocasional combustível do rock.

Neste momento, é como se estivéssemos passando por uma zona de perigo, repleta de testes e inimigos antes de chegarmos ao castelo. Estamos no limiar de um sucesso ainda maior, o prêmio final, e seria muito fácil estragar tudo agora. Estamos nadando com serpentes, mas o grupo é o nosso bote salva-vidas – a música, nosso suporte de vida.

VINTE E DOIS

Nós vamos em frente e passamos pelo Havaí, Japão e Nova Zelândia, e terminamos a turnê em Perth. Eu deveria voltar direto para casa para ver Kate e Layla, mas atordoado e confuso, eu estupidamente decido passar mais três semanas fotografando na Ásia. Esta é uma má ideia da minha parte porque Kate está sofrendo sozinha, sem ajuda e eu sei que deveria estar lá. No entanto, me sinto compelido a ficar na estrada, não querendo a ilusão de parar por um minuto. Com esta decisão, eu troco o meu casamento por quarenta rolos de filme.

Stewart e eu somos levados ao Oberoi Hilton, em Kuta Beach, uma fabulosa instalação onde você fica em ultraluxuosas cabanas balinesas com tetos de palha. Passamos alguns dias ao redor da piscina nos recuperando dos rigores das turnês e encontramos o ator/comediante John Belushi. John é uma grande estrela nos Estados Unidos; seus esquetes no *Saturday Night Live*, o filme *Os Irmãos Cara de Pau*, o comportamento selvagem e a vida difícil o tornaram famoso.

Bebidas em mãos, nos encontramos na piscina e imediatamente nos damos bem; sem dúvida encontramos uma camaradagem por termos chegado no centro das atenções mais ou menos ao mesmo tempo e os nossos gostos semelhantes para a maioria das coisas que são fantásticas. Em cinco minutos nós mutuamente descobrimos que nos arredores, na vila de Kuta, há um café que vende omeletes de cogumelos mágicos. Os cogumelos mágicos são estranhamente chamados de Copelândia; eles crescem em estrume de vaca e, aparentemente, são poderosos – na

verdade, eles têm a maior concentração de alcalóides encontrados em cogumelos alucinógenos em qualquer lugar do mundo. Nós olhamos um para o outro por um nanossegundo completo, decidindo que temos que comer algumas dessas malditas coisas, saímos para almoçar.

O restaurante é um prédio pequeno, bambo, construído de varas de bambu e palha de palmeiras. Na entrada, em um quadro-negro, está um menu no qual está claramente escrito em inglês o prato do dia: "omelete de cogumelos mágicos". Nós fazemos o pedido à jovem garçonete balinesa. Ela desaparece na cozinha e ouvimos um monte de risadas. Olhamos um para o outro. Sem dúvida, os balineses estão planejando foder com a gente. John levanta sua sobrancelha esquerda do modo como ele é famoso por fazer, e que diz tudo. As omeletes chegam e, de fato, são deliciosas, e apenas um paladar científico iria detectar a chave química para o paraíso. Então, degustamos nosso almoço e, em seguida, fazemos planos para cruzar a ilha para ver o famoso templo submerso.

Nós decidimos ir no meu jipe alugado. É uma lata velha que já foi alugado e amassado muitas vezes, mas é o suficiente para darmos uma volta na ilha. Um dos problemas com o jipe é que a cobertura de lona do teto conversível está quebrada no canto direito porque está faltando o colchete de pressão. É difícil colocar no lugar, e a única maneira de fechar é com um prego enferrujado, que é gentilmente fornecido pelo escritório de aluguel com um sorriso enigmático.

Subimos no ferro-velho-alugado e começamos a aventura, o primeiro obstáculo é a circum-navegação do centro da cidade de

Dempasar, que fica a cerca de 25 minutos de distância. Nós dirigimos em direção à cidade, esperando que os cogumelos façam efeito, olhando um para o outro a cada poucos minutos e murmurando, "Eu não estou sentindo nada ainda"; enquanto isso, lá embaixo, no pâncreas, os cogumelos estão se instalando, a química está ocorrendo e pequenos fungos magos estão agitando suas varinhas mágicas. Nós chegamos à periferia de Dempasar e percebemos que temos que entrar no rodoanel de mão única antes de sair para a estrada que leva ao templo submerso, o objetivo da nossa viagem. Paramos no acostamento – é uma loucura total, um absoluto rugido caótico de caminhões e balineses loucos e sorridentes sobre *scooters*. Este enxame impossível de ser parado de pessoas em *scooters*, que estão em toda parte, é um dos piores aspectos da vida nas cidades asiáticas. Somos confrontados com ele, assim que os cogumelos fazem efeito e nos sentamos por alguns minutos em um transe, assistindo a este espetáculo, porque agora tudo parece tão legal e, então, como se chegássemos juntos a um outro plano, todos acordamos.

"Ok, vamos", diz John, como se tomasse a decisão de ir para a batalha. "Sim", respondo arrastadamente, esquecendo que eu sou o condutor. "Bem, vá em frente", diz Stewart. "Ah, claro", digo, e dou a partida, e nós vamos de encontro ao ataque de mil vespas asiáticas. Insano e estimulante, é como estar no meio de uma corrida contra o tempo. Os homens de Bali sobre rodas crescem nesta loucura, e rimos como hienas enquanto costuro e me esquivo e faço tudo o que posso para evitar acabar como uma mancha vermelha no lado da estrada. O ruído é horrendo, como o de ser trancado em um hangar com um jato acelerando todos os seus motores, mas de alguma forma – em uma estranha combinação de concentração total e devaneio enquanto os cogumelos aprofundam ainda mais seu efeito – mantemos nosso curso através da tempestade.

Nós nos movemos rapidamente por mais alguns quilômetros até vermos uma grande placa para o templo submerso e, gritando e berrando, desviamos para pegar a saída para a estrada. Enquanto fazemos isso, o céu, como uma boca emitindo um arroto gigante, se abre em um aguaceiro tropical tão grosso e intenso que você mal pode enxergar sua mão diante de seus olhos. Não é chuva, e sim o Armagedon, um número apocalíptico do fim-do-mundo. Os pingos de chuva na Indonésia não são pequenas coisas bonitinhas com arco-íris, mas sim, tendo cerca de quinze centímetros de comprimento e sete de largura, bombas letais e inteligentes de H_2O capazes de causar uma concussão.

"Põe a capota", todos gritamos juntos. Gritamos estridentemente na sujeira do acostamento e Belushi e eu saltamos para consertar a capota. Com as cataratas do Niágara nos forçando uma morte prematura e com cogumelos fazendo nossa cabeça, levantamos e puxamos a lona desobediente no teto que está dobrada atrás do banco traseiro. Finalmente conseguimos retirá-la e, arfando histericamente, tentamos colocá-la no lugar. Claro, eu me esqueci do canto quebrado e o maldito prego enferrujado, o qual está desaparecido, para consertá-lo e, de repente, o significado do sorriso enigmático se revela para mim – filhos da mãe! Em algum ponto no meio deste caos, rindo como hienas, percebemos que estamos tentando consertar o teto para não ficarmos molhados quando já estamos feito ratos afogados. Com esse brilhante *insight*, nós apenas caímos na estrada e rolamos sobre as poças recém-formadas como crianças dementes. Um casal balinês passa por nós com burros e carroças e sorriem, provavelmente reconhecendo os efeitos de seus vegetais locais.

Nós voltamos para o jipe e começamos a dirigir por pequenas estradas rurais em direção ao templo submerso. Tudo agora aparece em um estado maravilhoso após a chuva: fumegante, fértil e primitivo. Pequenos arco-íris prismáticos surgem a partir de cada folha e ramo, que parecem estar crescendo bem na frente de nossos olhos. Ao longo de toda a estrada, famílias balinesas tomam banho no córrego à margem, acenando e sorrindo para nós, e eu me sinto intensamente feliz.

John diz: "Eles não a chamam de floresta tropical[28] à toa". Isso lança um acorde profundo e caímos em histeria novamente. Enquanto estamos passando por este novo ataque de insanidade, um caminhão pára bem na nossa frente e fica lá. Na parte de trás do caminhão há uma grande imagem colorida com as palavras TARZAN, O HOMEM MACACO, o que acaba conosco; agora precisamos de camisas de força. O caminhão está anunciando um filme antigo que deve ser exibido em uma aldeia local, mas porque a imagem se funde tão perfeitamente com a paisagem em que estamos, é como uma ilusão de ótica – e em nosso estado de confusão perdemos o último vestígio de realidade. Totalmente na esperança de ver Tarzan, sentamos no fundo do caminhão como crianças que esperam por um sorvete.

Nós paramos em uma área aberta com um prado e uma enorme figueira, onde uma equipe de jogadores de futebol de camisa branca está chutando uma bola por todo o campo. John e eu saímos para assisti-los. Permanecemos ao lado do campo como espectadores interessados no jogo e então, de repente, a bola rola para os nossos pés. John dá um forte pontapé na bola de volta para o campo e recebe uma pequena salva de

---

[28]Nota do tradutor: *Rain forest*, em tradução literal, floresta chuvosa.

palmas. Ela retorna e, desta vez, eu a arremesso de volta. É isso, nós corremos para o campo para um jogo esmagador com os balineses – não é somente um jogo, no sentido estrito da palavra, mas dois lunáticos ensandecidos rindo e gritando e batendo a bola por todo o lugar, em um esforço para vencer os onze jogadores balineses. Gastando uma quantidade imensa de energia abastecida pelo fungo, damos uns carrinhos e cabeçadas à la rúgbi, corremos com a bola em nossas mãos, a atiramos sobre as cabeças dos balineses, até que marcamos seis ou sete gols e trotamos para fora do campo para acenos amigáveis, uma pequena rodada de aplausos e olhares de descrença. Viro para John e digo em meu melhor sotaque etoniano[29], "Eu acho que o homem branco reina supremo".

Nós seguimos com o resto da nossa viagem, hipnotizados por arrozais, bois com chifres grandes, mais figueiras e crianças balinesas de pele dourada brincando nas valas, até chegarmos ao local do templo submerso, onde passamos o resto da tarde contemplando o oceano enquanto mata-moscas[30] faz seu trabalho. Finalmente, após o que parece anos de sonho dourado e enquanto o sol se põe atrás da silhueta do templo submerso, chegamos à ideia de voltar para o hotel. Nós subimos no jipe e,

---

[29]Nota do tradutor: Etoniano deriva de Eton College, famosa instituição educacional inglesa frequentada por celebridades, como membros da corte daquele país.
[30]Nota do tradutor: nome popular para o cogumelo alucinógeno *Amanita muscaria*.

One Train Later

com um brilho nos olhos, Belushi toma o volante e pisa fundo. O velocímetro gira em torno de noventa enquanto gritamos um com o outro sobre grandes filmes, seguramos as laterais do jipe com bastante força e gritamos enquanto desviamos de um outro buraco. Milagrosamente, chegamos ilesos ao hotel.

No dia seguinte, optamos por fazer uma outra aventura, alugar uma linda lancha a motor completa com tripulação, sendo o objetivo ir até Nusa Penida, uma pequena ilha ao largo da costa de Bali. Nusa Penida nesse momento é habitada por apenas uma aldeia de indonésios primitivos, a maioria dos quais teve muito pouco contato com os brancos. Cada um de nós come novamente uma dose saudável de omelete químico e levantamos âncora. O oceano e as ilhas pelas quais navegamos parecem esmeraldas caídas em uma sopa de cobalto e, quando os legumes sagrados fazem efeito, nos tornamos mudos, silenciados pelo mar, o céu e a cadeia de ilhas verde-esmeralda pelas quais passamos. A ação dos cogumelos se intensifica e nos leva a um ponto em que nos tornamos paranóicos e não conseguimos olhar um para o outro, não conseguimos falar. Eu tento olhar para as nuvens, mas elas se transformam em pedras, se transformam em rostos hostis, então eu olho para baixo e tento me concentrar em detalhes da lancha, esperando esse momento passar. Eu me sinto nauseado e vou até a popa do barco para vomitar e assistir fascinado enquanto o meu vômito deriva pelo oceano.

Finalmente chegamos à ilha, e quando a tempestade interna suaviza, nós ancoramos e avistamos a linha costeira: a praia de areia branca e uma densa floresta tropical como pano de fundo. Uma pequena figura marrom emerge, e nós acenamos. A figura acena de volta. Nós acenamos novamente, a figura acena novamente até que tudo o que estamos fazendo é acenar um para o outro como bandeiras ao vento. É uma sensação esplêndida e nós sorrimos um para o outro, encantados com nossos acenos. Mais pessoas emergem das árvores e, então, mais e mais, até parecer que todas as pessoas da vila saem para nos saudar. No continuum mágico que habitamos agora, este momento está imbuído do sentimento de um primeiro encontro, seres alienígenas que cumprimentam uns aos outros, almas perdidas que restabelecem contato. Olhando para o Oceano Índico, eu me sinto como Capitão Cook chegando às margens do Havaí.

Todos estamos agora acenando como loucos e no impulso, pulamos pelas laterais do barco e mergulhamos na água, e então eles mergulham e começam a nadar até nós. Em poucos minutos, estamos cercados por pessoas de pele morena, rindo, sorrindo e nos cumprimentando como velhos amigos. É um sentimento de intensa alegria e felicidade que de

alguma forma é simples e ancestral; sem barreiras, sem preconceitos, sem medo, apenas seres cumprimentando uns aos outros em celebração. Nós não conseguimos entender um ao outro, mas temos a ideia de que eles querem nos mostrar a sua aldeia. Como uma escola de golfinhos, nós nadamos até a costa e os seguimos por uma trilha através da floresta tropical para a sua aldeia, que está dentro de um complexo cercado com estacas. Eles têm grandes cabanas de palha e nós entramos em uma delas e nos sentamos no chão, enquanto eles nos mostram panelas de barro, facas, tecidos, os artefatos de sua existência diária. As palavras são resmungadas para significar cada item, e nós grunhimos de volta com sons encorajadores. A impressão que dá é como se estivéssemos em uma zona encantada, e todas as preocupações com gravações e turnês e filmes perdem o sentido enquanto nós experimentamos este momento como se fosse a única realidade que conhecemos agora ou que já conhecemos. A visita finalmente chega ao fim e nós percorremos de volta a trilha através de uma espessa tapeçaria de floresta tropical verdejante, o trinado do canto dos pássaros, borboletas prismáticas e o cheiro doce da natureza fecunda até chegarmos de volta à areia branca e brilhante, onde nos despedimos com doces sorrisos e acenos de cabeça, nadamos de volta para o barco e zarpamos para Bali.

Poucos dias depois, vamos cada um para seu lado. Eu prometo encontrar com Belushi em algumas semanas em New York. Chego a Bangcoc e imediatamente caio em um grupo de jovens da realeza tailandesa que está esperando por mim. Por alguns dias nós perambulamos por vários palácios, navegamos para cima e para baixo em canais, percorremos o submundo de Bangcoc, enquanto eu fotografo e fumo *Thai stick*[31]. Eu ligo para Kate. Ela parece angustiada e precisando de meu apoio. Ela coloca Layla no telefone, que balbucia, "Papa". Uma onda de remorso me corta ao meio, e ainda ouço a mim mesmo meramente prometendo estar em casa logo, tão logo eu passe pela Índia e Nepal.

A penúria devastadora de Calcutá me dá um tapa na cara enquanto eu ando pela cidade em um táxi minúsculo que não é muito maior do que a minha mala. Pessoas em todos os lugares se aconchegam e contorcem seus corpos em pequenos buracos nas paredes de edifícios deteriorados, ao longo das ruas laterais, com nada além de pequenas velas votivas para adicionar trazer uma luz patética à escuridão reinante. Calcutá parece ainda mais afundada na decrepitude do que Bombaim, e eu me pergunto o que é que me compele a visitar estes lugares. No hotel eu sou recebido por um agradável jovem indiano que foi contactado anteriormente por um dos jovens da comitiva tailandesa. Ele me diz que eu sou seu convidado e promete me mostrar as redondezas. Mas, no dia seguinte, ignorando as advertências para não visitar aquelas áreas, eu saio às ruas mais remotas de Calcutá sozinho e – agora tendo desenvolvido técnicas clandestinas para disfarçar o ato de tirar fotos – consigo fotografar vários rolos de filme sem ser morto no processo. À noite, junto-me a uma multidão de jovens progressistas de Calcutá, que veementemente discutem entre si sobre tudo. Eles são verborrágicos, cerebrais e intensos de uma forma que é característica das pessoas nesta parte da Índia.

Voar para o Aeroporto de Tribhuvan não deixa de ser perigoso, já que colisões entre aves e aeronaves ocorrem com frequência – um fato documentado –, mas quando guinamos em direção à pista, estou cheio de

---

[31]Nota do tradutor: variedade potente de *cannabis* sem sementes.

expectativa. A cidade de Catmandu era o mitológico fim da trilha hippie na Londres do final dos anos sessenta e a viagem para o oriente era uma aventura necessária. Enquanto eu olhava pela janela obscura de meu apartamento subsolo em West Kensington e tocava sobre o zumbido de uma afinação reduzida em Ré, ela pairava na minha imaginação como um sol do amanhecer, a palavra *Catmandu*, como a palavra *Shangri-la*, evocando um sentimento de destino espiritual final. Enquanto me movimento com dificuldade pelo aeroporto com a minha guitarra, câmeras, mala de viagem e dezenas de pequenas crianças nepalesas estendendo suas mãos e gritando, "Dinhêrooo", *Isso*, eu acho, *é isso*.

Ao fazer o *check-in* no hotel Yak and Yeti, estou um pouco desapontado pela forma moderna, em 1981, que este lugar já parece ter – um pouco ocidentalizado demais talvez. Mas animado, eu largo minhas coisas no quarto e vou para a Praça Darbar, no centro da cidade. Ao passar por becos, feiras, estupas[32], pagodes e templos *shikara*, eu começo a cair sob um feitiço. Catmandu – com a sua mistura louca de Hinduísmo, Budismo, Xamanismo e crenças e línguas islâmicas – me impressiona como uma cidade onde todo o misticismo da Ásia se funde. Na Praça Darbar, encontro alguns garotos franceses e começo a conversar com eles e, em pouco tempo, subimos ao topo de um edifício para nos deitar sob o sol da tarde, fumar um pouco de haxixe e olhar a cidade. Os alcalóides fazem efeito e o calor do sol me deixa sonolento enquanto eu me estico sobre as telhas. Eu rio, pensando em como isso é completamente idiota, mas eu tinha que fazer isso algum dia, eu suponho, e prossigo com o mantra sagrado – *om mani padme hum* (saudação à joia no lótus) – e então deixo minha mente à deriva sobre os telhados e no desfoque suave do céu oriental.

Algumas horas mais tarde, grunhimos coletivamente e começamos a nos mover. Um dos meus novos amigos, Jean-François, se oferece para me mostrar onde eles estão hospedados, ao largo da lendária Freak Street. Localizada no coração da antiga Catmandu, Freak Street era o lugar que você tinha que ir nos anos sessenta e setenta. Enquanto ando por ela no final da tarde, percebo o que ela deve ter sido um dia, com seus hippies residentes, os sons de Hendrix, droga barata e espiritualidade acelerada, mas agora já parece ter-se desvanecido. Chegamos a um hotelzinho pobre onde meus amigos estão alojados em alguns quartos com sacos de dormir.

No dia seguinte, sendo um bom turista, eu decido visitar um bonito e reverenciado antigo santuário budista na periferia da cidade, o Templo

---

[32]Nota do tradutor: construções budistas em formato de torre, por vezes feita sobre restos mortais de budistas, representa a mente de Buda.

Swayambhunath. Um pequeno táxi preto me deixa no pé de uma colina bastante íngreme com um santuário no topo e, olhando para cima, vejo o templo branco brilhando na luz da tarde com os seus pingentes budistas tremulando com a brisa. Eu penduro a bolsa da câmera por cima do meu ombro e começo a longa caminhada subindo a escada leste para o santuário. É uma tarde quente e nebulosa, e uma pequena brisa roça meu rosto enquanto eu subo passando pelas figuras de Ganesh e Kumar. Sinto-me feliz uma vez que Catmandu, Nepal, interconectividade, interexistência, enchem minha cabeça como uma bebida doce e sonolenta. Então pensamentos sobre minhas meninas em Londres irrompem e eu sinto outra coisa – egoísmo, talvez – mas na leve confusão do momento, eu prometo fazer tudo certo e enviar-lhes amor desta colina.

No meio do caminho, como se alucinando na brisa da tarde, eu ouço uma de nossas músicas – *"Voices Inside My Head"*. Não parece possível. Aqui é o Nepal, a terra dos mil Budas, mas quando eu chego mais perto do topo da colina, ela cresce mais alto até que não há como confundi-la.

Eu chego mais no alto e há uma pequena cabana de lata perto do santuário. Sentado lá na sujeira está um homem velho encolhido com um pequeno rádio transistor, a música explodindo através da grade de plástico na sujeira do Nepal a seus pés nus. Eu sorrio para ele e com a linguística avançada tento fazê-lo me entender – eu toco... seu rádio... bom. Ele olha para mim sem entender nada e me oferece uma Coca-Cola do engradado que está ao seu lado enquanto estende a outra palma da mão aberta para o pagamento, obviamente, não percebendo que um deus do rock está diante dele. Eu sorrio para ele com compaixão e me movo para o santuário para girar algumas rodas de oração. Enquanto olho as *ghats*[33] para cremação do rio sagrado Bagmati na manhã seguinte, os odores fortes de fumaça e flores enchem minha cabeça como um sensual memento moris[34] da morte e mortalidade que te encaram a cada passo em Catmandu. Cada pequena estupa aqui contém um lingam de Shiva, o símbolo fálico que representa seus poderes de procriação. Um pouco mais acima do rio, vou para o Templo Bachhareshwar, cheio de pinturas de esqueletos e cenas eróticas. Eu fico olhando para elas, pensando que para onde quer que se vire, parece haver uma ilustração de uma espécie de abraço da vida/morte, um anseio pelo espiritual, o despertar acima da complicação humana. Neste

---

[33]Nota do tradutor: escadarias à beira de um rio que permitem aos fiéis se aproximarem para os rituais sagrados, como abluções e cremações.

[34]Nota do tradutor: do latim, lembre-se que você vai morrer.

caleidoscópio de sexo, morte, carma e samsara, pensamentos sobre gravadoras, turnês americanas e o próximo hit minguam – pelo menos até eu voltar para o hotel e pegar minha guitarra novamente. O imediatismo do instrumento e o percorrer de trastes e cordas lavam essas cenas mórbidas.

Na manhã antes de deixar o Yak e Yeti para voar para a Índia, sento no meu quarto, praticando. Por alguma razão, eu começo a improvisar em cima de uma velha música de Charlie Parker, *"Scrapple from the Apple"*. A porta está entreaberta e a faxineira nepalesa passa. Eu ouço um murmúrio de aprovação; e logo, um outro, enquanto eu toco o refrão. Seu rosto aparece com um sorriso tímido na porta, e é óbvio que ela está curtindo isso. Em um instante levanto um dedo e a chamo. Ela entra e eu continuo a tocar sobre a variação de Parker enquanto ela senta-se calmamente no chão e fecha os olhos, ouvindo atentamente. É como tocar para um veado na floresta, um momento trêmulo quando você pode facilmente assustar a criatura. Eu continuo a tocar e penso, *Meu Deus, Parker vem a Catmandu*, em seguida, ela se levanta e faz o gesto de namastê e volta para o corredor, provavelmente para fazer o seu trabalho. Eu guardo a pequena Gibson acústica com um sorriso e penso, *Há, de fato, alguma coisa melhor do que a música?*

Em Délhi, eu passo a noite com o Sr. Hakim Ghosh, dono de uma barraca em um mercado subterrâneo. Estava vagando por lá no início da noite e conversei com ele, que agora insiste em me levar para jantar. Nos sentamos em um belo restaurante e ele fala sem parar sobre a sua família, o futuro da Índia e seu pai, que trabalhou para os britânicos. Ele tem um irmão, que agora vive com a família em Bethnal Green, em Londres. Digo-lhe que este lugar é onde minha mãe nasceu, e nós sorrimos um para o outro em fraternidade enquanto mergulhamos um pouco mais no camarão marsalsa. Nós finalmente nos despedimos com promessas de escrever e manter contato e depois, sem ter nenhuma outra opção, eu passo o resto da noite em uma pousada esquálida do outro lado da rua do aeroporto, à espera de um voo para Londres, que está programado para sair às sete da manhã. O quarto, iluminado por uma única lâmpada simples pendurada no teto, é imundo e desgastado com uma pintura verde clara descamando das paredes. Eu deito na cama, guardando todas as minhas roupas na minha mala debaixo dos meus pés. Sem dormir, levanto cansado da cama às cinco da manhã, saio e pego um táxi para o aeroporto, que é uma cena de pesadelo de corpos deitados em montes no chão, por toda parte, como se estivessem mortos. No calor insuportável, me junto a uma fila interminável para o voo, rezando para chegar lá. O avião decola cerca de oito horas da manhã, e eu solto um grande suspiro, tendo sobrevivido a tudo aquilo.

Eu volto para os desprezíveis dias frios e cinzentos da Irlanda e para uma parceira que agora está indisposta. Desta vez, é difícil voltar para onde estávamos; sinto que estou entre dois mundos, mas de alguma forma não admito isso inteiramente, pensando que o estranhamento devido às exigências do *showbiz* jamais poderiam acontecer conosco. Este novo sentimento de distância entre nós é agravado pelo frio entorpecente e quietude de uma aldeia irlandesa – particularmente na minha cabeça após o glamour e a excitação de tantas culturas exóticas.

Embora agora tenhamos alguns amigos na área, eu acho difícil me estabelecer em qualquer tipo de cena social. Eu tenho uma necessidade – como uma droga – de manter a ilusão, o frenesi constante, por todo o tempo, mas parece impossível nesta vida de exílio fiscal à qual voltei. Eu preciso reparar o dano que eu fiz para o nosso relacionamento com a minha ausência prolongada e autoindulgente. Mas é difícil me sentir bem aqui, onde a maior parte do tempo estamos apenas lidando com o frio e a falta de recursos ou qualquer coisa a fazer senão vaguear ao longo das falésias congeladas e selvagens. É um momento triste: a intimidade, amor e humor de apenas dois anos anteriores parecem estar se esvaindo, nocauteados pela pressa do novo mundo com o qual estou envolvido.

Eu tento, mas não consigo me encaixar nesta cena que consiste em ir para o pub toda noite, beber cerveja e jogar dardos. Eu rio e engulo uma Brown Ale em uma névoa espessa de fumaça de tabaco, mas eu estou sufocando por dentro. Enquanto eu levanto minha mão para atirar um dardo na placa na parede, eu clamo por estar em Nova Iorque ou de volta ao palco com uma guitarra. Mas eu tento me enganar, acreditando que esta é realmente a vida e, em um esforço para ser como os habitantes locais, eu saio em um barco à vela um dia, mas me sinto tão enjoado e de ressaca que eu passo o tempo todo com os olhos fechados em um beliche e a Irlanda passa pela minha cabeça em uma colagem grossa, enrugada de sujeira, batendo água salgada, botas de borracha pretas e canecas intermináveis de chá preto forte. Nesta aldeia, sou estimado como um roqueiro, com tudo o que a frase implica.

Em um esforço para afugentar o frio insidioso, eu visto roupas grossas de lã e deixo as túnicas do arco-íris rock and roll em uma mala, onde descansam como emblemas de uma vida passada. A banda começa a parecer um sonho que já tive um dia, e enquanto labuto com o fogo de carvão e olho entorpecido as chamas morrendo, não consigo entender o que está acontecendo comigo, não consigo ver a desintegração do nosso casamento, não posso compreender o que esta linda mulher com a nossa filha sacrificou por mim, ignoro o fosso crescente entre nós, e sou incapaz de reparar o estrago. Para agravar esta situação, montei um estúdio no porão, que tem uma pequena janela para deixar entrar a luz cinza. É como uma cela, e eu escrevo músicas obsessivamente durante horas a fio enquanto minha esposa e filha estão em outro lugar. Ocasionalmente jornalistas vêm me entrevistar, e é como um alívio temporário para recuperar a minha *persona* por algumas horas até que eles saiam e eu volte às minhas músicas demo e ao céu de bronze do sudoeste da Irlanda.

Uma tarde, Kate entra no porão com Layla, de dois anos de idade, em seus braços. Há um corte feio na testa da bebê. "Sua filha", diz ela, e a deixa em meus braços e, em seguida, sai da sala. Isto diz tudo. Eu fico destruído. Eu tento fazer as coisas de uma forma melhor, mas eu sou como homem dividido em duas ilhas que estão se distanciando, e os próximos dois meses passam eu me sentindo como uma boneca rosa brilhante enfiada em um campo cinzento, o fogo do nosso casamento se transformando em cinzas.

VINTE E TRÊS

Em contraste com esse ambiente sombrio, o nosso quarto álbum está para ser gravado no mês de junho de 1981, no AIR Studios, na ilha caribenha de Montserrat. Isto é o sonho; isto é os Beatles – um mito que estamos felizes em abraçar. Temos certeza de que vamos vender milhões do próximo álbum e gravar em uma ilha do Caribe é um luxo que podemos pagar. Desta vez podemos relaxar, fazer tudo no nosso tempo, fazer tudo corretamente. Na verdade, estamos programados para seis semanas na ilha, o que para os padrões futuros vai parecer muito curto, embora nunca parecemos precisar de mais do que dez dias.

Depois de deixar Kate e Layla na Irlanda, com o que eu espero ser uma partida comovente, vou para Montserrat via New York. Chego em Manhattan por volta de uma da manhã e ligo para Belushi. Ele grita meu nome no telefone e quer ir para o centro imediatamente, mas tendo acabado de chegar em um voo longo, árduo, eu recuso e digo: "Que tal amanhã à noite?" e desmaio. Bem perto de seis da manhã ouço uma batida na minha porta e eu levanto cambaleante da cama para ver quem diabos está chamando. É Belushi, com um grande sorriso no rosto. "Ok, cara, vamos lá", diz ele, e caminha até a cômoda e enfileira doze carreiras de cocaína e apenas sorri para mim enquanto enrola uma nota. "Ok, que caralho", eu digo, e inclinamos nossas cabeças sobre pó suficiente para derrubar uma lhama peruana e cheiramos tudo. Como o rato Ligeirinho e seu irmão gêmeo, saímos às ruas de Manhattan às seis da manhã em busca de uma festa. Gritando, berrando e entorpecidos, passamos em vários

locais, batendo em portas, à medida que John convoca alguns nomes. Mas não há muita coisa rolando e, apesar da violenta nevasca acima de nossas cabeças, não há nada a fazer e por volta de nove horas, nos sentindo muito chapados, desistimos e John diz, "Tenho que dormir, cara. Vejo você à noite". "Sim, claro", eu grasno. Ele desaparece e dorme por três dias, altura na qual já estou em Montserrat.

Uma ilha vibrante sem a habitual pompa do turismo, Montserrat tem uma beleza muito própria completada por um vulcão que, eventualmente, vai acabar tornando dois terços da ilha inabitáveis. Chegamos ao estúdio e obtemos nossos próprios bangalôs privados para o período. O calor, exuberância e tropicalidade verdejante da ilha te leva direto para um estado de relaxamento e dentro de algumas horas você já é nativo. É uma sensação boa e é difícil não rir em voz alta para a sorte que é tudo isto enquanto nos envolvemos em uma nova vida luxuosa nadando pela manhã, navegando pela ilha e nos encontrando no estúdio depois do almoço. As outras famílias estão aqui, mas Kate decidiu não vir; sinto a sombra da sua ausência sob a luz brilhante do Caribe. Enquanto conheço a ilha, percebo com um pesado sentimento de ironia que alguns dos lugares têm nomes irlandeses. Tem até uma vila chamada Kinsale.

Uma das primeiras coisas que temos que lidar é com o fato de que Sting convidou um tecladista canadense para se juntar a nós neste álbum. Stewart e eu estamos indignados, já que não fomos consultados. Eu me

One Train Later

torno determinado em não permitir que nosso trio de guitarra se torne uma banda superproduzida, sobrecarregada com teclados. Mas no dia seguinte ele aparece, um cara marombado com um ego gigante, proporcional ao seu tamanho. Ele enrolou Sting para trazê-lo de avião do Canadá depois que Sting fez uma pequena gravação demo com ele em Montreal. Ele é um bom músico, mas acrescentou algo parecido com doze camadas de teclados e sintetizadores à uma das canções de Sting, "*Every Little Thing She Does Is Magic*". É uma situação difícil e é duro para Stewart e eu falarmos com Sting sobre isso, então, vamos para o estúdio com os teclados. Mas aqui o intruso assina sua própria sentença de morte, porque ele abafa tudo o que tocamos com densas partes de teclado de modo que acabamos soando como a Yes em um dia ruim. Ele agrava o problema inclinando-se sobre o seu sintetizador a cada minuto e tocando para nós um de seus riffs e exclamando: "Escutem isso – cara, se eu ouvisse isso, eu adoraria colocá-lo no meu álbum". É doloroso. Ele dura três dias e, então, até mesmo Sting se cansa dele e o manda seguir seu caminho de volta.

Após este pequeno fiasco, vamos ao ponto e começamos a gravar um autêntico disco do Police. Começamos o processo de trabalhar no novo disco, provisoriamente tocando as nossas músicas demo uns para os outros, um momento doloroso e difícil, porque cada um de nós gostaria de ter todas as suas músicas incluídas na gravação. Mas Sting não quer cantar nada que ele não tenha escrito, e a maioria de minhas composições na Irlanda não chega a lugar algum. Eu tenho algumas músicas boas que não vão ser gravadas e fico ressentido. Eu tenho que lidar com meu próprio sentimento ruim e tentar sair disso de forma positiva, mas não posso deixar de pensar que desta vez, uma ou duas das músicas de Sting não são tão boas quanto as minhas. Talvez a minha composição seja muito próxima da sua, ou muito parecida com o Police, para ele se sentir confortável. Mas no interesse de manter o barco andando, eu vou junto com ele. Sting comenta com Vic Garbarini, um jornalista amigo nosso, que "Andy é bom, muito bom, talvez", e isso dói. Acabamos gravando algumas músicas que, para mim, são para encher linguiça.

No entanto, "*Spirits in the Material World*", "*Invisible Sun*", "*Secret Journey*" e "*Every Little Thing She Does Is Magic*" são todas músicas excelentes, e começamos a trabalhar nelas. "*Magic*" é um problema porque usamos a demo cara de Sting como a faixa real; Stewart e eu só temos que tentar nos encaixar nela. Por estranho que pareça e apesar do fato de ser uma grande música, ela nunca soa para mim como uma verdadeira faixa do Police e depois da gravação nós raramente a tocamos nos shows. "*Spirits in the Material World*" é uma ótima e nova canção original inspirada em

George Harrison. Nós discutimos um pouco sobre esta, pois novamente Sting a trabalhou em um teclado e a quer no instrumento no qual ele escreveu. A linha sob o vocal começa com um belo acorde menor de nona estendida. Sting resmunga que isso é um pouco complicado para a guitarra, mas eu mostro a ele que na verdade posso tocar toda a parte de cabeça para baixo, se necessário – sem problema. Mas ele não vai ceder, e acabamos com uma espécie de som genérico que é uma mistura de guitarra e teclado. Mais uma vez, falta um pouco do verdadeiro som do Police. "Demolition Man" é um roqueiro durão que também nos faz passar por um joguinho de poder. Eu tiro um solo rasgante no final da música que deveria ser tocado em alto e bom som, mas quando se trata de mixar o tempo, ele é reproduzido muito baixo e, para meu desgosto, se perde. As coisas estão claramente começando a ir em uma direção mais estranha e está se tornando uma luta manter a camaradagem. Mas, apesar destes atritos internos, a verdade de que Stewart e eu temos que reconhecer em particular é que, sem o talento para composição de Sting, isto não teria acontecido – e esta condição lhe dá poder sobre nós dois. Por outro lado, onde estaria ele sem nós dois? Isto sempre volta à soma indivisível, e na onipresente vida em grupo, frases como esta se tornam um monólogo interior. Mas neste momento, grosseiramente falando, ou é da maneira de Sting ou é de maneira nenhuma; quase todas as ideias são realizadas em uma base de confronto, e a ideia de uma democracia no grupo desaparece. Entretanto, uma das minhas músicas entra para o álbum. Ela é chamada "Omega Man" e no final, de alguma forma, Sting meio que ressentidamente concorda em cantá-la, mesmo embora fique claro que ele realmente não quer. Mais tarde, Miles a toca na primeira reunião da A&M sobre o *Ghost in the Machine*, e eles querem lançá-lo como o primeiro single, mas Sting bate o pé e não vai deixar isso acontecer – então não acontece. Quando fico sabendo disso, sinto como se fosse uma punhalada nas costas.

Desta vez, o estúdio parece mais como uma lona para uma luta suja. As estacas foram levantadas, e ao invés de nos alegrar com o sucesso inacreditável que criamos juntos, perdemos de vista o cenário e entramos em distúrbio emocional, cada um de nós lutando por seu próprio território. Nos recantos mais profundos da nossa alma coletiva há um vínculo entre nós, mas que está ficando velado pela queda de braço, pela batalha e tensão destrutivas de ambos os lados, pela masculinidade controladora de tudo. Há discussões no estúdio em que cada um de nós quer o seu instrumento um pouco mais alto do que os outros, quer que suas músicas sejam gravadas, não será menos do que ninguém. É um processo combativo, com o pobre engenheiro de som tentando mediar enquanto seis mãos perdem tempo com os controladores de volume.

Para esta gravação, depois de infelizmente deixar Nigel Gray partir por causa do desastre de *Zenyatta Mondatta*, temos um novo engenheiro/coprodutor na pessoa de Hugh Padgham, uma espécie de sujeito-de-classe-média-de-fala-mansa que é confrontado com três egos furiosos. A bateria, o baixo e a guitarra vão entrar na fita, mas sua voz é fraca enquanto batalhamos. Há um episódio humilhante no estúdio quando, um dia, como resultado de toda essa tensão e perda de perspectiva, Sting fica furioso comigo, me xingando de tudo o que é nome com veemência considerável, deixando a todos na sala pálidos e em choque. É um momento excruciante. Eu não sei se sinto mais a minha dor ou a dele, mas é uma ferida profunda, uma manifestação externa da frustração que Sting deve sentir no interior.

Superamos isto depois com um "Desculpa, cara" e "Eu te amo – desculpa, parceiro" porque por baixo das camadas de tensão existe afeição genuína. Mas eu sinto dor porque – por quê? Por que, porra, por quê? Quanto tempo, eu me pergunto, quanto tempo?

Na manhã seguinte eu recebo um telefonema de Kate, que me diz quase com um suspiro que ela quer o divórcio. As moscas zumbindo e as palmeiras ao vento tornam-se um rugido em meus ouvidos enquanto afundo no chão. Argumento com ela ao telefone, mas é inútil. Ela é persistente; tomou sua decisão, é isso. Caminho para a luz branca lá de fora sentindo-me entorpecido. Se foi? Ela se foi? Eu não consigo imaginar não acordar ao seu lado – a pirâmide de cabelos dourados, a cintura delgada, a voz suave, o humor sutil, a inteligência incisiva, o relacionamento, nossa filha. O cheiro do paraíso toma minha cabeça como um perfume azedo, os arbustos a alguns passos de distância do outro lado do pequeno gramado bem cuidado, olhando para mim como uma visão infernal, e parece como se um objeto bonito acabasse de deslizar pelos meus dedos e se espatifado. Eu sinto o impulso de retornar imediatamente à Irlanda para tentar salvar a situação, mas ela não quer que eu volte, diz que vai me ver no Canadá para resolvermos as coisas. Eu olho para o ardente disco de sol e arrepio, tenho vontade de vomitar.

Como de costume, volto para o estúdio naquele dia, mas com a sensação de que habito um mundo diferente. Eu não me sinto livre, eu me sinto simplesmente fodido. Eu não quero isso, não quero isso. O amor é a última crueldade.

Trabalhamos no restante das novas músicas: *"Invisible Sun"*, *"Hungry for You"*, *"Too Much Information"*, *"Rehumanize Yourself"* e *"One World"*. No estúdio, Sting está passando por uma fase de tocar saxofone alto, e em muitas dessas músicas ele acrescenta pequenos riffs de sax que dão ao álbum uma pegada rhythm and blues mais tempestuosa do que a que tivemos no passado. Desta vez, uma das minhas favoritas é "*Secret Journey*", uma música que ele extraiu das páginas do livro de Gurdjieff, *Encontros com Homens Notáveis*. Em espírito, este é muito mais dos anos sessenta e, como se voltando a uma postura anterior, eu tento criar o som do Himalaia com o meu sintetizador de guitarra Roland. No meio de toda a brincadeira, besteira e brutalidade que fazem parte da trajetória, eu luto contra a desolação na minha cabeça, com uma fachada de gentileza e camaradagem, mas isso parece sem substância e acho difícil me concentrar, como se estivesse tentando ignorar um sonho ruim. Sei que vou ter que acabar dizendo alguma coisa. Eu não consigo pensar em mais nada, além da ligação de Kate, e continuo repassando isto na minha cabeça. As noites são sufocantes e agora, insones, uma vez que meu cérebro corre da música que acabamos de gravar para a voz de Kate, e para o barulho, como o de uma bomba caindo, de mosquitos no opressivo calor rigoroso.

Finalmente afastando-se do jargão Police dos três primeiros álbuns, este será chamado *Ghost in the Machine*, inspirado pela leitura de Sting do livro de Arthur Koestler de mesmo título, o qual é um ensaio sobre o impulso de autodestruição – o que cai como uma luva na minha nova vida.

Nós terminamos o álbum com uma sensação de que talvez ele seja bom, mas não estamos inteiramente confiantes. Todos ao nosso redor parecem gostar dele, mas nestes dias as pessoas nos dizem o que queremos ouvir. Pessoalmente, eu gosto de cerca da metade do álbum e odeio toda a merda de saxofone que não se parece nada com a Police.

Arrumamos as malas e voltamos para as pistas de avião. Estamos indo para Caracas, Venezuela, para fazer dois shows. O voo pelo Caribe é de cerca de duas horas, mas o único avião que conseguimos encontrar para levar a nós e ao nosso equipamento é um avião com hélice de aparência antiga. Parecendo que foi consertado com elástico e chiclete, não parece que vai durar uma hora, muito menos duas. Parados no asfalto quente, temos sérias dúvidas se devemos entrar nesta antiguidade, mas com uma atitude "viva rápido, morra jovem", subimos nele. Com uma sacolejada de morte, o velhote cospe para a vida e levanta voo como um papagaio com uma asa quebrada em direção ao céu. Nós lentamente subimos para cerca de 3 mil metros e viramos na direção da América do Sul.

Começamos a curtir e parece como se estivéssemos em um velho filme da Segunda Guerra Mundial. Finalmente eu me levanto e me jogo na parte de trás do avião, descansando encostado em um dos meus gabinetes

One Train Later

Marshall casualmente acorrentados com o resto do equipamento na parte traseira da cabine, uma vez que não há carga. Uma coisa pela qual o Caribe é conhecido são os furacões, que ocorrem com certa frequência; embora não voemos exatamente para um furacão, ele começa a ficar feroz e do nada o avião começa a dar uns solavancos, perder altitude, subir novamente, dar mergulhos repentinos. É assustador e parece certo que estamos caindo. Eu rastejo da minha posição relaxada e vou para um assento próximo da saída de emergência, amarrando-me com o rosto pálido feito cinzas. Segundos depois, a porta de saída de emergência se desprende completamente do avião e cai no Caribe. Felizmente, eu estou atado – mas ainda a apenas cerca de cinco centímetros de um grande buraco na lateral do avião com o mar a 3 mil metros abaixo. O urrar do vento lá fora é como um grito de morte, e eu tenho que mudar de lugar. Com uma corrente de mãos e braços me segurando, eu desafivelo o cinto e engatinho para longe da boca escancarada da morte até eu chegar a um ponto relativamente estável no outro lado.

Nós nos deslocamos pelo Caribe até a Venezuela com o uivo do vento abafando todas as nossas vozes – embora tenhamos ficado muito tranquilos enquanto, pálidos e amedrontados, nos agarramos aos nossos lugares. Finalmente cruzamos a costa, mas ao olharmos para baixo através do buraco, as montanhas parecem como alfinetadas e nos sentimos ainda mais enjoados. Descemos para a pista e estremecemos até parar. Um dos pilotos sai e se ajoelha no chão, fazendo o sinal da cruz, enquanto o outro seca o suor da testa. Ambos ficaram aterrorizados com a experiência, e nós ficamos imaginando em que diabos estávamos pensando. De repente eu percebo o apelo de acreditar em um poder superior.

Naquela noite tocamos no El Poliedro de Caracas, uma arena na periferia da cidade; é um espetáculo selvagem, com o calor e a energia típicos da América do Sul. Após o show, enquanto caminhamos pelo estacionamento para o transporte nos tornamos conscientes de uma comoção acontecendo na entrada do auditório. Soldados em uniformes militares marrom e verde estão cercando adolescentes e empurrando-os, com arma em punho, para dentro de caminhões do exército para serem levados para a fronteira da Venezuela com a Colômbia para lutarem na guerra. A maioria dos garotos aparenta ter dezesseis ou dezessete anos de idade, e em suas camisetas brilhantes e cabelos espetados, eles se parecem com borboletas sendo apanhadas por gralhas-pretas. Algumas adolescentes estão no asfalto, observando e chorando, enquanto seus namorados e irmãos estão sendo empurrados para dentro da noite. Eu cruzo o asfalto e jogo minhas coisas na parte de trás de uma limusine ronronando e me sinto inútil diante disso. É uma amostra terrível das realidades que existem em países fora da Europa e dos Estados Unidos.

Na América do Norte, Reagan é Deus, e sua presidência define uma nova cena que vai resultar em vinte anos de uma administração que se tornará servil aos poluidores, extratores de combustíveis fósseis e aos fundamentalistas religiosos fanáticos de todas as matizes, exceto o Islã; ser hostil à ciência; abraçar insolvência fiscal; e transubstanciar solidariedade mundial em anti-americanismo no mundo inteiro. Mas os anos oitenta serão lembrados como uma era dourada. Alguns anos a partir de agora, enquanto a presidência de Hugo Chávez é desafiada, vou passar horas desesperadas no aeroporto, enquanto um golpe militar acontece e meu equipamento fica esfrangalhado em busca de uma bomba.

Da Venezuela voamos para o Canadá, onde estamos mixando um álbum ao vivo. Este tempo é marcado para mim pela chegada de Kate para discutir o divórcio. Eu alimento uma esperança de que talvez, quando estivermos juntos, ela vai ceder, talvez nós vamos ser capazes de conversar sobre isso. Mas apesar de meus esforços, o divórcio é o que ela quer. Minhas tentativas de convencê-la do contrário são inúteis. Nós estamos na escuridão, com o vento zunindo suavemente através dos pinheiros lá fora, e eu caio em pedaços. É uma lição amarga, e eu enterro minha cabeça no travesseiro, inundado com remorso, devastado porque eu não vou ver a minha filha enquanto ela cresce, destruído porque elas não vão mais estar em minha vida. Mas para Kate o casamento não existe mais; eu não estou lá, estou à deriva, em outros lugares. Ela quer uma verdadeira relação de apoio – um marido, um pai, um parceiro – mas neste momento dourado do excesso e o carrossel de turnês de rock, eu não estou provendo isso. Nós não especificamos nem nos acusamos de nada, mas o subtexto é que, além de estar sempre ausente, eu estou sucumbindo, entregando-me a todas as tentações. Acabou, e dois dias depois ela vai embora levando Layla consigo. Estou em pedaços.

Nós terminamos de mixar o álbum ao vivo e voltamos para os EUA, onde tocamos em alguns shows e, em seguida, voltamos para a Inglaterra. Devido ao crescente turbilhão de atividades em torno do grupo, o álbum ao vivo é colocado em algum lugar e, infelizmente, jamais é visto novamente, nunca vê a luz do dia. Em Londres, o nosso velho apartamento sem Kate e Layla parece vazio de tudo, exceto a memória, e eu odeio estar nele, odeio ir às lojas locais, odeio comprar mantimentos só para mim, e passo a comer fora e ficar fora o tempo todo. Decido me mudar do apartamento, e compro uma casa maior na outra extremidade de Putney.

VINTE E QUATRO

Em outubro, *Ghost in the Machine* é lançado. Com um suspiro de alívio coletivo por não termos estragado tudo, a imprensa faz algumas críticas entusiasmadas nossas. *Zenyatta Mondatta* recebeu algumas críticas contundentes, já que a maioria dos críticos considera que o álbum tinha um ou dois *singles* e muita encheção de linguiça. Até certo ponto, eles podem ter tido razão. Corremos com essa gravação sem tempo para realmente pensar sobre isso. *"Invisible Sun"* é o primeiro *single* do álbum e o vídeo é imediatamente banido da BBC por causa do conteúdo político que eles não querem exibir com o argumento de que é muito controverso. Mais uma vez a instituição mostra que está vivendo na Idade da Pedra e com um duplo padrão. Nosso vídeo não contém imagens violentas, mas mostra crianças em Belfast – as vidas das pessoas na Irlanda do Norte e ao que eles estão sujeitos. A BBC mostra noticiários violentos o tempo todo, mas quando o mesmo assunto é expresso artisticamente, eles preferem proibi-lo – e, ao fazê-lo assim, o promovem. Nós fazemos vários comentários à imprensa e tomamos uma posição, mas é evidente que a BBC não o aprova como material para o Top of Pops. No entanto, chega à primeira posição nas paradas britânicas dentro de duas semanas.

Este álbum e o vídeo marcam uma mudança de três cabeças com cabelos loiros e cheios de spikes e o comportamento alegre da nossa encarnação anterior. As entrevistas à imprensa contêm declarações como "Agradeço a Deus por Adam [Ant]", que agora pode assumir parte do mercado, que é um sutil escracho sobre seus esforços. A capa do álbum é preta com um conjunto de marcas vermelhas, que devem representar uma versão digital de nós, e o título. Muitas pessoas não entendem essa abstração. Nada disso importa, no entanto, tanto o álbum quanto o *single* atingem o topo das paradas no Reino Unido. Nos EUA, "*Every Little Thing She Does Is Magic*" vai para o primeiro lugar, enquanto o álbum sobe rapidamente para a segunda posição na *Billboard*. Ele permanece lá por seis semanas, enquanto todos nós prendemos a respiração; frustrantemente, ele não alcançou a lendário primeira posição. Mas "*Magic*" é número um em todos os cantos do mundo (exceto a Grã-Bretanha).

Para ajudar o lançamento de *Ghost in the Machine*, tocamos quatro noites na Wembley Arena e novamente aparecemos em toda a imprensa do Reino Unido como babacas desprezíveis. Agora nós vendemos jornais, somos o centro das atenções e incendiamos a imaginação inglesa, mas as imagens já têm um aspecto nebuloso. Como se estivesse botando lenha na fogueira que vai por fim nos consumir, a imprensa procura sujeira, sexo, dinheiro, poder, conflito – o drama humano que vende jornais. Agora que estamos estabelecidos no centro das atenções, é hora de expor a nossa fragilidade, é a hora de acabar, os acessos de raiva, os ciúmes mesquinhos, a outra mulher. "Vocês bateram um novo recorde, meninos – isso é bom, mas vamos à realidade. Me falem do submundo, das tentações, como vocês estão fodendo a porra toda". Você imagina um país inteiro exclamando ooohs e aaahs, ofegando incredulamente sem acreditar em suas façanhas e murmurando: "E eu achava que eles eram tão legais", ou, "Eu sabia que eles não eram bons – malditos *pop stars*". Junto com as tetas das meninas da página três[35], nós nos tornamos ração perfeita para a máquina. Eu imagino um filho da puta de cinquenta e cinco anos de idade com cabelos grisalhos e uma pança que tem problemas com a sua vida sexual, com um nome como Wackford Squeers: ele se inclina para trás de sua mesa gótica acima da Fleet Street e envia táxis na porta com ordens para nos pegar.

O fim do meu casamento ainda está sob sigilo, mas ainda apareço em páginas inteiras nos tabloides com títulos como "Red Hot Summers", em que eu faço um blablablá piedoso sobre a minha esposa ser muito compreensiva – o que obviamente é ridiculamente falso. Outra no The Sun – o que eu estava pensando? – com ainda mais meias-verdades obscenas sobre o quão difícil é e como você precisa de uma companheira compreensiva, etc.

---

[35]Nota do tradutor: o tabloide britânico The Sun costumava publicar, em sua terceira página, fotos de modelos de topless. Essas fotos deixaram de ser publicadas no fim da década de 1990.

One Train Later

Esta é a dança do acasalamento, o ritual de cortejo entre eles e nós, mas são os pequenos goles de veneno que sustentam o nosso parceiro de tango enquanto deslizam por sua garganta faminta como néctar. "Aqui está, fraqueza; aqui está, infidelidade; aqui está, mentira gritante; aqui está, o divórcio, a traição, a ambição, o excesso, o abuso narcótico. Graciosamente – obrigado, meninos, podemos colocar isso junto com as tetas".

Para a imprensa, nos transformamos de um trio de sorridentes cabeças loiras em três indivíduos egocêntricos conduzidos por manias, que não fazem nada além de brigar uns aos outros, línguas de lagarto tremulando como chamas furiosas. Sting no seu canto começa a se retratar como cruel com a sua manchete no The Sun, POR QUE EU POSSO SAIR DO POLICE: "Eu estou fora por minha causa e eles sabem disso". Em casa, eu pratico e tento continuar com o meu próprio discurso interior, que eu tento nunca subordinar a acontecimentos exteriores. O negócio não é a música, o esgoto da imprensa sensacionalista parece ser uma estranha recompensa dos nutrientes que sustentam esse sucesso popular. Combustível adicional para seu fogo diário é o fato de que Sting também está rompendo com sua esposa, Frances, e está em uma nova relação com a atriz Trudie Styler. Trudie, que agora sempre aparece com Sting, é engraçada e tem um senso atrevido e sarcástico de humor que se encaixa muito bem com nós três.

Temos nosso retorno aos Estados Unidos agendado para janeiro, mas agora estamos nos concentrando na Europa primeiro, começando com a Inglaterra. Temos um show em Birmingham, no National Exhibition Centre, onde cabem cerca de catorze mil pessoas. No dia do show, cada um de nós é pego no início da tarde para ser conduzido até Birmingham em tempo para a passagem de som. Cerca de uma hora da tarde estou dando uma entrevista à Rolling Stone em minha casa. Eu não me sinto bem durante a entrevista e acho que devo estar apenas estressado, exausto ou simplesmente com um mal-estar. Eu sinto uma dor no meu lado como uma dor incômoda, e nada a faz ir embora. Eu bebo xícaras de chá, me deito, tomo uma aspirina, mas ainda dói. O carro chega para me pegar. Eu entro no carro e caio no banco de trás, mas ao chegarmos à ponte de Hammersmith, estou vomitando violentamente para fora da janela e desesperadamente peço ao motorista para me levar ao hospital. Poucos minutos depois, nós chegamos no Hammersmith Hospital. A Emergência – Enfermaria 10 já foi alertada: *pop star* chegando, possível *overdose* e eles estão lá com uma maca. Sou empurrado para a sala de emergência; com as tiras de neon piscando no teto como cobras brancas e o fedor do hospital se embrenhando no meu nariz, eu fracamente ouço as palavras "pedras nos rins" enquanto uma seringa gigante cheia de alguma coisa preta é enfiada na minha veia do braço esquerdo e eu escorrego, escorrego para baixo da superfície do Lago Ness – tchau-tchau, An–

Eu acordo cerca de seis horas mais tarde, como se puxado de um pântano primitivo, mas me sinto melhor; a coisa já passou pelo meu sistema e saiu pela uretra com a força bruta de um pedregulho passando por um fio de cabelo humano. Miles e Kim estão ambos de pé no final da maca com um pequeno exército de enfermeiras e médicos. Sinto-me importante, mas também como se estivesse acordando em uma cena de um filme expressionista alemão. "O que?" resmungo. "Você está bem, parceiro?" Eu ouço suas vozes como se estivesse em um túnel de vento: "Há quatorze mil pessoas esperando por você em Birmingham". "Show... show, sim... poossssoo tocaaaa...", eu murmuro, "vamo". Eu estou grogue, mas não mais com dor e saio da maca para uma maca móvel e sou carregado para o banco traseiro de um Rolls-Royce, onde eu caio desacordado novamente.

Eu pisco meus olhos enquanto nós chegamos ao *backstage* do Centre. Todo mundo está olhando pela janela; os queridos meninos da St. John estão lá, desta vez com rostos ansiosos e máquinas de suporte renal; e é tudo bastante agradável e heróico. Eu teria todas as honras, mas a minha glória está ligeiramente diminuída por Sting ter seu braço em uma tipoia. Ele saltou por uma janela no dia anterior durante as filmagens no *set* de *Brimstone & Treacle* e cortou fundo a mão, então ele não pode tocar, mas Danny Quatrochi virá ao palco com a gente e tocará as partes de baixo. Cerca de dez minutos mais tarde, nos arrastamos para o palco como a marcha dos feridos e começamos o show, fazendo um grande alarde sobre nossa situação, que só nos faz mais queridos pelo público. Danny faz um trabalho incrível no baixo, eu vou melhorando durante o show, e no fim das contas todos acabamos nos sentindo bastante satisfeitos conosco e angariamos uma fatia inesperada de publicidade.

Com o sucesso de *Ghost in the Machine*, nós caímos na estrada para uma turnê que vai durar de dezembro de 1981 a julho de 1982. Para recriar as linhas de saxofone do álbum, nós empregamos três rapazes de Nova Jérsei, que coletivamente se chamam de Chops. Eles tocam bem e dão detalhes às linhas originais de Sting, mas para mim eles só parecem como intrusos e interferem na interação entre Stewart, Sting e eu. Mas no interior deste turbilhão frenético, com o meu divórcio iminente e uma casa sem esposa e filha, eu estou em uma zona livre. Em uma onda

One Train Later

estranha de solidão em que eu nunca estou sozinho, o único conforto vem de estranhos. Sustentar qualquer tipo de relacionamento diferente daquele que você tem com sua banda e seu instrumento parece quase impossível. Minha casa se torna estranha, meus velhos amigos se tornam estranhos, qualquer tipo de vida normal do dia-a-dia é irreal. O ritmo inebriante desta vida nos faz vagar em um lugar que parece cada vez mais fora de contato com a realidade. Depois de mais alguns shows no Reino Unido, nós voamos por toda a Europa com uma confusão "microfone na sua cara" de shows, *jet lag*, fãs gritando, encontros carnais e a pressão interminável surpreendem a todos – uma programação intensa, exagerada, que está provavelmente encurtando nossas vidas em alguns anos.

Em janeiro de 1982, voltamos para os Estados Unidos. O primeiro show é no Boston Garden, e aqui acontece algo estranho. Após a passagem de som, voltamos para os vestiários abaixo do palco. Ao lado estão alguns enormes tanques industriais que se parecem com caldeiras. Sting e eu colocamos nossos instrumentos no chão, e eu encosto o meu contra a caldeira. Nós saímos por algumas horas para comer e nos aprontarmos. Voltamos para o vestiário meia hora antes do show. Eu pego a Telecaster, a ligo em um amplificador de ensaio e ligo os captadores da parte traseira. Não sai nenhum som. Puxo o *lead*, mexo nos interruptores, verifico o *plug*, mas nada funciona – os captadores permanecem em silêncio. Aparentemente algo – a caldeira talvez – a tenha desmagnetizado. Ela está morta, a vida sugada para fora de si. É um acidente bizarro, mas eu estou arrasado. O único som que eu era capaz de produzir a partir desses captadores se foi. A notícia se espalha. Minha Telecaster é uma guitarra que todo mundo adora. Nesse grupo de alto padrão, o fato de eu ainda tocar esta velha guitarra tem um apelo para um monte de gente, e ela se tornou um ícone. Finalmente Seymour Duncan, um especialista em eletrônica de guitarra bem conhecido, vem para o resgate com um captador *overwound* para substituí-lo, mas para mim, não é a mesma coisa. À medida que continuamos indo em direção a algum objetivo distante, sinto esta segunda derrota como se eu estivesse sangrando em público.

Depois de Boston nós viajamos ao longo da Costa Leste e através do Centro-Oeste, com a recompensa na Costa Oeste no início de fevereiro por três noites em Los Angeles.

Em Birmingham, Alabama, eu fico sozinho em um hotel perto do show, já que eu estou indo para Nova Iorque no dia seguinte para comparecer a uma exposição de minhas fotografias. Os fãs que verificam cada hotel na cidade já sabem onde estou hospedado, e há uma enorme multidão no saguão do hotel na hora que eu chego. Cercado por uma grande massa que me empurra, eu faço o *check-in* com estresse e dificuldade e, sabendo que vai ser uma noite sem dormir, não estou de bom humor. Mas eles sabem em qual quarto eu estou e pegam os quartos adjacentes, batem na minha porta, chamam meu nome e tocam músicas do The Police em alto volume até que o sol irrompe a madrugada do Alabama. É intenso e torturante; finalmente eu tenho que arrastar os cobertores até o banheiro e dormir no chão, em um esforço para abafar a baderna ao lado.

Agora estamos cercados de músculos e, de uma forma perversa é agradável, temos uma falsa sensação de importância, como se nós fôssemos um tesouro precioso que devesse ser protegido em todos os momentos. Homens grandes e musculosos estão em toda parte; eles tomam conta de nós e, ocasionalmente, exageram no seu trabalho, são rudes até mesmo com as pessoas que ousam olhar em nossa direção. Isso é angustiante e, às vezes, nós ficamos ansiosos por estarmos nas mãos desses palhaços monossilábicos. Somos espíritos em um mundo material, mas isso seria difícil de discernir com a atmosfera profundamente machista que agora parece nos cercar. Isso faz com que nos sintamos estúpidos e neandertais: como um "grupo de rock".

Em todo show, há uma longa fila de pessoas que querem conhecer a banda. Nós nos sentamos no camarim, tentando adiar este momento, mas Kim entra e sai, perguntando se estamos prontos para atender o diretor da rádio KBIG ou da KFAT: "Eles são muito importantes", e eles estão tocando o disco. E então é o proprietário da loja de discos local ou o presidente do Elks Club e há uma criança em uma cadeira de rodas, o presidente do fã clube local do The Police. Uma fila se forma e nós cumprimentamos várias pessoas com excesso de peso e mal vestidos que dizem, "Cês são caras legais, brigado pur terin vino pra tão longe, n'Arkansas, mia fia gosta muinto docês". É cansativo, mas somos gratos – é energia positiva e, depois de tudo, nós poderíamos estar de volta ao Hope and Anchor, portanto, sorrimos muito e tentamos ser graciosos. Depois de terem penetrado no santuário interior do camarim, alguns deles não querem sair e nós temos que pedir um "sanduíche de peixe-espada", que é o nosso código engenhoso para "tirem eles daqui, por favor."

Todo mundo nos bastidores deveria usar uma autorização para ter acesso aos bastidores, um item que é cobiçado como o Santo Graal do reino dos fãs, uma vez que esta permite a entrada na corte dos reis, passagem dos anéis exteriores de círculos concêntricos que nos marcam como o crescimento de uma árvore. Lá fora, conspiração, maquinação, manobras e conluio entre os raivosos enquanto eles importunam, oferecem favores, drogas, contato físico para aqueles que guardam a caverna. E se um desses brutamontes-de-130-quilos pede um favor, é difícil recusar – eles são muito grandes.

Por três noites, os ingressos para o The Forum, em Los Angeles, se esgotaram. Há um burburinho delirante em torno do evento que está atingindo novos patamares; Policemania é a palavra. Voltamos para cá depois de uma intensa turnê pelos EUA, tocando em arenas todas as noites. Na escala da fama e celebridade, agora estamos tocando notas altas, vibrando as cordas agudas. Nós nos hospedamos em hotéis sob pseudônimos, ficamos incógnitos e saímos correndo dos shows em três limusines separadas, nossas roupas de palco encharcadas e grudando no couro preto e nosso calor fazendo a condensação nas janelas. Atrás de nós, o público cerca o prédio que acabamos de deixar. É ou decolar imediatamente ou ficar preso no prédio por várias horas, mas é um anticlímax peculiar passar de alguns minutos depois de um palco ardente e um auditório enlouquecido para a solidão e rugido silencioso de seu quarto de hotel com papel de parede em tom pastel.

Assim que subimos ao palco, há um rugido e toda a plateia se levanta para acender as chamas de seus isqueiros e, com este gesto, o auditório se torna lindo, um namastê à americana – eu saúdo o espírito em você. Nós nunca vimos isso antes e, por um segundo isso me deixa paralisado, meus olhos lacrimejam, meu coração se abre e, em seguida, o estouro do tarol de Stewart me traz de volta para o show. Em pé, à frente, estão Jack Nicholson e Michael Douglas, e se divertindo no seu canto, com uma pinta de Irmão Cara de Pau, John Belushi. *"Driven To Tears"*, *"Roxanne"*, *"So Lonely"*, *"Walking on the Moon"*, *"Spirits in the Material World"*, *"Demolition Man"* e *"Can't Stand Losing You"* – nós pulamos de uma música para outra em fúria até alcançarmos uma simbiose ondulante e chegamos, uma hora e meia depois, a um lugar de êxtase.

Uma grande festa foi organizada para nós pela A&M em uma bela mansão art déco em Hollywood Hills. Você cai fora do backstage e entra em suas limusines com gritos como "isso aí, vamos, cara, venha comigo, sim, traga ela, ela também, tanto faz". Você cai na estrada com garrafas de champanhe borbulhantes, maconha e perfume misturados como um elixir em uma limusine lotada com membros esparramados, roupas íntimas brilhantes, vozes altas dando risadas e loucura química. A limusine é a carruagem, o veículo de celebração tribal, enquanto você voa por Los Angeles em asas de espumante e pó para a festa que te celebra, e lá fora, as ruas de LA, Hollywood Hills, o Capitólio, os estúdios de filmagem, Disney, Paramount, Warner Brothers, Beverly Hills e Bel-Air, os 76 postos de gasolina, o letreiro de Hollywood, a Santa Monica Freeway, as portas abertas, Sunset Strip – você tem tudo isso, você está no auge, é o rei, o mundo está observando como um sonho se desenrola, o seu sonho, o êxtase, a glória; e, cinco minutos atrás, os cupons de alimentos, os cinquenta centavos de gasolina, os terrores de roubar comida no supermercado, o esforço e a dificuldade de sobrevivência e a música, sempre a música – Miles, Coltrane, Monk, Mingus, Parker, Ellington, Robert Johnson, Son House, Elmore James, Ray Charles, Mozart, Bach, Beethoven, Chopin, Debussy, Villa-Lobos, ragas, clássicos do blues, bebop – música, música e mais música alimentando esta viagem louca, e a música que nunca deixa sua cabeça – você é uma estrela, e você se curva com outra nota de dólar enrolada, pensando, *Eu vou voltar, meninos – Eu vou voltar.*

O hall central da mansão está lotado; você vai de um grupo para outro, enquanto eles vêm para você em ondas de sonho – você posa com Jack Nicholson para fotografias e ele se vira para você com aquele sorriso satânico e diz: "Isso não te enche o saco?" Cumprimentos e abraços com Belushi; fumar um baseado com o gentil e bacana Michael Douglas, grande companheiro; e entrar para o caleidoscópio noturno.

Eu me encontro com Belushi na noite seguinte no Chateau Marmont no Sunset Strip. No quarto de John, nós entornamos alguns Glenfiddich, fumamos um baseado, cheiramos algumas carreiras e flutuamos sobre o brilho de néon do Strip. John tem uma grande limusine preta e um grande piloto negro, e nós navegamos pelo Strip, entrando e saindo de bares. Onde quer que vamos, somos ovacionados; todo mundo conhece Belushi, e agora muitos me conhecem. Eles gostam de nos ver juntos, agimos em dupla, rimos, fazemos piadas, cambaleamos e não os decepcionamos. Pra cima e pra baixo no Strip, vamos como ioiôs em uma tempestade de notas de dólar esvoaçantes, garotas, perfume, couro, cantos escuros, vozes altas, o fedor de bebida, TVs suspensas sobre bares com o jogo dos Lakers partindo depressa.

Nós paramos no Comedy Store, e John salta para o palco e faz vinte minutos de improvisação fantástica. Ele é incrível, muito rápido, muito engraçado e doidão ao máximo. O público o ama. Nós vamos a mais bares, mais cenas, mais edifícios, mais saguões, até que Hollywood se torne uma marca de derrapagem em nossos cérebros acelerados. Entramos no Formosa Cafe às 4h30 da manhã com alguma ideia vagamente formada de que precisamos de alimento. Falar tornou-se difícil e, enquanto raios amarelos rompem o céu sobre Laurel Canyon, nos despedimos com um

abraço demorado. "Até mais tarde, cara". "Sim, esta noite". Eu encontro o carro alugado e, em um estado de estupor, o aponto de volta para Le Pare. Chego lá e paro no topo da ladeira que dá para a garagem, que tem um enorme portão de ferro. Saio do carro, pressiono o botão para abrir o portão e assisto como um zumbi, enquanto o carro por vontade dirige suavemente ladeira abaixo e se choca com o portão de aço, que sai do trilho e esmaga o capô completamente. Eu arrasto os restos do Mercedes para dentro da garagem e cambaleio para o meu quarto para desmaiar. Eu abro a porta e luto com dezenas de balões de festa amarrado a barbantes e afundo, totalmente vestido, na escuridão, como um mergulhador submarino. Eu acordo por volta das seis da tarde; os balões estão um pouco vazios; e uma conta de quatro mil dólares foi discretamente empurrada por baixo da porta.

BRIDGEHAMPTON, 18 DE AGOSTO DE 1983

Eu saio da cama e atravesso a sala para tirar do case um violão de cordas de nylon. Como estamos neste lugar por três semanas, eu trouxe um violão para praticar porque ajuda a manter a força nas mãos. Sol sustenido com sétima menor com afinação aberta em Ré e Si. O primeiro acorde de *"Samba de uma nota só"*. Jobim escreveu esta famosa canção no violão no tom de Mi maior, onde cai tão facilmente sob a mão esquerda. Isto me foi indicado por um grande guitarrista brasileiro que disse que esta é a versão verdadeira. A música brasileira é um outro estilo que Sting e eu também amamos, e nossa canção assinatura, "*Roxanne*", foi inicialmente escrita como uma bossa nova. Eu começo a tocar a sequência e me lembro de chegar ao Rio pela primeira vez.

O Ginásio do Maracanãzinho, no Rio de Janeiro, é uma estrutura de concreto enorme com uma acústica que é um pesadelo. Na passagem de som, nós tocamos com desânimo, enquanto o som reverbera ao redor das paredes embaralhando toda nota que tocamos. "Quem foi o escroto que marcou o show nesse lugar?" gritamos enquanto saímos do palco. Este é o nosso primeiro show no Brasil e queremos que ele seja grande, mas este lugar é um desastre. Devido à sua grande cultura musical, o Brasil ocupa um lugar especial para a maioria dos músicos; e nós queremos impressionar. Apesar do som como o do Grand Canyon, o show é um alvoroço inebriante de uma maneira que apenas um show no Brasil pode ser.

No *backstage*, sorrindo e sendo fotografado, está Ronnie Biggs, o famoso ladrão de trem inglês. A maioria das celebridades que visitam o Rio normalmente se encontra com ele. Ele tem morado no Brasil já há muito anos a esta altura e é basicamente um alegre inglês Cockney que parece completamente fora de lugar aqui. Em uma bizarra reviravolta final da história dos Sex Pistols, Biggs gravou duas músicas com Paul Cook e Steve Jones, "*Belsen Was a Gas*" e "*A Punk Prayer*", e McClaren voou para o Rio depois de seu rompimento amargo com John Lydon nos Estados Unidos. Um single-lado-A duplo foi lançado com "*A Punk Prayer*" e a versão de Sid Vicious para "*My Way*". Isso foi tudo parte do plano de McClaren para enganar a Virgin: se não aceitassem Ronnie Biggs como o novo vocalista dos Pistols, ele poderia anular o contrato e levá-lo para outro lugar. Curiosamente, o *single* foi um sucesso principalmente por causa da versão de Sid da música de Sinatra; infelizmente, não havia futuro em Biggs se tornar o novo cantor dos Pistols – e ele ainda estava liderando a lista dos mais procurados na Grã-Bretanha – e McClaren seguiu em frente. Biggs parece aliviado em nos ver, e eu sinto uma pontada de tristeza vinda dele, um desejo por qualquer coisa inglesa.

Depois do Rio, voamos pelo continente até o Chile para aparecer no Festival Internacional da Canção de Viña del Mar. Como a Argentina, este país também está sob o punho da junta militar. Com a ajuda da CIA e um golpe militar, o presidente socialista Allende, que muitos acreditavam que estava conduzindo o país para o comunismo e já tinha convidado Castro

One Train Later

para uma visita, foi eliminado em 1973. Henry Kissinger comentou que não precisamos ficar de braços cruzados e assistir a um país inteiro virar comunista. Alimentada pela ira da ITT, a companhia telefônica dos EUA que estava furiosa com a apropriação de empresas de cobre por Allende e que pagou à CIA para derrubar Allende, o golpe mais violento da história chilena aconteceu, deixando Allende morto no Palácio de La Moneda no dia seguinte.

O General Pinochet agora governa o país e advertiu que nem uma folha se mexe no país sem que ele saiba. Ao aterrissarmos, o país está cheio de assassinato, brutalidade e repressão. Estamos tão enterrados no nosso casulo grupal que não estamos realmente cientes de tudo o que está acontecendo aqui e, em consequência, teremos de nos defender de grupos de direitos humanos. Eu imediatamente sinto que há algo errado – você quase pode sentir o cheiro. Mas, ei, mais outra apresentação para outra ditadura fascista; afinal de contas, nós também somos a Police.

Nós fazemos *check-in* no estranhamente chamado Hotel O'Higgins, nos perguntando por que ele não é a Casa del Mar ou algo assim, mas depois descobrimos que Bernardo O'Higgins, o filho ilegítimo de um irlandês de Sligo, tinha subido no serviço da coroa espanhola para se tornar capitão-geral do Chile e vice-rei do Peru. Nós temos muita dificuldade para fazer o *check-in* no hotel. Existe um protocolo estritamente realizado ao qual não estamos acostumados e que, nos dias de hoje, tendem ser evitados. Como não somos recebidos com sorrisos dourados, há uma confusão na recepção do hotel com um dos nossos acompanhantes e, quando pegamos as chaves de nossos quartos, o barraco está armado. Enquanto fazemos o *check-in*, um grande grupo de fãs rodeia o hotel, e os roadies se encarregam de posar na grande janela da frente do hotel, com as mãos no nariz e no saco, o que significa "Tem algum pó?" – em outras palavras, "Tem alguma cocaína?" Isso é mal-interpretado como algo como "sua mãe é boqueteira", e a imprensa tira fotos que aparecem nos jornais no dia seguinte com grandes manchetes proclamando que THE POLICE SÃO ANIMAIS, embora Sting, Stewart e eu estivéssemos no andar de cima lendo Jane Austen quando o incidente aconteceu.

No mesmo dia dessas manchetes, temos uma coletiva de imprensa agendada. Somos levados para a sala de conferências do hotel ao meio-dia, e a imprensa já está lá vestindo roupas de abutre. No centro da mesa está uma longa fila de bandeiras internacionais. Enquanto nos sentamos, eu varro o lote inteiro para fora da mesa. Por quê? Eu não sei, eu apenas o fiz, mas imediatamente todas as câmeras partem para cima de nós como uma explosão de relâmpagos brancos e, em seguida, a enxurrada de perguntas:

"Por que você fez isso" "O que este gesto significa?", "O que você acha das relações internacionais?", "O que você está trazendo para o Chile?" Todas as perguntas são hostis, e os meios de comunicação parecem indignados com minha ação um pouco estúpida, uma reação exagerada que talvez esconda outra coisa, medo ou conivência covarde com os poderes acima como um meio de sobrevivência. Em Nova Iorque ou Los Angeles eles simplesmente teriam rido e dito "rock and roll", mas aqui eles parecem desconfortáveis, como se nós estivéssemos lhes apresentando algo que eles não podem ter, não podem ser. Eu acho que eles estão envergonhados.

Seja o que for, nós saímos da conferência de imprensa odiando o país. Eu sinto que eu nunca mais quero voltar. Nós tocamos naquela noite e tudo corre bem o suficiente, exceto por um incidente que ocorre quando Sting se recusa a usar o mesmo microfone que o cantor antes dele, porque, aparentemente, o homem está doente e tossindo. Isso de novo é um insulto e causa furor que tem de ser diplomaticamente acalmado por Miles, mas este é o fim da picada. Retornamos no dia seguinte para o Rio. Eu prometo nunca voltar, mas na verdade eu retornarei para Santiago em poucos anos e vou me apaixonar por suas agradáveis ruas espanholas, rostos indígenas e *empanadas, cazuelas, humitas.*

Nós voamos para o Rio para relaxar entre os biquínis fio-dental de Ipanema. Enquanto tomo sol na praia, recebo a agradável notícia de que *"Behind My Camel"* ganhou um Grammy de melhor instrumental. "Existe justiça neste mundo, afinal", murmuro enquanto uma belezura quase nua de pele bronzeada passa rebolando por mim e meu sorvete derrete na minha mão.

Miami, Jacksonville, Birmingham, Memphis, Baton Rouge, Houston, Dallas, Austin, Kansas City, Oklahoma City, Chicago, St. Louis, Charlotte, mais e mais, nós vamos como um furacão detonando os estados até que nossas músicas preenchem cada canto e recanto, estão em todas as estações de rádio, no quarto de todo garoto, no toca-fitas que se repetem interminavelmente enquanto bocas quentes queimam umas contra as outras nos bancos traseiros de carros estacionados, enquanto os últimos dias do vinil giram em órbita nos subúrbios, enquanto jovens mães solteiras alimentam de pipoca doce as bocas de bebês em cadeiras altas. "Rehumanize yourself", cantamos, pois somos espíritos em um mundo material, e um mundo é o suficiente, há muita informação... Nós vamos embora dos EUA com três noites no Meadowlands e cascatas de roupa íntima feminina caindo do equipamento do palco do Nassau Coliseum, os roadies nas coxias se desmanchando em risadas enquanto sutiãs e calcinhas caem sobre nossas cabeças.

One Train Later

Em Londres, não há paz, não há silêncio. Eu enjoo disso e percebo que preciso de ajuda. Eu contrato uma garota que se chama nada mais, nada menos do que... Roxanne, que trabalhava para Pete Townshend. Estamos agora no momento celebridade de nossa jornada, e é *de rigueur* que nos convidem a tudo. As portas se abrem, mesas de restaurante de repente se tornam disponíveis, uma intimidade é estabelecida com maitres de hotéis por toda a cidade, presentes chegam todos os dias e nós ganhamos motos, guitarras, viagens gratuitas, roupas, artigos esportivos, convites, filiações exclusivas e gratuitas em clubes e cordas de guitarra pelo resto da vida. Todo mundo quer uma fatia do bolo do The Police, quer estar onde estamos, estar atrás das grades com a gente. É vertiginoso e temos que tomar cuidado para não sermos engolidos por esse novo monstro. Não existe nenhum curso para isso. Nós aprendemos a fazer discos, tocar, ser *rock stars*, mas há todo um outro lado – fica fácil entender como as pessoas acabam com nada alguns anos depois, como a derrocada do paraíso inevitavelmente acontece.

O nosso principal consultor financeiro é Keith Moore. Ele é encantadoramente comunicativo e tem um cérebro que o acompanha nisso. Nós gostamos dele, o ouvimos atentamente e, geralmente, aceitamos o seu sábio conselho. Mas vemos com desânimo como ele começa a mudar na frente de nossos olhos quando ele arranja uma nova namorada indiana muito sexy que, obviamente, é interesseira, e nós gememos interiormente, tanto por seu corpo muito desejável quanto pelos primeiros sinais de ele ter sido apanhado por seu brilho. Nós o consideramos como uma figura de pai/médico, mas ele também é falho: mais tarde, em uma tragédia com todas as características de um romance de Dostoiévski, ele vai cair e, eventualmente, ser encarcerado.

É como se o próprio grupo definisse uma espécie de medidor do nível da água no ponto mais alto e as pessoas mudam para chegar lá. Isso tende a ser um abraço ardente, e nós nos tornamos quase acostumados a ver as pessoas se autoflagelando à nossa volta. Eventualmente, nós só podemos saudá-los com uma sobrancelha levantada; mais um que é derrotado. Eu vou passar pelas mãos de mais três consultores financeiros antes de finalmente acertar, mais um dos quais também vai acabar na prisão.

Ter dinheiro, percebe-se depois de um tempo, é muito bom, mas você precisa desenvolver uma consciência afiada como navalha, se você quiser ficar com ele. Há um grande número de ladrões disfarçados de anjos por aí que mal podem esperar para aliviá-lo do peso. Eles deslizam sob sua porta, o confrontam em corredores escuros, deslizam na caixa do correio, sussurram em tons de seda, se infiltram em sua vida com a discrição de uma célula se dividindo calmamente. A água tem dentes afiados, e a única maneira de fazer isso aportar é manter a cabeça erguida e pensar sobre a próxima música.

Um dos pontos de referência que tenho no meio dessa bebida que sobe à cabeça é o encanador Bob, que vem até a minha casa para fazer um pouquinho de tudo, consertar o encanamento, uma arruela folgada, um novo encanamento. Depois que seu trabalho está feito, nos sentamos e tomamos uma xícara de chá juntos, e nossas conversas sobre revestimentos, arruelas, caldeiras e as chances do Chelsea na próxima temporada são atados com as observações incisivas de Bob que me trazem de volta à Terra, re-focam as lentes, sopram o cheiro doce de decadência dourada.

Em termos de música, eu estou começando a sentir que, mesmo esse grupo – apesar de tudo – está se tornando uma gaiola e que eu preciso abrir minhas asas por um momento, tentar tocar com outra pessoa para ver se eu ainda posso ter chance no mundo real. Eu entro em contato com Robert Fripp para ver se ele poderia estar interessado em fazermos algo junto. Recentemente eu ouvi um solo que ele tocou em um álbum da Roches, que me parece ser bastante expressivo e me impressiona o suficiente para pensar que podemos encontrar um interesse comum. Poucos dias depois, nos encontramos em Nova Iorque no Cupping Room, no SoHo, então, vamos para um apartamento nas proximidades, que pertence a um amigo dele. Nós nos sentamos com nossas guitarras por algumas horas, encontramos áreas para explorar e descobrimos que nós vamos reuni-las no estúdio. Nós nos encontramos duas semanas depois, em Bournemouth, onde um velho amigo nosso tem um estúdio, e começamos a trabalhar. Saímos de lá cerca de dez dias depois, com um álbum instrumental peculiar que chamamos de *I Advance Masked*. Inicialmente a A&M não está muito interessada em lançá-lo, mas, à esta altura, eles não gostariam de me perturbar, então eles o lançam devidamente e, como resultado, o nosso estranho álbum instrumental vai para no Top Sessenta das paradas da *Billboard*. Os engravatados não entendem, mas ficam satisfeitos.

Em setembro começamos a turnê novamente. Chegamos no norte da Inglaterra para tocar em Gateshead com o U2, que estão apenas começando a ser conhecido. Nós ainda estamos tocando as músicas de *Ghost in the Machine*, mas há uma pressão interna se formando para que um novo disco seja gravado. Com cada novo álbum, temos que superar o último; que é um truque difícil de realizar, porque você pode ficar preso entre mudar seu som ou estilo e decepcionar os fãs que gostam de você pelo que já conhecem, ou o risco de não mudar e se tornar obsoleto.

Antes de voltarmos para Montserrat, passamos por uma grande miscelânea de cidades americanas com palcos, pessoas, entrevistas, estações de rádio, quartos, tapetes, paredes, limusines, contratos, reuniões com advogados, corredores e janelas escuras até que tudo é uma confusão perturbadora. Eu sinto como se abrisse a mesma porta para o mesmo quarto toda noite, e a turnê se torna como uma cena deletada do futuro filme de Bill Murray, *Feitiço do Tempo*. Isso é tudo que eu já conheci ou irei conhecer, uma série kafkaniana de caixas chinesas e muitos quartos que, em sua falta de familiaridade, acabam se tornando familiares. Tons suaves implacáveis, elevadores Otis e restaurantes com nomes como Feelings, Moments ou Memories. Cada quarto é carregado com a porra de expositores de cartõezinhos jorrando sobre especiais de fim de semana, as taxas de lua de mel, o happy hour de sexta-feira e Dodies Hair Salon no subsolo. Eu entro em cada quarto e atiro toda a porcaria no lixo; há muito dessa merda em todas as bancadas – eu odeio isso. Este é um espaço privado – você pagou por ele, ele pertence a você, mas ainda assim você é submetido à propaganda implacável. Fodam-se... o que fazer?... música – tocando; roupas – lançadas ao chão; livros – ler; guitarra – tocar. Eu penduro a placa de NÃO PERTURBE na maçaneta da porta com PORRA escrito depois de PERTURBE, pego minha guitarra e olho para o tapete bege. O quê?... ah, sim – a porra dos hotéis. Eu estava indo praticar, mas eu

tenho um forte desejo de esvaziar uma garrafa de vodka sobre os lençóis e acender um fósforo sobre eles – foda-se a empregada mexicana – e mijar no corredor, mas agora me sinto exausto e, em vez disso, peço uma garrafa de um tinto chileno e, me perguntando por que eu me sinto perdido, vejo as notícias, que mal fazem sentido para mim. Sou muito específico sobre as minhas necessidades, tenho vários requisitos especiais para o quarto, eu sou um pé no saco. "Ei, cara, não me coloque em um quarto ao lado da porra do poço do elevador, ou do maldito armário de roupa de cama das empregadas. Eu nem mesmo quero ver uma autoestrada, muito menos ouvi-la. Sem fãs do sexo masculino dentro de um raio de quinze quilômetros, e não me perturbe – nunca – me deixe sozinho até a hora da porra do show, e sem café com creme ou merda de café com leite, e eu vou arrancar o caralho dos fios de telefone fora se eu quiser". Eu sou um roqueiro idiota, um magricela milionário e imbecil, e foda-se tudo.

Billy Francis, o nosso gerente de turnê, agora espera por mim na recepção do hotel, enquanto eu inspeciono dois ou três quartos, antes que ele se preocupe em ir para o seu próprio quarto e esperar pelo o meu "Ok, vai servir"; então ele faz o meu *check-in* como Django Reinhardt ou, ocasionalmente, Stephane Grappelli. Obcecado com a fotografia, eu documento tudo interminavelmente: mangueiras de incêndio, cortinas, empregadas domésticas, motoristas de limusines, ventiladores, recepções, vista da janela, asfalto, saídas de emergências, estacionamentos, telas de TV, menus de serviço de quarto, roupa íntima suja, o céu, cantos de edifícios, carros, nuvens. Eu cogito sobre maneiras de fazer fotografias neste inferno de insipidez: prendo pernas de calças sob portas, derrubo caixas de areia para cigarro no chão, prendo pequenos tubarões de borracha em partes do corpo, enrolo as pernas em mangueiras de incêndio, coloco pequenas freiras de brinquedo em corpos femininos nus – essa é uma fase, uma outra maneira de sonhar.

VINTE E CINCO

Em 12 de dezembro, após três meses de viagem pelos Estados Unidos, voltamos à Montserrat para começar a gravar o nosso quinto álbum. Era como se Sting estivesse no Pólo Norte, eu no Pólo Sul e Stewart nos trópicos. Somos os opostos emocionais de quando gravamos Outlandos. Chegar para gravar outro álbum, de repente clareia a situação e nós olhamos para os outros como se estivéssemos nos avaliando. Na calma chocante do estúdio, sem a cobertura das turnês, a necessidade de tocar em um próximo show. Há lama no fundo do copo e nos entreolhamos como estranhos.

Nós mudamos. Sting, após um ano de destaques como celebridade – seu importante caso no tribunal contra a Virgin, sua aparição no filme Brimstone & Treacle e intermináveis aparições na imprensa – é agora outra pessoa. Isso muda você; como não poderia? A corrosão inevitável está desgastando os fios tênues que tinham nos mantido juntos até agora. Mas seja qual for o monstro que se encontra abaixo da superfície, passa despercebido.

Nos agarramos à *persona* da banda; ainda temos um objetivo, ainda temos fogo, ainda temos desejo, ainda queremos um disco número um nos Estados Unidos. Começamos timidamente no início, principalmente ouvindo a nova remessa de canções que Sting trouxe: "Synchronicity", "King of Pain", "Every Breath You Take". Como de costume, há um bom material, mas que precisa da assinatura do The Police, precisa ser temperado, e começamos a trabalhar. Enquanto pelejamos com as faixas, a energia é sexual, provocante, incitante, até chegarmos à tensão correta, que faz o disco parecer com o The Police, até que ele tenha o estica e puxa que precisamos antes das músicas emergirem de nossas mãos serpenteando como filhotes úmidos de cobra. Há um momento em que você sabe; chega e de repente, a faixa – como uma corda retesada – tem aquela coisa indefinível.

Apesar da degradação subjacente da psique do grupo, conseguimos imitar uma boa camaradagem e podemos ainda curtir o processo de gravação, todavia difícil. Estamos de volta ao paraíso, fazendo um álbum esperado para vender na casa dos milhões, vivendo como reis, ricos, famosos – bem, por que não deveríamos ficar felizes? Sting se separou de Frances, estou agora divorciado de Kate, Stewart se casou com Sonja Kristina, mas logo vai se divorciar dela, Keith Moore já trilhou o caminho que o levará à prisão de Wormwood Scrubs, e Miles irá se divorciar de Mary Pegg (com quem se casa este ano), assim como de Kim Turner, sua noiva. Várias pessoas nos deixaram, depois de se tornarem emocionalmente perturbados, e um está uma enfermaria psiquiátrica – muito bem, rapazes. Mas na busca do mais importante para fazer deste, outro hit, nos unimos e nos concentramos no ouro, no novo disco, e no esquivo número um na América.

O termo *sincronicidade* foi cunhado por Carl Jung, o psicólogo suíço, em 1927, depois de estudar o que ele percebeu ser um fenômeno incomum em alguns de seus pacientes. Em seguida, ele desenvolveu a teoria do padrão subjacente, o princípio de conexões a-causais, vulgarmente conhecido como coincidência. Nos anos anteriores ao The Police, seguindo o exemplo de Kate, eu passei três anos com uma psicoterapeuta junguiana em Londres, chamada Bonnie Shorter e, desde então, mergulhei na obra de Jung, enchendo minha cabeça com teorias sobre o numinoso, os arquétipos da personalidade, o extrovertido intuitivo e a interpretação dos sonhos. Apresentado como uma busca espiritual, o caminho de individuação de Jung é sedutor.

Na última turnê dos Estados Unidos, antes de voltar para Montserrat, eu vi Sting lendo *Memórias, Sonhos, Reflexões* – a autobiografia de Jung – e conversamos sobre isso. Eu nunca tinha mencionado minha permanência neste reino, mas este é um mundo que está perto de meu coração, e agora se torna um ponto de interesse comum. Eu não teria conectado isto à composição, mas isso coube na imaginação de Sting e, no momento em que chegamos à Montserrat, ele tem músicas que foram inspiradas por esta fonte improvável. Outro livro que eu indiquei foi *O Céu*

One Train Later

que nos Protege, de Paul Bowles. Deste, Sting extraiu a história de três meninas que fazem chá no deserto e transformou-a em uma linda nova música chamada "Tea in the Sahara".

A maioria das novas canções tem uma tendência psicológica sombria. Eu tenho uma música, a qual acho que poderia estar no novo disco, mas eu não sei – é difícil conseguir passar qualquer coisa por Sting nestes dias. É uma versão psicótica em um compasso 7/4 chamada "Mother". Mais para Captain Beefheart do que para The Police, mas Sting realmente ama essa música e faz com que vá para o álbum (embora, é claro, tenho que cantá-la eu mesmo). Eu fico um pouco ansioso sobre minha mãe ouvi-la pela primeira vez e eu a aviso sobre isso, mas quando ela escuta, ri, sem dar muita importância.

No estúdio, a tensão é tão alta que você pode ouvi-la vibrando como um piano desafinado. Como um grupo, parecemos oscilar entre alta intensidade emocional e fraternidade colegial com uma facilidade assustadora, quase como uma versão grupal de transtorno bipolar. O melhor resultado é que, quando "isto" acontece, conseguimos tocar com uma empatia que é difícil de imaginar acontecendo com outras pessoas. Mas fazer um álbum é um negócio brutal: você é forçado a baixar as armas, de mau-humor, abandonar uma ideia, tocar as ideias de outra pessoa, assistir todos os seus licks queridos irem embora pelo ralo – muitas vezes acompanhados por vaias e zombarias. É doloroso, porque nenhum de nós gosta que nos digam o que fazer ou sermos controlados de forma alguma. Na verdade, somos como crianças trancadas em uma casa com grandes máquinas brilhantes e um punhado de explosivos. Mas a partir da dor vem o crescimento – e isso é o que dizemos a nós mesmos, ou uns aos outros depois de ter jogado na lixeira algum esforço musical, é a que se resume tudo isso.

Como se salientando o nosso estado mental atual, gravamos em três salas separadas: Stewart na sala de jantar da casa com quilômetros de cabos e fones de ouvido, Sting na sala de controle, e eu sozinho no estúdio. Tudo isso é o que o engenheiro chama de separação perfeita, e com este álbum entendemos isto, embora não exatamente da maneira pretendida – um símbolo estranho de onde chegamos e no que nos tornamos.

Nas longas horas de estúdio, há uma tendência a cair em uma mentalidade de grupo que está no nível de jardim de infância. Uma de suas manifestações é um hábito desagradável chamado de "levar alguém para a festa". Alguma pobre alma vai cair no sono, devido ao esforço extenuante e durante o cochilo será coberto de bitucas de cigarro, palitos velhos,

Andy Summers

embalagens de chocolate e outros pedaços de lixo. Uma noite, após o jantar, Tam Fairgrieve, meu roadie, apaga no sofá em frente aos monitores e começa a roncar. Estamos todos rindo e gritando seu nome, mas como Rip Van Winkle[36], ele não acorda. Começamos a aumentar a música cada vez mais, sem sucesso e, como último recurso, enfiamos um microfone em sua cara e ligamos no autofalante, acionando-o e adicionando reverberação, graves, agudos e efeitos de phaser até estarmos ao lado de nós mesmos com esta piada e a própria parede da sala tremendo. Finalmente, quando pensamos que o prédio vai explodir com a bomba sônica que construímos, Tam acorda com um grunhido assustado e com os olhos esbugalhados perguntando o que diabos está acontecendo, o que nos faz cair no chão. Gravamos a coisa toda e, eventualmente, usamos o ronco para dar significado ao Monstro do Lago Ness em "Synchronicity II".

Algumas noites depois estamos sentados, ouvindo uma faixa que gravamos no início do dia. Eu começo a brincar com um pedaço de papel laminado de uma barra de chocolate. Eu começo a enfiá-lo em meu ouvido esquerdo, coçando e empurrando-o cada vez mais fundo no canal até que de repente eu não posso sentir mais o papel em meus dedos e percebo que desapareceu bem dentro do meu ouvido. Inicialmente não entro em pânico, mas tento tirá-lo de lá. Sem sorte. Eu começo a ficar um pouco assustado e pergunto a Danny e Tam se podem ver alguma coisa. Eles podem vê-lo, mas não conseguem pegá-lo. Este é agora um evento interessante, mais interessante do que a faixa que estamos ouvindo. Eu deito no chão com minha orelha esquerda virada para cima; todo mundo se amontoa em volta, agitadamente sugerindo vários métodos para recuperar o corpo estranho, incluindo ficar de cabeça para baixo, me batendo do lado da cabeça, apertando minhas narinas e soprando forte, pulando para cima e para baixo e administrando a Manobra de Heimlich, que quase me faz vomitar. Então Tam dobra uma corda de violão, formando um gancho de aparência cruel e tenta pescá-lo. Nada funciona e eu estou começando a surtar, já que começo a sentir minha cabeça inchando.

Alguém se lembra que a ilha tem um departamento de Otorrinolaringologia, e por um golpe de sincronicidade há um especialista norte-americano na ilha. Chamadas telefônicas são feitas rapidamente e sou atirado em um jipe e corremos pela ilha para os bangalôs da equipe médica. Felizmente, ele está lá e está prestes a se recolher, mas assume a

---

[36]Nota do tradutor: personagem e título do conto de Washington Irving. Na história, Rip Van Winkle dorme por 20 anos.

One Train Later

situação de imediato, me diz para deitar na cama, e abre uma pequena bolsa de couro cheia de longas pinças de prata. Escolhe seu dispositivo como um conhecedor, se inclina sobre mim e com um toque hábil remove o invasor, todos aplaudem e eu suspiro aliviado. "Ah, Cadbury", diz ele.

Depois de uma noite de lagosta, frango ao molho de manga e bolo de chocolate, caminho até a estante de livros, mole por conta do peso da usual comilança de férias da ilha – suspense, mistérios de assassinato, férias na Toscana, etc. – e puxo um livro sobre a flora e fauna do Caribe e começo a estudá-lo. Olhar para as aquarelas exóticas remete à minha infância – plantas, pássaros, o mundo natural – e uma onda de nostalgia passa por mim. Parece que faz tanto tempo – como eu fui para tão longe daquilo? Decido aprender os nomes das espécies indígenas, tornar-me familiar a este habitat da ilha, me conectar com a terra.

Mas ficar enfiado no estúdio tende a pôr a perversidade para fora, e continuamos a pregar peças uns nos outros, tentando foder uns aos outros. Às vezes, essas palhaçadas funcionam e adicionam mais vantagem à música. Mas, uma tarde, no torpor do calor do Caribe, o ar ionizado do estúdio e os efeitos do simples tédio, chegamos a um ponto em que ficamos paralisados, incapazes de nos mover. É um momento de profunda tensão, quando odiamos estar juntos e à beira da destruição. A dor preenche o ambiente e nós olhamos uns para os outros e gostaríamos de estar em qualquer outro lugar, menos aqui. Fazer este álbum tornou-se o calvário supremo. Precisamos de um mentor, alguém para desatar esse nó, apontar o caminho a seguir, salvar o navio afundando. E, então, como um raio de luz, isso vem até mim. O proprietário do estúdio está na ilha, o produtor dos Beatles, George Martin – que tal ele? De repente, parece uma ótima ideia, uma saída para o desastre que foi com o último produtor. É isso ou isso, nosso quinto álbum vai morrer na metade do caminho – e então, o quê? Eu recebo a tarefa de conversar com ele. Ele vive em uma bela casa antiga a algumas milhas de distância do outro lado da ilha, e eu decido caminhar até lá e formular minha proposta no caminho.

Vou em direção à sua casa com a elipse branca ardente do sol no meu couro cabeludo desprotegido. Através de olhos semicerrados e da neblina da tarde, consigo enxergar os contornos da sua casa, a casa da esperança. Eu passo por pés de maracujá, bananeiras, limoeiros, buganvílias e espirradeiras, minha cabeça nada com pensamentos obscuros: a transformação das condições adversas para o caminho do despertar; dor sendo um componente da felicidade; Kate e Layla,

335

Inglaterra, George Martin, os Beatles. Eu não acredito que eu estou fazendo isso – a primeira vez que ouvi "She Loves You" eu jamais poderia pensar que iria acabar caminhando em uma ilha tropical sob o sol forte para encontrar o produtor do Fab Four? É como Jesus –, sim, eu sou como Jesus no caminho para o Calvário – ou seria Paulo no caminho para Damasco? Considerando todos os fenômenos como sonhos... hibiscos... bambu... palmeira real... goiaba... gengibre na estrada para lugar nenhum... talvez um milagre vá acontecer... pelicano... papagaio... periquito... esta é a porra do final, eu sabia que isso aconteceria mais cedo ou mais tarde, mas é isso, "é isto", caralho... aqueles filhos de uma puta... a menos que Georgie tire isso de dentro da cartola, estamos, tipo, sentados sobre um vulcão... na verdade, estamos sentados sobre um vulcão, ha-ha... o vulcão que vai destruir esta ilha... se pelo menos ele soubesse que eu estava vindo até ele agora, mas talvez ele saiba... Michael Henchard... O Prefeito de Casterbridge... Lyme Regis... isso é uma tragédia... não, uma merda... dois periquitos, antúrio...

Parte de mim percebe que este é um momento para deixar isto pra lá, recuar, pensar nas consequências futuras. Thich Nhat Hanh diz: "Que importância isto terá 300 anos a partir de agora?" Espero que a próxima meia hora vá bem.

Sentindo-me cansado e com um leve caso de insolação, chego à Olveston House e chacoalho a tela de mosquito na porta da frente. A empregada sai. "Sim?", ela pergunta. Eu levanto os meus óculos de sol e murmuro, "George Martin está aqui?" "Seu Martin, é um homem pra o senhor", ela grita. George aparece na penumbra do corredor como um fantasma branco pálido. "Ei, entre", ele diz. "Uma xícara de chá?" Nós vamos para a parte de trás da casa e nos sentamos na varanda, e tomando o chá ele me pergunta se estamos curtindo o estúdio e como estamos indo. Respiro fundo e digo a ele que o estúdio é bom, muito bom, na verdade, mas que na verdade estamos passando por um período de atrito interno – basicamente estamos nos esganando. Poderia ele ajudar, gostaria de assumir, nos guiar no processo, fazer alguma antiga magia do Martin? Poderíamos ser uma grande equipe. "Hmmmm", diz George, "Eu sinto muito em ouvir que você estão passando por maus bocados, mas por que não tentam vocês mesmos resolverem o problema. Tenho certeza que conseguem". E ele me dá alguns conselhos sábios sobre seguir adiante e passar por esta fase difícil: "Isso é normal dos grupos – já vi isso antes. Somos ingleses – outra xícara de Darjeeling?"

Sinto-me tranquilizado por seu apoio moral e experiência, me pergunto se ele já foi um comandante naval. De repente, ele aparece para

One Train Later

mim como Obi Wan Kenobi. Sim – podemos superar isso. Conversamos por mais um tempo. Agradeço-lhe e com o queixo pra frente, começo a caminhar de volta para o estúdio. Eu imagino que ouço Senhor George gritando atrás de mim, "Que a força esteja com você".

Quando volto, foi como se ele tivesse sacudido sua varinha mágica por todo o vale, o ar parece ter clareado – talvez tivéssemos que despencar até o fundo do poço antes que pudéssemos nos erguer novamente. Nós recomeçamos junto com uma fresca e nova cortesia um com o outro e seguimos em direção à conclusão do álbum.

O ponto-chave de Synchronicity é uma música chamada "Every Breath You Take". Quando Sting toca sua demo pela primeira vez para nós, ela não soa muito diferente do grupo Yes, com uma parte enorme de sintetizador rolando. Ela precisa ser trabalhada, precisa da guitarra despojada e tratamento de bateria, mas tem alguma coisa nela. Mais óbvia do que alguns materiais de Sting, ela tem uma sequência de acordes de música pop clássica com uma terceira parte dramática, mas precisa de clareza. Esta é a música mais discutida. Sting e Stewart continuam discutindo infinitamente sobre a bateria e o baixo – como eles devem apoiar o vocal –, mas depois de algumas semanas temos uma faixa com apenas baixo e bateria e uma prova do vocal para nos dar alguma perspectiva.

Sentindo-me um pouco entorpecido, nos sentamos no sofá em um impasse criativo. Sting se inclina e diz: "Vá em frente, vá lá, faça isso você mesmo". Isto é ou um belo exemplo de confiança entre parceiros ou é o mesmo que dizer para pular de um penhasco, provar que você é um homem, ou caminhar na prancha. Mas lá está ela, uma agradável faixa nua, esperando para ser arruinada ou adornada com ouro por você mesmo. "Certo", eu digo, "está bem", e levanto minha bunda do sofá em direção à grande sala. Na solidão dominante do estúdio vazio, estou muito ciente de que todo mundo está observando e ouvindo. Esta será a verdade nua e crua.

Eu pego minha Strat e olho para a escuridão. É uma simples sequência de acordes e não deveria ser um problema, dependendo da sua imaginação, inspiração e contexto. Quais são os critérios? Deveria soar como o The Police – grandes e brutais acordes com pestanas não são o suficiente, muito vulgar; tem que ser algo que mostre que é a The Police, mas que não fique no caminho dos vocais; ela deve existir como uma música por si só, universal, mas com apenas uma pitada de ironia, ser reconhecida em todo o mundo, possivelmente, ser pega por um rapper como lick de guitarra para lançar uma música de trinta milhões de cópias em 11 anos. "Sim, tudo bem", "deixa rolar", eu digo. A música rola e eu toco uma sequência de intervalos que delineiam os acordes e adiciono um pouco de extensão elegante para cada um, o que a faz parecer com o The Police, nota dominante, quinta, segunda, terceira, para cima e para baixo através de cada acorde. É limpa, sucinta, imediatamente identificável; ele tem apenas o suficiente do som característico do The Police. Eu a toco em apenas uma tomada. Há um breve silêncio, e então todos na sala de controle se levantam e aplaudem. É um momento emocionante e triunfante, e que vai nos levar para a primeira posição na América.

Com este lick eu realizo um sonho que talvez eu tenha acalentado desde a primeira vez que peguei em uma guitarra quando ainda era adolescente – de, pelo menos uma vez na minha vida, fazer algo que pudesse ir ao redor do mundo, criar um lick que os guitarristas em toda parte iriam tocar, ser o número um na América, ser ouvido em casamentos, bar mitzvahs, nascimentos, funerais, ser adaptado para o repertório de bandas filarmónicas no norte da Inglaterra e fazer a minha mãe e meu pai orgulhosos. Você vai um dia realmente superá-la? Talvez não, e talvez este seja o lugar onde a história deva desvanecer, comigo ali, sorrindo como um idiota, me sentindo como um herói e apenas feliz por ter agradado.

"Every Breath You Take" vai parar na primeira posição um nas paradas de sucesso da Billboard e ficar lá durante oito semanas. Irão me perguntar, "Como é que você a criou? De onde ela vem?" como se alguém se sentasse e trabalhasse em uma fórmula para estas coisas. Minha resposta, com cara de indiferença, é geralmente dada com frases como "Deus falou através de mim, eu sou apenas o veículo". Mas na verdade, como guitarrista, com a maldita coisa quase nunca fora de suas mãos, os dedos constroem sua própria memória e eu acho que você vai junto com bolsões de informações, coisas que você tende a tocar ou fazer quando você pega o instrumento e, então, elas lentamente se transformam em um outro conjunto de respostas. Durante o verão, estive tocando os quarenta e quatro duetos de violino de Bartók, pensando que eu poderia fazer alguns deles com Fripp. Eles se adequam bem à guitarra e com suas estruturas intervalares e ambiente modal, não estão a mil quilômetros de distância do som da guitarra do The Police, portanto a capacidade de estabelecer imediatamente a parte de encaixe para "Every Breath". Ela já estava lá, mesmo que por meio da Europa Oriental.

Definir a parte de guitarra para "Every Breath You Take" limpa o ar e aumenta as chances de que tenhamos um álbum de sucesso. Se ele vai

One Train Later

alcançar o número um não é uma certeza, mas é o que todos nós esperamos. De Montserrat voltamos mais uma vez para o Le Studio, no Canadá, para mixar o álbum. Geralmente deixamos Hugh Padgham preparar as mixagens até um ponto, e então chegamos na sala de controle para nós mesmos ajustarmos os mixes. Mas eu recebo um choque desagradável quando sento para ouvir o mix de "Every Breath". A espessura cremosa do som da Strat que eu fiz em Montserrat foi reduzida a um lamento fino e cheio de reverbes. Fico extremamente chateado e digo a Hugh para voltar imediatamente para o mix bruto de Montserrat, verificar o som e recuperá-lo. Felizmente, ainda temos os mixes originais. É preciso alguns dias, mas conseguimos que a guitarra soe quase tão boa quanto no mix bruto. Mas para minha mente, não é bem a mesma coisa. A faixa está quase natimorta, mas tem um futuro a cumprir.

Depois do calor e da luz do Caribe, a espessa camada de neve e temperaturas abaixo de zero de Quebec são brutais, mas temos que terminar o trabalho. A tensão continua a rolar em alta entre nós, como se nosso tempo já tivesse acabado. Fizemos o álbum e estamos comprometidos em fazer a turnê, mas um ar fatalista parece pairar sobre nós. Não estamos falando sobre os anos que virão, o futuro róseo, o caminho à frente, o próximo álbum; em vez disso, estamos nos separando como óleo e água, mesmo que Synchronicity vá ainda nos dar o nosso maior sucesso. Eu percebo que Sting acha que não precisa nem de Stewart nem de mim, e que ele pode seguir sozinho, mas este caminho já desgastado não é nada novo. Não falamos sobre isso, mas junto com abrasivos embates de ego, há o desejo de não ser confrontado, de não ser contestado, ter tudo do nosso próprio jeito; seremos fatalmente destruídos por aquilo que nos constrói.

Enfrentamos dificuldades em meio às mixagens e finalizamos as sessões com uma cena ridícula, na qual jogamos uma moeda para ver quais faixas irão para o álbum. Stewart e eu teremos nossa músicas incluídas nele? É justo deixar todo o álbum apenas com as músicas de Sting? Miles bravamente tenta manter algum tipo de democracia em conjunto, então alguns de nós não vão embora se sentindo chateados e excluídos. Qual será a sequência final? Eu finalmente resolvo isto sugerindo que talvez a gente possa colocar todas as músicas mais suaves de um lado e as coisas mais aceleradas, do outro. Sting gosta dessa ideia e, portanto, é ordenada.

VINTE E SEIS

Nós deixamos a neve e o gelo de Quebec, o novo álbum, a tensão, ego e o confronto, para seguirmos nossas próprias atividades até começarmos a turnê. Eu vou para Nova Iorque em janeiro de 1983, para viver por alguns meses no American Hotel Stanhope. Eu negocio um valor por um longo período em uma grande e ensolarada suíte na parte de trás do hotel e, longe da banda, me estabeleço em uma real existência enquanto começo a trabalhar em um livro de fotografia. Nova Iorque é uma droga poderosa que o isola, se você quiser, o protege da triste joia da solidão, o enche com emanações vindas de fora do seu próprio quarto. A metrópole parece ser uma fuga da realidade e até mesmo um lugar para encontrar um tipo de alimento espiritual. Enquanto eu chego e abraço o jeito de viver em Manhattan, é como me sinto sobre isso, um lugar de renovação e uma recompensa para os rigores dos últimos anos. Aqui as chances são infinitas e eu me envolvo na excitação de publicar o meu primeiro livro, o implausível enorme sucesso do nosso grupo e o próximo álbum, Nova Iorque parece um tiro certeiro no centro da mira.

Meus dois quartos azuis-claros tornam-se um estúdio, com amplificadores, guitarras e um mar de fotografias em preto-e-branco espalhadas pelo carpete e colchas, enquanto eu tento ordenar e editar várias centenas de fotos. Dentro de pouco tempo, encontro com Ralph Gibson, um grande fotógrafo, cujo trabalho tenho admirado por algum tempo. Ele bate na porta um dia e, depois de alguns momentos de bate-papo introdutório, ele pega a Stratocaster de cima da cama, começa a tocar

One Train Later

e também comenta sobre a música que toca pelo alto-falante – *"On Land"* de Brian Eno. Ralph ama música e tocar guitarra. Eu toco guitarra e amo fotografia. Nos conectamos e decidimos que é hora de almoçar e que devemos produzir meu livro *Throb* juntos. Assim começa um caminho que vai continuar pelos próximos 20 anos com um diálogo permanente de música, fotografia e piadas de natureza duvidosa. No final daquela tarde, vamos ao loft de Ralph no baixo Manhattan, onde bebemos Armagnac e começamos a colocar as minhas fotos em uma varal de nove metros. A amizade com Ralph me leva mais fundo na vida de Nova York, e eu me pergunto por que alguém iria querer estar em outro lugar. Esta é a capital mundial, a cidade de destino final.

A paixão na minha cabeça e o motor interno que me faz correr ao redor da cidade é uma mistura de ego alimentado pelo elixir do sucesso e da nova sensação de que eu posso fazer qualquer coisa, comprar alguma coisa, ter qualquer coisa. Mas no banheiro do Area 51, com a cabeça cheia de champanhe e pó, eu olho para o espelho com um rosto de aparência entorpecida e estranha, e da pequena lasca de percepção que não está mergulhada em bebidas alcoólicas, eu ouço uma pequena voz cortante entoando uma mensagem de alerta.

Mas eu passo por cima de um corpo e volto para o clube, sorrindo como um idiota enquanto eu passo pela peça de arte da noite – uma mulher quase nua suspensa por faixas em uma caixa de vidro. Talvez, apesar de tudo, eu precise da banda, da disciplina e da estrutura do desempenho musical – eu sinto falta dos outros. Enquanto eu volto para o silêncio sibilante do quarto, eu sei que estas noites são besteira, que a única coisa que realmente importa é o trabalho, a música; embora eu ame Nova Iorque, estou vivendo nela como uma falsificação autêntica enquanto sobrevivo à narrativa necessária. Talvez eu esteja com saudades de algo, a âncora, o equilíbrio, o peso que lhe mantém no lugar enquanto você vive o lado lunático. Mas, eu estupidamente me consolo, este é o rock and roll. Em algum lugar debaixo da superfície deste hedonismo está a verdade de que eu não sou verdadeiramente autodestrutivo, porque eu amo fazer música – e isso é a coisa que mantém você a um passo do limite. Mas por alguns meses e pelo que parecem noites intermináveis, quase me esqueço disso enquanto saio pelas ruas de Manhattan à meia-noite e passeio de limusine com alguns amigos, para o Area 51, Limelight, Mudd Club ou Studio 54 – onde quer que haja algo rolando. Torna-se um jogo ver quantas garotas podemos colocar em uma limusine em uma noite enquanto as pegamos ao longo do caminho. Elas praticamente fazem fila, porque estar na cidade agora é como estar debaixo de uma luz pública quente, e parece que todo mundo sabe quem você é e quer ficar perto de você. Nossa imagem está em toda parte. Eu sou parado na rua, sou abordado em restaurantes, gritado de táxis e importunado por porteiros. Eu finjo achar isso cansativo, mas secretamente eu gosto. Esta coisa da fama? É divertido – como uma sobremesa deslizando pela sua garganta, e com aproximadamente o mesmo poder nutricional. Eu entro no Charivari e todos os vendedores do excelente empório, cutucam uns aos outros, tentando agir com calma, mas, em vez disso, se atropelam na tentativa de serem os primeiros a me oferecer uma Perrier enquanto trazem alguma buginganga de um designer japonês por alguns milhares de dólares. Alguns inocentemente lhe pedem o seu nome, como se eles não soubessem quem você é, e você responde, "Raskolnikov", ou com um grosseiro sotaque madrilenho, "Jesus". A resistência é baixa, e se você casualmente perguntar a uma bela vendedora o que ela fará esta noite, "Ah, nada" é sempre a resposta. "Jantar?" você murmura...

Eu vou para Los Angeles e visito uma mulher em quem estou interessado. Vamos dar uma volta em Venice Beach, entre os tipos de praia musculosos e bronzeados, em shorts e regata. Eu uso um terno folgado de um pavoroso xadrez vermelho e azul, meu cabelo está espetado, minha pele branca como giz. Alguém de repente grita meu nome. Uma multidão se reúne atrás de mim. Ela cresce cada vez mais à medida que caminhamos pelo calçadão, com todo mundo cantando *"Roxanne"* sob a abóbada celestial e as compridas palmeiras da Califórnia. Eu me sinto como o encantador de ratos, e é difícil não sorrir.

Talvez Sting, Stewart e eu sintamos a sensação de estar em uma panela de pressão, e precisamos sair. Sting vai ao México para filmar sua participação em *Duna*; Stewart trabalha na trilha sonora de *O Selvagem da Motocicleta*; eu trabalho no meu livro e em músicas para um outro álbum com Fripp. Parece que estamos escrevendo os nossos futuros *scripts*.

Alguns fins de semana, eu voo do aeroporto Kennedy para Shannon, na Irlanda, para visitar Kate e Layla. Da Irlanda ocidental, eu pego um trem para Cork e depois um táxi para Kinsale. Após a intensidade e sofisticação de Nova York, a Irlanda rural é como atravessar uma grossa porta de madeira. Eu me sinto como se tivesse acabado de ser largado em outro planeta. Com o som do brilho de Nova Iorque e modernas boates rugindo na minha cabeça, o som do vento combinado com os gritos de gaivotas e o cheiro acre de um fogo de lareira de carvão me atingem como uma memória poderosa que quase me derruba. Eu quero ficar perto de Layla – ser seu pai, não um estranho.

Kate me permite isto; por alguns dias eu tento cumprir o papel, mas eu me sinto como um intruso quando sento no chão com ela e um conjunto de livros infantis com imagens brilhantes e simples e letras grandes, e com bonecas e ursos de pelúcia. "Pat the bunny, pat the bunny"[37], eu murmuro enquanto o vento sacode as janelas e as nuvens de tempestade se concentram sobre Kinsale Harbor.

Nesse período de folga, continuamos a dar entrevistas e estamos constantemente presente na mídia. A máquina de fazer estrelas está acionada mais uma vez, e tudo é montado para incentivar o pior em você – o comportamento infantil, a arrogância, a autoindulgência – e a coisa estranha é que todas essas características parecem estar em oposição à qualidade de fazer música, que é espiritual. Mas como você se torna um músico de sucesso no mundo exterior sem tudo isso – a imprensa, a mídia, os canais de TV de música, advogados, contadores, gestores, publicidade?

Agora, a sensação que dá é como se a tarefa principal fosse sobre falar do que fazemos ao invés de fazer. Se os tempos fossem somados, seria assim. Enquanto isso, o nosso quinto álbum está sendo fabricado, com trinta e seis variações de capa. Para este álbum, fomos fotografados separadamente, escolhendo nossas próprias imagens para ilustrar nossa ideia de sincronicidade. Nós não vamos ver as imagens um do outro até que o álbum seja lançado, mas isso parece uma triste simbologia da vida interior do grupo – muito mais do que tocar em três salas separadas no momento da gravação.

Para as minhas fotos, eu coloco ovos sobre o teclado de um piano, ateio fogo a um telefone, deslizo sob a superfície de um banho quente, significo a passagem do tempo com um metrônomo e tenho uma encantadora garota chinesa na maioria das fotos. Minha ideia favorita, sob a influência do realismo mágico, é ficar de pé em um quarto com uma nuvem de borboletas em torno da minha cabeça. Esta é uma fotografia difícil de fazer, porque você tem que comprar as borboletas de uma fazenda e elas chegam congeladas em uma caixa, como se estivessem em coma. Meu fotógrafo é Duane Michals, que é famoso no mundo da arte por suas sequências oníricas. Juntos, penduramos uma caixa de papelão em um frio quarto de cortiço no Queens com papel de parede velho e descascando, tentando fazer com que os insetos congelados acordem, mas isso não funciona. Nós aquecemos o quarto, trazemos secadores de cabelo, ligamos os aquecedores, mas ainda assim nada acontece, exceto um estranho

---

[37]Nota do tradutor: Em tradução literal, "Pat o coelhinho, carinho no coelhinho".

tremor fraco da asa, como se dissessem: "Me deixe em paz, eu estou tendo um sonho em que sou uma borboleta". É triste; eu não sei se fico com mais pena delas ou de nós. Estamos suando com o calor agora e, no final, começamos a jogá-las no ar para ter a ideia de voo. Uma ou duas fazem movimentos esvoaçantes e nossos corações aceleram, mas isso rapidamente passa e elas caem no chão como pedras, e nossos corações afundam. Em vez de uma manhã de diversão, esta está se transformando em uma manhã de morte, o grande funeral de borboletas. Duane coloca os insetos na minha camisa e rosto e faz algumas fotografias, incluindo um clique surpreendente em que meus olhos estão de alguma forma abertos e fechados ao mesmo tempo. Esta fotografia aparece mais tarde em um de seus livros de retratos. Nós finalmente decidimos ir embora, mas não sabemos o que fazer com as adoráveis Lepidopteras. Devemos jogá-las no lixo, enterrá-las, doá-las, comê-las, o quê? Nós as levamos conosco no táxi e, finalmente, encostamos no Central Park, onde as deixamos em um pedaço de luz do sol, esperando que um milagre da natureza aconteça.

. Em 10 de junho, *Synchronicity*, como o retorno de uma praga de sete anos, é lançado. Nossos rostos e a capa do álbum emergem em outdoors, fachadas de lojas, vitrines e na parte de trás dos ônibus em Londres. Revistas, jornais, publicações periódicas, trimestrais – onde quer que você olhe, lá estamos nós como uma infestação que você não pode evitar. "Ser grande agora" é a estratégia da A&M, e a palavra vem *del presidente* para não poupar despesas quando estes meninos estiverem em questão. Invadimos a mídia como um tsunami.

A reação da imprensa é interessante porque a palavra *sincronicidade* os impressiona por um momento. É uma palavra que não é muito ouvida no mundo do rock, e algumas pessoas pensam que nós a inventamos. Mas ela: é captada e dá um nó na língua – "s-i-c-r-o-n-c-i-d-a-d-e", eles dizem – e a palavra viaja ao redor do globo nos shoppings do Centro-Oeste, nas seções de discos de lojas de departamento em Manchester, nas bocas de adolescentes enquanto elas tentam falar a palavra, nas mentes confusas de mães e pais quando eles dizem, "Sin o quê? Stincron, não é ele?" Estudantes fazem pesquisas sobre ela; hambúrgueres recebem esse nome.

Uma onda de entrevistas começa, desta vez com respostas eloquentes sobre Jung, o inconsciente coletivo, o tecido subjacente, o princípio de conexões a-causais, a ordem implícita; no contexto do mundo do pop, tudo isso soa um pouco grandioso e extrapolado. Eu tento ligeiramente minimizar e remeter a eventos de sincronicidade no estúdio,

One Train Later

como se lhes dando uma pista falsa. Stewart parece envergonhado por isso e se refere a isto como Sting em sua fase de cientista alemão, como se ele estivesse simplesmente tolerando um capricho. (Este capricho vai lhe render vários milhões de dólares.) Eu tenho a minha própria história de interesse em Jung, mas estou ciente de como isso pode parecer aos jornalistas. Nós praticamente saímos ilesos disso.

Aparecemos na *Time* e na *Newsweek*, o álbum é geralmente considerado uma obra-prima, com um ou dois dissidentes que não compram as letras de Sting. *Synchronicity* é um rolo compressor comercial que rola para frente, esmagando toda a concorrência. *"Every Breath You Take"* é o primeiro single e, mais uma vez, entra nas paradas do Reino Unido em primeiro lugar e começa uma escalada rápida nas paradas da *Billboard*. Eu tenho a impressão de que poderíamos gravar*"Mary tinha um carneirinho"* e ela também iria para o número um neste momento da nossa carreira. Um dos efeitos colaterais de nosso sucesso é que somos amplamente imitados, com cópias do The Police surgindo em todo o mundo.

Meu estilo de guitarra, em particular, entrou para o léxico. Neste ponto seminal, eu sou provavelmente o guitarrista mais imitado do mundo. Guitarristas em toda parte estão rapidamente deixando seus riffs do Led Zeppelin e linhas de Hendrix para esticar os dedos para fora para o longo alcance dos segundos acordes adicionados e síncope *offbeat*, a brilhante terceira parte de *"Walking on the Moon"*. Com o nosso sucesso, temos que definir um novo limite e, por um momento, o máximo é ser como o The Police, se parecer conosco, tocar como nós; qualquer outra coisa é notícia de ontem.

À medida que começamos a promoção do *Synchronicity* é como o ponto alto de uma música que será ouvida por alguns momentos antes de iniciar a sua cadência final. Vídeos, entrevistas na MTV, sessões de fotografia, advogados, contadores e contratos enchem a minha cabeça como um enxame de abelhas, e a guitarra permanece como o meu lugar de refúgio, o imutável diálogo entre a mente, dedos, trastes, cordas, a história, o ponto de tranquilidade, a matriz do espírito e do amor e o caminho adiante.

Insuflados até o ponto de ruptura, começamos os ensaios para a grande turnê. A imprensa agora espera ver nos autodestruirmos em público, sair em uma exibição de fogo, autoflagelo, mas eles vão se decepcionar. Reunidos após os ensaios de gravação do álbum *Synchronicity*, Sting, Stewart e eu mais uma vez reconstruímos algum tipo de psique do

345

grupo para fazer uma turnê juntos e tornar esse álbum um sucesso. Mas eu sinto que agora é fina e tensa. Sting está mais distante, é mais difícil conversar com ele agora, e eu começo a odiar a sensação de que eu sou um guitarrista na banda de outra pessoa.

A MTV está apenas em seu segundo ano e nos escolhe como a banda a ser promovida durante todo o verão. Eles organizam concursos para conhecer a banda, ganhar ingressos gratuitos, etc. O clipe de *"Every Breath"* está passando a todo instante, e cada um de nós dá entrevistas exclusivas, que são mostradas repetidas vezes. Esta é a posição do beija-flor que paira no ar, o apogeu ensolarado de nossa jornada, e *Synchronicity,* o álbum, e *"Every Breath You Take",* o *single* de sucesso como mísseis Scud atingindo a primeira posição nas paradas da *Billboard.* O *single* vai permanecer nesta posição por oito semanas e o álbum, por quatro meses, tirando até mesmo Michael Jackson, no auge de sua popularidade, do primeiro lugar. Estamos em êxtase. Atingimos o auge, o ponto mais alto entre a Terra e o espaço.

Chegamos ao Comiskey Park, um estádio de beisebol em Chicago, para começar a turnê. A MTV está lá a todo vapor entrevistando fãs, passeando pelo estádio e enchendo a tela com as nossas imagens e o clipe de *"Every Breath".* Martha Quinn, uma veejay parecida com uma elfa, chega para uma entrevista nos bastidores que termina com uma guerra de água entre Stewart e Sting. Estamos agora tocando em estádios com capacidade de público de cinquenta a sessenta mil pessoas por noite, e a expectativa é de loucura. O desejo de estar perto de nós ou nos ver se espalha como uma epidemia. As emoções são fortes, e os fãs masculinos e femininos igualmente rompem em lágrimas quando, e se, chegam perto de nós. Alguns precisam ser carregados.

Uma de nossas fãs em Londres tenta cortar os pulsos quando não a reconhecemos com um novo corte de cabelo. Ela sobrevive, nós respiramos aliviados, mas sentimos isso como um alerta. Nós nos tornamos o grupo de uma enorme projeção, os destinatários de uma fantasia coletiva; a única comparação que podemos imaginar neste momento é, de fato, os Beatles. Nos Estados Unidos, os termos celebridade e sucesso são sinônimos e, aos olhos de nossos fãs, somos vistos como tudo o que você gostaria de ser. Nós somos "isso". Quando os fãs são permitidos a chegar perto de nós para autógrafos, até mesmo o simples ato de assinar o seu nome torna-se quase impossível com os gritos e caos, e você se vê falando suavemente para eles enquanto as lágrimas escorrem pelos seus rostos. Debaixo do desejo, as coisas parecem frágeis. O calor dos fãs parece espelhar o carvão quente que está queimando a banda. A fama é uma arma carregada.

Nos hotéis, temos guardas em cada extremidade do corredor e não podemos deixar nossos quartos. Ir para o restaurante do hotel é causar um furor. Estamos acompanhados 24 horas por dia, por homens grandes com físicos de halterofilistas: Larry, Ron, Jeff. O clichê do aquário é a hiper-realidade em que estamos vivendo. Agora estamos carimbados como ícones do mundo, e o show no Shea Stadium – desde que os Beatles tocaram lá – é um símbolo incisivo de glória no rock-and-roll.

Nós fazemos um show em Miami e, apesar de o lugar em nossa cabeça fora do palco, o show é uma explosão de energia quando nós imediatamente tocamos a música de abertura do show, *"Synchronicity"* – em que eu toco uma guitarra elétrica de doze cordas em um estrado com a Telecaster pendurada nas minhas costas – e através dos acordes de *"Synchronicity II"*, *"Walking in Your Footsteps"*, seleções de nossas músicas anteriores, e culminando com *"Every Breath You Take"*. Nós voltamos para um bis estrondoso de *"Can't Stand Losing You"* e saímos do palco com a multidão em um tumulto frenético. A banda que abre nossos shows é a The Animals. Os músicos originais do grupo, que parecem não fazer nada, a não ser discutir uns com os outros, se juntaram novamente para uma turnê de reencontro. Quando eles terminam seu *set* e saem do palco, subimos a rampa. Enquanto subo, passo por Eric Burdon descendo; levantamos uma sobrancelha um para o outro.

Eu saio de um avião no Aeroporto Kennedy, e Neil Sedaka sai logo atrás de mim. Nós olhamos um para o outro com espanto. "Então, é você", diz ele enquanto seguranças me cercam e uma porta de limusine se abre, "nós estávamos nos perguntando". É um momento bacana e algumas semanas depois, ele virá para o show do Shea Stadium com sua família. Os seguranças começam a me empurrar para o banco de trás da limusine. Eu aceno para Neil através do vidro fumê. Ele leva a mão à boca e, enquanto nos afastamos o ouço murmurar, "Oh, meu Deus".

VINTE E SETE

BRIDGEHAMPTON, 18 DE AGOSTO DE 1983

Ligo a televisão novamente. A MTV pulsa pelo quarto com cartum colorido. Eles estão falando sobre nós, do show de hoje à noite, do público esperado – quais músicas vamos tocar, haverá músicas do novo álbum? Canais de música: este é um novo conceito que já está transformando música em algo visual, ao invés de auditivo. Eu não gosto disso mas, mesmo nesta fase inicial, está atraindo um grande público. Eles nos escolheram como a banda do ano; apesar de alguma reticência, percebemos que se não podemos vencê-los, nos juntamos a eles. Fazemos parte de tudo isso. Meu rosto aparece na tela e eu pigarreio em desgosto e de repente fico aborrecido assistindo eu, Martha Quinn, Stewart, Sting, eu, Martha Stewart, Sting Quinn, Martha Quinn, eu, e decido me levantar. Outras pessoas agora estão andando pelo lugar e, de repente, isso me faz sentir melhor – ainda somos uma família de tipos e a passagem de som está em três.

Minha mala está jogada no chão ao lado da lareira, com tudo espalhado em torno dela. Como de costume, não me preocupei com nada de gavetas ou armários, já que eles só parecem confundir a questão, a minha filosofia é que se eu estou vivendo com uma mala, para o inferno com as gavetas/ que se danem as gavetas. Eu fico olhando para o conteúdo – o que vestir hoje? Como parece que nunca vamos a qualquer lugar sem câmeras aparecendo como vaga-

One Train Later

lumes, algum tipo de *look* é sempre uma consideração. Eu escolho através da pilha: camiseta rosa – não, usei três vezes, fede; camisa branca – não, muito formal para uma passagem de som; calças listradas azuis, camisa verde – muito gay; terno preto – não, não é uma porra de um funeral. Caralho, o quê? Tudo está imundo. Ok, eu vou com essa camisa amarela e a jaqueta verde e branca, talvez óculos escuros tipo aviador – um falso look Miles Davis...

Eu vagueio pela sala de jantar até uma mesa cheia como a da Última Ceia, um brunch no fim da manhã antes da passagem de som. O proprietário da mansão e nosso muito simpático anfitrião é um homem chamado Lenny Riggio. Somos constantemente tratados com cafés-da-manhã que são verdadeiros banquetes, jantares e ceias no fim de noite. Helicópteros e limousines também estão à nossa disposição. Ele ama a nossa banda e nos diz uma noite que ele está comprando uma velha cadeia desvanecida chamada Barnes & Noble e que ele vai transformá-la. Parece uma tarefa difícil, já que esta cadeia de lojas em especial agora parece estar a caminho da falência, mas nós acenamos com a cabeça e fazemos sons encorajadores. Vários membros da nossa comitiva estão reunidos ao redor da mesa, enchendo seus pratos de almoço. Quando eu apareço como um fantasma desamparado, sem ninguém perceber que estava lá por horas, os habituais comentários sarcásticos vêm em minha direção: "Meu Deus, ele está vivo – olha o que o gato trouxe, alguém viu o guitarrista principal", etc. Sting e Trudie entram na sala, vindos do jardim à beira da piscina. Eles são um belo casal com um físico cintilante. Juntos, eles formam uma simbiose atraente; eu gosto de Trudie; ela se encaixa bem com o grupo e parece acrescentar outra dimensão à personalidade mais contida de Sting, como o vinho e champanhe. Mas neste momento exagerado em nossa carreira, parece que Sting já se separou de nós, e eu sei que há maquinações acontecendo em sua cabeça – murmúrios acerca de sair agora e acabar a banda são um indício óbvio. Embora eu não me debruce sobre isso, eu posso sentir uma mudança acontecendo, uma ideia do futuro Sting sendo trabalhada.

Nos últimos dias juntos, Sting está recluso, introvertido. Embora ele possa se soltar no palco e fazer uma boa performance, muitas vezes eu me perguntava quão natural isto era para ele. Obviamente, ele é dotado de talento musical, mas o aspecto do desempenho – embora ele consiga fazer isso brilhantemente – parecia uma tensão, algo que ele era obrigado a fazer. Ele tinha a voz e as músicas precisavam ser cantadas. Na Alemanha, Eberhard comentou que ele era como uma criança – tão silencioso, tão... e, então Eberhard estaria com um olhar distante e confuso em seu rosto. Mas, à medida que o tempo passava e a chama foi acendida, Sting se tornou mais vocal e começou a tornar sua personalidade mais flexível, experimentando com confiança o manto da celebridade. O filme Quadrophenia aumentou exponencialmente o seu poder de estrela emergente, e talvez em um sentido que era a sentença de morte precoce da banda. Incrivelmente, ele não pulou fora imediatamente e começou uma carreira solo, porque a banda em si estava se tornando um mega-sucesso e talvez houvesse um sentimento de lealdade, embora ele tivesse feito comentários contrários para a imprensa. Ter saído, então, teria sido insensato – você não larga esse tipo de poder, a menos que você não tenha coragem.

Com o sucesso, formar novas agendas pessoais torna-se possível e, no final das contas, tem que ser seguido até o fim. Depois de alguns anos e sucesso sem precedentes em conjunto, a frágil democracia tornou-se uma ditadura, e a agenda de Sting – sua propensão natural para fazer isso sozinho – começou a manifestar-se com uma espécie de mau humor em torno da banda, uma irritabilidade em estar nesta situação. Mas com a máquina rugindo junto, provavelmente parecia impossível saltar fora. A banda foi grandiosa, e Stewart e eu não poderíamos ser jogados fora, porque as pessoas gostaram da ideia do grupo. Todas as três personalidades foram absorvidas pelo público da mesma forma que os Beatles foram em seu tempo. Era muito poderoso para descartar facilmente.

Mas Stewart e eu, não tendo egos pequenos ou nossos próprios problemas de controle, naturalmente desafiamos todas as ideias ou ordens. Embora veladamente, é óbvio que, ultimamente, este não é o caminho para Sting seguir. Ele precisa controlar a tripulação ou abandonar o navio. E de certa forma, eu não o culpo, porque nenhum de nós quer ser controlado. Talvez seja hora de nos separar – nós fizemos nosso trabalho, isso é o mais longe que podemos ir. Mas que pena.

Mas o veículo que contém todos esses estratagemas, intrigas, maquinações é a música que fazemos juntos. Confortando-me com esta ideia frágil e me sentindo sonolento do almoço, eu deito em uma área aquecida com a luz do sol e em poucos segundos adormeço.

VINTE E OITO

"Vamos lá, parceiro, você sobe ao palco em cinco minutos". Abro meus olhos e vejo Kim diante de mim com um sorriso no rosto. "Sua carruagem lhe aguarda". "Filho da mãe", eu digo, me alongo e, então, "ok, vamos lá".

Lá fora, na entrada da garagem estão algumas limusines com seus motores ronronando. Nos amontoamos dentro delas e partimos.

Shea Stadium foi sempre associado aos Beatles desde sua turnê histórica dos Estados Unidos em 1965. Desde então, nós somos a primeira banda a tocar lá. Parece ser um marco do nosso poder, sermos capazes de esgotar os ingressos para tal local em poucas horas. Para mim, isso representa um triunfo pessoal na cidade dos sonhos.

O estádio se eleva diante de nós como um monolito negro gigante. Será possível que realmente iremos tocar aqui? Começamos uma conversa boba, imaginando quem está se apresentando essa noite, eles devem ser famosos – provavelmente um bando de babacas – e por que iríamos querer perder o nosso tempo? Então, suspirando profundamente, "Ah, bem, se é isso, então é isso", etc. Mas a verdade é que estamos excitados – a atmosfera está carregada, elétrica.

Descemos das limusines e somos levados para o palco; a equipe – Danny, Tam, Jeff, cerca de sessenta montadores de estrutura, os caras da iluminação, eletricistas, seguranças, fornecedores e outros operários – estão em toda parte. Somos apenas a banda, e estranhamente insignificantes: simples fantasmas na máquina. Danny, Jeff e Tam estão fazendo os preparativos e nos saudam com os usuais comentários entediados.

Eles vivem uma existência cansativa e sem dormir enquanto estamos em turnê, mas são uma grande equipe e nos sentimos sortudos em tê-los conosco. Quando chegamos no palco, as câmeras começam a ser acionadas e a MTV está presente para fazer uma entrevista pré-show com as futilidades habituais sobre como achamos que será esta noite, o que vamos tocar. Será que vai haver alguma coisa especial? Alguma surpresa? O que o futuro reserva para o The Police? Apesar de toda a tensão subjacente entre nós ou pensamentos sobre o término da banda, apresentamos uma frente unida, que ressalta o sucesso de público.

Olho para o vasto estádio, para o campo do qual os Beatles surgiram, afogando no rugido e gritos de seus fãs, seu minúsculo amplificador Vox AC30, um sussurro no cânion. Seria este o fim para eles, o salto fora da montanha, o ponto sem retorno? Como se executassem uma verificação sobre esta hiper-realidade, as palavras passam como um letreiro pela minha cabeça: "você está no palco do Shea Stadium". A Telecaster está em minhas mãos, a minha pedaleira está no chão diante de mim, os Marshalls estão atrás de mim, e meu roadie escocês olha para mim, alerta, do lado do palco. É isso.

Como se para diminuir a tensão, Sting e Stewart entraram em uma de suas lutas simuladas e rolamos pelo palco por alguns minutos. Este é o destaque para a mídia e sinaliza o fim da passagem de som.

De volta à mansão, desaparecemos em nossos vários quartos para dormir, descansar e nos preparar para o que será o destaque de nossas carreiras. Estamos todos em um estado de muita exposição na mídia, tenho dificuldade para dormir, olhando para a escuridão com pensamentos perdidos em uma colagem estranha: a memória imediata das músicas que vamos tocar esta noite, a sensação da Telecaster em minhas mãos, algumas observações que Tam fez na passagem de som e a consciência de deitar aqui, banhado pelo brilho do sucesso e ainda experimentando sentimentos mistos sobre o futuro. Estou tão saturado de tudo isso, a enorme quantidade que vem para nós, que eu quase não me importo ou não consigo aceitar; absorver; e perversamente eu rumino sobre a pequena mancha preta que está enterrada dentro de cada sol.

Mas, enquanto eu rolo através destes pensamentos, eu me afasto para uma visão mais ampla, entro em um jogo de "e se". As coisas mudam – se alguém aprendeu essa lição, esta pessoa certamente sou eu; quase todas as bandas em que estive terminaram – você continua. Talvez (mais uma vez) é apenas algum novo se desdobramento, o ciclo interminável, e se eu puder recuar do turbilhão deste momento particular, eu vou ver o que faço. E se isso for um script – querer tocar a própria música, precisar de plataforma, criar banda de rock bem-sucedida, seguir adiante para as próprias coisas – e se a vida não termina aqui, mas fica ainda melhor? Você tem o poder, não deixe isso pra lá. E talvez seja isso que Sting – o que todos nós – estamos pensando, conscientemente ou não.

Talvez haja alguém no meu futuro, talvez haja mais filhos; a vida como músico criativo vai continuar, pode se tornar a coisa que eu sempre quis, posso realizar as fantasias que eu imaginava quando era criança. Este era um sonho; há outros sonhos. The Police terá sido apenas um deles ao longo do caminho, e aconteça o que acontecer, uma coisa é certa: a música.

Algumas horas depois, nós nos reunimos no térreo e bebemos uma taça de champanhe e felicitamos uns aos outros por termos chegado juntos nesta noite especial. Atravessamos o gramado, cabelos ao vento por causa

da hélice do helicóptero, e decolamos em direção ao Shea. À medida que circulamos o estádio no ar da noite, ele brilha abaixo de nós como uma catedral repleta de fiéis esperando por nós, esperando para dar confirmação e sacramento.

Pousamos atrás do palco e somos imediatamente cercados por uma multidão de rostos sorridentes, corpos se empurrando, um sentimento de grande excitação. A atmosfera nos bastidores é elétrica; não é possível se sentir presunçoso ou inteligente, mas apenas experimentar uma estranha mistura de graça interior e uma sensação visceral de que nós realmente temos que fazer isso hoje à noite. A próxima hora passa como um sonho surreal de brincadeiras no camarim, gente cumprimentando, presidentes das gravadoras, estações de rádio, a Telecaster sendo colocada delicadamente em minhas mãos. Agora estamos sendo levados para o palco. Subimos os degraus até a plataforma, a borda do palco, onde luz e escuridão se encontram. Caminhamos para o centro, a luminescência, as chamas incandescentes de energia elétrica, e há um rugido profundo, parecido com o fim do mundo. Oitenta mil isqueiros se acendem no estádio, uma saudação incendiária. Como uma oração, é agora, é para sempre. Eu detono o primeiro acorde.

EPÍLOGO

Seis meses depois de Shea Stadium, a banda se separou. Nós realizamos o nosso último show em Melbourne, na Austrália, para uma furiosa multidão de cinquenta mil fãs do The Police. Eu me lembro da cena nos bastidores após o show, como uma espécie de alucinação. Ao sermos abordados por uma pessoa após a outra, delirando sobre a banda e nosso desempenho, ofegando sobre quão grande deve ser estar no Police, eu senti que estava me afogando em um mar de algo próximo à adoração, mas só podia sorrir de volta e dizer, "Sim... ótimo... obrigado", sabendo a triste verdade de que eles tinham acabado de testemunhar ao show final. O sentimento no dia seguinte foi de uma realidade negra incompreensível. Eu peguei um avião e fui sozinho para o Sri Lanka por algumas semanas, na esperança de meditar sobre o próximo passo, mas as praias de areia branca do Oceano Índico pareciam apenas enfatizar o sentimento de alienação. Retornar à Inglaterra foi deprimente após anos ininterruptos de turnês ao redor do mundo, e eu fiquei oscilando entre Los Angeles, Nova Iorque e Londres, como se esperasse criar raízes em algum lugar. Nunca com tão pouca plateia, eu achei que era fácil o suficiente colocar um Band-Aid sobre o vazio, para tampar a dor de algo não resolvido. No final das contas, eu comecei a gravar um álbum solo, e o ato de fazer música e estar no estúdio novamente pareceu como os primeiros passos de cura e para encontrar a direção adiante.

Em 1986, um milagre aconteceu quando Kate e eu – depois de um divórcio, quatro anos e meio separados, e as tentativas de relacionamentos com outras pessoas – nos reencontramos. Nós nos reunimos em Londres, e Kate ficou grávida quase imediatamente – desta vez de gêmeos. Nós recomeçamos e voltamos à vida familiar. Com esta bênção e a sensação de trazer meus pés de volta para o chão, senti que coisas novas eram possíveis. Este era o verdadeiro ouro. Como um homem de volta de uma longa viagem, eu tinha o tesouro e, finalmente, a mente para resolver esta parte da minha vida.

Um ano depois, voltamos para a Califórnia, construímos uma casa e começamos a criar nossos filhos. Mas a experiência de estar no The Police e de alcançar aquele tipo de sucesso não foi facilmente descartada, porque foi uma experiência de vida repleta de intensidade, esforço e a interminável batalha em público para ser o melhor que você pode ser. Uma aventura como essa – se permanece irresoluta – fica presa dentro de você como um nó na garganta. Apesar de eu ser capaz de seguir adiante de uma forma muito feliz com a minha família e carreira, a memória do grupo ainda parecia uma ferida aberta – algo que levaria anos para curar, se curasse. Por muito tempo eu sonhava com a banda, como se de alguma forma tentando reconstruí-la, ou reclamar algo roubado, ou fazer tudo aquilo de novo. Em algum lugar no nível subconsciente havia a necessidade de um fechamento, talvez impossível de obter, e a única alternativa era a de viver com isso, fazer outro trabalho, e esperar que talvez com o tempo, a ferida se curasse.

O problema com o desaparecimento do nosso grupo é que nós não mostramos todo o nosso potencial; não ficamos exaustos, terminamos ou entramos em uma espiral descendente. Para agravar este sentimento de incompletude, nós nunca fizemos uma turnê de despedida ao redor do mundo, em reconhecimento aos nossos fãs. Em vez disso, passamos três anos de fingimento até que eu – finalmente – não pude mais suportar mentir sobre isso, e a verdade se tornou pública.

Os momentos mais extraordinários na música são quando você se conecta com os outros músicos, quando você voa, quando você toca o espírito e o público está lá com você. Sting, Stewart e eu experimentamos esses momentos muitas vezes. A música permanece.